陳鼓應

莊子今註今譯

【上】

中華書局

目錄

最新修訂重排版序 〇〇一
修訂版序 〇〇九
前言 〇一一

內篇

逍遙遊 〇一五
齊物論 〇四九
養生主 一一三
人間世 一二七
德充符 一六五

大宗師　一九〇
應帝王　二三五

外篇

駢拇　二五九
馬蹄　二七二
胠篋　二八一
在宥　二九七
天地　三二四
天道　三六八
天運　三九三
刻意　四二六
繕性　四三五
秋水　四四四

至樂 四八一
達生 五〇〇
山木 五三四
田子方 五六六
知北遊 五九六

雜篇

庚桑楚 六三三
徐无鬼 六六七
則陽 七一〇
外物 七四五
寓言 七七三
讓王 七九〇
盜跖 八二三

說劍　八五三
漁父　八六三
列禦寇　八七六
天下　九〇一
本書主要參考書　九五七

最新修訂重排版序

一

本書最早於一九七四年由台灣商務印書館出版，北京中華書局於一九八三年以繁體字再度印行。一九七九年以後我旅居美國加州大學柏克萊校區的數年間，對自己註譯的老、莊兩書分別做了較大幅度的修訂，並繼續交由北京中華書局出版。一九八四年我赴北京大學哲學系任教，在北大講課的十二年間，對文本有不少新的體認，還參考了曹礎基先生等有關《莊子》註釋的著作，對拙著進行修改潤飾，一九九五年由台灣商務印書館重排發行，二〇〇七年北京商務印書館以簡體字排版印行。如今，北京中華書局以台灣商務印書館本為基礎，吸收了北京商務簡體字本的新修訂內容，再與中華原版複校，改正了原版的一些排印錯誤，全書增刪異動之處約一百多條。中華書局這次繁體字的重排本，是我自己最為滿意的一個修訂本。

二

本書問世之初，為應合出版社之序列計劃，故一概以「今註今譯」作為書名。我在進行註譯工作時，雖然處處用心理解文本的原意，但在運思下筆之際，總不免留有時代學術氣氛和個人思考與情懷的烙印。因此，本書的今註今譯，也可視為我對《莊子》所進行的一種現代人的「詮釋」工作。

尼采在歷史對人生的利弊中說：「看看那些吃着草走過的牧羣，它們並不知道昨天或今天的意義」，「它們沒有記憶，只是非歷史地活着」。人類有記憶，有着長遠的悲歡離合的歷史，一個民族如果沉溺在過度沉重的歷史意識的重負中，就易削弱創造力；但是如果過度缺乏歷史眼光，那他的思想視野就會像阿爾卑斯山下的居民那樣狹窄。的確，我們要辯證地看待我們的歷史文化，像我這樣的一代人，所思所想的，很難從我生存的文化傳統中割裂開來，也很難從我們所處的時代環境中抽離出去。

自從我來到世間，從有知覺的回憶開始，戰爭的恐怖景象就籠罩在我的周遭。我的故鄉在福建閩西客家地區。抗戰期間，即使那麼偏遠窮困的山區，還不時地遭受到來自淪陷區台灣的日本軍國主義者的飛機的轟炸。每回當急促的緊急警報聲響起時，母親就慌慌張張拉着我從城裏逃往郊區。戰事吃緊時，我們又搬到鄉下讀私塾。童年農村的生活，使我沉浸在濃郁的民間文化傳統之中。從家庭到村落，儒家文化所倡導的「尊尊」、「親親」的習俗，一直影響着我。直到如今，我見到比我年長的人，會不由自主地產生敬意；比我年輕的，會油然流露出一種親和感。殷周以來「尊尊」、「親親」的文化傳統，在社會層面所流露出的人情關懷，我相當肯定。但是，像歷代儒家那樣把它們轉移到政治層面，所謂「移孝作忠」，塑造聖王式的人身崇拜，就必然會導致儒術與專制政體相互温存的局面。而宋明儒家所虛構的道統意識，使權威體制、獨斷主義更加牢固，在這個層面上，我永遠無法接受。

我的中青年時期，正處在「國府」白色恐怖的統治之中。蔣氏政權以戒嚴時期為藉口而頒佈「懲治叛亂條例」的惡法，該條例第七條為：「以圖書、文字演說為有利於叛徒之宣傳者，處七年以上有期徒刑。」由於該項條例的實施，我目擊了數不清的愛國人士、作家、知識分子被逮捕，我敬愛的老師也受到過有形與無形的政治迫害。可是，以美國為首的西方世界媒體，卻依然宣稱我們是生活在「自由」、「民主」的安定地區。這史稱「白色恐怖」的專制政體正是在美軍的協防下，在中央情報局的技術支援下，展開地毯式的清除行動，島內異己遂成為甕中之鱉。這情境，令我難以忘懷。而正是在這種情境之中，我接觸了尼采、莊子，乃藉由他們的論述而發出微弱的自由呼聲。

尼采說：「一切作品中，我只愛作者用他的心血寫成的書（write with blood），你能體會到，心血就是精神。」我們無論讀尼采或讀莊子的著作，都有這種深切的體會。莊子《逍遙遊》最後一句話：「安所困苦哉！」從這弦外之音裏，我們可以體會到他的所謂「逍遙」，實際上卻有一種憤激之情在他生命的底層中波濤洶湧地激盪着。總之，在那「非常時期」的年代裏，我藉尼采和莊子所發出的自由呼聲，是有痛切的血肉體會的。

三

一九七二年夏天，我的思想出現了一大轉折。我在千辛萬難中獲准到美國探親，那個時期保釣運動正在各大校園熱烈地展開，留學生的愛國熱忱感染着我。有一次我在加州大學聖地亞哥校園內，觀看留學生放映的紀錄片，我頭一回看到日軍在南京實施大屠殺的實況錄影，戰亂的景象與我兒時的記憶相連，也喚醒我腦海中的中國近代史上一頁頁的史實，鴉片戰爭之後，不只一個國家侵略我們、欺凌我們，這一道道歷史傷痕，將我對自由民主的理念和民族意識作了實質的聯繫。這時候莊子的思鄉情懷的聲音：「舊國舊都，望之暢然」，「越之流人……去國……去人滋久，思人滋深乎？」在我心中就泛起了一層新的時代意義。

同年秋天，我回台灣大學任教，留學生所興起的反帝民族主義思潮在師生的言談間漸漸口耳相傳開來，並引發了台大校園內首次統獨論戰。在一場年底舉辦的「民族主義座談會」上，我和王曉波的言論引起了台灣當局的高度敏感，台灣當局為了進一步壓制校園內的保衛釣魚島運動，遂指使特務機關利用寒假時機逮捕了參與反帝愛國運動的保釣人士。這個事件成為一九七三年「台大哲學系事件」的導火線，在此事件中共有十三位年輕的教師被先後解聘。之後我被「安全」單位設定為殷海光老師過世後的首要目標，因而不被容許在台灣任何大學上課或演講。這時我只好記取着莊子的告誡：「不當時命而大窮乎天下，則深根寧極而待。」那幾年裏，我在家中讀書思索，寫出了一本小書《古代的呼聲》，藉古人抒發當時的心境。

世事峯迴路轉，一九七九年我全家獲准赴美（自此之後有十四年長的時間我被台灣當局禁止回鄉探訪親友），一九八四年我獲得機會前往北京大學任教，一直到一九九七年，台灣大學校長及全體校務代表舉行多次會議後決定給我平反復職。從一九八四年之後這一段時間，我重回學術園地，陸續出版了《尼采新論》、《老莊新論》、《易傳與道家思想》、《道家易學建構》等書。目前另有兩本新作《道家的人文精神》和《道家哲學主幹說》正待完成，這些著作主要還是在中國哲學範圍內所進行思考的課題。例如，兩千年來的經學傳統都認為《周易》是儒家的典籍，而事實上，《易經》的卦爻辭早在老子和孔子還沒有出生的數百年前就已出現，是先秦諸子的公共文化遺產。老、孔逝世之後一兩百年所陸續形成的《易傳》，乃是在諸子思潮激盪下產生的。《易傳》的自然觀、宇宙論及辯證法思想，皆屬於道家學脈關係中的一環；《易傳》的哲學化，基本上是承續着老莊思想發展出來的。從專業哲學來看，文化的孔子和哲學的老子，決定了千百年來儒道發展的重要起點，原始儒家所關心的焦點，大都屬於文化議題；原始道家所探討的內容，則大多屬於哲學問題。綜觀中國哲學史，歷代重要的哲學議題、思想方法、理論建構及其範疇與命題，大多為道家所創發。我所提出的這些論點，在兩岸的學界都引起了不少的爭議。

從一九八九年到二〇〇一年這段時間，我的寫作主要是探討戰國易學的道家化以及道家在哲學史上的主體地位等問題。二〇〇一年「九一一」事件之後，我逐漸產生了一些新的思維角度，我由以往文化儒家和哲學道家如何互補的問題，擴展到東西方文化如何對話的問題。

四

「九一一」事件之後，美國倒果為因地發動了一場新的十字軍東征。其後果是全球性的經濟衰退、生態破壞等多重危機。我們再上溯到上一世紀的歷史，兩次世界大戰都發生在西方。這情景讓我們意識到，除了政治軍事等因素之外，西方世界是不是在更深層的文化根源上出了問題？

其實，早在十八世紀後半期，尼采就已經敏銳地看出了西方文化的危機。他所提出的「價值重估」的學說，已經蘊含着對於西方中心主義的檢討；他指出怨恨、復仇是基督教道德觀形成的心理根源，而我們在現代霸權的軍事行動背後，也不難看出其中所蘊含着的怨恨與復仇心理。

尼采之後，羅素也站在不同的角度來反省西方文化的危機問題。羅素認為美國的文化基本上和歐洲是同源的，而歐美文化的形成有三個主要的因素：第一是希臘哲學，第二是猶太教的宗教觀和倫理思想，第三是科學思想和工業主義。其中，羅素對西方宗教和倫理觀的狂熱性有尖銳的批評。羅素和尼采是如此的不同，但卻共同地抨擊宗教中的原罪觀念。羅素在《變動世界的新希望》中指出人類有三大衝突：人跟自然的衝突、人跟人的衝突、人跟內心的衝突。羅素在西方文化中透視了人類在不停的衝突中製造矛盾，因而興起了對於和諧的想望。金嶽霖先生也指出，西方文化中的人類中心主義，對於自然採取征服、榨取的態度，他預測，這種衝突勢必會引發自然界「洪水濤天、排山倒海」的反撲。金先生還指出，西方文化中，理想的人格型態是英雄主義。而我們從總是要壓倒別人的英雄主義的行徑中，也不難看到現代霸權動輒採取軍事行動的身影。

今天，在全球化的趨勢下，如何用對話來代替對抗，來消弭地區間的衝突，是我們應該關注的重要課題。

在中西文化中，最能夠在異質文化間進行對話的，莫過於莊子。無論蘇格拉底的對話，或論孟中的對話，都屬於同質性的對話，而唯有在《莊子》書中，可以看到它不停地運用異質性的對話來表達人間哲理。

在中國異質文化交流的歷史上，莊子的思想曾經起過良好的作用。佛學思想進入中土，道家有接引之功，莊、禪的會合更在隋唐產生了輝煌的文化成果；北宋儒學明確排斥佛老，卻暗中援引莊子，無論在理論的建構和精神境界的提昇上，都產生了巨大的作用。今天，我們遇到了比佛、儒更具有強烈異質色彩的西方文化，中西對話的工作，需要儒釋道共同來承擔。而在共同承擔之中，莊子思想最具關鍵性，因為他那開闊的心胸和審美的心境是我們這個世界所最欠缺的，他所具有的宇宙視野最能和全球化視域相對應，而他所倡導的自由精神和齊物思想則最具現代性的意義。

中西文化如何進行對話，這需要另寫專文來闡釋，在這裏，藉由為莊子今註今譯修訂重排版寫序的機會，抒發我此刻對於開啟東西文化對話的企盼之情。

陳鼓應

於台灣大學高等人文社會研究院研究室

二〇〇八年十二月十日

修訂版序

我接觸莊子，是經由尼采和存在主義的引導。一直到現在，尼采的代表作《查拉圖斯特拉如是說》和《莊子》仍是我最為激賞的兩部著作。他們兩者間的異和同，都深深地吸引着我，尼采的「沖創意志」和《莊子》寧靜致遠的意境，對立而又並存地蓄藏在我心底。青年時代，我在寫完《悲劇哲學家尼采》、《莊子哲學》（香港版改為《莊子淺說》）、《耶穌新畫像》三本小書之後，大約從一九六七年開始，便將全部心力投入到《老》《莊》的譯註中，終於在一九七四年前後，完成了撰寫工作。比較而言，老子的哲學思想較容易概念化，而莊子的哲學就較難進行系統性的概括把握，在對莊子的詮釋上我花費了比探討老子更多的時間和精力。

從一九六六年開始，我的生命之旅步入了一段坎坷之途，其間尤以一九七三年台大哲學系事件我之遭受波折為甚。由於多年鑽研莊子，他的哲學思想不僅是我學術研究的重要對象，也逐漸內化成為我內心世界的重要部分。每當人生跌入困頓之谷，莊子的理念總是成為我最大的精神支柱，支撐我繼續前行。

二十多年來，隨着年齡的增長，我越發感到莊子的哲學和智慧的可貴，進入莊子的世界，感歎於他思想視野的開闊、精神空間的寬廣；也許是由於個人人生經歷的緣故，我對於莊子文中表現出的知識分子的悲劇使命感和悲劇命運產生了巨大的共鳴；尤其是他的由「遊心」心境所達致的美感經驗和藝術情懷，令我心嚮往之，卻力有不逮。

中國哲學的主體部分為宇宙論和人生哲學，其建構者主要是道家，道家的宇宙論在漢代《淮南子》中得到了較為完善的發展，而其本體論到魏晉有了突破性的建樹。在人生哲學方面，莊子的成就是空前的，在後代也是無人可及的。

「內聖外王」的理想是莊子首先提出的，而莊子的「內聖」之學，無論其心學、氣論以及天人之學，都對後代哲學產生了無可比擬的影響，可以說莊子的「內聖」之學決定了中國哲學史的主要內涵和方向。個人深以為，莊子思想的原創性和內涵的豐富性，在中國哲學史上的重要地位，是無人能及的。

本書自一九七四年出版後，二十多年來我不斷地發現今譯部分中的欠妥之處，但一直無暇修改。最近因病住院，在醫院中根據王師叔岷先生的《莊子校詮》等著作，對這本書進行了修訂，感謝台灣商務印書館為本書重排再版，令我可以稍解多年來對讀者的負疚，也了卻了我的一件心事。

陳鼓應

一九九五年十二月修訂於北京大學哲學系

一九九九年八月校稿於台灣大學哲學系

前言

一、本書所用《莊子》原文，為根據王孝魚點校的郭慶藩《莊子集釋》本。郭慶藩《集釋》收錄了郭象《註》、成玄英《疏》和陸德明《音義》三書的全文，摘引了清代王念孫、俞樾等人的訓詁考證，並附有郭嵩燾和他自己的意見。《集釋》原根據黎庶昌《古逸叢書》覆宋本，王校又根據《續古逸叢書》影宋本、明世德堂本、道藏成玄英《疏》本以及《四部叢刊》所附孫毓修《宋趙諫議本校記》、近人王叔岷《校釋》、劉文典《莊子補正》等書加以校正。本書凡有增補或刪改原文時，均於「註釋」中說明。

二、本書的「今譯」依據「註釋」，並參考目前已譯成之中英文譯本，為使譯文暢曉與切近原意，別人譯得好的語句我儘量採用。有許多地方與別人的譯法不同，乃是出於我個人對莊文之解釋觀點所致。

三、本書「註釋」部分花費的時間最多，我經常為了一個字詞或一句話，查遍了古註而找不到恰當的解釋。註解之外，還要顧到考證校勘，例如大宗師篇「其心忘」，今本誤作「其心志」；「不以心損道」，「損」字今本缺壞為「捐」字，古人依誤字作註，因而常附會其辭。「註釋」部分，我前後易稿多次，起初用白話文解釋，然而發覺今註容易把前人的見解混成了自己的意見。為了表明今註有所根據，於是在後面又附上前人的註解。這樣除了達到解釋原著難句的目的之外，還可把歷代各家註《莊》的成績列示出來。但有時要確定一個註解究竟出自於何人之手，還須做一番查證的工作，因為前人註書常互相因襲，把自己的意見和別人的意見混在一起而不加說明。例如清代陳壽昌《南華真經正義》，時而也有自己獨得的見解，但抄錄宣穎《南華經解》之處頗多。宣穎的註解簡潔精到，很受近代人推崇，宣解中偶爾也可發現和林雲銘《莊子因註語》相同處，通過進一步核對，可發現林宣之註受宋代林希逸《口義》影響很大，有時註文也直接引自《口義》。這樣，要選註和標明出處，註釋一段原文往往要花上許多時間，全書就這樣慢慢地工作了好幾年才脫稿。

四、《莊》書極為龐雜，而雜篇中尤為雜亂。為了明晰起見，將全書標上數字號碼以分章次段落。

五、本書註譯時，除參考古今校註外，還參考英、日文和大陸學者有關《莊子》的專述。本書的參考，只限於考據字義的解釋，這是據於學術上的需要，不涉及政治思想問題。

六、本書撰寫期間，值嚴靈峯先生先後印出《莊子集成初編》與《莊子集成續編》（藝文印書館發行），使本書在註釋工作上得到許多的方便。書稿出版之前，復蒙嚴先生閱正，甚為感謝。羅其雲同學幫忙校對，一併致謝。

陳鼓應一九七四年於台灣省台北市景美寓所

内篇

逍遙遊

逍遙遊篇，主旨是說一個人當透破功名利祿、權勢尊位的束縛，而使精神活動臻於優遊自在、無掛無礙的境地。

本篇可分三章，首章起筆描繪一個廣大無窮的世界；次寫「小知不及大知」，點出「小大之辯」；接着寫無功、無名及破除自我中心，而與天地精神往來。第二章借「讓天下」寫去名去功，借「肩吾問連叔」一段寫至人無己的精神境界。篇末借惠施與莊子的對話，說到用大與「無用之用」的意義。

許多膾炙人口的成語出自本篇，如：鯤鵬展翅、鵬程萬里、凌雲之志、扶搖直上、一飛沖天、越俎代庖、河漢斯言、吸風飲露、塵垢粃糠、大而無當、偃鼠飲河、不近人情、大相逕庭、心智聾盲等。

一

北冥①有魚，其名為鯤。鯤之大，不知其幾千里也②。化而為鳥，其名為鵬③。鵬之背，不知其幾千里也；怒而飛④，其翼若垂天之雲⑤。是鳥也，海運⑥則將徙於南冥。南冥者，天池也。

【註譯】

①北冥：「冥」，通「溟」，訓海。近人劉文典莊子補正、王師叔岷校釋舉例多本古書註引「冥」作「溟」。下文「南冥」之「冥」同。

方師東美說：「莊子之形上學，將『道』投射到無窮之時空範疇，俾其作用發揮淋漓盡致，成為精神生命之極詣。這是蘊藏在莊子逍遙遊一篇寓言之中之形上學意涵，通篇以詩兼隱喻的比興語言表達之。宛若一隻大鵬神鳥、莊子之精神……『逍遙遊乎無限之中，遍歷層層生命境界』乃旨，乃是莊子主張於現實生活中求精神上徹底大解脫之人生哲學全部精義之所在也。此種道家心靈，曾經激發中國詩藝創造中無數第一流優美作品、而為其創作靈感之源泉。」（原始儒家道家哲學第五章莊子部分）

②鯤之大，不知其幾千里也：總點出「大」。「大」字是一篇之綱（林雲銘莊子因）。

王博說：「在這個寓言中，有兩個字眼是值得特別留意的。一個是『大』，一個是『化』。」（莊子哲學）

③化而為鳥：「化」字，詩經、易經及論語均未見，老子三見（「自化」連言），莊子全書則多達七十餘見，如「造化」、「物化」、「變化」等有關宇宙大化的概念，均出自莊書。此外，「萬物化生」、「與時俱化」等重要哲學命題，亦出自莊子，而直接為易傳所繼承。

④怒而飛：「怒」，同「努」，振奮的意思。這裏形容鼓動翅膀。

王博說：「『飛』，以及飛所代表的上升，正是逍遙遊的主題。這種飛可以讓我們暫時離開並且俯瞰這個世界，從而獲得與在這個世界之中不同的另外一個角度。」

⑤垂天之雲：「垂」，猶邊（釋文引崔譔註）。

近人蔣錫昌說：「按說文：『垂，遠邊也。』俗書邊垂字作『陲』。廣韻：『陲，邊也。』此言其翼之大，有如邊天之雲也。」（莊子哲學逍遙遊校釋）

⑥海運：謂海風動（陳啟天莊子淺說）。

宋林希逸說：「『海運』者，海動也。今海瀕之俚歌，猶有『六月海動』之語。海動必有大風，其水湧沸，自海底而起，聲聞數里。」（南華真經口義）

清王闓運說：「海運，今颶風也。」（莊子內篇註，在王湘綺全集內）

⑦天池：天然大池。

【今譯】

北海有一條魚，它的名字叫做鯤。鯤的巨大，不知道有幾千里。化成為鳥，它的名字叫做鵬。鵬的背，不知道有幾千里；奮起而飛，它的翅膀就像天邊的雲。這隻鳥，海動風起時就遷往南海。那南海，就是天然大池。

齊諧[①]者，志怪者也。諧之言曰：「鵬之徙於南冥也，水擊[②]三千里，摶[③]扶搖[④]而上者九萬里。去以六月息者也[⑤]。」野馬也，塵埃也，生物之以息相吹也[⑥]。天之蒼蒼，其正色邪？其遠而無所至極邪？其視下也，亦若是則已矣[⑦]。

【註譯】

①齊諧：一說為人名（如司馬彪、崔譔、俞樾等）；一說是書名（如梁簡文帝，見釋文引）。當從

後一說。下句「志怪者也」，「志」即誌，乃說它是記載怪異的書。

近人林紓說：「既名為諧，為誌，則言書為當。」（莊子淺說）

近人朱桂曜說：「諧即讔也，亦作隱，文心雕龍有諧隱篇，以為文辭之有諧讔，譬九流之有小說；漢書藝文志雜賦末，列隱書十八篇，蓋以其辭誇誕，於賦為近。『齊諧』者，蓋即齊國諧隱之書。」（莊子內篇證補）

②水擊：通水激。

馬叙倫說：「『擊』借為『激』，音同見紐，漢書賈誼傳『遙增擊』，文選鵩鳥賦『擊』作『激』，是其例證。」

朱桂曜說：「擊蓋通激。淮南子齊俗訓『水擊則波興』，羣書治要作『水激』。水擊三千里，猶言水激起三千里也。」

王叔岷先生說：「一切經音義七八，御覽九二七，引『擊』並作『激』。李白大鵬賦：『激三千以崛起。』即用此文，亦作『激』。」（莊子校釋）

③搏（bó帛）：借拍。郭象本及通行本作「摶」。當依世德堂本作「搏」。後文「搏扶搖」同。

近人章炳麟說：「字當從『搏』，崔說得之。考工記注：『搏之言拍也。』作『摶』者形誤，風不可摶。」（莊子解故）

蔣錫昌說：「章說是。四部叢刊影世德堂本及御覽天部九風均作『搏』，可證。陸引崔云：『拊翼徘徊而上也。』蓋崔本亦作『搏』，故以『拊』釋之。」

王叔岷先生說：「釋文：『摶，一音博。』則字當作『搏』。趙諫議本、世德堂本並作『搏』。」按：

當依章、王等說改「摶」為「搏」。

④扶搖：海中颶風，為莊子所創名詞（張默生莊子新釋）。陸德明說：「司馬云：『上行風謂之扶搖。』爾雅：『扶搖謂之飆。』郭璞云：『暴風從下上也。』」

⑤去以六月息者也：乘着六月風而去。「去」，指飛去南海。「六月息」，即六月風。「息」，謂風。六月間的風最大，鵬便乘大風而南飛。

按：「息」有兩種講法：（一）作休息、止息講；如郭象註：「夫大鳥一去半歲，至天池而息。」成玄英疏：「時隔半年，方言息止。」（二）作風講，如釋德清說：「周六月，即夏之四月，謂盛陽開發，風始大而有力，乃能鼓其翼。『息』，即風。」宣穎說：「息是氣息，大塊噫氣也，即風也。六月氣盛多風，大鵬便於鼓翼，此正明上六月海運則徙之說也。」（南華經解）又如郭嵩燾說：「去以六月息，猶言乘長風也。」（郭慶藩莊子集釋引）按俗多從郭註，不妥，當依釋德清及宣穎等說。下文「生物之以息相吹也」的「息」，正指「風」。

⑥野馬也，塵埃也，生物之以息相吹也：「野馬」，謂空中遊氣。「塵埃」，謂空中遊塵。「生物」，謂空中活動之物。此句，猶謂空中之遊氣、遊塵以及其他活動之物，皆由風相吹而動（陳啟天莊子淺說）。

⑦則已矣：作「而已矣」。「則」，猶「而」（見王引之經傳釋詞）。陳碧虛（景元）莊子闕誤引文如海本「則已矣」作「而已矣」。

【今譯】

齊諧這本書，是記載怪異之事的。諧書上說：「當鵬遷往南海的時候，水花激起達三千里，翼拍旋風而直上九萬里高空。它是乘着六月大風而飛去的。」野馬般的遊氣，飛揚的遊塵，以及活動的生物被風相吹而飄動。天色蒼蒼茫茫，那是它的本色嗎？它的高遠是沒有窮極的嗎？大鵬往下看，也就是這樣的光景。

且夫水之積也不厚，則其負大舟也無力①。覆杯水於坳堂之上②，則芥③為之舟；置杯焉則膠④，水淺而舟大也。風之積也不厚，則其負大翼也無力。故九萬里，則風斯在下矣，而後乃今培風⑤；背負青天而莫之夭閼⑥者，而後乃今將圖南。

【註譯】

①且夫水之積也不厚，則其負大舟也無力：這段話在說「積厚」的意義。

釋德清說：「此一節總結上段鵾鵬變化圖南之意，以暗喻大聖必深畜厚養而可致用也。意謂北海之水不厚，則不能養大鵾，及鵾化為鵬，雖欲遠舉，非大風培負鼓送，必不能遠至南冥，以喻非大道之淵深廣大，不能涵養大聖之胚胎。縱養成大體，若不變化，亦不能致大用；縱有大聖之作用，若不乘世道交興之大運，亦不能應運出興，以成廣大光明之事業。是必深畜厚養，待時而動，方盡大聖之體用。故就在水上風上以形容其厚積。然水積本意說在鵾上，今不說養魚，則變其文曰負舟，乃是文之變化處。」

②坳（ào 傲）堂之上：堂上凹處。

③芥：小草。

④膠：黏着。

⑤而後乃今培風：「而後乃今」，即「乃今而後」之倒文（姚永樸說）。「培風」，馮風，乘風。釋文訓「培」為「重」，誤。

清王念孫說：「『培』之言『馮』也。『馮』，乘也（見周官馮相氏註）。『馮』與『培』聲近，故義亦相通。』（讀書雜志餘編上）

近人劉文典說：「王說是也。『培』、『馮』一聲之轉，訓『培』為『乘』，亦正合大鵬御風而飛之狀。」（莊子補正，下引同）

清末胡林翼說：「辦大事，以集才集氣集勢為要。莊子所謂『而後乃今培風也』。」（馬其昶莊子故引）

⑥莫之夭閼（è 遏）：無所窒礙（浦起龍莊子鈔）。

陸德明說：「『夭』，司馬云：『折也』。『閼』，李云：『塞也』。」

朱桂曜說：「『閼』讀若『遏』。呂氏春秋古樂篇：『民氣鬱閼而滯著。』註：『讀遏止之遏。』『夭閼』即『夭遏』也。」

【今譯】

水的聚積不深厚，那麼就沒有足够的力量負載大船。倒一杯水在堂前窪地，放一根小草可當作船；放上一個杯子就膠着住了，這是水淺而船大的緣故。風的強度如果不大，那麼就沒有力量承負巨大的翅膀。所以鵬飛九萬里，那厚積的風就在它的下面，然後才乘着風力，背負青天而沒有阻礙，然後準備飛往南海。

蜩與學鳩笑之①曰：「我決起而飛②，搶榆枋③，時則④不至而控⑤於地而已矣，奚以之九萬里而南為⑥？」適莽蒼⑦者，三飡而反⑧，腹猶果然⑨；適百里者，宿舂糧⑩；適千里者，三月聚糧。之二蟲又何知⑪！

【註釋】

①蜩（tiáo 調）與學鳩笑之：「蜩」，蟬。「學鳩」，小鳩（司馬彪註）。「學」，別本又作「鷽」，音同（釋文）。

清王夫之說：「蜩與鷽鳩之笑，知之不及也。」（莊子解）

清劉鳳苞說：「二蟲伎倆，本來有限，不說牠不能到九萬里，轉笑大鵬何必定到九萬里。所謂下士笑如蒼蠅也。」（南華雪心編）

王叔岷先生說：「案此以小笑大也。」（莊子校詮）

王仲鏞說：「逍遙遊，是指的明道者——從必然王國進入自由王國以後所具有的最高精神境界。大鵬就是這種人的形象。蜩與學鳩、斥鴳，指世俗的人。在莊子看來，一般世俗的人，由於視野狹窄、知識有限，是不可能了解明道者的精神境界的。」（莊子逍遙遊新探，見中國哲學第四輯，下引同）

日本福永光司說：「蜩與學鳩，總是嘲笑一切偉大者，它們到底只是些『侏儒之輩』而已。」（莊子第五章自由的人，陳冠學中譯）

②決起而飛：奮起而飛（林希逸說）；盡力而飛（釋德清註）。「決起」，不遺餘力，即上文怒而飛（林雲銘說）。

③搶榆枋：「搶」，撞，碰到。世德堂本作「槍」，「搶」字依釋文原本改（王孝魚校）。「榆枋」，兩種小樹名。「枋」，當讀為「枌」（王闓運說）。陳碧虛莊子闕誤引文如海本及江南古藏本「枋」下有「而止」二字。

④則：訓「或」（俞樾說）。

⑤控：投。

⑥奚以之九萬里而南為：「以」，用。「為」，語助（王引之經傳釋詞）。按：這句話總結蜩與學鳩譏笑大鵬，以小笑大，實出於二蟲的淺見無知，後文「之二蟲又何知！」申述了「小知不及大知」。

⑦莽蒼：指一片蒼色草莽的郊野。

⑧三飡（cān）而反：「飡」，同餐。「反」，同返。往返近郊，只需預備一日三餐之糧（陳啟天說）。

⑨果然：飽然。

⑩宿舂糧：舂擣糧食，為一宿之借（成疏）；此言往百里者，舂一宿之糧。「舂」字倒裝在下（蔣錫昌說）。

⑪之二蟲又何知：「之」，此。「二蟲」，指蜩與學鳩。鳥類稱為羽蟲，所以鳩也可以稱為蟲。

明陳深說：「自『二蟲何知』上生下『小知』『大知』；又自『小知』『大知』上生下『小年』『大年』。二句意亦相承，教人把胸襟識見，擴充一步，不得以所知所歷者而自足也。」（莊子品節）

釋德清說：「莊子因言世人小見，不知聖人者，以其志不遠大，故所畜不深厚，各隨其量而已。故如往一望之地，則不必畜糧，此喻小人以目前而自足也。適百里者，其志少遠。若往千里，則三月聚糧，其志漸遠，所養漸厚。比二蟲者，生長榆枋，本無所知，亦無遠舉之志，宜乎其笑大鵬之飛也。舉世小知之人蓋若此。」

劉鳳苞說：「適近者不能知遠；彼二蟲豈足以知大鵬？便是小知不及大知榜樣。」

清俞樾說：「郭象註曰：『二蟲謂鵬蜩也。』此恐失之。二蟲當為蜩與鷽鳩。下文曰：『奚以知其然也？朝菌不知晦朔，蟪蛄不知春秋。』是所謂不知者，謂小不足以知大也。然則此云：『之二蟲又何知！』其謂蜩、鳩二蟲明矣。」（莊子平議）

【今譯】

蟬和小鳩譏笑大鵬說：「我盡全力而飛，碰到榆樹和檀樹就停下來，有時飛不上去而投落地面就是了，何必要飛九萬里而往南海去呢？」到郊野去的，只帶三餐糧食而當天回來，肚子還飽飽的；

到百里路遠地方去的，要準備一宿的糧食；到千里路遠地方去的，就要預備三個月的糧食。這兩隻蟲鳥又哪裏知道呢？

小知不及大知，小年不及大年。奚以知其然也？朝菌不知晦朔①，蟪蛄不知春秋②，此小年也。楚之南有冥靈③者，以五百歲為春，五百歲為秋；上古有大椿者，以八千歲為春，八千歲為秋，此大年也④。而彭祖⑤乃今以久特聞，衆人匹之，不亦悲乎！

【註譯】

①朝菌不知晦朔：「朝菌」，淮南子道應訓引作「朝秀」，或說莊子舊本作「朝秀」（詳見王念孫讀書雜志餘編王引之說及郭慶藩莊子集釋、馬叙倫莊子義證、王叔岷校釋等說）。高誘註：「朝秀，朝生暮死之蟲。」「晦朔」，月的終始，指一個月的時光。另一說：「朔」，旦（釋文）。「晦」，夜（王先謙註）。指一日的時光。今譯從前說。

②蟪蛄不知春秋：「蟪蛄」，寒蟬，春生夏死，夏生秋死（司馬彪註）。蟪蛄當是蟬之別名（王懋竑莊子存校）。

③冥靈：溟海靈龜。

宋末羅勉道說：「麟、鳳、龜、龍謂之四靈。『冥靈』者，冥海之靈龜也。」（南華真經循本）按：羅說是，李頤註「木名」，非。

④此大年也：這四字通行本脫落。陳碧虛闕誤引成玄英本有「此大年也」四字，與上文「此小年也」正相對文，當據補上。劉文典說：「『此大年也』四字舊敓。……案此四字，所以結『楚之南有冥靈者』之義，正與上文『此小年也』相對。疏：『故謂之大年也。』是成所見本，塙有『此大年也』四字，今據補。」案劉說可從。王叔岷亦說：「今本掠此四字，則文意不完。」

⑤彭祖：傳說中有名的長壽人物。各家記聞不一，或說年七百歲，或說八百歲。

【今譯】

小智不能比匹大智，壽命短的不能比匹壽命長的。怎麽知道是這樣呢？朝生暮死的蟲子不知道一個月的時光，春生夏死、夏生秋死的寒蟬，不知道一年的時光，這就是「小年」。楚國南邊有一隻靈龜，以五百年為一個春季，五百年為一個秋季；上古時代有一棵大椿樹，更以八千年為一個春季，八千年為一個秋季，這就是「大年」。彭祖到現在還以長壽而傳聞於世，衆人都想比附他，豈不是可悲歎嗎？

湯之問棘①也是已：

湯問棘曰：「上下四方有極乎？」

棘曰：「無極之外，復無極也②。窮髮③之北有冥海者，天池也。有魚焉，其廣數千里，未有知其修④者，其名為鯤。有鳥焉，其名為鵬，背若太山⑤，翼若垂天之雲，搏扶搖羊角⑥而上者九萬里，絕雲氣，負青天，然後圖南，（且適南冥也）⑦。斥鴳⑧笑之曰：『彼且奚適也？我騰躍而上，不過數仞⑨而下，翱翔蓬蒿之間，此亦飛之至也。而彼且奚適也？』」此小大之辯也⑩。

【註譯】

①湯之問棘（jí極）：棘，湯時賢人。湯之問棘的故事，見於列子湯問篇，作夏革。「革」「棘」古同聲通用（郭慶藩說）。

清馬其昶說：「案『湯問棘』，詳列子湯問篇。凡冥靈、大椿及鯤鵬云云，乃是總括其說，略同於諧而再見者，以湯棘皆古賢聖，言足取信。寓言篇所謂重言者，此其例也。述諧意在積厚，述湯問意在小大之辯。」（莊子故）

近人聞一多說：「此句與下文語意不屬，當脫湯問棘事一段。唐僧神清北山錄曰：『湯問革曰：「上下四方有極乎？」革曰：「無極之外，復無極也。」』僧慧寶註曰：『語在莊子，與列子小異。』案革、棘古字通，列子湯問篇正作『革』。神清所引，其即此處佚文無疑。惜句多省略，無從補入。」（莊子內篇校釋，在古典新義內）

②湯問棘曰：「上下四方有極乎？」棘曰：「無極之外，復無極也」：這二十一字原缺，依聞一多之說，據唐僧神清北山錄引增補。關鋒內篇譯解本即依聞說據神清所引佚文補入。「窮髮之北」以下（至「彼且奚適也」一段）承「復無極也」句，皆為棘語，關本標點略誤。

③窮髮：不毛之地。「髮」，指草木。

④修：長。

⑤太山：世德堂本作「泰山」，在山東泰安縣北。

⑥扶搖羊角：「羊角」，旋風。

馬叙倫說：「按御覽九引此文，註曰：『扶搖，羊角風也。今旋風上如羖羊角也。』不知何家莊子註語。其義則以『旋風』釋『羊角』，以『羊角』釋『扶搖』。『扶搖』與『羊角』均為迴旋之風，疑『羊角』是古註文，誤入正文。音義獨引司馬說，疑崔、李諸家無之。」馬說可存。

⑦然後圖南，〔且適南冥也〕：按「且適南冥也」五字，當係後人據成疏「圖度南海」（註「圖南」）誤入正文，當刪。其證有四：前兩言「徙於南冥」，而不復言「圖南」，因「圖南」即徙南冥，其證一。前文言「而後乃今圖南」，而不復言「徙於南冥」，其證二。「圖南」與「適南冥」義複。「圖南」，成疏「圖度南海」，何須復言適南海？其證三。從文勢看，「彼且奚適也」正承「圖南」而來，與「且適南冥」複沓，其證四。

⑧斥鴳（yàn 燕）：指池澤中的小麻雀。「斥」，池（廣雅釋地）；小澤（司馬註）。「鴳」，字亦作鷃（釋文），即雀。

⑨仞（rèn 刃）：周人以七尺為一仞。

⑩此小大之辯也：本書多借「辯」為「辨」（奚侗莊子補註）。後文「辯乎榮辱之境」的「辯」，亦借為「辨」。

朱桂曜說：「徐幹中論云：『辯者別也。』大與小有別，蜩鴳之不知大鵬，正如秋水篇『埳井之鼃』不知『東海之鼈』，皆以喻『小知不及大知』。……宋玉答楚襄王問亦以鯢鷃不知鵾鳳，喻世俗之民不知臣之所為。……而郭象以為無小無大，各安其天性，正與莊意相反。主旨既繆，徒逞遊說，使莊子之書愈解而愈晦者，郭象清談之過也。」

王仲鏞說：「大鵬的形象高大雄偉，翱翔天海；蜩與學鳩、斥鷃的形象微末委瑣，上下蓬蒿，這本是以鮮明的『小大之辯』（同辨，區別）來說明『小知（智）不及大知（智）』。可是，向秀、郭象卻從這裏歪曲了莊子的原意，附會『齊大小』、『均異趣』的道理。」

王博說：「在鯤鵬的寓言中，關鍵的問題不在知識，而是眼界，或者人們習慣說的境界。」

【今譯】

湯問棘也有這樣的話：

湯問棘說：「上下四方有極限嗎？」

棘說：「無極之外，又是無極！不毛之地的北方，有一個廣漠無涯的大海，就是天然的大池。那裏有一條魚，它的寬度有幾千里，沒有人知道它有多長，它的名字叫做鯤。有一隻鳥，它的名字叫做鵬，鵬的背像泰山，翅膀像天邊的雲，乘着旋風而直上九萬里的高空，超絕雲氣，背負青天，然後向南飛翔。小澤裏的麻雀譏笑它說：『它要到哪裏去呢？我騰躍而上，不過幾丈就落下來，在蓬蒿叢中飛來飛去，這也是盡了飛躍的能事。而它究竟要飛到哪裏去呢？』」這就是小和大的分別。

故夫知效一官，行比①一鄉，德合一君而徵一國②者，其自視也亦若此矣③。而宋榮子④猶然⑤笑之。且舉世而譽之而不加勸，舉世而非之而不加沮，定乎內外之分，辯乎榮辱之境，斯已矣。彼其於世未數數然⑥也。雖然，猶有未樹也。夫列子御風而行⑦，泠然⑧善也，旬有五日而後反⑨。彼於致福者，未數數然也。此雖免乎行，猶有所待⑩者也。

若夫乘天地之正⑪，而御六氣之辯⑫，以遊無窮者，彼且惡乎待哉⑬！

故曰，至人無己⑭，神人無功，聖人無名。

【註譯】

①比：猶庇（馬其昶莊子故引吳汝綸之說）。案「比」借為庇，說文：「庇，蔭也。」（王叔岷莊子校詮）

②德合一君而徵一國：「而」字郭慶藩認為當讀為「能」（詳見莊子集釋）。「而」、「能」古字固通用，然此處「而」字不必作「能」字解，仍當依成疏讀「而」為轉語。

③其自視也亦若此矣：「其」指上述三等人，「此」指上文蜩鳩、斥鴳囿於一隅而沾沾自喜。

郭象說：「亦猶鳥之自得於一方。」

清周拱辰說：「不獨鳥有斥鴳也；儒之斥鴳多矣！各懷其是而沾沾自喜。」（南華真經影史）

福永光司說：「這些人就是那搶上榆枋又投回地面的學鳩，就是那在習慣與惰性之中頻頻鼓着翅膀的蜩。他們安住在常識層面的價值與規範之世界，將這一角世界當作世界之全，而埋沒其中。他們畢竟與自己原係何種存在，人之『應然』為何，人之根源真實的生涯是何物這等問題全不相及。」

④宋榮子：為稷下早期人物，生當齊威、宣時代，大約是紀元前四〇〇至前三二〇年間人（汪奠基中國邏輯思想史料分析宋鈃的名辯思想五〇頁）。本書天下篇、荀子非十二子篇作宋鈃（jiān 堅），孟子告子篇作宋牼（jīng 經）。韓非子顯學篇作宋榮。宋鈃、宋牼、宋榮是一個人（見唐鉞尹文和尹文子，收在古史辨第六冊），「牼」與「鈃」聲固相近，「榮」與「鈃」聲亦相近（俞樾春在堂全書俞樓雜纂莊子人名考）。根據天下篇，宋牼學派的思想要點是：倡導上下均平；去除人心的固蔽；「見侮不辱，救民之鬥」；「情慾寡淺」；「禁攻寢兵」。宋牼是位傑出的反戰思想家。

⑤猶然：嘻笑的樣子。「猶」，即「繇」，古今字（郭璞註禮記樂記）。爾雅釋詁：「繇，喜也。」（見馬叙倫、蔣錫昌引）

⑥數數然：汲汲然，急促的樣子。

⑦列子御風而行：故事見於列子黃帝篇。列子，即列禦寇，為春秋時代鄭國思想家。先秦典籍，如莊子、尸子、韓非子、呂氏春秋、戰國策並稱其言舉其事。呂氏春秋不二篇說：「子列子貴虛。」漢書藝文志：道家有列子八篇。今所存本乃劉向所校「新書」之殘缺、雜亂者，其書非禦寇自著，為其門人與私淑弟子所記述；非全為後人所僞託（嚴靈峯列子章句新編自序）。嚴靈峯先生說：「按：列子黃帝篇云：『列子師老商氏，友伯高子，進二子之道，乘風而歸。』『隨風東西，猶木葉幹殼，竟不知風之乘我邪？我乘風邪？』這顯然地，莊子引列子『乘風』之事以為說，藉明有待與無所待之理。足證此文亦係列子先於莊子。」（列子新書辨惑——辯列子書不後於莊子書）案：近人多誤現存列子為晉人僞託，嚴著長文駁斥，論據充足，可澄清梁啟超、馬叙倫、胡適諸臆說。

⑧泠然：飄然（林希逸註）；輕妙之貌（郭象註）。

⑨反：同返。御覽九引「反」作「返」（見劉文典補正、王叔岷校釋）。

⑩有所待：有所依待。即有所拘束，致精神不得自主，心靈不得安放。

徐復觀先生說：「人生之所以受壓迫、不自由，乃由於自己不能支配自己，而須受外力的牽連。受外力的牽連，即會受到外力的限制甚至支配。這種牽連，稱之為『待』。」（中國人性論史三八九頁）

⑪乘天地之正：即是順萬物之性（郭註）；即自然之道（蔣錫昌說）。「正」，指自然之性（王力古代漢語三五四頁）。按：「正」亦猶今所謂規律、法則。「天地之正」，即天地的法則，亦即自然的規律。

徐復觀先生說：「乘天地之正，郭象以為『即是順萬物之性』……人之所以不能順萬物之性，主要是來自物我之對立；在物我對立中，人情總是以自己作衡量萬物的標準，因而發生是非好惡之情，給萬物以有形無形的干擾，自己也同時感到處處受到外物的牽掛、滯礙。有自我的封界，才會形成我與物的對立；自我的封界取消了（無己），則我與物冥，自然取消了以我為主的衡量標準，而覺得我以外之物的活動，都是順其性之自然。」（中國人性論史三九四頁）

⑫六氣之辯：六氣的變化。

司馬彪說：「六氣，陰陽風雨晦明也。」

郭慶藩說：「辯讀為變。廣雅：『辯，變也。』『辯』『變』古通用。」

⑬惡乎待哉：有什麼依待的呢？

方東美先生說：「一個人要真正獲得精神自由，必須『無待』。那麼怎麼樣可以無待呢？就是從事這個生活的人自己要有一個使命，要在自己的生命宇宙裏面，自做精神主宰。」

⑭無己：意指沒有偏執的我見；即去除自我中心；亦即揚棄為功名束縛的小我，而臻至與天地精神往來的境界。

徐復觀先生說：「莊子的『無己』，與慎到的『去己』，是有分別的。總說一句，慎到的『去己』，是一去百去；而莊子的『無己』，是讓自己的精神，從形骸中突破出來，而上昇到自己與萬物相通的根源之地。」（中國人性論史三九五頁）

方東美先生說：「莊子同一般世俗的英雄不同，他所謂的『真人』、『至人』、『神人』，並沒有這種精神的優越感，也沒有這種『小我』的觀點；也就是說他並沒有劃一道鴻溝，把自己和宇宙隔開來，把自己和一般人隔開來。這也就是所謂的『至人無己、神人無功、聖人無名』！」

【今譯】

有些人才智可以擔任一官的職守，行為可以順着一鄉的俗情，德性可以投合一君的心意而取得一國的信任，他們自鳴得意就好像小麻雀一樣。而宋榮子不禁嗤笑他們。宋榮子能够做到整個世界都誇讚他卻不感到奮勉，整個世界都非議他卻不感到沮喪。他能認定內我和外物的分際，辨別光榮和恥辱的界限。就這樣罷了！他對於世俗的聲譽並沒有汲汲去追求。雖然這樣，但他還有未曾樹立的。

列子乘風遊行，輕巧極了，過了十五天而後回來。他對於求完善的事，並沒有汲汲去追求。這樣雖然可免於步行，但畢竟有所依待。若能順着自然的規律，而把握六氣的變化，以遊於無窮的境域，他還有什麼依待的呢？所以說：「至人無己」，「神人無功」，「聖人無名」。

二

堯讓天下[1]於許由[2]，曰：「日月出矣，而爝火[3]不息，其於光也，不亦難乎！時雨降矣，而猶浸灌[4]，其於澤也，不亦勞乎！夫子立[5]，而天下治，而我猶尸[6]之，吾自視缺然[7]。請致天下。」

許由曰：「子治天下，天下既已治也。而我猶代子，吾將為名乎？名者實之賓也[8]。吾將為賓乎？鷦鷯[9]巢於深林，不過一枝；偃鼠[10]飲河，不過滿腹。歸休乎君，予無所用天下為！庖人雖不治庖，尸祝[11]不越樽俎[12]而代之矣。」

【註譯】

①堯讓天下：「堯」，儒家理想的聖王，號陶唐氏（漢書臣瓚註：「堯初居唐後居陶，故曰陶唐。」）。關於堯號陶唐，古來註解分歧，近人更疑是戰國儒家臆說，可參看楊寬中國上古史導論第九編（收入古史辨第七冊）、童書業帝堯陶唐氏名號溯源（古史辨第七冊下編）等文。顧頡

剛不僅懷疑堯和唐的關係，且進一步認為：「堯、舜、禹都是冥漠中獨立的個人，非各裝在一個着實的地方，不足以使得他們的地位鞏固。」（見古史辨第一冊）顧氏之言，引發了多人討論。關於堯讓之事，最早見於尚書堯典，然近人多疑堯典為後儒託造。禪讓之說，早自荀子已大加批評，今人疑風尤盛。

荀子說：「世俗之為說者曰：『堯舜擅讓。』是不然：天子者，勢位至尊，無敵於天下，夫有誰與讓矣！……夫曰堯舜擅讓，是虛言也，是淺者之傳，陋者之說也。」（正論篇）

韓非子說：「舜逼堯，禹逼舜，湯放桀，武王伐紂，此四王者，人臣弒其君者也，而天下譽之！」（說疑篇）按：韓非以為堯舜只是逼伐，並非禪讓。

顧頡剛說：「詩經中有若干禹，但堯舜不曾一見。尚書中除了後出的堯典、臯陶謨有若干禹，但堯舜也不曾一見。故堯舜的傳說，禹先起，堯舜後起，是無疑義的。」（古史辨第一冊一二七頁）

童書業說：「堯舜禪讓說經墨家的鼓吹，漸漸成熟，流入了儒家的學說中，儒家本來是富於整齊增飾故事的本領的，他們既漆出舜禹禪讓的故事來，於是堯、舜、禹成為禪讓故事中的三尊偶像。」（帝堯陶唐氏名號溯源，古史辨第七冊下編二二頁）

②許由：傳說中人物。隱人，隱於箕山（釋文）。箕山在今河南登封縣南。司馬遷曾登箕山，上有許由冢（史記伯夷列傳）。

近人楊寬說：「徐无鬼篇云：『齧缺遇許由，曰：「子將奚之？」曰：「將逃堯。」』外物篇云：『堯以天下讓許由，許由不受。』此許由辭讓天下之說，為前此載籍所不見。莊子寓言十九，論者以此為寓言，非事實。」（中國上古史導論第十三篇，見古史辨上編三四五頁）

③爝（jué 厥）火：小火。陸德明說：「本亦作『燋』，一云：燋火，謂小火也。」

④浸（jìn 禁）灌：浸潤漸漬之謂（郭慶藩說）；灌溉的意思。

⑤立：即初文「位」字（馬叙倫說）。

⑥尸：主。

⑦缺然：歉然（陳啟天說）。

⑧名者實之賓也：名是實的賓位（張默生新釋）。

⑨鷦（jiāo 交）鷯（liáo 僚）：小鳥（李頤註）；俗名「巧婦鳥」（成疏）。

⑩偃（yǎn 匽）鼠：一名隱鼠，又名鼢鼠，即田野地行鼠。王叔岷先生說：「初學記二九引『偃』作『鼴』，『鼴』即『偃』之俗。」

⑪尸祝：對神主掌祝的人；即主祭的人。

⑫樽（zūn 尊）俎（zǔ 阻）：「樽」，酒器。「俎」，肉器。「樽俎」，指廚事。

【今譯】

堯把天下讓給許由，說：「日月都出來了，而燭火還不熄滅，要和日月比光，不是很難麼？及時雨都降落了，而還在挑水灌溉，對於潤澤禾苗，豈不是徒勞麼？先生一在位，天下便可安定，而我還佔着這個位子，自己覺得很慚愧，請容我把天下讓給你。」

許由說：「你治理天下，天下已經安定了。而我還來代替你，我難道為着名嗎？名是實的賓位，我難道為着求賓位嗎？小鳥在深林裏築巢，所需不過一枝；偃鼠到河裏飲水，所需不過滿腹。你請回吧！我要天下做什麼呢？廚子雖不下廚，主祭的人也不越位去代他來烹調。」

肩吾問於連叔[1]曰：「吾聞言於接輿[2]，大而無當，往而不返。吾驚怖其言，猶河漢而無極也；大有逕庭[3]，不近人情[4]焉。」

連叔曰：「其言謂何哉？」

「曰：『藐[5]姑射之山[6]，有神人居焉，肌膚若冰雪，綽約[7]若處子[8]；不食五穀，吸風飲露；乘雲氣，御飛龍，而遊乎四海之外[9]。其神凝[10]，使物不疵癘[11]而年穀熟。』吾以是狂[12]而不信也。」

連叔曰：「然！瞽者[13]無以與乎文章之觀，聾者無以與乎鐘鼓之聲。豈唯形骸有聾盲哉[14]？夫知亦有之。是其言也[15]，猶時女[16]也。之人也，之德也，將旁礴萬物以為一[17]，世蘄乎亂[18]，孰弊弊焉以天下為事！之人也，物莫之傷，大浸稽天[19]而不溺，大旱金石流、土山焦而不熱。是其塵垢粃糠，將猶陶鑄堯舜者也，孰肯分分然以物為事[20]。」

【註譯】

①肩吾問於連叔：肩吾、連叔，古時修道之士。歷史上是否實有其人，已不可考。在莊子筆下出現的人物，都是經他盡意刻畫過的，或憑空塑造，或根據一點史實綫索加以裝扮。莊子這本

書，「寓言十九」，舉凡山川人物、鳥獸蟲魚，無一不是他手中的素材。許多歷史名人都成了他導演的工具，例如孔子，這位儒家的泰斗，在莊子筆下卻經常變成了一個道家的門徒（有些人還以為莊子在揚孔）。其實任何人、物都只是莊子借來表達自己哲學思想的傳聲具罷了！本書中的人名，仍依舊註略作簡介，讀者不必考慮他們的真實性問題。

林希逸說：「肩吾、連叔，皆未必實有此人，此皆寓言，亦不必就名字上求義理，中間雖有一二亦可解說，而實不皆然也。」

②接輿：楚國隱士，高士傳以為姓陸名通，字接輿。論語微子篇曾記錄他的言行。這裏作為莊子筆下的理想人物。

唐成玄英說：「接輿者，姓陸，名通，字接輿，楚之賢人隱者也，與孔子同時。而佯狂不仕，常以躬耕為務，楚王知其賢，聘以黃金百鎰，車駟二乘，並不受。於是夫負妻戴，以遊山海，莫知所終。」

③大有逕庭：太過度，太離題。

林希逸說：「『逕庭』，只言疆界遙遠也。『大有』，甚有也。」

清宣穎說：「『逕』，門外路也。『庭』，堂前地也。勢相遠隔。今言『大有逕庭』，則相遠之甚也。」（南華真經）

④不近人情：不附世情（成疏）；言非世俗所常有（林希逸說）。

⑤藐：遙遠的樣子。

⑥姑射之山：神話中的山名。

⑦綽約：輕盈柔美。
⑧處子：處女。
⑨乘雲氣，御飛龍，而遊乎四海之外：謂與天地精神往來（陳啓天說）。
⑩神凝：精神專註。
⑪疵癘：疾災。
⑫狂：借為「誑」。
⑬瞽（gǔ古）者：沒有眼珠的瞎子。
⑭豈唯形骸有聾盲哉：闕誤引天台山方瀛觀古藏本「盲」作「瞽」（馬叙倫說）。
福永光司說：「他們稱肉體上視覺機能的障礙者為瞽，聽覺機能障礙者為聾；但瞽與聾並不只限於肉體上才有，精神上也一樣有，他們正是精神上的瞽者、精神上的聾者。……他們的精神對於至大的世界是瞎了眼的，對於根源的『一』的世界是聾了耳的；因之，他們只能固執事象之表面的差別與對立，繫情於詞令之修飾等末端的變換。」（莊子第三章迷惑的世人，陳冠學中譯）
⑮是其言也：指上文「心智亦有聾盲」幾句話。
清武延緒說：「按『其』字，即指上瞽聾云云而言。」（莊子札記）
⑯時女：「時」，同是。「女」，同汝，指肩吾。
林希逸說：「『時』，是也。『女』，與「汝」同。前後解者，皆以此『時女』為『處子』，故牽強不通其意。蓋謂如此言語，豈是汝一等人能之。」
明焦竑說：「『時』，是也。『女』，即汝字。謂智有聾盲，即汝之狂而不信者是也。」（莊子翼）

近人奚侗說：「釋文引司馬云：『時女猶處女也。』向云：『時女，虛靜柔順，和而不喧，未嘗求人而為人所求也。』兩說皆謬。『時』，借作『之』，『女』讀為『汝』，肩吾也。『是其言也』，乃指上『豈唯形骸有聾盲哉，夫知亦有之』之語，猶之汝也。『之』為助詞，謂是言乃似汝也。」（莊子補註）

王叔岷先生說：「爾雅釋詁：『時，是也。』此謂〔心〕知亦有聾瞽，即是汝肩吾耳。」（莊子校詮）

按舊註多誤，以上各說為是。

⑰旁礡萬物以為一：「旁」字又作「磅」（釋文）。吳澄內篇訂正本「旁」亦作「磅」。「旁礡」，猶混同（司馬彪說）；一說廣被之意（李楨說）。近人有以「旁礡萬物以為一世」為讀，「一世」連讀，不妥。

奚侗說：「近人治莊子者，如李楨、王先謙均以『一世』連讀，而讀『為』為去聲（宣穎亦如此讀），然上文既言神人將為一世蘄乎亂，下文言孰弊弊焉以天下為事，則上下文自矛盾矣。郭註『世以亂故求我』，釋文出『世蘄』二字為之音義，文選吳都賦劉淵林註引莊子曰：『將磅礡萬物以為一』，可見古無有以『一世』連讀者。」按：奚說可取。淮南子俶真訓：「旁薄為一，而萬物大優。」正引自本文「旁礡萬物以為一」之語。

⑱世蘄乎亂：「亂」字，宜從郭註作常義解。近人多訓「亂」為「治」，似不合莊子原意（陳啓天說）。按近人姚鼐（莊子章義）、王先謙（集解）、馬叙倫（義證）、于省吾（新證）、張默生（新釋）等均訓「亂」為「治」。然作常義解，於義為長。「世蘄乎亂」，意指世人爭功求名，紛紛擾擾，黨派傾軋，勾心鬥角，所以說求亂不已。

⑲大浸稽天：大水滔天。「浸」，水。「稽」，及。

⑳孰肯分分然以物為事：「分分然」三字原缺，依淮南子俶真訓補上。王叔岷先生說：「此與上文『孰弊弊焉以天下為事』對言，『孰肯』下疑有脫文，淮南子俶真訓：『孰肯分分然以物為事也。』即用此文，當補『分分然』三字與上文句法一律。」王說可從，當據淮南俶真訓增補。

【今譯】

肩吾跟連叔說：「我聽接輿談話，言語誇大不着邊際，一發議論便不可收拾。我驚駭他的言論，好像銀河一般漫無邊際，而且和常理差別太大，不合世情。」

連叔說：「他說的是什麽呢？」

〔肩吾說：〕「他說：『在遙遠的姑射山上，住了一個神人，肌膚有若冰雪一般潔白，容態有如處女一般柔美；不吃五穀，吸清風飲露水；乘着雲氣，駕馭飛龍，而遨遊於四海之外。他的精神凝聚，使物不受災害，穀物豐熟。』我認為這是發誑言，所以不以為信。」

連叔說：「當然啦！『瞎子無法和他共賞文彩的美觀；聾子無法和他共賞鐘鼓的樂聲。豈只是形骸有聾有瞎嗎？心智也有的啊！』——這些話，就是指你而言的呀！那個神人，他的德量，廣被萬物合為一體，人世喜紛擾，他怎肯勞形傷神去管世間的俗事呢！這種人，外物傷害不了他，洪水滔天而他不會被溺斃，大旱使金石熔化、土山枯焦而他不會感到熱。他的塵垢粃糠，也可以造成堯舜，他怎肯紛紛擾擾以俗物為務呢！」

宋[1]人資章甫[2]而適諸越[3]，越人斷髮文身，無所用之。堯治天下之民，平海內之政，往見四子[4]藐姑射之山，汾水之陽[5]，窅然[6]喪其天下焉。

【註譯】

①宋：今河南睢縣。殷後，微子所封。

②資章甫：「資」，貨，賣。「章甫」，殷冠（李頤說）。

③諸越：今浙江紹興一帶。「諸」、「於」古通，越人自稱「於越」。御覽六八五引「諸」作「於」（馬叙倫說）。

李楨說：「『諸越』，猶云『於越』。廣雅釋言：『諸，於也。』禮記射義註：『諸，猶於也。』是疊韻假借。」（見郭慶藩集釋引）

④四子：舊註以「四子」為王倪、齧缺、被衣、許由（司馬彪、李頤註）。這是寓言，不必指特定的人物。

李楨說：「四子本無其人，徵名以實之則鑿矣。」

⑤汾水之陽：汾水出太原，今莊子寓言（釋文）。「陽」，指北面。

⑥窅（yǎo 咬）然：猶悵然（李頤說）；茫茫之意（林希逸說）。

【今譯】

宋國人到越國販賣帽子，越人剪光頭髮，身刺花紋，用不着它。

堯治理天下的人民，安定海內的政事，往遙遠的姑射山上、汾水的北面，拜見四位得道之士，不禁茫然忘其身居天下之位。

三

惠子①謂莊子曰：「魏王②貽我大瓠③之種，我樹之成而實五石④，以盛水漿，其堅不能自舉也；剖之以為瓢，則瓠落無所容⑤。非不呺然⑥大也，吾為其無用而掊之。」

莊子曰：「夫子固拙於用大矣。宋人有善為不龜手⑦之藥者，世世以洴澼絖⑧為事。客聞之，請買其方以百金⑨。聚族而謀曰：『我世世為洴澼絖，不過數金；今一朝而鬻技百金，請與之。』客得之，以說⑩吳王。越有難⑪，吳王使之將，冬與越人水戰，大敗越人，裂地而封之。能不龜手，一也；或以封，或不免於洴澼絖，則所用之異也。今子有五石之瓠，何不慮⑫以為大樽⑬而浮乎江湖，而憂其瓠落無所容？則夫子猶有蓬之心⑭也夫！」

【註譯】

①惠子：姓惠名施，宋人，做過梁惠王宰相，是莊子的好友。他認為萬物流變無常，因此一個東西不可能有相當固定的時候；他說：「日方中方睨，物方生方死。」他認為任何東西的性質都是

相對的，因此事物之間，也就沒有絕對的區別。他說：「天和地一樣低，山和湖一樣平。」（「天與地卑，山與澤平。」）他用詭論的方式說明天地萬物是一體的；他主張：「氾愛萬物，天地一體。」惠施的著作沒有傳下來，僅莊子天下篇中記述了他的十項論點。惠施是「名家」的重要人物。在本書中，常有記述他和莊子在觀點上的論辯之事。

②魏王：即魏惠王，姓魏名罃，因魏都遷大梁，所以又稱梁惠王。惠是謚號。

③大瓠（hù 户）：大葫蘆。

王博說：「無論是說大樹還是大瓠，莊子說的都是大人，有一個大心的人。」

④石（dàn 旦）：為「祏」省。說文：「祏，百二十斤。」

⑤瓠落無所容：指瓢太大無處可容。「瓠落」，猶廓落（釋文引簡文帝說），大。

⑥呺（xiāo 消）然：虛大的樣子。

俞樾說：「文選謝靈運初發都詩李善註引此文作『枵』，當從之。爾雅釋天：『玄枵，虛也。』虛則有『大』義，故曰：『枵然大也。』釋文引李云：『号然，虛大貌。』是固以『枵』字之義說之。」

⑦龜手：氣候嚴寒，手皮凍裂如龜紋。

⑧洴（píng 瓶）澼（pì 譬）絖（kuàng 礦）：漂洗絲絮。

成玄英疏：「『洴』，浮；『澼』，漂也。『絖』，絮也。」

清盧文弨說：「疑『洴澼』是擊絮之聲。『洴澼』二字本雙聲，蓋亦像其聲也。」（引自郭慶藩莊子集釋）

⑨請買其方以百金：「以」字原缺。碧虛子校引江南古藏本「百」上有「以」字。舊闕，有「以」

字文較順（劉文典說）。當據補。

⑩說（shuì 稅）：遊說。

⑪越有難：越國兵難侵吳（成疏）。「難」，亂事，指軍事行動。「越有難」，等於說越入侵（王力古代漢語三五五頁）。

王叔岷先生說：「案『有』猶為也，謂越為兵難侵吳也。」（莊子校詮）

⑫慮：為「攄」省（馬叙倫說）。文選謝靈運永初三年七月十六日之郡初發都詩註引「慮」作「攄」（劉文典、王叔岷說）；作「慮」是故書。「慮」，猶結綴（司馬註），即縛繫之意。舊註有作思、謀解，非。

⑬樽：南人所謂腰舟（成疏）。

朱桂曜說：「天道篇：『知雖落天地，不自慮也。』『慮』亦『落』也。『落』同『絡』。」

司馬彪說：「樽如酒器，縛之於身，浮於江湖，可以自渡。」

⑭蓬之心：喻心靈茅塞不通。

【今譯】

惠子對莊子說：「魏王送我一顆大葫蘆的種子，我種植成長而結出果實有五石之大；用來盛水，它的堅固程度卻經不起自身所盛水的壓力；把它割開來做瓢，則瓢大無處可容。不是不大，但我認為它沒有用處，就把它打碎了。」

莊子說：「你真是不善於使用大的東西啊！有個宋國人善於製造使手不龜裂的藥物，他家世世代代都以漂洗絲絮為業。有一個客人聽說這種藥品，願意出百金收買他的藥方。他聚合全家來商量說：『我家世世代代漂洗絲絮，只得到很少的錢，現在一旦賣出這個藥方就可獲得百金，就賣了罷！』那個客人得到藥方後，便去遊說吳王。這時越國犯難，吳王就派他將兵，冬天和越人水戰，大敗越人，於是割地封賞他。同樣一個藥方，有人因此得到封賞，有人卻只是用來漂洗絲絮，這就是使用方法的不同。現在你有五石容量的葫蘆，為什麼不繫着當作腰舟而浮遊於江湖之上，反而愁它太大無處可容呢？可見你的心還是茅塞不通啊！」

惠子謂莊子曰：「吾有大樹，人謂之樗①。其大本擁腫②而不中繩墨，其小枝卷曲而不中規矩，立之塗，匠者不顧。今子之言，大而無用，衆所同去也。」

莊子曰：「子獨不見狸狌③乎？卑身而伏，以候敖者④；東西跳梁⑤，不辟⑥高下；中於機辟⑦，死於罔罟。今夫斄牛，其大若垂天之雲。此能為大矣，而不能執鼠。今子有大樹，患其無用，何不樹之於無何有之鄉，廣莫之野，彷徨⑧乎無為其側，逍遙⑨乎寢臥其下。不夭斤斧，物無害者，無所可用，安所困苦哉！」

【註譯】

①樗（chū 初）：落葉喬木，木材皮粗質劣。

成玄英疏：「樗，栲漆之類，嗅之甚臭，惡木者也。」

②擁腫：木瘤盤結。

奚侗說：「『擁』當作癰。說文：『癰，腫也。』言其形盤結如癰腫然。」

③狸狌（shēng 生）：「狸」，即貓。「狌」，同鼬，即鼬鼠，俗名黃鼠狼。

司馬彪說：「狌，狖也。」按「狖」即鼬。

朱桂曜說：「『狸』可訓貓，若『狌』則訓矣。『狸』亦作貍，廣雅釋獸：『貍，貓也。』秋水篇：『騏驥驊騮，一日而馳千里，捕鼠不如貍狌。』御覽引尸子：『使牛捕鼠不如貓狌之捷。』狸狌即貓狌也。」

④敖者：「敖」，音遨（司馬彪說）；遨即敖之俗（王叔岷說）。「敖者」，遨翔之物，指雞鼠之類。

近人楊樹達說：「說文六篇下出部云：『敖，出遊也。从出，从放。』此『敖』字正用本義。」（莊子拾遺）

⑤跳梁：猶走躑（成疏）。

蔣錫昌說：「按『梁』與『掠』通。尚書大傳『故爾梁遠』註：『梁讀為掠。』是其證。左氏昭二十年傳『輸掠其聚』註：『掠，奪取也。』……此言狸狌東西跳躍，奪取雞鼠之類也。」

⑥不辟：「辟」，同避。

⑦機辟：捕獸器。

成玄英疏：「謂機關之類也。」

郭慶藩說：「辟疑為檗之借字。」

王先謙說：「辟，所以陷物。鹽鐵論刑法篇：『「辟」陷設而當其蹊。』與此同義。」（莊子集解）

⑧彷徨：徘徊，遊衍自得。王叔岷先生說：「成疏釋『彷徨』為『縱任』，與『遊戲』意略近。」（莊子校詮）

⑨逍遙：優遊自在。

【今譯】

惠子對莊子說：「我有一棵大樹，人家都叫它做『樗』。它的樹幹木瘤盤結而不合繩墨，它的小枝彎彎曲曲而不合規矩，生長在路上，匠人都不看它。現在你的言論，大而無用，大家都拋棄。」

莊子說：「你沒有看見貓和黃鼠狼嗎？它們卑伏着身子，等待出遊的小動物；東西跳躍掠奪，不避高低；卻往往踏中機關，死於網羅之中。再看那犛牛，龐大的身子好像天邊的雲，雖然不能捉老鼠，但它的功能可大了。現在你有這麼一棵大樹，還愁它無用，為什麼不把它種在虛寂的鄉土，廣漠的曠野，你可以任意地徘徊在樹旁，自在地躺在樹下。不遭受斧頭砍伐，沒有東西來侵害它。無所可用，又會有什麼禍害呢？」

齊物論

齊物論篇，主旨是肯定一切人與物的獨特意義、內容及其價值。齊物論，包括齊、物論（即人物之論平等觀）與齊物、論（即申論萬物平等觀）。全篇共分七章：第一章，劈頭提示「吾喪我」的境界，「喪我」即去除「成心」（成見）、揚棄我執、打破自我中心。接着寫「三籟」，述自然的音響。第二章，評「百家爭鳴」——學派間的爭論，以至衆人役役、迷失自我。第三章，指出學派辯論、人物爭論，乃由「成心」作祟，因此產生種種主觀的是非爭執、意氣之見，因而提出「以明」的認識方法。並申論事物的相對性與流變性，以及價值判斷的相對性與流變性，因而提出「照之於天」的認識態度。第四章，歸結到「道通為一」；各家各派所見，不是宇宙之全，不是物如之真，只是主觀給予外界的偏見。再提出「以明」的認識方法。第五章，再度申說：「天地與我並生，而萬物與我為一。」第六章，例舉三個寓言故事，引申前義。第一個故事「堯問舜」一段，寫自我中心之排他性與開放心靈之涵容性的不同。第二個故事「齧缺問乎王倪」一段，提出「萬物有沒有共同的標準」，申說價值標準不定於一處，並指出人羣習於「人類自我中心」之非。第三個故事「瞿鵲子問乎長梧」一段，描述體道之士的死生一如觀及其精神境界。篇末第七章，例舉二則寓言「罔兩問景」一段，喻「無待」之旨。「莊周夢胡蝶」一段，寫「物化」之旨。

許多有名成語出自本篇，如：槁木死灰、心如死灰、萬竅怒號、朝三暮四、狙公賦芧、十日並出、栩栩如生、妄言妄聽、存而不論、恢恑憰怪、沈魚落雁、孟浪之言。

一

南郭子綦①隱机②而坐，仰天而噓③，荅焉④似喪其耦⑤。顏成子游⑥立侍乎前，曰：「何居⑦乎？形固可使如槁木，而心固可使如死灰乎？今之隱机者，非昔之隱机者也⑧。」

子綦曰：「偃，不亦善乎，而[9]問之也！今者吾喪我[10]，汝知之乎？汝聞人籟而未聞地籟，汝聞地籟而未聞天籟夫[11]！」

子游曰：「敢問其方。」

子綦曰：「夫大塊[12]噫氣[13]，其名為風。是唯無作，作則萬竅怒呺[14]。而獨不聞之翏翏[15]乎？山陵之畏佳[16]，大木百圍之竅穴，似鼻，似口，似耳，似枅[17]，似圈[18]，似臼，似洼[19]者，似污[20]者；激[21]者，謞[22]者，叱者，吸者，叫者，譹[22]者，宎[24]者，咬[25]者。前者唱于而隨者唱喁。泠風[26]則小和，飄風則大和，厲風濟[27]則眾竅為虛。而獨不見之調調之刁刁乎[28]？」

子游曰：「地籟則眾竅是已，人籟則比竹[29]是已。敢問天籟。」

子綦曰：「夫天籟者[30]，吹萬不同，而使其自已也，咸其自取[31]，怒者其誰邪[32]！」

【註譯】

①南郭子綦（qí 其）：子綦，人名。住在城郭南端，因以為號。古人多以居處為號，如市南宜僚（山木篇）、東郭順子（田子方）。成疏以子綦為楚人，近人朱桂曜引徐无鬼篇證其為齊人（莊子內篇證補）。蓋莊子寓託的得道者。

王博說：「齊物的關鍵，其實不在於物，而在於心。……與逍遙遊的北冥開始不同。齊物論的起首是南郭子綦。如果說由北而南象徵着從形體到心靈之路，那麼也許我們可以說，莊子最初設計南郭的名字時就考慮到了要突出心的問題。」

②隱机：憑几坐忘（成疏）。「隱」，憑，倚。「机」，今本作「几」。

奚侗說：「『隱』，正當作『𤔌』。說文『𤔌，有所依也。』今則『隱』行，『𤔌』廢矣。」（莊子補註）

近人李勉說：「『機』為靠椅，似牀，可以靠背而坐臥。禮記曾子問：『遂輿機而往。』疏云：『機者，狀如牀。』可資為證。」（莊子總論及分篇評註六三頁）

③嘘：吐氣為嘘（釋文）。成疏解「嘘」為「歎」，不妥。「嘘」即緩吐出氣，當非歎息。

④荅（dá達）焉：相忘貌（林雲銘莊子因）。

⑤似喪其耦：「喪」，失，猶忘。謂似忘我與物之相對（陳啓天淺說）。按「耦」作「偶」，即匹對；通常解釋為精神與肉體為偶，或物與我為偶。「似喪其耦」，即意指心靈活動不為形軀所牽制，亦即意指精神活動超越於匹對的關係而達到獨立自由的境界。

⑥顏成子游：南郭子綦的弟子，顏成是複姓，名偃字子游。李頤說姓顏（釋文引），誤。廣韻十四清『成』字註文以顏成為複姓（見劉師培莊子斠補引）。徐无鬼篇作「顏成子」。

⑦何居：何故。

司馬彪說：「居，猶故也。」（釋文引）

⑧今之隱机者，非昔之隱机者也：有兩種講法：一說子綦的「隱机」和以前所見的不同；如郭象註：「子游嘗見隱机者，而未見若子綦也。」另一說，子綦現在的「隱机」和從前大不相同；如成玄英疏：「子綦昔見坐忘，未盡玄妙；今逢隱机，實異曩時。」當以後說為是。

呂惠卿說：「昔之隱几，應物時也；今之隱几，遺物時也。」（莊子義）

嚴靈峯先生說：「『今之隱几』與『昔之隱几』乃指子綦在同地所行之事，不過在時間上稍有距離。莊子的『坐忘』，猶如佛家的『入定』。子綦由『隱机』至於『吾喪我』，就像和尚由『打坐』至於『入定』。『昔之隱机』指『打坐』時言，『今之隱几』指『入定』時言。」

⑨而：同爾，汝。下文「而獨不見之調調之刁刁乎」的「而」字同作「汝」。

⑩吾喪我：摒棄我見。「喪我」的「我」，指偏執的我。「吾」，指真我。由「喪我」而達到忘我、臻於萬物一體的境界，與篇末「物化」一節相對應。

釋德清說：「此齊物以『喪我』發端，要顯世人是非都是我見。」（莊子內篇註）

方師東美說：「莊子在『齊物論』裏，要把真正的自由精神，變做廣大性的平等，普遍的精神平等。然後對第一個必要條件，他說『今日吾喪我』，這個『我』是什麼呢？它有不同的意義。一種是『小我』，乃是因為在思想上或情操上，每個人都常以自我為中心，同於己者就是之，異於己者就非之，所以造成許多隔閡，把和自己不同的看法排斥掉，或隔絕起來，而自以為是。這是道家認為最忌諱的一件事。

所以以莊子繼承老子的精神，第一步講精神平等就是要『喪我』，也就是要喪小我，忘小我，而成就大我。」（原始儒家道家哲學第五章莊子部分）

⑪汝聞人籟而未聞地籟，汝聞地籟而未聞天籟夫：「籟」，即簫，這裏意指空虛地方發出的聲響。「人籟」是人吹簫管發出的聲音，譬喻無主觀成見的言論。「地籟」是指風吹各種竅孔所發出的聲音，「天籟」是指各物因其各己的自然狀態而自鳴。可見三籟並無不同，它們都是天地間自然的音響。

釋德清說：「將要齊物論，而以三籟發端者，要人悟自己言之所出，乃天機所發。果能忘機，無心之言，如風吹竅號，又何是非之有哉！」

宣穎說：「待風而鳴者，地籟也。而風之使竅自鳴者，即天籟也。」（南華經解）

⑫大塊：大地。

王懋竑說：「塊然有形者，地也，風起溪谷問。」（莊子存校）

俞樾說：「大塊者，地也。塊乃凷之或體。說文土部：『凷，墣也。』蓋即中庸所謂一撮土之多者，積而至於廣大，則成地矣，故以地為大塊也。司馬云大朴之貌，郭註曰大塊者無物也，並失其義。此本說地籟，然則大塊者，非地而何？」

奚侗說：「俞樾云：『大塊者，地也。此本說地籟，大塊非地而何？』文選張華答何劭詩：『大塊稟羣生。』註：『大塊謂地也。』」按俞說是。另一說「大塊」指天地之間（見林希逸口義、褚伯秀義海纂微、朱桂曜證補），亦通。

⑬噫（yì 意）氣：吐氣出聲。

楊樹達說：「說文二篇上口部云：『噫，飽食息也。』此謂大塊出息聲。」

⑭呺：借為「號」。文選月賦註引正作「號」（奚侗說）；御覽九引亦作「號」；道藏林希逸口義本、褚伯秀義海纂微本並作「號」（王叔岷說）。

⑮翏翏（liáo 僚）：長風聲。李本作「飂」，音同（釋文）。按「翏」為「飂」省（馬叙倫莊子義證）。

⑯山陵之畏佳（cuī 崔）：形容山勢的高下盤回。「陵」，各本作「林」，依奚侗之說改。「畏佳」，顧野王玉篇山部引作「嵔崔」。「畏」，崔譔本作「㟪」（釋文引）。

奚侗說：「『林』當為『陵』。六韜絕糧第三十九：『依山林險阻、水泉林木而為之固。』通典五十七引作『山陵』，是『陵』誤為『林』之例證。」案：奚說為是。聞一多莊子內篇校釋、嚴靈峯莊子章句新編及日本金谷治莊子均據奚說改正本文。

馬叙倫說：『隹』為『崔』之省，說文曰：『崔，大高也。』『嵬』『嵬』一字，說文曰：『嵬，山石崔嵬，高而不平也。』此言『畏隹』，義重不平。」

王叔岷說：「卷子本玉篇山部引『畏隹』作『崔嶵』，並引司馬註：『山高下槃回之形也。』」

⑰枅（jī機）：柱上方木（字林）。

⑱圈：杯圈（釋文）；圓竅（王敔註）。

⑲洼（wā蛙）：深池，指深竅。

朱桂曜說：「說文水部：『洼，深池也。』」

⑳污：小池，指淺竅。按：上文「似鼻，似口，似耳，似枅，似圈，似臼，似洼，似污者」，都是形容衆竅的形狀。

釋德清說：「有淺孔似水之污者。」

朱桂曜說：「說文水部：『污薉也，一曰小池為污。』……『哇』與『污』皆有污薉污下之義；若析言之，則一為深池，一為小池耳。」

馬叙倫說：「小池為『污』者，字當作『洿』。說文曰：『洿，濁水不流池也。』此與『洼』連文，當是借『污』為『洿』也。」

㉑激：如水激（釋文）；如水湍激聲（成疏）。一說「激」借為「噭」。說文曰：「噭，吼。」（奚侗說）

㉒謞（xiào效）：若箭去之聲（釋文引簡文帝說）。另一說「謞」與「號」同（詳見奚侗莊子補註）。

㉓譹：若嚎哭聲（司馬彪說）。

㉔宎（yǎo）：音杳，像風吹到深谷的聲音。一說「宎」為「笑」之譌字（奚侗說）。今譯仍依成疏。

成玄英說：「宎者，深也，若深谷然。」

㉕咬：哀切聲（成疏）。上文「激者，謞者，叱者，吸者，叫者，譹者，宎者，咬者」，都是形容衆竅所發出的聲音。

㉖泠風：小風（李頤註）。

馬叙倫說：「『泠』借為『零』。說文曰：『零，徐雨也。』零風謂徐風。」

㉗厲風濟：「厲風」，烈風（向、郭註）。「濟」，止（郭註）。

馬叙倫說：「按『厲』借為『颲』，讀若『烈』。禮記祭法篇：『厲山氏』，春秋昭二十九年左傳作『烈山氏』。詩思齊篇：『烈假不遐。』鄭『烈』作『厲』，是其例證。」

楊樹達說：「郭訓『濟』為『止』，是也；字實假為『𣎵』。說文六篇下部云：『𣎵，止也』。『𣎵』、『濟』古音同，故姊水通作泲水。郭釋『厲』為『烈』，『厲』、『烈』音同字通。」

㉘調調之刁刁乎：「調調」、「刁刁」，皆動搖貌（向秀註）。「調調」，是樹枝大動。「刁刁」，是樹葉微動（胡文英莊子獨見）。「刁刁」，趙諫議本、世德堂本作「刀刀」。

釋德清說：「調調刁刁，乃草木搖動之餘也。意謂風雖止，而草木尚搖動不止。此暗喻世人是非之言論，唱者已亡，而人人以緒論各執為是非者。」

㉙比竹：簫管之類（成疏）；笙簧之類（林希逸說）。

李勉說：「按『比』，並也。『比竹』，謂並列衆竹管於一排作為籥而吹之，古之排籥是也。排籥者雲籥也。朱子語類云：『雲籥方是古之籥，雲籥者排籥也。』今世以單管為籥，而古籥則以二十三管或十六管編列於一排而為之，古籥排比之形見爾雅釋樂註。」

㉚夫天籟者：「天籟者」三字原缺，依王叔岷校釋，據世說新語註補。

王叔岷先生說：「世說新語文學篇註引『吹萬不同』上，有『天籟者』三字；文意較明。」

嚴靈峯先生說：「王說是也。按：『夫天籟者』及下文乃子綦應子游上句之問『敢問天籟』之答語。郭註：『此天籟也。「夫天籟者」，豈復別有一物哉？』依註文觀之，郭本當有此三字。茲據世說新語註補。」（道家四子新編四八七頁）

㉛使其自己也，咸其自取：意指使它們自己發出千差萬別的聲音，乃是各個竅孔的自然狀態所致。「自取」，指孔竅自己去吸納風而發聲（馬恆君莊子正宗註釋）

林雲銘說：「使其為竅如此，則為吹如此。」

宣穎說：「使聲由竅自出，每竅皆各成一聲。」

徐復觀說：「各人的思想言論，都是由自己所決定的。」（中國人性論史四〇三頁）

㉜怒者其誰邪：發動者還有誰呢？這話意指萬竅怒號乃是自取而然的，並沒有其他的東西來發動它們。

馬其昶說：「萬竅怒號，非有怒之者，任其自然，即天籟也。」（引自馬著莊子故）

馮友蘭說：「齊物論對於大風不同的聲音，作了很生動的描寫。它是用一種形象化的方式，說明自然界中有各種不同的現象。歸結它說：『夫吹萬不同，而使其自己也，咸其自取，怒者其誰耶？』在這裏並不是提出這個問題尋求回答，而是要取消這個問題，認為無需回答。……『自己』和『自取』都表示不需要另外一個發動者。」（引自莊子哲學討論集一四八頁）

【今譯】

南郭子綦憑着几案而坐，仰頭向天而緩緩地呼吸，進入了超越對待關係的忘我境界。顏成子游侍立在跟前，問道：「怎麼一回事呀？形體安定固然可以使它像乾枯的枝木，心靈寂靜固然可以使它像熄滅的灰燼嗎？你今天憑案而坐的神情和從前憑案而坐的神情不一樣。」

子綦回答說：「偃，你問得正好！今天我摒棄了偏執的我，你知道嗎？你聽說過『人籟』，而沒有聽說『地籟』；你聽說過『地籟』，而沒有聽說過『天籟』吧！」

子游說：「請問三籟的究竟？」

子綦說：「大地發出來的氣，叫做風。這風不發作則已，一發作則萬種不同的竅孔都怒號起來。你沒有聽過長風呼嘯的聲音嗎？山陵中高下盤迴的地方，百圍大樹上的竅穴，有的像鼻子，有的像嘴巴，有的像耳朵，有的像樑上的方孔，有的像杯圈，有的像舂臼，有的像深池，有的像淺窪；（這些竅穴中發出的聲音）有的像湍水沖激的聲音，有的像羽箭發射的聲音，有的像叱咄的聲音，有的像呼吸的聲音，有的像叫喊的聲音，有的像號哭的聲音，有的像深谷發出的聲音，有的像哀切感歎的聲音。前面的風聲嗚嗚地唱着，後面的竅孔呼呼地和着。小風則相和的聲音小，大風則相和的聲音大。大風吹過去了，則所有的竅孔都空寂無聲。你不見草木還在搖搖曳曳地擺動嗎？」

子游說：「『地籟』是衆竅孔發出的風聲，『人籟』則是竹簫所吹出的樂聲。請問『天籟』是什麼？」

子綦說：「所謂天籟，乃是風吹萬種竅孔發出了各種不同的聲音，使這些聲音千差萬別的，乃是由於各個竅孔的自然狀態所致，鼓動它們發聲的還有誰呢？」

二

大知閑閑，小知閒閒①；大言炎炎②，小言詹詹③。其寐也魂交④，其覺也形開⑤，與接為搆⑥，日以心鬬。縵者，窖者，密者⑦。小恐惴惴⑧，大恐縵縵⑨。其發若機栝⑩，其司是非之謂也⑪；其留如詛盟⑫，其守勝之謂也；其殺⑬若秋冬，以言其日消⑭也；其溺之所為之，不可使復之也⑮；其厭也如緘⑯，以言其老洫⑰也；近死之心，莫使復陽⑱也。喜怒哀樂，慮歎變慹⑲，姚佚啓態⑳；樂出虛，蒸成菌㉑。日夜相代乎前，而莫知其所萌。已乎，已乎！旦暮得此㉒，其所由以生乎！

【註譯】

①大知閑閑，小知閒閒：「閑閑」，廣博之貌（釋文引簡文帝說）。「閒閒」，細別的樣子。

馮友蘭說：「『大知閑閑，小知閒閒』以下是另外一段。這一段所談的跟上一段所談的，既有分別又有聯繫。上面講大風一段，是用形象化的語言描寫自然界中事物的千變萬化；這一段是用形象化的語言描寫心理世界的千變萬化。上一段講的是客觀世界；這一段講的是主觀世界。」

（見三論莊子，收入莊子討論集中）
明陳深說：「此下模寫人心許多變態，與上風木形聲同一意旨。」（莊子品節）
宣穎說：「此節是與地籟節相配文字。『大知』『小知』以下，點次物態三十餘種，與衆竅怒呺一段配讀之。」按：前段地籟「萬竅怒呺」，雖映射本段「大知」、「小知」百家爭鳴，但所不同的是，萬竅為空虛，所以風止則歸寂靜，而百家有「成心」，所以爭論不休。
明釋德清說：「此一節形容舉世古今之人，未明大道，未得無心。故矜其小知以為是，故其言若仁義、若是非，凡所出言皆機心所發，人人執之，至死而不悟。言其人之形器，雖似衆竅之不一，其音聲亦衆響之不同，但彼地籟無心，而人言有心，故後文云：『言非吹也』；因此各封己見，故有是非。」案：憨山說「地籟無心，而人言有心」，點出了前後兩段文字異義的關鍵所在。所謂「人言有心」，「有心」即後文所說的有「成心」。「成心」即成見，乃是引起物論的根源。
②炎炎：氣焰盛人。
成玄英疏：「炎炎，猛烈也。」
③詹詹：言辯不休。
朱桂曜說：「案說文八部：『詹，多言也。』」
④魂交：精神交錯。
⑤形開：指形體不寧。
蔣錫昌說：「『形開』蓋意識常在過度緊張之義。」
⑥與接為搆：與外界接觸，發生交搆。

釋德清說：「接，謂心與境接。心境內外交搆發生，種種好惡取捨，不能暫止，則境與心，交相鬥搆。」

⑦縵者，窖者，密者：「縵」，借為「慢」，引申為遲緩之義。「窖」，指設下圈套。「密」，即謹密。

林希逸說：「『縵』者，有一種人，做事縵怛怛地。又有一種人，出著言語，便有機穽，故曰『窖』。又有一種人，思前算後，不漏落一綫路，故曰『密』。此皆言世之應物用心者，然皆不得自在，皆有憂苦畏懼之心，所謂小人長戚戚是也。」

釋德清說：「此下形容心境交搆之心機也。『縵』，謂軟緩，乃柔奸之人也。『窖』，謂如掘地為穽以限人，乃陰險之人也。『密』，謂心機綿密，不易露也。」

李勉說：「案『縵者，窖者，密者』，皆喻致辯者所生三種不安之情態。『縵』與『茫』一音之轉，可通借，謂茫然昏亂也。『窖』，『鬱』，謂鬱於心也。說文及月令皆可伸解其義。『密』，『默』也，與『默』字一音之轉，可通借，謂悶於心也。有此三態，故大恐縵縵，小恐惴惴。」姑備一說。

⑧惴惴（zhuì 贅）：憂懼的樣子。

⑨縵縵：迷漫失神、驚魂失魄的樣子。

⑩其發若機栝：形容辯者驟然發言，速度之快有如飛箭一般。「栝」，箭栝。

成玄英疏：「機，弩牙也。栝，箭栝也。言發心逐境，速如箭栝。」

⑪其司是非之謂也：「司」，同伺。

明周拱辰說：「前寫種種風聲，皆是非錯出影子；此節畫出是非種種變態，恰與風聲相似。『司是非之謂』，指出是非源頭，人祇為是非源頭不清，所以愈起愈亂，愈禁愈多，而莫之止也。大知、小知，大言、小言，總是非國中人。」（南華真經影史）

⑫其留如詛盟：形容心藏主見不肯吐露，好像咒過誓一樣。

林雲銘說：「執拘不移。」

王敔註：「堅持己見。」

⑬殺（shài 晒）：猶「衰」，喻凋萎。

⑭日消：指天真日喪。

⑮其溺之所為之，不可使復之也：沉溺於所為，無法恢復真性。

清吳汝綸說：「案王伯申：『之，猶於也。』此『溺之』當訓『溺於』。」（莊子點勘）

⑯其厭也如緘：「厭」，塞，閉藏。「緘」，縢亟。形容心靈閉塞，如受緘縢束縛。

林雲銘說：「既以心鬥，則在內之閉藏，若受緘縢束縛。」

⑰老洫：「洫」，枯竭。謂老朽枯竭（黃鋐鐵註譯）。

林希逸說：「至老而不可救拔，故曰：『老洫』。『洫』者，謂其如墜於溝壑也。」

胡文英說：「『老洫』，猶舊洫，雖有水而不能流動也。」

楊樹達說：「『老洫』，義頗難明。『洫』，疑當讀為『或』，說文十二篇上門部：『閾』或作『閾』，是『或』、『洫』字通之證。古『或』、『惑』字同，『老洫』即『老惑』，猶言『老誖』也。」姑備一說。

⑱莫使復陽：不能再恢復生意。

成玄英疏：「『莫』，無也。『陽』，生也。耽滯之心，隣乎死地，欲使及於生道，無由得之。」

⑲慮歎變：憂慮、感歎、反覆、怖懼。形容辯者們的情緒反應。

褚伯秀說：「『慹』則畏懼而不敢動。」

宣穎說：「『慮』，多思。『歎』，多悲。『變』，反復。『慹』，怖也。」

⑳姚佚（yì意）啓態：浮躁，放縱，張狂，作態。形容辯者們的行為樣態。

成玄英疏：「『姚』則輕浮躁動，『佚』則奢華縱放。」

林希逸說：「『啓』，開放不收斂之貌。『態』，做模打樣也。」

㉑樂出虛，蒸成菌：樂聲從虛器中發出來，菌類由地氣的蒸發產生。

陸長庚說：「如樂之出虛，乍作乍止。如蒸之成菌，倏生倏死。」（南華副墨）

王敔說：「無定，無根。」

方潛說：「樂出虛，幻聲也。蒸成菌，幻形也。」（南華經解）

劉武說：「蓋此兩句，係插喻。言以上所舉心鬥各種之情態，如樂之於虛而無形，如氣之蒸成菌而無根。」（莊子內篇註）

㉒此：指上述種種反覆無常的情態。

【今譯】

大知廣博，小知精細；大言氣焰盛人，小言則論辯不休。他們睡覺的時候精神交錯，醒來的時候形體不寧，和外界接觸糾纏不清，整天勾心鬥角。有的出語遲緩，有的發言設下圈套，有的用辭機謹嚴密。小的恐懼垂頭喪氣，大的恐懼驚魂失魄。他們發言好像放出利箭一般，專心窺伺別人的是非來攻擊；他們不發言的時候就好像咒過誓一樣，只是默默不語等待致勝的機會；他們衰頹如同秋冬景物凋零，這是說他們一天天地在消毀；他們沉溺在所作所為當中，無法使自己恢復生意；他們心靈閉塞如受緘縢束縛，這是說愈老愈不可自拔；走向死亡道路的心靈，再也沒有辦法使他們恢復活潑的生氣了。他們時而欣喜、時而憤怒、時而悲哀、時而快樂、時而憂慮、時而嗟歎、時而反覆、時而怖懼、時而浮躁、時而放縱、時而張狂、時而作態；好像音樂從虛器中發出來，又像菌類由地氣的蒸發而成一樣。這種種情態日夜在心中交侵不已，但不知道它們是怎樣發生的。算了吧！算了吧！旦暮之間，豈能找出這些情態變化之所以產生的根由呢！

非彼無我①，非我無所取②。是亦近矣，而不知其所為使。若有真宰③，而特不得其眹④；可行已信⑤；而不見其形。有情而無形⑥。

百骸、九竅、六藏⑦，賅而存焉，吾誰與為親？汝皆說⑧之乎？其有私⑨焉？如是皆有為臣妾乎？其臣妾不足以相治乎？其遞相為君臣乎？其有真君⑩存焉？如求得其情與不得，無益損乎其真。

一受其成形，不亡以待盡⑪。與物相刃相靡⑫，其行進如馳⑬，而莫之能止，不亦悲乎！終身役役而不見其成功，苶然⑭疲役而不知其所歸，可不哀邪！人謂之不死，奚益！其形化，其心與之然，可不謂大哀乎？人之生也，固若是芒⑮乎？其我獨芒，而人亦有不芒者乎？

【註譯】

①非彼無我：「彼」，即上之「此」（宣穎註）；指上述各種情態。衆解多從郭註（彼，自然也），誤。英譯本也多誤解，Herbert A. Giles英譯：these emotions(*Chuang Tuz*, p.14）及陳榮捷英譯：these feelings mentioned above（*A Source Book of Chinese Philosophy*, p.181）為確。

②非我無所取：「取」，資（蔣錫昌說）。

③真宰：即真心（身的主宰），亦即真我。各家解「真宰」為「造物」、「自然」或「道」，誤。上文「非彼無我」，由種種情態形成的「我」，乃是假我；後文「終身役役」即是假我的活動，「吾喪我」的「喪我」即是去除假我，而求真心、真我（「吾」）的存在。

④眹（**zhèn**振）：跡兆，端倪。

⑤可行已信：可通過實踐來驗證。

⑥有情而無形：「情」，實。謂有真實存在而不見其形。

⑦六藏：「藏」，通「臟」。心、肝、脾、肺、腎，稱為五臟。腎有兩臟，所以又合稱六臟。李楨說：「釋文云：『此云六臟，未見所出。』成疏遂穿鑿以六為六腑。按難經三十九難：『五藏亦有六藏者，謂腎有兩藏也。其左為腎，右為命門。命門者，謂精神之所舍也。其氣與腎通，故言藏有六也。』」

⑧說：同悅。

⑨私：偏愛。

⑩真君：即真心、真我。和「真宰」同義。管子心術篇上說「心之在體，君之位也」可證。

馮友蘭說：「『真宰』或『真君』，是就人的主觀世界說的。在先秦哲學裏，還沒有稱宗教所說的自然界的主宰為『君』或『宰』的，認為有這樣主宰的人稱之為『天』或『帝』。『心』是人的身體的宰和君，這倒是常說的。荀子就說，人的心是『天君』（天論篇）。不過下文說：『其形化，其心與之然』；可見齊物論也不認為心可以永恆存在。」

方東美先生說：「還有一種我，叫真實的自我，莊子名之曰：『真君』。所謂的真君，拿近代的哲學名詞來說，可以叫做心靈的普遍位格（universal persons of mind），或者是像德國黑格爾（Hegel）所謂『普遍的心靈』（universal mind）或者是叫做絕對心靈（absolute mind）。這一種精神狀態在宇宙裏面，不是僅僅陷於主觀，而是通乎主體之際的（intersubjective）。這種精神狀態是人人可得而體驗的，當人們體驗或論及此種普遍精神時，一切宇宙萬象、宇宙萬物都是在此普遍精神裏面。也就是說透過普遍精神將宇宙萬象、萬物顯現出來。此種真實的自我便是一種通乎主體之際的心靈（intersubjective mind）。假使人人都可以分享這個共有的精神，一切偏私、一切驕奮、一切主觀，便可一一化除掉。莊子所謂的『真君』也相當於柏拉圖（Plato）在物質世界裏面，或在精神世界裏面的一個『精神的靈光』（exhilarating light），逐步貫徹了一切宇宙的層級，揭露了宇宙一切的祕密，同時也把黑暗都驅遣掉，而照耀出來成為普遍的真理。」

⑪不亡以待盡：成疏「不中途亡失」，言一旦稟承天地之氣成形，便要不失其真性以盡天年。下文「不知其所歸」，即亡失其真性之謂。

劉師培說：「田子方篇作『不化』。竊以『亡』即『化』訛。『不化』猶云弗變。下云：『其形化』，即蒙此言。郭註以『中易其性』為詮，『易』，『化』義，符是郭本亦弗作『亡』也。蓋『匕』、

『亡』形近，『匕』譌為『亡』。俗本競以『忘』易之。」（莊子斠補）案：嚴靈峯莊子章句新編及日本金谷治莊子本均依劉說據田子方篇改「不亡」為「不化」。

⑫相靡：「靡」，借作「𥕦」。說文：「𥕦，石磑也。」今省作「磨」（奚侗說）。此句應上「心鬥」（劉武說）。

⑬其行進如馳：「進」原作「盡」。古書「進」、「盡」通用，依嚴靈峯之說改。嚴靈峯先生說：「馬叙倫曰：『「盡」字涉上文而羨。』按：『盡』字無義。列子天瑞篇：『終進乎不知也。』張湛註：『「進」當為「盡」，此書「盡」字例多作「進」也。』又：『進乎本不久』，註『無有故不盡』。黃帝篇『內外進矣』，註：『故曰：內外盡矣。』列子既有『進』、『盡』通用之例，則此『盡』字義當作『進』。『其行進如馳』，乃應上文：『其發若機栝』也。亦即天下篇：『逐萬物而不反。』是也，因依列子文例改。」

⑭苶（nié）然：疲病困頓之狀（釋文引簡文說）。

⑮芒：芒昧（釋文）；昏昧；迷糊。

馬叙倫說：「按『芒』借為『㦟』。說文曰：『㦟，不明也。』周禮遂人註曰：『甿猶懵懵，無知貌。』可為例證。」

陳深說：「『芒』，昏惑也。此段言人迷失『真君』，至死而不知所歸者，令人惕然有深省處。」

【今譯】

沒有它（種種情態）就沒有我，沒有我那它就無從呈現。我和它是近似的，但不知道是由什麼東西指使的。彷彿有「真宰」，然而又尋不着它的端倪；可通過實踐來驗證；雖然不見它的形體，它本是真實存在而不具形象的。

百骸、九竅、六臟，都很完備地存在我的身上，我和哪一個部分最親近呢？你都一樣的喜歡它們嗎？還是有所偏愛呢？如果同等看待那麼都把它們當成臣妾嗎？難道僕從就誰也不能支配誰嗎？難道它們是輪流做主僕嗎？或者有「真君」存在其間呢？無論求得「真君」的真實情況與否，對它本身的真實存在都不會有什麼影響。

人一旦稟受成形體，便要不失其真性以盡天年，和外物接觸便互相摩擦，馳騁追逐於其中，而不能止步，這不是很可悲的嗎？終生勞勞碌碌而不見得有什麼成就，疲憊困苦不知道究竟為的是什麼，這不是很可哀的嗎？這樣的人生雖然不死，但又有什麼意思呢？人的形體逐漸枯竭衰老，人的精神又困縛於其中隨之消毀，這不是莫大的悲哀嗎？人生在世，本來是這樣的昏昧嗎？難道只有我一個人這樣的昏昧，而別人也有不昏昧的嗎？

三

夫隨其成心①而師②之，誰獨且無師乎③？奚必知代④而心自取者有之？愚者與有焉。未成乎心而有是非，是今日適越而昔至⑤也。是以無有為有。無有為有，雖有神禹，且不能知，吾獨且奈何哉！

夫言非吹也⑥，言者有言，其所言者特未定也⑦。果有言邪？其未嘗有言邪？其以為異於鷇音⑧，亦有辯⑨乎，其無辯乎？

道惡乎隱⑩而有真僞？言惡乎隱而有是非？道惡乎往而不存？言惡乎存而不可？道隱於小成⑪，言隱於榮華⑫。故有儒墨之是非，以是其所非而非其所是⑬。欲是其所非而非其所是，則莫若以明⑭。

【註譯】

①成心：成見之心。「成心」在齊物論中是個很重要的觀念，物論之所以以自我為中心，引發無數主觀是非的爭執，產生武斷的態度與排他的現象，歸根究底是由於「成心」作祟。然歷代解者多誤，或說「有此心天理渾然」（宋林希逸說）、或釋為「現成本有之真心」（明釋德清說）、或謂「成心之中有妙道存焉」（清宣穎說）、或解為「真君所成之心」「天然自成之心」（近人蔣錫昌說），皆大誤。以成疏為確。

成玄英說：「域情滯著，執一家之偏見者，謂之『成心』。」

林雲銘說：「『成心』，謂人心之所至，便有成見在胸中，牢不可破，無知愚皆然。」

王闓運說：「成心，己是之見。」

②師：取法。

③誰獨且無師乎：「且」，句中語助（王引之經傳釋詞）。後文「果且有彼是乎哉！果且無彼是乎哉」及「果且有成與虧乎哉？果且無成與虧乎哉」，「且」字都作語助詞。

④知代：「代」，指自然變化之相代。

林希逸說：「『知代』，古賢者之稱也。『代』，變化也。言其知變化之理也。」

⑤今日適越而昔至：今天到越國去而昨天就已經到了。這句話有兩種解釋：（一）這是惠子之說（見天下篇『惠施多方……今日適越而昔來』），意在泯除今昔之分。而莊子則藉惠子之說來比喻今日之有是非，正是由於成心在昔日已形成（昔至）；成心在昔日已形成，則今日的是非，不過是成心的表現而已。（二）莊子認為「今日適越而昔至」是絕對沒有的事（是「以無為有」的），意思是說：沒有成心是不會有是非的，即是說，人的是非，都是由於成心先已形成。

⑥言非吹也：言論和風吹不同。意指言論出於成見，風吹乃發於自然。

羅勉道說：「人之言，非如天籟之吹萬物，一以無心也。」（南華真經循本）

釋德清說：「謂世人之言，乃機心所發，非若風之吹竅也。」

王敔註：「吹無成響，言則因成心而立言。」

⑦言者有言，其所言者特未定也：猶謂辯者各有所說，但其所說者尚不足為定準（陳啓天莊子淺說）。「特未定」，不可為準（羅勉道循本）。

⑧鷇（gòu 垢）音：「鷇」，初生之鳥（陳壽昌說）。小鳥欲出卵中而鳴，謂之「鷇音」（成疏）。

⑨辯：通「辨」，別。

⑩隱：隱蔽。

釋德清說：「隱，謂晦而不明。」

⑪小成：片面的成就；指局部認識所得的成果。

成玄英說：「小道而有所成得者，謂之小成也。」

林雲銘說：「小成，謂安於一察以自好。」

⑫言隱於榮華：言論被浮華之詞所蔽。

勞思光說：「所謂『言隱於榮華』，意謂虛矯之言，因求粉飾而起；此點在理論上，似與『道隱於小成』並非同一層次之事。因『道隱於小成』可看作知識之不可免之問題。『言隱於榮華』則至多只是一部分言論之問題。而是非之事，與巧辯僞飾之關係，似亦只在特殊條件下成立。但莊子否定認知活動之意義時，確對『辯』甚為重視。此當與莊子之時代有關，蓋莊子時，名家墨家之徒，皆喜用詭辯以炫其智。故莊子乃視『辯』為一大智障。」

⑬有儒墨之是非，以是其所非而非其所是：儒墨各家的是非爭論，他們各從自己的主觀成見出發，是對方的所非，非對方的所是（關說）。

蔣錫昌說：「此處儒墨，乃統兼其他各派辯士言之；以二派勢力最大，可為各派之代表也。各派各有是非，以是其所非，而非其所是，故物論永不能齊焉。此句實為本篇所作之動機。」

勞思光說：「一切理論上之肯定與否定，皆無絕對性；故認為『是非』皆屬成見。儒墨等學派之學說，莊子認為皆屬一定限制下之成見。『所非』與『所是』皆就主觀成見而言。」

⑭莫若以明：不如用明靜之心去觀照。

王先謙說：「莫若以明者，言莫若即以本然之明照之。」（莊子集解）

唐君毅說：「去成心而使人我意通之道，莊子即名之曰『以明』。」（中國哲學原論第八章原辯與默二三八頁）

勞思光說：「莊子認為儒墨各囿於成見。而欲破除彼等之成見，則唯有以虛靜之心觀照。」

方師東美說：「所謂『莫若以明』，就是指一切哲學真理的訴說，都是相對的系統。在相對系統裏，你不能够拿『此』來否定『彼』，也不能拿『彼』來否定『此』，卻必須容忍、容納、承認別人對於這一個問題，也同樣的有權利和自由去表達，去形成一個理論。」（原始儒家道家哲學第五章莊子部分）

【今譯】

如果依據自己的成見作為判斷的標準，那麼誰沒有一個標準呢？何必一定要了解自然變化之理而心有見地？就是愚人也是同樣有的。如果說還沒有成見就已經存有是非，那就好比「今天到越國去而昨天就已經到了」。這種說法是把沒有看成有。如果要把沒有看成有，就是神明的大禹，尚且無法理解，我又有什麼辦法呢？

言論並不像風的吹動，發言的人議論紛紛，但他們所說的卻得不出個定準。這果真算是發了言呢？還是不曾發言呢？他們都自以為自己的發言不同於小鳥的叫聲，到底有分別呢？還是沒有分別呢？

「道」是怎樣被隱蔽而有真僞的分別？言論是怎樣被隱蔽而有是非的爭辯？道如何出現而又不復存在呢？言論如何展現過而又不被承認呢？道是被小的成就隱蔽了，言論是被浮華之詞隱蔽了。所以才有儒家墨家的是非爭辯，他們各自肯定對方所非的而非議對方所肯定的。如要肯定對方所非的而非議對方所肯定的，則不如以空明的心境去觀照事物本然的情形。

物無非彼，物無非是①。自彼則不見，自是則知之②。故曰彼出於是，是亦因彼。彼是方生③之說也，雖然，方生方死，方死方生④；方可方不可，方不可方可⑤。因是因非，因非因是⑥。是以聖人不由⑦，而照之於天⑧，亦因是也⑨。是亦彼也，彼亦是也。彼亦一是非，此亦一是非⑩。果且有彼是乎哉？果且無彼是乎哉？彼是莫得其偶，謂之道樞⑪。樞始得其環中，以應無窮⑫。是亦一無窮，非亦一無窮⑬也。故曰莫若以明。

【註譯】

①物無非彼，物無非是：物象，沒有不是作為他物的「彼」，作為自己的「此」而存在的（關鋒今譯）；「彼」是「那方面」，「是」是「這方面」。凡物有「那方面」，即有「這方面」（蔣錫昌說）。

王先謙說：「有對立皆有彼此。」

陳啓天說：「『彼』、『是』，猶言彼此，或人我，指相對之兩方言。」

②自彼則不見，自是則知之：「是」衆本原作「知」。依嚴靈峯莊子章句新編校改。

嚴靈峯先生說：「『是』字原作『知』。按：作『知』於義不合。本節上下文並以『彼』、『是』

對文，此不當獨作『知』。疑涉下『知』而誤。上句『自彼則不見』，則下句作『自是則知之』；『彼』與『是』對，『見』與『知』對，文法井然。因依上下文義臆改。」按：觀上下文，當以嚴說為是，可據改，唯作「自知」解亦通。

陳啓天說：「『自是』原作『自知』，茲依嚴靈峯校改。『自彼則不見，自是則知之』，謂自彼方則不見此方之是，自此方則知此方之是也。」

蔣錫昌說：「如從『那方面』的觀點去觀察，則所見無非是『那方面』；如從『這方面』去觀察，則所見無非是『這方面』。見了那面，則不見這面。自己知道的一面，總認為是真的一面。」

③彼是方生：說文：「方，併船。」（馬叙倫莊子義證引）；「方」有「併」義，「方生」，兩方併生（張默生莊子新釋）。「彼是方生」，謂「彼」、「此」的觀念是相對而生、相依而存的。

④方生方死，方死方生：隨起亦隨仆，隨仆又隨起（宣穎說）；起滅無端（馬其昶莊子故）。此中「方」字視為進行時式之動詞；蓋謂：相反之理論有一面在生長中，則另一面即在消亡中；反之亦然（勞思光說）。按這是惠施的哲學命題之一（見天下篇），此處就相對主義的觀點說明事物的相對轉換。

王先謙說：「隨生隨滅，隨滅隨生，浮游無定。郭以此言死生之變，非是。」按：王說是。郭象註固非，舊註有以此為莊子含輪迴思想，更誤。

⑤方可方不可，方不可方可：按「可」，即「是」；「不可」，即「非」。這個命題說明了價值判斷的無窮相對性。

⑥因是因非，因非因是：謂是非相因而生，有是即有非，有非即有是（陳啓天說）。

王先謙說：「有因而是者，即有因而非者；有因而非者，即有因而是者。既有彼此，則是非之生無窮。」

⑦不由：指不走是非對立的路子。

宣穎說：「不由是非之途。」

⑧照之於天：觀照於事物的本然。

⑨亦因是也：也就因着（順着）這樣子。「是」，指上文「照之於天」。「亦因是」，即謂這也是因任自然的道理。

⑩是亦彼也，彼亦是也。彼亦一是非，此亦一是非：謂相對之雙方可以互易，此方可為彼方，彼方亦可為此方。彼方有所是非，此方亦有所是非（陳啓天說）。

⑪彼是莫得其偶，謂之道樞：「彼」「此」不成對立，就是「道」的樞紐。「樞」是門軸，這裏用來形容重要關鍵的意思。「道樞」就是指世界的實況、事物的本然。謂「彼」「此」、「可」「不可」的差別對立與紛爭，乃是人的主觀作用，並非客體的實在。

馬恆君說：「把對立的雙方統一起來才是道的關鍵。」（莊子正宗註釋）

方東美先生說：「在這個一切的觀點及角度（all of perspectives）裏面，我們可以找出一個共同的焦點，再在這焦點上面，把一切思想對立的差異，統統滙集到此一共同焦點，然後從這個共同點再回看各種理論系統，而後發現：各種理論系統都有它存在的價值，都有它的相對理由，也因而可以容納各種不同系統的見解。莊子從相對性看起來稱之為『兩行』，從共同的真理焦點看起來，稱之為『道樞』。」

⑫樞始得其環中，以應無窮：合乎道樞才像得入環的中心，可以順應無窮的流變。蔣錫昌說：「『環』者乃門上下兩橫檻之洞；圓空如環，所以承受樞之旋轉者也。樞一得環中，便可旋轉自如，而應無窮。」（莊子哲學齊物論校釋）馬恆君說：「『環中』，道的中心。莊子認為道的運行是無始無終的螺旋式循環，這個循環的中心就是環中。」

⑬是亦一無窮，非亦一無窮：指「彼」「此」人物、環象、事態的轉換對立中產生無窮的是非判斷。劉武說：「世情之是非，兩相倚伏；而循環相生。有是之者，則必有非之者；有今日以為是，而他日以為非者；今日以為非，而他日以為是者。故是之無窮，非之亦無窮也。」

【今譯】

世界上的事物沒有不是「彼」的，也沒有不是「此」的。從他物那方面就看不見這方面，從自己這方面來了解就知道了。所以說彼方是出於此方對立而來的，此方也因着彼方對立成的。彼和此是相對而生的，雖然這樣，但是任何事物隨起就隨滅，隨滅就隨起；剛說可就轉向不可，剛說不可就轉向可了。有因而認為是的就有因而認為非的，有因而認為非的就有因而認為是的。所以聖人不走這條路子，而觀照於事物的本然，這也是因任自然的道理。

「此」也就是「彼」，「彼」也就是「此」。彼有它的是非，此也有它的是非。果真有彼此的分別嗎？果真沒有彼此的分別嗎？彼此不相對立，就是道的樞紐。合於道樞才像得入環的中心，以順應無窮的流變。「是」的變化是沒有窮盡的，「非」的變化也是沒有窮盡的。所以說不如用明靜的心境去觀照事物的實況。

四

以指喻指之非指，不若以非指喻指之非指也；以馬喻馬之非馬，不若以非馬喻馬之非馬也①。

天地一指也，萬物一馬也②。

【註譯】

①以指喻指之非指，不若以非指喻指之非指也；以馬喻馬之非馬，不若以非馬喻馬之非馬也：這兩個對等語句，意義相同。先解釋「以馬喻馬之非馬，不若以非馬喻馬之非馬也」。在這兩句中，「馬」的同一符號型式出現六次，但在不同的文字脈絡中，意指不同；即其中有四個「馬」字是指白馬而略去了「白」字。其句義當是：「以白馬解說白馬不是馬，不如以非白馬來解說白馬不是馬。」同樣的，「以指喻指之非指，不若以非指喻指之非指」，可解釋為：以大拇指來解說大拇指不是手指，不如以非大拇指（即手指）來解說大拇指不是手指（這和「白馬」非「馬」的說詞一樣，意指「大拇指」和「手指」兩個類概念的內涵與外延有所不同。不過，公孫龍所說的「指」是「概念」的意思，這裏我舉「大拇指」和「手指」為例，說明兩者類概念的不同）。

如果用符號來代替，就顯得清楚些，其意為：從A的觀點來解說A不是B，不如從B的觀點來解說A不是B。從上文看來，A即「此」或個我，B即「彼」或他人。那麼莊子的意思不外是說：從「此」的一方作衡量的起點，不如反過來從「彼」的一方作衡量的起點，如同郭象所說的彼和此能「反覆相明」，就可減少許多爭論。

「指」「馬」是當時辯者辯論的一個重要主題，尤以公孫龍的指物論和白馬論最著名。莊子只不過用「指」「馬」的概念作喻說，原義乃在於提醒大家不必斤斤計較於彼此、人我的是非爭論，更不必執着於一己的觀點去判斷他人。

歷來各家的解說含混而分歧，下面例舉數家的註解供作參考。

郭象註：「夫自是而非彼，彼我之常情也。故以我指喻彼指，則彼指於我指獨為非指矣。此以指喻指之非指也。若復以彼指還喻我指，則我指於彼指復為非指矣。此以非指喻指之非指也。將明無是無非，莫若反覆相喻。」

林希逸說：「以我而非彼，不若就他人身上思量，他又非我，物我對立，則是非不可定也。」

趙以夫說：「『指』『馬』，有形者也。『非指』『非馬』，無形者也。以有形喻形之非形，不若以無形喻形之非形。」（引自焦竑莊子翼）

釋德清說：「以我之觸指，喻彼之中指為非我之觸指，不若以彼中指，倒喻我之觸指又非彼之中指矣。……若以彼黑馬，喻我之白馬非彼之黑馬，不若以彼黑馬，倒喻我之白馬又非彼之黑馬矣。」又說：「此一節，發揮聖人照破，則泯絕是非。」

王先謙說：「今曰指非指，馬非馬，人必不信。以指馬喻之，不能明也。以非指非馬者喻之，則指之非指，馬之非馬，可以悟矣。」

錢穆說：「『指』，百體之一，『馬』，萬類之一，此蓋泛就指馬說之。謂以我喻彼之非我，不若以彼喻我之非彼耳。」（莊子纂箋）

王叔岷先生說：「錢穆云：『公孫龍在莊子後，此不當以公孫龍為說。指，百體之一。馬，萬類之一（二句本馬其昶說）。此蓋泛就指、馬說之。謂以我喻彼之非我，不若以彼喻我之非彼耳。』案秋水篇：『公孫龍問於魏牟曰。』錢先生云：『公孫龍猶可及見莊子，詳見拙著先秦諸子繫年。』與此謂『公孫龍在莊子後』不符。秋水篇說是。韓非子外儲說左上篇謂兒說持白馬非馬之辯，戰國策趙策二稱蘇子（秦）曰：『夫刑名之家，皆曰白馬非馬。』驗以莊子此言指、馬，則指、馬之喻，當屬周季恆言。然莊書之文，則不必據公孫龍子為說（今傳公孫龍子蓋晚出）。莊子蓋借指、馬以喻儒、墨之是非。其意蓋謂以儒是喻墨是之非是，不若以所非之墨是還喻儒是亦非是也；或以墨是喻儒是之非是，不若以所非之儒是還喻墨是亦非是也。」

陳啓天說：「茲就莊子書而釋之，則指蓋謂手指。『以指喻指之非指，不若以非指喻指之非指』，猶謂以此指說明彼指之非此指，不如以非此指說明彼指之非此指也。『以馬喻馬之非馬，不若以非馬喻馬之非馬』，猶謂以白馬說明白馬非馬之通稱，不如以非白馬說明白馬非馬之通稱也。就彼此分別言之，則有指與非指，馬與非馬之別。然就大道統觀之，則天地如同一指，萬物如同一馬，而不可分也。」

②天地一指也，萬物一馬也：「一指」、「一馬」是用以代表天地萬物同質的共通概念。意指從相同的觀點來看，天地萬物都有它們的共同性的。德充符上說：「自其同者視之，萬物皆一也。」就

是這個意思。

【今譯】

以大拇指來説明大拇指不是手指，不如以非大拇指來説明大拇指不是手指；以白馬來説明白馬不是馬，不如以非白馬來説明白馬不是馬。〔其實從事理相同的觀點來看，〕天地就是「一指」，萬物就是「一馬」。

道行之而成，物謂之而然。有自也而可，有自也而不可。有自也而然，有自也而不然。惡乎然？然於然。惡乎不然？不然於不然。惡乎可？可於可。惡乎不可？不可於不可。物固有所然，物固有所可。無物不然，無物不可①。故為是舉莛與楹②，厲③與西施，恢恑憰怪④，道通為一。其分也，成也；其成也，毀也⑤。凡物無成與毀，復通為一。

唯達者知通為一，為是不用⑥而寓諸庸⑦；因是已⑧。已而不知其然⑨，謂之道。勞神明⑩為一，而不知其同也，謂之朝三。何謂朝三？狙公⑪賦芧⑫曰：「朝三而暮四。」衆狙皆怒。曰：「然則朝四而暮三。」衆狙皆悅。名實未虧而喜怒為用，亦因是也。是以聖人和之以是非而休乎天鈞⑬，是之謂兩行⑭。

【註譯】

①道行之而成，物謂之而然。有自也而可，有自也而不可。有自也而然，有自也而不然。惡乎然？然於然。惡乎不然？不然於不然。惡乎可？可於可。惡乎不可？不可於不可。物固有所然，物固有所可。無物不然，無物不可：這段話今本作：「可乎可，不可乎不可。道行之而成，物謂之而然。惡乎然？然於然。惡乎不然？不然於不然。物固有所然，物固有所可。無物不然，無物不可。」今本文句脫落錯亂，於義難通。陸德明釋文在「無物不然，無物不可」句下註說：「崔本此下更有『可於可而不可於不可，不可於不可而可於可也』。」足證現存本文字有脫誤。茲依嚴靈峯校訂改正。

嚴靈峯先生說：「王先謙曰：『又見寓言篇。此是非可否並舉，以寓言篇證之，「不然於不然」下，似應更有「惡乎可？可於可。惡乎不可？不可於不可」四句，而今本奪之。』王說是也。此『道行之而成』句上『可乎可不可乎不可』八字，實即『不然於不然』句下之文，因中奪去上『惡乎可』及下『惡乎不可』七字，而又錯入上文；並在『惡乎然』上又脫『有自也而可有自也而不可有自也而然有自也而不然』二十二字，致錯亂不可解說。幸此全文羼入寓言篇內，得以完整無誤，因據以補正。」（道家四子新編五三二頁）按：劉文典、王叔岷等據崔譔本考訂這段文句，然以嚴說為優。

②莛（tíng 廷）與楹：「莛」，草莖。「楹」，木柱。莖小而柱大，古人往往以莛柱比小大。

俞樾說：「司馬以莛為屋樑，楹為屋柱，故郭云莛橫而楹縱。案說文：『莛，莖也。』屋樑之說，初非本義。漢書東方朔傳以莛撞鐘，文選答客難篇莛作筳。李註引說苑曰：『建天下之鳴鐘，撞之以筳，豈能發其音聲哉！筳與莛通。』是古書言莛者，謂其小也。莛楹以大小言，厲西施以好醜言。舊說非是。」舊註皆誤，當從俞說。

③厲：借為癘（朱駿聲說）；病癩（司馬彪說）。

④恢恑憰怪：猶言千形萬狀（胡方莊子辯正）；謂形形色色之怪異（陳啓天說）。「恢恑」，即下文「弔恑」（「恢」，簡文本作「弔」），「憰怪」同義，都是奇異、怪異的意思。

王博說：「『恢恑憰怪，道通為一』，各種各樣的差別，把此物和彼物分隔起來的種種不同，在道這裏都被打通了。」

⑤其分也，成也；其成也，毀也：任何事物的分散，必定有所生成（即成就另一新物）；任何事物的生成，必定有所毀滅（即毀滅了原有的狀態）。好比木材的分散，造成了器物；器物的造成，（對於木材來說）就有了毀壞的因素。

⑥不用：指不用固執自己的成見，或不用分別「分」與「成」的觀念。

⑦寓諸庸：句下原有「庸也者，用也；用也者，通也；通也者，得也，適得而幾矣」，這二十字疑是衍文，依嚴靈峯之說刪去。「寓諸庸」，即寄寓於各物的功用上。

徐復觀先生說：「莊子不從物的分、成、毀的分別變化中來看物，而只從物之『用』的這一方面來看物，則物各有其用，亦即各得其性，而各物一律歸於平等，這便謂之『寓諸庸』。秋水篇：『以功觀之，因其所有而有之，則萬物莫不有。因其所無而無之，則萬物莫不無。知東西之相反而不可以相無，則功分定矣。』按秋水篇之所謂『功』，即齊物論之所謂『庸』；『以功用觀之』，即『寓諸庸』。」（中國人性論史四〇二頁）按：舊註多含混不明。今人多依宣穎、王先謙註解，宣釋「用」為「無用之用」；王解「寓諸庸」為「寓諸於尋常之理」。然莊子的原意是說，從各物相同的功分上來看，都可通為一體。故以「功分」釋「庸」，較合原義。

嚴靈峯先生說：「『庸也者用也用也者通也通也者得也適得而幾矣』二十字，按：上云『不用』……疑此數句，原係前人為『用』字作註，而混入正文者。又本篇前章：『為是不用而寓諸庸；此之謂以明。』正無此二十字，茲刪去。」（道家四子新編五三六頁）按：刪去這二十字後，成「為是不用，而寓諸庸；因是已」，正和前段「聖人不由，而照之於天；亦因是也」以及後段「為是不用，而寓諸庸；此之謂以明」句法一律。

⑧因是已：「因」，謂因物自然。「是」字，為同動詞。「已」字，為語末助詞（陳啓天說）。

⑨已而不知其然：「已」字承上文而言，言「此而不知其然」（王引之說）。

蔣錫昌說：「『已』上承上文而省『因是』二字，猶言『因是已，而不知其然，謂之道』，此乃莊子省字法也。養生主：『有涯隨無涯，殆已；已而為知者，殆而已矣。』猶言『殆已而為知者，殆而已矣』也。詞例與此一律。」

⑩神明：猶精神（林希逸說），指心思、心神。

⑪狙（jū居）公：養猴的人。這段故事見於列子黃帝篇。

⑫芧（xù序）：小栗。

林希逸說：「芧，山栗也，一名橡也。」

⑬天鈞：可作兩解，一為自然的運轉（「鈞」為陶工製陶器所用的轉盤），另一解為自然均衡的道理（寓言篇作「天均」。「鈞」與「均」通。道藏成玄英疏，林希逸口義，褚伯秀義海纂微，羅

勉道循本，吳澄內篇訂正諸本都作「均」）。茲取後說。

成玄英疏：「天均者，自然均平之理也。」

馮友蘭說：「『天鈞』者，寓言篇亦言『天鈞』『天倪』。『天鈞』『天倪』皆謂萬物自然之變化；『休乎天鈞』，即聽萬物之自然也。」（中國哲學史二九一頁）

徐復觀說：「『天鈞』，即是自然運轉演化的意思。『休乎天鈞』的『休』，即是將自己的智慧，融合在天鈞、道樞上面。」（中國人性論史四○二頁）

⑭兩行：兩端都可行，即兩端都能觀照到。

王先謙說：「物與我各得其所，是兩行也。」

馬恆君說：「『兩行』，對立雙方並行不悖。」

方東美先生說：「每一個人的觀點都是彼此有限制，各自都有論點，因此彼此都應當互相容忍，這就是莊子所謂『兩行』之說。『兩行』就是把一切對於真理的陳述，落到無窮的相對系統裏面去。然後，在這個無窮的相對系統裏，每一個理論都有它獨特的觀點，每一個理論都有它成立的理由，每一個理論都得到真理的一面。若能如此想，則當我們在參加學術討論時，就可以拿出一個『公心』，而不是拿『私心』來表現自己的偏見。也就是要能容納別人的立場與見解，容納並承認別人的理由。」

【今譯】

道路是人走出來的，事物的名稱是人叫出來的。可有它可的原因，不可有它不可的原因；是有它是的原因，不是有它不是的原因。為什麼是？自有它是的道理。為什麼不是？自有它不是的道理。為什麼可？自有它可的道理。為什麼不可？自有它不可的道理。一切事物本來都有它是的地方，一切事物本來都有它可的地方。沒有什麼東西不是，沒有什麼東西不可。所以舉凡小草和大木，醜癩的女人和美貌的西施，以及一切稀奇古怪的事物，從道的角度來看都可通而為一。萬事有所分，必有所成；有所成必有所毀。所以一切事物無論完成和毀壞，都復歸於一個整體。只有通達之士才能了解這個通而為一的道理，因此他不用固執自己的成見而寄寓在各物的功分上；這就是因任自然的道理。順着自然的路徑行走而不知道它的所以然，這就叫做「道」。〔辯者們〕竭盡心智去求「一致」，而不知道它本來就是相同的，這就是所謂「朝三」。什麼叫做「朝三」？有一個養猴的人，餵猴子吃栗子，對這羣猴子說：「早上給你們三升而晚上給你們四升。」這些猴子聽了都很生氣。養猴的人又說：「那麼早上給你們四升而晚上給你們三升。」這些猴子聽了都高興起來。名和實都沒有改變而猴子的喜怒卻不同，這就是順着猴子主觀的心理作用罷了！所以聖人不執着於是非的爭論而依順自然均衡之理，這就叫做「兩行」。

古之人，其知有所至矣。惡乎至？有以為未始有物者，至矣，盡矣，不可以加矣。其次，以為有物矣，而未始有封[1]也。其次，以為有封焉，而未始有是非也。是非之彰也，道之所以虧也。道之所以虧，愛之所以成[2]。果且有成與虧乎哉？果且無成與虧乎哉？有成與虧，故昭氏之鼓琴也；無成與虧，故昭氏之不鼓琴也[3]。昭文之鼓琴也，師曠[4]之枝策[5]也，惠子之據梧[6]也，三子之知，幾乎皆其盛者也[7]，故載之末年[8]。唯其好之也，以異於彼[9]；其好之也，欲以明之。彼非所明而明之[10]，故以堅白之昧終[11]。而其子又以文之綸終[12]，終身無成。若是而可謂成乎？雖我無成，亦可謂成矣[13]。若是而不可謂成乎？物與我無成也。是故滑疑之耀，聖人之所圖也[14]。為是不用而寓諸庸，此之謂以明。

【註譯】

①封：界域。

②愛之所以成：按所謂「道隱於小成」（王叔岷莊子校詮）。愛，指私愛，即偏好。

③有成與虧，故昭氏之鼓琴也；無成與虧，故昭氏之不鼓琴也：「故」，猶「則」（王引之經傳釋詞）。「昭氏」，姓昭名文，善於彈琴。

郭象說：「夫聲不可勝舉也。故吹管操弦，雖有繁手，遺聲多矣。而執籥鳴弦者，欲以彰聲也，彰聲而聲遺，不彰聲而聲全。故欲成而虧之者，昭文之鼓琴也；不成而無虧者，昭文之不鼓琴也。」

馮友蘭說：「郭象在這裏註說：……這就是說，無論多麼大的管弦樂隊，總不能一下子就把所有的聲音全奏出來，總有些聲音會被遺漏。就奏出來的聲音說，這是有所成；就被遺漏的聲音說，這是有所虧。所以一鼓琴就有成有虧，不鼓琴就無成無虧。像郭象的說法，作樂是要實現聲音（「彰聲」），可是因為實現聲音，所以有些聲音被遺漏了，不實現聲音，聲音倒是能全。

據說，陶潛在他的房子裏掛着一張無弦琴。他的意思大概就是像郭象所說的。」（見莊子哲學討論集一二四頁）

④師曠：晉平公的樂師。

⑤枝策：舉杖以擊節（釋文引崔譔說）。

林希逸說：「『策』，擊樂器之物也。今馬鞭亦曰『策』。『枝』，猶持也，持而擊曰『枝』。師曠枝策，即言師曠擊樂器也。」

蔣錫昌說：「『枝』借為『支』。世說二五註引『枝』作『支』，可證。說文：『支，去竹之枝也，从手持半竹。』支有持義，故可訓持。」

⑥據梧：舊註有兩個解釋：（一）「梧」作琴；如司馬彪說：「梧，琴也。」（二）「據梧」作倚梧几；如成玄英疏：「昭文已能鼓琴，何容二人共同一伎？況檢典籍，無惠子善琴之文。而言據梧者，只是以梧几而據之談話，猶隱几者也。」按：「據梧」當是據梧樹。

劉師培說：「今考德充符篇述：『莊語惠子云：今子外乎子之神，勞乎子之形，倚樹而吟，據槁梧而瞑。』與此文符。『槁梧』與『樹』並文，似非樂器。……天運篇云：『倚於槁梧而吟。』亦非琴及瑟也。」

劉武說：「『據德充符篇所言，『梧』義自見；吟既倚『樹』，瞑自可據『梧』。」按：「倚樹」與「據梧」二句，實為一事（嚴靈峯說）。

⑦三子之知，幾乎皆其盛者也：三個人的技藝都算得上登峯造極的了。

這裏向來有兩種斷句法：（一）三子之知幾乎，皆其盛也：郭象註：「幾，盡也。」意即這三個人的技藝達到了頂點。依郭註則以「幾乎」斷句。(二)三子之知，幾乎皆其盛也；武延緒說：「『幾乎』二字，疑當連下句讀。」釋德清註本與林雲銘註本等正以「幾乎」二字連下文為讀。若依郭註斷句，則前後兩句意義重複，故當從(二)。

⑧載之末年：這句有多種解釋：(一)流傳於後世；如崔譔註：「書之於今也。」(二)從事此業終身；如林希逸說：「『載』，事也。『末年』，晚年也。言從事於此終其身也。」釋德清說：「言從事以終身也。」林雲銘說：「三人皆以其知近精，故為終身篤好。」(三)「載」，指載譽；如李勉說：「『載』謂載譽於晚年也。以其知盛，故能載譽於晚年也。但莊子認為此乃世俗間之虛譽耳。」按：(二)(三)說皆可通。

⑨異於彼：炫異於他人。「彼」，指他人、衆人。

⑩彼非所明而明之：非人所必明，而強欲共明之(王先謙說)；謂以我之偏好，曉喻無此偏好之他人(陳啓天說)。按：這裏指惠子而言。

⑪以堅白之昧終：謂惠子終身迷於堅白之說(陳啓天說)。「昧」，偏蔽。

王叔岷先生說：「『故以堅白之昧終。』專就惠施而言。德充符篇莊子亦謂惠施『以堅白鳴』。堅白之論，蓋即白馬非馬之類，戰國諸子持此論者不乏其人，此不必涉及公孫龍。」(莊子校詮)

⑫其子又以文之綸終：「綸」有二說：一說琴瑟的弦(如崔譔說：「琴瑟絃也。」)；一說綸緒，即緒業(如成疏：「綸，緒也」)。「其子」有二說：一說昭文的兒子；二說惠施的兒子。James Legge 在英譯 The Writings of Chuang Tze 中，譯成「他們的兒子」(即昭文、師曠、惠施三人的兒子)，但又加註說：這裏也許應指惠施的兒子。因而這句話可以有不同的解釋：(一)昭文的

兒子又終身從事於昭文的餘緒；如郭象註：「昭文之子又乃終文之緒。」（二）惠施的兒子又繼承他的學識之餘緒；如林雲銘說：「惠施既終，而其子又將堅白之載於書者，尋其綸緒，竟無所得。」一般學者多依郭象註解。今譯從衆。

⑬雖我無成，亦可謂成矣：原作「雖我亦成也」，根據陳碧虛莊子闕誤補正。王叔岷先生說：「陳碧虛闕誤引江南古藏本：『雖我亦成也』，作『雖我無成，亦可謂成矣。』文意較完，當從之。註：『則雖我之不成，亦可謂成也。』是郭本『亦』上原有『無成』二字，『亦』下原有『可謂』二字。」按：「雖我無成」的「我」，是泛稱，不是特指莊子自己。

⑭滑（gǔ骨）疑之耀，聖人之所圖也：「圖」，革除，猶左傳隱公元年「蔓，難圖也」之「圖」（曹礎基莊子淺註）。這句話有兩種對立的解釋，引述如下：

（一）一說：含蓄的光明，乃是聖人所希圖的。如釋德清說：「滑疑之耀者，乃韜晦和光，不衒己見之意。言光而不耀，乃聖人所圖也。」

（二）另一說：迷亂人心的炫耀，乃是聖人所要摒去的。如蔣錫昌說：「釋文引司馬云：『滑，亂也。』『滑疑』即指辯者之說而言，謂其說足以使人之心亂與疑也。下文：『置其「滑涽」。』徐无鬼：『「頡滑」有實。』下文郭註：『「滑涽」紛亂。』徐无鬼向註：『「頡滑」謂錯亂也。』是『滑疑』之義。『圖』借作『啚』，說文：『嗇也。』『嗇』即愛濇，省嗇之義。郭註：『圖而域之。』亦即省嗇。此謂辯說之炫耀，乃聖人之所省嗇也。下文『不用』二字即承此『圖』而言。可證『圖』即省嗇或不用之義。」如聞一多說：「『鄙』古祇作『啚』，校者誤為『圖』字，遂改為『圖』也。」（莊子內篇校釋）馬叙倫說：「圖借為否。」按：當從（二）說。下文「為是不用」，正是承這迷亂人心的辯說而言的。

【今譯】

古時候的人，他們的智識有個究極。究極在哪裏？有人認為宇宙初始並不存在萬物，這便是知識的究極，到達盡頭了，不能再增加了。次一等的人，認為宇宙初始存在萬物，只是萬物之間並不嚴分界域。再次一等的人，認為宇宙初始不但已存在萬物，並且事物之間有分界，只是不計較是非。是非的造作，道就有了虧損。道的虧損，是由於私好所形成。果然有完成和虧損嗎？還是沒有完成和虧損呢？有完成和虧損，好比昭文的彈琴；沒有完成和虧損，好比昭文的不彈琴。昭文的彈琴，師曠的持杖擊節，惠子的倚在梧桐樹下辯論，他們三個人的技藝，幾乎都算得上登峯造極的了，所以載譽於晚年。正因他們各有所好，以炫異於別人，他們各以所好，而想彰顯於他人。不是別人所非了解不可的而勉強要人了解，因此終身迷於「堅白論」的偏蔽。而昭文的兒子又終身從事於昭文的餘緒，以致於終身沒有什麼成就。像這樣子可以說有成就嗎？那麼雖然我們沒有成就，也可算有成就了。如果這樣不能算有成就，那麼人與我都談不上有什麼成就。所以迷亂世人的炫耀，乃是聖人所要摒棄的。所以聖人不用〔知見辯說〕誇示於人而寄寓在各物自身的功分上，這就叫做「以明」。

今且有言於此，不知其與是類乎？其與是不類乎？類與不類，相與為類，則與彼無以異矣。

五

雖然，請嘗言之。有始也者[①]，有未始有始也者[②]，有未始有夫未始有始也者[③]。有有也者，有無也者[④]，有未始有無也者[⑤]，有未始有夫未始有無也者[⑥]。俄而有無矣，而未知有無之果孰有孰無也。今我則已有謂矣，而未知吾所謂之其果有謂乎，其果無謂乎？

天下莫大於秋毫之末，而大山為小；莫壽於殤子，而彭祖為夭[⑦]。天地與我並生，而萬物與我為一。既已為一矣，且得有言乎？既已謂之一矣，且得無言乎？一與言為二，二與一為三。自此以往，巧曆[⑧]不能得，而況其凡[⑨]乎！故自無適有[⑩]以至於三，而況自有適有乎！無適焉[⑪]，因是已。

【註譯】

①有始也者：宇宙有個開始。

②有未始有始也者：有未曾開始的開始。

③有未始有夫未始有始也者：更有未曾開始那「未曾開始」的開始（莊子內篇譯解）；謂天地之始

以前之再前（蔣錫昌說）。

陳啓天說：「吾人思及天地之原始時，已撤銷物我之對立。若追溯至天地之原始以前及其更前，則意境益無限，尚何有是非可言哉！」

④有有也者，有無也者：宇宙有「有」，有「無」。「無」、「有」觀念來自老子，見老子第一章、四十章。

⑤有未始有無也者：有未曾有「無」的「無」。

⑥有未始有夫未始有無也者：更有未曾有那「未曾有『無』」的「無」（莊子內篇譯解）。

陳啓天：「吾人由物思及道時，已通萬物為一。若追溯至有道以前及其更前，則意境益無涯，亦無是非可言也。」

⑦天下莫大於秋毫之末，而大山為小；莫壽於殤子，而彭祖為夭：天下沒有比秋天毫毛的末端更大的東西，而泰山卻是小的；沒有比夭折的嬰兒更長壽的，而彭祖卻是短命的。在莊子看來，大小長短是相對、比較而言的，不是絕對的。每一個東西都比它小的東西大，也都比它大的東西小，所以每一個東西都是大的，也都是小的。依此而得出這種詭論來。

在經驗世界中，一個常人認為極大的東西，若從更廣闊的空間上來衡量，卻顯得十分微小。相反的，一個常人認為極細微的東西，逼近了看，卻可發現其中含藏着無盡豐富的內容。莊子雖然有意忽略相對事物中的絕對性（即在特定的關係中，大和小的區分是絕對的；如在狗和螞蟻的特定關係中，狗為大而螞蟻為小是絕對的），然而莊子的目的，卻不在對現象界作區別，乃在於擴展人的視野，以透破現象界中的時空界綫。若能將現象界中時空的界綫一一透破，心靈才能從鎖閉的境域中超拔出來。

嚴北溟說：「『天下莫大於秋毫之末而泰山為小，莫壽於殤子而彭祖為夭。』看來這不僅是相對主義，而且是詭辯。而莊子說這話的用意，則在於論證不要局限在感官認識上去比較事物表面上的數量差別，而要通過抽象思維去認識一切空間的大小都是相對的，只有無限大無限小，才是絕對的，時間的久暫也一樣。這一看法，是包含有合理的因素的。」（從道家思想演變看莊子哲學，刊在社會科學戰綫，一九八一年一期）

⑧巧曆：善於計算的人。

⑨凡：凡夫，普通人。

⑩自無適有：從「無」（沒有語言的機心）到「有」（有語言的機心）。

⑪無適焉：即無往矣；指不必再往前計算，意謂不如消除語言的機心。

【今譯】

現在在這裏說一些話，不知道其他人的言論和我這些話是同一類呢，還是不同一類？無論是同一類還是不同類，儘管發了言都算是一類了，那麼和其他的論者便沒有什麼分別了。

既然如此，還是容我說說：宇宙有一個「開始」，有一個未曾開始的「開始」，更有一個未曾開始那「未曾開始」的「開始」。宇宙最初的形態有它的「有」，有它的「無」，更有未曾有「無」的「無」，更有未曾有那「未曾有無」的「無」。忽然間發生了「有」、「無」，然而不知道這個「有」、「無」果真是「有」果真是「無」。現在我已經說了這些話，但不知道我果真說了呢，還是沒有說？

天下沒有比秋天毫毛的末端更大的東西，而泰山卻是小的；沒有比夭折的嬰兒更長壽的，而彭祖卻是短命的。天地和我並存，而萬物和我合為一體。既然合為一體，還需要言論嗎？既然已經說了「合為一體」，還能說沒有言論嗎？萬物一體加上我所說的就成了「二」，「二」再加上「一」就成了「三」，這樣繼續往下算，就是最巧善的計算家也不能得出最後的數目，何況普通人呢？從無到有已經生出三個名稱了，何況從有到有呢？不必再往前計算了，因任自然就是了。

夫道未始有封①，言未始有常②，為是而有畛③也，請言其畛：有左，有右，有倫，有義，有分，有辯，有競，有爭，此之謂八德④。六合⑤之外，聖人存而不論；六合之內，聖人論而不議。春秋經世先王之志⑥，聖人議而不辯。故分也者，有不分也；辯也者，有不辯也。曰：何也？聖人懷之⑦，眾人辯之以相示⑧也。故曰辯也者，有不見也⑨。

夫大道不稱，大辯不言，大仁不仁⑩，大廉不嗛⑪，大勇不忮⑫。道昭而不道，言辯而不及，仁常而不周⑬，廉清而不信⑭，勇忮而不成。五者無棄而幾向方矣⑮。

故知止其所不知，至矣。孰知不言之辯，不道之道？若有能知，此之謂天府⑯。註焉而不滿，酌焉而不竭，而不知其所由來，此之謂葆光⑰。

【註譯】

①道未始有封：謂道無所不在，而未曾有彼此之分（陳啓天說）。

崔譔說：「齊物七章，此連上章，而班固說在外篇。」（釋文引）

②言未始有常：謂言未曾有定說（陳啓天說）。按「常」謂是非標準。

③為是而有畛：有兩種解釋：（一）猶言因此而有是非之分別（陳啓天說）。「為是」作為此、因此講。（二）為了爭執一個「是」字而劃出界綫。「為是」作為「是」講。依上文句義，以後說為優。

釋德清說：「只因執了一個『是』字，故有是非分別之辯。」

蔣錫昌說：「儒墨之間，只緣為了爭一個『是』字，故有彼此人我之界，以致辯論不休也。」

④有左，有右，有倫，有義，有分，有辯，有競，有爭，此之謂八德：這是指儒墨等派所執持爭論的八種。「倫」，猶紀。「義」，儀，法度禮數。「倫義」指綱紀法度。

成玄英疏：「『德』者，功用之名也。略而陳之，有此八種。」

林希逸說：「此段又自『是』字上生起，有封即有彼也。至道至言本無彼此，因人心之私，有個『是』字，故生出許多疆界。八德之名，只是物我對立之意，卻鼓舞其文，做出四句。」

羅勉道說：「『倫』，次序也。『義』，合宜也。既次序之而又逐事要合宜。『分』，別也。『辯』又詳矣。『競』，主心言，『爭』，主力言，左氏傳曰：『不必心競而力爭。』」（南華真經循本）

蔣錫昌說：「『左』指卑或下言，『右』指尊或上言；『倫』對疏戚言，『義』對貴賤言；此謂儒家所述人類關係，有此四種大別也。……『分』者謂分析萬物，『辯』者謂辯其所是，『競』者謂競說不休，『爭』者謂爭得勝利，此謂墨家（包括其他各派辯士）之術，有此四種大別也。此謂儒墨之『畛』，合而計之，有此八種也。」

⑤六合：指天地四方。

⑥春秋經世先王之志：古史上有關先王治世的記載。

王先謙說：「春秋經世，謂有年時以經緯世事，非孔子所作春秋也。」

蔣錫昌說：「『春秋經世先王之志』，即『春秋先王經世之志』；與上文『大木百圍之竅穴』即『百圍大木之竅穴』詞例相倣，皆莊子倒句法也。此謂一切古史乃先王陳跡已行於世之記載。」

⑦懷之：指默默體認一切事理。

郭象註：「以不辯為懷。」

王先謙說：「存之於心。」

⑧相示：互相誇示。

⑨辯也者，有不見也：謂凡爭辯者，只見自己之是，而不見自己之非（陳啓天說）。

⑩大仁不仁：大仁是沒有偏愛的。和老子五章「天地不仁」及庚桑楚「至仁無親」同義。

林希逸說：「無仁之跡而後為大仁。」

⑪大廉不嗛（qiān 遣）：大廉是不遜讓的。

馬其昶說：「嗛，與隒同，說文：『隒，崖也。』謂廉者不自顯崖岸。」

李勉說：「案嗛應作，字從口，謂口自言廉也，謂大廉不，謂大廉者口不自言其廉以邀譽也，猶如采字作採以示用手採也。然此皆漢後所改易之字，原字應作廉作采，原句應作『大廉不廉』，與上句『大仁不仁』句法同，下『廉』字動詞，謂大廉者不自言其廉也。魏晉註者加口旁作，又誤作嗛。」

⑫大勇不忮（zhì 致）：大勇是不傷害的。忮，害（釋文）。

⑬仁常而不周：「常」，指固定在一方。「周」原作「成」，據江南古藏本改。這句話是說「仁」守滯一處便不能周遍。

奚侗說：「莊子闕誤云：『江南古藏本作「周」。』是也。郭註：『物無常愛，而常必不周。』是郭本亦作『周』不作『成』，『成』字涉下『勇忮而不成』而誤。」

⑭廉清而不信：廉潔過分而不真實。

釋德清說：「矯矯以自清立名，則無實德矣。」

⑮五者無棄而幾向方矣：原作「五者圓而幾向方」，根據奚侗之說，依淮南子改正。

奚侗說：「淮南子詮言訓載此文作『五者無棄而幾向方矣』。高註：『方，道也，庶幾向於道也。』爾雅釋詁：『棄，忘也。』意謂能無忘此五者，其庶幾乎向於道矣。疑古本莊子『無』作『无』，『棄』字破爛不可辨，鈔者乃作□以識之。後人不察，誤『无』為『元』，又與□相合為『园』。解者遂以為『圓』之俗字，而誤『方』為『圓』之對文，而書恉大晦。是當據淮南子訂正之。」

⑯天府：自然的府庫。這是形容心靈涵攝量的廣大。

⑰葆光：潛藏的光明。

林希逸說：「葆，藏也。藏其光而不露，故曰葆光。」

勞思光說：「萬說紛紜，皆由有『言』而起，『言』又不能接觸真相，在其本身限制下，徒增煩擾。道家之理想，則為息言說以養虛靈之自覺，即所謂『葆光』是也。」

【今譯】

道原本是沒有分界的，語言原本是沒有定說的，為了爭一個「是」字而劃出許多的界綫，如有左，有右，有倫序，有等差，有分別，有辯論，有競言，有爭持，這是界綫的八種表現。天地以外的事，聖人是存而不論的；天地以內的事，聖人只論說而不議評。春秋史實乃是先王治世的記載，聖人只議評而不爭辯。天下事理有分別，就有不分別；有辯論，就有不辯論。這是怎麼講呢？聖人默默體認一切事理，衆人則喋喋爭辯而競相誇示。所以說：凡是爭辯，就有見不到的地方。

大道是不可名稱的，大辯是不可言說的，大仁是無所偏愛的，大廉是不遜讓的，大勇是不傷害的。「道」講出來就不是真道，言語爭辯就有所不及，仁常守滯一處就不能周遍，廉潔過分就不真實，勇懷害意則不能成為勇。這五者不要疏忽，那就差不多近於道了。

一個人能止於所不知的境域，就是極點了。誰能知道不用語言的辯論，不用稱說的大道呢？若有能知道，就够得上稱為天然的府庫，這裏無論注入多少都不會滿溢，無論傾出多少也不會枯竭，不知道源流來自何處，這就叫做潛藏的光明。

六

故[①]昔者堯問於舜曰：「我欲伐宗、膾、胥敖[②]，南面而不釋然[③]。其故何也？」舜曰：「夫三子者[④]，猶存乎蓬艾之間[⑤]。若[⑥]不釋然，何哉？昔者十日並出[⑦]，萬物皆照，而況德之進⑧乎日者乎！」

【註譯】

①故：發語詞，作用同「夫」。
張默生說：「『故』，作『夫』字用，古書中有此用法。」

②宗、膾（kuài快）、胥敖：三個小國名。人間世作叢、枝、胥敖。
林希逸說：「宗、膾、胥敖之事，無經見，亦寓言耳。」

③不釋然：耿耿於懷，芥蒂於心。

④三子者：指三國的君主。

⑤存乎蓬艾之間：生存於蓬蒿艾草中間。
林雲銘說：「蓬艾之間，言其存國於卑微偏小之地，不足與較也。」
宣穎說：「託生小處。」

⑥若：汝，指堯。

⑦十日並出：這也是寓言，借來譬喻光明廣大，普照萬物。
林希逸說：「十日並出，亦見淮南子，此蓋莊子寓言，淮南子又因之而粧撰也。」

⑧進：勝過。

【今譯】

從前堯問舜說：「我想討伐宗、膾、胥敖，每當臨朝，總是放在心裏感到不安，為什麼呢？」

舜說：「這三個小國的君主，就如同生存在蓬蒿艾草中間一樣，為什麼還要放在心裏呢？從前據說有十個太陽同時並出，普照萬物，何況道德的光芒更勝過太陽的呢？」

齧缺問乎王倪①曰：「子知物之所同是②乎？」

曰：「吾惡乎知之！」

「子知子之所不知邪？」

曰：「吾惡乎知之！」

「然則物無知邪？」

曰：「吾惡乎知之！雖然嘗試言之。庸詎知③吾所謂知之非不知邪？庸詎知吾所謂不知之非知邪？且吾嘗試問乎汝：民濕寢則腰疾偏死④，鰌⑤然乎哉？木處則惴慄恂⑥懼，猨猴然乎哉？三者孰知正處？民食芻豢⑦，麋鹿食薦⑧，蝍蛆甘帶⑨，鴟⑩鴉嗜鼠，四者孰知正味？猨猵狙⑪以為雌，麋與鹿交，鰌與魚游。毛嬙、西施⑫，人之所美也；魚見之深入，鳥見之高飛，麋鹿見之決驟⑬。四者孰知天下之正色哉？自我觀之，仁義之端，是非之塗，樊然殽亂⑭，吾惡能知其辯！」

齧缺曰：「子不知利害，則至人固不知利害乎？」

王倪曰：「至人神矣！大澤焚而不能熱，河漢沍⑮而不能寒，疾雷破山而不能傷，飄風振海而不能驚⑯。若然者，乘雲氣，騎日月，而遊乎四海之外。死生無變於己，而況利害之端乎！」

【註譯】

①齧（niè 聶）缺問乎王倪：齧缺、王倪，撰造名字（林希逸說）。天地篇說：「齧缺之師王倪。」王元澤說：「『齧缺』者，道之不全也。『王倪』者，道之端也。莊子欲明道全與不全而與端本，所以寓言於二子也。」（南華真經新傳）

②同是：共同所認可的；共同標準。

③庸詎知：安知，何知。王引之經傳釋詞說：「『庸』猶『何』也，『安』也，『詎』也。『庸』與『詎』同意，故亦稱『庸詎』。」

④偏死：半身不遂。馬叙倫說：「『偏』借為『瘺』。說文曰：『瘺，半枯也。』」

⑤鰌（qiū 秋）：泥鰍。

⑥恂：眩。

朱桂曜說：「爾雅云：『恂慄也』，恂謂眩也。」

⑦芻豢（huàn 患）：用草餵的叫芻，指牛羊；用穀子餵的叫豢，指家畜。司馬彪說：「牛羊曰芻，犬豕曰豢，以所食得名。」

⑧薦：美草（司馬彪說）。

⑨蝍蛆（jū 居）甘帶：蜈蚣喜歡吃蛇。「蝍蛆」，蜈蚣。「帶」，小蛇。蔣錫昌說：「本草蜈蚣下註云：『一名蝍蛆，其性能制蛇，見大蛇便緣而噉其腦。』」朱桂曜說：「案關尹子三極篇：『御覽引春秋考異郵：「土勝水，故蝍蛆搏蛇。」』淮南子說林訓：『騰蛇遊霧而殆於蝍蛆。』是帶即蛇也。」

⑩鴟（chī 吃）：貓頭鷹。

⑪猵狙：似猨（猿），同形而類別。

⑫毛嬙（qiáng 牆）、西施：古代美人。「西施」，今本作「麗姬」，依朱桂曜說，據崔譔本改。朱桂曜說：「古書多言『毛嬙西施』，鮮有言『毛嬙麗姬』者。管子小稱第三十三『毛嬙西施天下之美人也』；韓非子顯學篇『故善毛嗇西施之美』；淮南子本經訓『雖有毛嬙西施之色不知悅也』；又脩務訓『今夫毛牆西施天下美人』；齊俗訓『待西施毛嬙而為配，則終身不家矣』，註『西施毛嬙古好女也』；說苑尊賢篇『古者有毛嬙西施今無有』；文選神女賦註引慎子『毛嬙先施天下之姣也』，註『先施西施一也，嬙音牆』；御覽七十七引尸子『人之欲見毛嬙西施，美其面也』，此言毛嬙麗姬者，蓋因下又『麗之姬，艾封人之子』而誤改耳。」按：朱說可從，崔譔本正作「西施」。

⑬決驟：快速奔走。

崔譔說：「疾走不顧為決。」

⑭樊然殽亂，紛然錯亂。

⑮沍（hù互）：凍。

⑯疾雷破山而不能傷，飄風振海而不能驚：今本作「疾雷破山，風振海，而不能驚」。脫落「而不能傷飄」五字。根據王叔岷先生之說補上。

奚侗說：「案『風』上脫『飄』字，當據闕誤引江南李氏本補之。『疾雷破山』『飄風振海』，耦語也。成疏：『雷霆奮發而破山，飄風濤蕩而振海。』是成本亦作『飄風』。」

王叔岷說：「淮南子精神訓：『大澤焚而不能熱，河漢涸而不能寒也，大雷毀山而不能驚也，大風晦日而不能傷也。』即襲用此文，上下二句，文各成對，則此文『疾雷破山』下，尚有脫文，疑原作『疾雷破山而不能傷，飄風振海而不能驚。』今本脫『而不能傷飄』五字，下二句遂不成對矣。」

【今譯】

齧缺問王倪說：「你知道萬物有共同的標準嗎？」

王倪說：「我怎麼知道呢？」

齧缺又問：「你知道你所不明白的東西嗎？」

王倪說：「我怎麼知道呢？」

齧缺再問：「那麼萬物就無法知道了嗎？」

王倪說：「我怎麼知道呢？雖然這樣，姑且讓我說說看。怎麼知道我所說的『知』不是『不知』呢？怎麼知道我所說的『不知』並不是『知』呢？我且問你：『人睡在潮濕的地方，就會患腰痛或半身不遂，泥鰍也會這樣嗎？人爬上高樹就會驚懼不安，猿猴也會這樣嗎？這三種動物到底誰的生活習慣才合標準呢？人吃肉類，麋鹿吃草，蜈蚣喜歡吃小蛇，貓頭鷹和烏鴉卻喜歡吃老鼠，這四種動物到底誰的口味才合標準呢？猵狙和雌猿作配偶，麋和鹿交合，泥鰍和魚相交。毛嬙和西施是世人認為最美的；但是魚見了就要深入水底，鳥見了就要飛向高空，麋鹿見了就要急速奔跑；這四種動物究竟哪一種美色才算最高標準呢？依我看來，仁義的論點，是非的途徑，紛然錯亂，我哪裏有法子加以分別呢？』」

齧缺說：「你不顧利害，那麼至人也不顧利害嗎？」

王倪說：「啊！至人神妙極了！山林焚燒而不能使他感到熱，江河凍結而不能使他感到冷，雷霆撼山嶽而不能使他受到傷害，狂風激起海浪而不能使他感到驚恐。這樣的至人，駕着雲氣，騎着日月，而遊於四海之外。生死的變化都對他沒有影響，何況利害的觀念呢？」

瞿鵲子問乎長梧子[1]曰：「吾聞諸夫子[2]：『聖人不從事於務，不就利，不違害，不喜求，不緣道[3]；無謂有謂[4]，有謂無謂[5]，而遊乎塵垢之外。』夫子以為孟浪[6]之言，而我以為妙道之行也。吾子以為奚若？」

長梧子曰：「是黃帝之所聽熒⑦也，而丘也何足以知之！且汝亦大早計，見卵而求時夜⑧，見彈而求鴞炙⑨。

「予嘗為女妄言之，女以妄聽之奚？旁日月，挾宇宙，為其脗合⑩，置其滑涽⑪，以隸相尊④。衆人役役，聖人愚芚，參萬歲而一成純⑬。萬物盡然，而以是相蘊⑭。

「予惡乎知說生之非惑邪！予惡乎知惡死之非弱喪⑮而不知歸者邪！麗之姬，艾封人⑯之子也，晉國之始得之也，涕泣沾襟；及其至於王所，與王同筐牀，食芻豢，而後悔其泣也。予惡乎知夫死者不悔其始之蘄生乎！

「夢飲酒者，旦而哭泣；夢哭泣者，旦而田獵。方其夢也，不知其夢也。夢之中又占其夢焉，覺而後知其夢也。且有大覺而後知此其大夢也。而愚者自以為覺，竊竊然⑰知之。君乎，牧乎，固哉⑱！丘也與女，皆夢也；予謂女夢，亦夢也。是其言也，其名為弔詭⑲。萬世之後而一遇大聖，知其解者，是旦暮遇之也。」

【註譯】

①瞿鵲子問乎長梧子：人名為杜撰。

②夫子：指孔子（林希逸說）。

俞樾說：「所稱聞之夫子，謂聞之孔子也。下文：長梧子曰：『是黃帝之所聽熒也，而丘也何足以知之？』丘即是孔子名，因瞿鵲子述孔子之言，故曰『丘也何足以知之也』。而讀者不達其意，誤以丘也為長梧子自稱其名。」

③不緣道：無行道之跡（林希逸說）；不拘泥於道。

④無謂有謂：無言如同有言（沒有說話卻好像說了）。即寓言篇「終身不言，未嘗不言」的意思。

⑤有謂無謂：有言如同無言（說了話好像沒有說）。即寓言篇「言無言，終身言，未嘗言」的意思。

⑥孟浪：漫瀾，不着實。

⑦聽熒（yíng 營）：疑惑（向秀註）。

⑧時夜：即司夜，指雞。

⑨鴞（xiāo 消）炙（zhì 擲）：烤吃鴞鳥。

司馬彪說：「小鳩，可炙。」

⑩為其脗合：和宇宙萬物合為一體。

成玄英疏：「脗，無分別之貌也。」

⑪置其滑涽：任其紛亂之不顧。

成玄英疏：「『置』，任也。『滑』，亂也，滑亂昏雜隨而任之。」

宣穎說：「是非殽亂置之不問。」

⑫以隸相尊：把世俗尊卑看作是一樣的。

成玄英疏：「『隸』，皁僕之類也，蓋賤稱也。『以隸相尊』，一於貴賤也。」

⑬參萬歲而一成純：「參」，糅合。「萬歲」，指古今無數變異。謂糅合古今無數變異而成一精純之體。

⑭相蘊：意指互相蘊含於精純渾樸之中。
⑮弱喪：自幼流落。
⑯艾封人：艾地守封疆的人。
⑰竊竊然：察察然，自知的樣子。
⑱君乎，牧乎，固哉：君呀、臣呀的，固陋極了。

林希逸說：「『君』，貴也。『牧』，圉賤也。愚人處世方在夢中切切自分貴賤，豈非固蔽乎！」

⑲弔詭：怪異。和上文「恢恑」「憰怪」同義。

【今譯】

瞿鵲子問長梧子說：「我聽孔夫子說過：『聖人不去營謀那些世俗的事，不貪圖利益，不躲避危害，不喜歡妄求，不拘泥於道；沒有說話好像說了，說了話又好像沒有說，而心神遨遊於塵俗世界之外。』孔夫子認為這些都是不着實際的無稽之言，我認為這正是妙道的行徑。你認為怎樣？」

長梧子說：「這些話黃帝聽了都猶惑不解，而孔丘怎能了解呢？你未免操之過急，就像見到雞蛋就想得到報曉的公雞，見到彈丸就想煮吃鴞鳥。現在我姑且說說，你姑且聽聽，怎麼樣？聖人同日月並明，懷抱宇宙，和萬物吻合一體，是非殽亂置之不問，把世俗上尊卑貴賤的分別看作是一樣的。衆人熙熙攘攘，聖人渾樸相安，他糅合古今無數變異而成一精純之體。萬物都是一樣，而互相蘊含於精純渾樸之中。

「我怎麼知道貪生不是迷惑呢？我怎麼知道怕死不是像自幼流落在外而不知返回家鄉那樣呢？麗

姬是艾地守封疆人的女兒，當晉國剛迎娶她的時候，她哭得衣服都濕透了；但她到了晉王的宮裏後，和國王同睡一牀，同吃美味的魚肉，這才後悔當初不該哭泣。我怎能知道死了不後悔當初不該戀生呢？

「夢見飲酒作樂的人，醒後或許會遇到不如意的事而哭泣；夢見傷心痛哭的人，醒後或許會有一場打獵的快樂。當人在夢中，卻不知道是在作夢。有時夢中還在作夢，醒了以後才知道是作夢，只有非常清醒的人明白不覺醒的一生就像是一場大夢。可是愚人卻自以為清醒，自以為什麼都知道。什麼皇上呀，臣子呀，真是淺陋極了！我看孔丘和你，也都在作夢；我說你在作夢，也是在作夢。這些話，稱為奇異的言談。也許經過萬世之後能遇到一個大聖人，了悟這個道理，也如同朝夕相遇一樣平常。」

「既使我與若①辯矣，若勝我，我不若勝，若果是也，我果非也邪？我勝若，若不吾勝，我果是也，而果非也邪？其或是也，其或非也邪？其俱是也，其俱非也邪？我與若不能相知也，則人固受黮闇②，吾誰使正之？使同乎若者正之？既與若同矣，惡能正之！使同乎我者正之？既同乎我矣，惡能正之！使異乎我與若者正之？既異乎我與若矣，惡能正之！使同乎我與若者正之？既同乎我與若矣，惡能正之！然則我與若與人俱不能相知也，而待彼也邪？

「化聲之相待③，若其不相待，和之以天倪④，因之以曼衍⑤，所以窮年也⑥。何謂和之以天倪？曰：是不是，然不然。是若果是也，則是之異乎不是也，亦無辯；然若果然也，則然之異乎不然也亦無辯。忘年忘義⑦，振於無竟⑧，故寓諸無竟。」

【註譯】

①我與若：「我」，長梧子自稱。後文同。「若」，汝。

②黮（dǎn 膽）闇：暗昧不明，所見偏蔽。

朱桂曜說：「『黮』有黑義；『闇』同黯，同黭，亦有黑義。」

③化聲之相待：是非之辯互相對立而成。

郭象註：「是非之辯為化聲。」

④天倪：自然的分際。

⑤曼衍：散漫流衍，不拘常規。

⑥化聲之相待，若其不相待，和之以天倪，因之以曼衍，所以窮年也：這五句今本在「忘年忘義」句上。根據呂惠卿本及宣穎本改正。

蔣錫昌說：「呂惠卿本移『何謂和之以天倪』至『則然之異乎不然也亦無辯』一段文字在『所以窮年也』下，當從之。蓋此為後人所誤倒也。」

王叔岷先生說：「此二十五字，與上下文義，似不相屬，褚伯秀義海纂微引呂惠卿註後附說云：『「化聲之相待」至「所以窮年也」，合在「何謂和之以天倪」之上，簡編脫略，誤次於此，觀文意可知。』其說極是。宣穎南華真經解，直移此二十五字於上文『何謂和之以天倪』上，王先謙集解亦從之。」

⑦忘年忘義：忘生死忘是非。按：安適之至謂之「忘」。

郭象註：「忘年故玄同死生，忘義故彌貫是非。」

⑧振於無竟：遨遊於無窮的境地。「竟」，崔本作「境」（釋文）。「竟」、「境」古今字，作「竟」是故書（王叔岷說）。

林希逸說：「振動鼓舞於無物之境。此『振』字便是逍遙之意。」

釋德清說：「無竟者，乃絕疆界之境。即大道之實際，所言廣莫之鄉，曠埌之野，皆無竟之義。」

【今譯】

「假使我和你辯論，你勝了我，我沒有勝你，你果然對嗎？我果然錯嗎？我勝了你，你沒有勝我，我果然對嗎？你果然錯嗎？是我們兩人有一人對有一人錯呢？還是我們兩人都對，或者都錯呢？我和你都不知道。凡人都有偏見，我們請誰來評判是非？假使請意見和你相同的人來評判，他已經和你相同了，怎麼評判呢？假使請意見和我相同的人來評判，他已經和我相同了，怎麼能够評判呢？假使請意見和你我都不同的人來評判，他已經跟你和我相異了，怎麼能評判呢？假使請意見和你我都相同的人評判，他已經跟你我相同了，怎麼能評判呢？那麼，我和你及其他的人都不能評定誰是誰非了，那麼還等待誰呢？

「變化的聲音是相待而成的，如果要使它們不相對待，就要用自然的分際來調和它，我的言論散漫流行（不拘常規），隨物因變而悠遊一生。什麼叫做用『自然的分際』來調和一切是非？任何東西有『是』便有『不是』，有『然』便有『不然』。『是』果真是『是』，就和『不是』有區別，這樣就不須辯論；『然』果真是『然』，就和『不然』有區別，這樣也不須辯論。不計歲月、超越仁義，暢遊於無窮的境域，這樣就能把自己寄寓在無窮的境地。」

七

罔兩①問景②曰：「曩子行，今子止；曩子坐，今子起；何其無特操與？」

景曰：「吾有待而然者邪？吾所待又有待而然者邪？吾待蛇蚹蜩翼③邪？惡識所以然！惡識所以不然④！」

【註譯】

①罔兩：景外之微陰（郭註）。另一說作「蛧蜽」，據說文解作「山川之精物」（蔣錫昌說）。

②景：影的古字。一本或作「影」（釋文）。

③待蛇蚹（fù付）蜩（tiáo條）翼：意謂蛇憑藉腹下鱗皮而爬行，蟬憑藉翼羽而起飛。

④惡識所以然，惡識所以不然：既不識其所以然與其所以不然，則是非不必辯矣（陳啓天說）。

【今譯】

影外微陰問影子說：「剛才你移動，現在你又停止下來；剛才你坐着，現在你又站起來；你怎麼這樣沒有獨特的意志呢？」

影子回答說：「我因為有待才會這樣子嗎？我所待的東西又有所待才會這個樣子嗎？我所待的就像蛇有待於腹下鱗皮、蜩有待於翅膀嗎？我怎能知道為什麼會這樣！怎能知道為什麼不會這樣呢！」

昔者①莊周夢為胡蝶，栩栩②然胡蝶也，自喻適志與③！不知周也。俄然覺，則蘧蘧然④周也。不知周之夢為胡蝶與，胡蝶之夢為周與？周與胡蝶，則必有分矣。此之謂「物化」⑤。

【註譯】

①昔者：猶「夕者」。

王叔岷先生說：「昔者，猶夜者。古謂夜為昔。田子方篇：『昔者寡人夢見良人。』疏：『我昨夜夢見賢良之人。』亦同此例。」

②栩栩：即翩翩。形容蝴蝶飛舞的樣子。崔譔本「栩」作「翩」。

③自喻適志與：「喻」，同愉。「適志」，快意。

劉文典說：「案『自喻適志與』五字隔斷文義，『與』字同『歟』。詳其語意，似是後人註羼入正文。藝文類聚蟲豸部、太平御覽九百四十五引並無此五字，三百九十七引有，蓋唐代猶有無此五字之本。」劉說可存。

④蘧蘧然：僵直之貌（林希逸說）；僵臥之貌（釋德清說）。

⑤物化：萬物的轉化。

【今譯】

從前莊周夢見自己變成蝴蝶，翩翩飛舞的一隻蝴蝶，遨遊各處悠遊自在，根本不知道自己原來是莊周。忽然醒過來，自己分明是莊周。不知道是莊周作夢化為蝴蝶呢？還是蝴蝶作夢化為莊周呢？莊周和蝴蝶必定是有所分別的。這種轉變就叫做「物化」。

養生主

養生主篇，主旨在說護養生之主——精神，提示養神的方法莫過於順任自然。外篇達生篇，通篇發揮養神之理。

本篇分三章，首章提出「緣督以為經」，是為全篇的總綱。指出人生有涯而知無涯的境況中，當順循中虛之道，即順任自然之理。第二章，藉「庖丁解牛」的故事，以喻社會的複雜如牛的筋骨盤結；處理世事當「因其固然」、「依乎天理」（順着自然的紋理），並懷着「怵然為戒」的審慎、關注的態度，且以藏斂（「善刀而『藏』之」）為自處之道。「庖丁解牛」的意旨在人間世篇中得到更具體、更細微的發揮。第三章，分三段作喻，寫右師之介，乃屬自然之貌。這段要在破除形骸殘全的觀念。德充符全篇發揮這一主題。澤雉一小段，寫水澤裏的野雞，逍遙自在，若關在樊中，則神雖旺，卻不自遂。後一段「秦失弔老聃」，寫人生在世，當「安時處順」，視生死為一如，不為哀樂之情所困擾、所拘着。篇末結語說：「指窮於為薪，火傳也。」喻精神生命在人類歷史中具有延續的意義與延展的價值。

許多耳熟能詳的成語出自本篇，如：庖丁解牛、目無全牛、批郤導窾、遊刃有餘、恢恢有餘、刃發若新、躊躇滿志、一飲一啄、官止神行、澤雉啄飲、安時處順、薪盡火傳等。

一

吾生也有涯[1]，而知[2]也無涯。以有涯隨無涯，殆已[3]；已而為知者[4]，殆而已矣。為善無近名，為惡無近刑[5]。緣督以為經[6]，可以保身，可以全生[7]，可以養親[8]，可以盡年。

【註譯】

①涯：本亦作「崖」。邊際，界限。

②知：猶願望（林紓莊子淺說）。按：「知」音智，作心思講。

林希逸說：「知，思也。心思卻無窮盡，以有盡之身隨無盡之思，紛紛擾擾，何時而止。」（南華真經口義）

宣穎說：「心思逐物無邊。」

③殆已：殆矣，形容疲困。

④已而為知者：言「此而為知者」（王引之經傳釋詞）；爾雅釋詁云：「已，此也。」「已而為知」猶云「如此而為知」（楊樹達莊子拾遺）；意思是說〔既然〕這樣還要去從事求知活動。

⑤為善無近名，為惡無近刑：做〔世俗上所認為的〕善事不要有求名之心，做〔世俗上所認為的〕惡事不要遭受刑戮之害。

成玄英說：「為善也無不近乎名譽，為惡也無不鄰乎刑戮。是知俗智俗學，未足以救前知，適有疲役心靈，更增危殆。」（莊子疏）

王叔岷先生說：「案此二句，以善、惡對言，上句猶易明，下句最難解，似有引人為惡之嫌。自郭象、司馬彪註以來，或曲說強通；或妄加非議，恐皆未達莊子之旨。岷曾試作新解云：『所謂善、惡，乃就養生言之。「為善」，謂「善養生」。「為惡」，謂「不善養生」。「為善無近名」，謂「善養生無近於浮虛」。益生、長壽之類，所謂浮虛也。「為惡無近刑」，謂「不善養生無近於傷殘」。勞形、虧精之類，所謂傷殘也。如此解釋，或較切實。篇名養生主，則善、惡二字自

當就養生而言，如不就養生而言，則曲說、歧見滋多矣。』」（莊子校詮）

王博說：「無近名和無刑，因為它們都是關乎着生命的。刑當然是是對生命的傷害，名又何嘗不是如此呢？於是我們看到道德（譬如美與惡的區分）在生命面前的退場，至少是退卻。」

⑥緣督以為經：順虛以為常法的意思。「緣督」，含有順着自然之道的意思。

林雲銘說：「緣督以為經，喻凡事皆有自然之理解。」（莊子因）

郭嵩燾說：「船山云：『奇經八脈，以任督主呼吸之息，身前之中脈曰「任」，身後之中脈曰「督」。「督」者，……循虛而行。』『緣督』者，……」（郭慶藩集釋引）

張默生說：「『督』既有中空之義，則『緣督以為經』，即是凡事當處之以虛，作為養生的常法。」（莊子新釋）

王孝魚說：「督脈居於身後，是以精神流通灌注的總樞紐。『緣督』就是說，人的行為要順其精神的指導。」（莊子內篇新解）

⑦生：讀為性（吳汝綸莊子點勘）。

⑧可以養親：一說「親」，指「真君」，即精神（曹礎基註）；近人疑「親」是齊物論中「百骸、九竅、六藏，賅而存焉，吾誰與為親」的「親」，據此「養親」當作「養精神」解（黃錦鋐新譯莊子讀本註）。然人間世云：「子之愛親，命也，不可解於心。」可證「養親」亦合莊子思想。

【今譯】

我們的生命是有限度的，而知識是沒有限度的，以有限度的生命去追求沒有限度的知識，就會弄得很疲困；既然這樣還要去汲汲追求知識，就會弄得更加疲困不堪了！做世俗上的人所認為的「善」事不要有求名之心，做世俗上的人所認為的「惡」事不要遭到刑戮之害。順着自然的理路以為常法，就可以保護身體，可以保全天性，可以奉養雙親，可以享盡天年。

二

庖丁[①]為文惠君[②]解牛，手之所觸，肩之所倚，足之所履，膝之所踦[③]，砉[④]然嚮然，奏刀騞[⑤]然，莫不中音：合於桑林[⑥]之舞，乃中經首[⑦]之會[⑧]。

文惠君曰：「譆，善哉！技蓋至此乎？」

庖丁釋刀對曰：「臣之所好者道也，進乎技矣。始臣之解牛之時，所見無非全牛者[⑨]。三年之後，未嘗見全牛也。方今之時，臣以神遇而不以目視，官知止而神欲行[⑩]。依乎天理[⑪]，批大卻[⑫]導大窾[⑬]因其固然[⑭]，枝經肯綮之未嘗微礙[⑮]，而況大軱[⑯]乎！良庖歲更刀，割也；族庖[⑰]月更刀，折[⑱]也。今臣之刀十九年矣，所解數千牛矣，而刀刃若新發於硎[⑲]。彼節者有閒，而刀刃者無厚；以無厚入有閒，恢恢乎其於遊刃必有餘地矣。是以十九年而刀刃若新發於硎。雖然，每至於族[⑳]，吾見其難為，怵然為戒，視為止[㉑]，行為遲。動刀甚微，謋[㉒]然已解，牛不知其死也[㉓]，如土委地。提刀而立，為之四顧，為之躊躇滿志，善刀㉔而藏之。」

文惠君曰：「善哉！吾聞庖丁之言，得養生焉。」

【註譯】

①庖丁：一說名叫丁的庖人，一說掌廚丁役之人。

王孝魚說：「逍遙遊篇的大鵬高飛，齊物論的風吹衆竅，這篇的庖丁解牛，是內篇中最有名的三篇寓言奇文，古今傳誦不絕。」

②文惠君：人名，不知何許人。舊註說是梁惠王，王懋竑認為是附會。

王懋竑說：「未詳何人，註以為梁惠王，此因『惠』字附會。」（莊子存校）

③踦（yǐ 椅）：通倚。

林雲銘說：「以一足跪而抵之。」

馬其昶說：「膝之所踦，謂屈一足之膝，以案之也。」（莊子故）

④砉（huò 惑）：骨肉相離的聲音。

⑤騞：同於「砉」，都是形容用刀砍物所發出的聲音，或說聲音大於「砉」。

崔譔說：「『騞』，音近『獲』，聲大於砉也。」

⑥桑林：殷湯樂名。

⑦經首：堯樂，咸池樂章名。

⑧會：韻律，節奏。

⑨所見無非全牛者：「全」字原缺。下文：「三年之後，未嘗見全牛也。」「牛」上當脫落「全」字。根據趙諫議本補上。

⑩官知止而神欲行：器官的作用都停止了，只是運用心神。「官」，指耳目之官。「神欲行」，喻心神自運，而隨心所欲。

⑪天理：自然的紋理。

⑫批大郤：「批」，擊。「郤」，指筋骨的間。

⑬導大窾（kuǎn 款）：「導」，引刀而入。「窾」，空，指骨節空處。

⑭因其固然：順着牛的自然結構。

⑮枝經肯綮（qìng 慶）之未嘗微礙：「枝」，即枝脈，原誤作「技」，根據俞樾之說改正。「經」，即經脈。「枝經」，猶言經絡。「肯」，着骨肉（釋文）。「綮」，盤結處。「微礙」二字原缺，依嚴靈峯先生之說，據郭註成疏補。

俞樾說：「郭註以『技經』為『技之所經』，殊不成義。『技經肯綮』四字，必當平列。釋文曰：『肯說文作肎，字林同，着骨肉也。一曰：骨無肉也。綮，司馬云：猶結處也。』是『肯綮』並就牛身言，『技經』亦當同之。『技』疑『枝』字之誤。素問三部九候論『治其經絡』，王註引靈樞經曰：『經脈為裏，支而橫者為絡。』古字『支』與『枝』通，『枝』，謂枝脈；『經』，謂經脈。『枝經』，猶言經絡也。經絡相連之處，亦必有礙於遊刃。庖丁惟因其固然，故未嘗礙也。」（諸子平議）

李楨說：「俞氏改『技』為『枝』，訓為經絡，說信確矣。『未嘗』二字須補訓義。」（郭慶藩莊

子集釋引）

嚴靈峯先生說：「『微礙』二字原缺。按『未嘗』二字，義猶未足，下當有脫文。郭註：『常遊刃於空，未嘗經槩於微礙也。』成疏：『遊刃於空，微礙尚未曾經。』依註、疏，『未嘗』下當有『微礙』二字；否則，說不可通。」（道家四子新編六七〇頁）

⑯軱：音孤，大骨。

⑰族庖：指一般的庖丁。

崔譔註：「族，衆也。」

⑱折：猶斫（釋德清說）。

俞樾說：「郭註曰：『中骨而折刀也。』此於文義未合。上文云：『良庖歲更刀，割也。』割以用刀言，則折亦以用刀言。折，謂折骨，非謂刀折也。哀元年左傳曰：『無折骨。』」

⑲新發於硎（xíng 刑）：「發」，猶言磨（陳啓天說）。「硎」，砥石（郭註）；音刑，磨石（釋文）。

⑳族：交錯聚結為族（郭註）。

㉑視為止：喻眼神專注。

㉒謋（huò 霍）：解散。

王闓運說：「謋，當作磔。」（莊子註）

奚侗說：「疑『謋』係『磔』字之誤，廣雅釋詁三：『磔開也。』與『已解』義相應。」（莊子補註）

楊樹達說：「『謋』疑當假為『捇』，說文十二篇上手部云：『捇，裂也。从手，赤聲。』宣六年公羊傳云：『趙盾就而視之，則赫然死人也。趙盾曰：「是何也？」曰：「膳宰也。熊蹯不熟，公怒，以斗而殺之，支解，將使我棄之。」』傳文『赫』亦『捇』字之假。何註云：『赫然，已支解之貌。』是也。『已支解之貌』為『赫然』與莊稱『謋然已解』義正同。」

㉓牛不知其死也：這句通行本缺遺，陳碧虛闕誤引文如海、劉得一本有「牛不知其死也」六字。據以補上，文意較完美。

㉔善刀：「善」，猶拭（釋文）。言好好收拾其刀（林希逸說）。

【今譯】

庖丁替文惠君宰牛，手所觸及的，肩所倚着的，足所踩到的，膝所抵住的，劃然響聲，進刀割解發出嘩啦響聲，沒有不合於音節；合於桑林樂章的舞步，合於經首樂章的韻律。

文惠君說：「啊！好極了！技術怎能到達這般的地步？」

庖丁放下屠刀回答說：「我所愛好的是道，已經超過技術了。我開始宰牛的時候，所見不過是渾淪一牛。三年以後，我就未嘗看見渾淪的整隻牛了。到了現在，我只用心神來領會而不用眼睛去觀看，器官的作用停止而只是心神在運用。順着牛身上自然的紋理，劈開筋肉的間隙，導向骨節的空隙，順着牛的自然結構去用刀，即使經絡相連的地方都沒有一點妨礙，何況那大骨頭呢？好的廚子一年換一把刀，他們是用刀去割筋肉；普通的廚子一個月換一把刀，他們是用刀去砍骨頭。現在我這把刀已經用過十九年了，所解的牛有幾千頭了，可是刀口還是像在磨刀石上新磨的一樣鋒利。因為牛骨節是有間隙的，而刀刃是沒有厚度的；以沒有厚度的刀刃切入有間隙的骨節，當然是遊刃恢恢而寬大有餘了。所以這把刀用了十九年還是像新磨的一樣。儘管這樣，可是每遇到筋骨盤結的地方，我知道不容易下手，於是小心謹慎，眼神專注，手腳放緩，刀子微微一動，牛就嘩啦解體了，如同泥土潰散落地一般，牛還不知道自己已經死了呢！這時我提刀站立，張望四方，感到心滿意足，把刀子揩乾淨收藏起來。」

文惠君說：「好啊！我聽了廚夫這一番話，得着養生的道理了。」

三

公文軒①見右師②而驚曰：「是何人也？惡乎介也③？天與，其人與④？」曰⑤：「天也，非人也。天之生是使獨也，人之貌有與也⑥。以是知其天也，非人也。」

【註譯】

①公文軒：姓公文氏，名軒，宋人（釋文引司馬彪說）。

②右師：官名（釋文引簡文帝說）。按諸史籍，當為官名無疑，「左師」「右師」之稱，左傳屢見（關鋒說）。

③是何人也？惡乎介也：「介」，指一足。「也」，猶「邪」（王引之經傳釋詞）。林雲銘說：「『介』，特也。特足故謂之『介』。」

④天與，其人與：天生下來就這樣呢，還是由於人為造成的呢？「其」，猶言抑。「與」，讀為歟（陳

啓天說）。

⑤曰：指公文軒自答（釋德清註：「復自應之曰」），並不是右師的回答。

張默生說：「『曰』字，非右師答語，乃公文軒驚疑後自悟之語。」（莊子新釋）

⑥人之貌有與也：人的形貌是天所賦與的。「與」即賦與。舊解歷來皆誤從郭註：「兩足共行曰『有與』。」，實非。

馬其昶說：「形全形獨，皆天所與。德充符云：『道與之貌，天與之形。』」（莊子故）

近人劉武說：「周禮春官太卜註：『與，謂予人物也。』德充符篇：『道與之貌，天與之行。』此句言人之貌有賦與之者。即天與之，非人為也。」（莊子內篇註）按：今人嚴靈峯莊子章句新編、李勉莊子總論及分篇評註及日本福永光司莊子、金谷治莊子所解「與」字，與劉說同，為是。

【今譯】

公文軒看見右師驚奇地說：「這是什麼人？怎麼只有一隻腳呢？是生下來就這樣，還是人為才這樣？」他（自言自語）說：「生下來就這樣，並不是人為才這樣的。天生下來就只有一隻腳，人的形貌是天賦與的。所以知道是天生的，而不是人為的。」

澤雉①十步一啄，百步一飲，不蘄②畜乎樊中。神雖王③，不善④也。

【註譯】

①澤雉：草澤裏的野雞。

韓詩外傳：「君不見大澤中雉乎？五步一啄，終日乃飽；羽毛澤悅，光照於日月，奮翼爭鳴，聲響於陵澤者，何？彼樂其志也。援置之囷倉中，常啄粱粟，不旦時而飽；然獨羽毛憔悴，志氣益下，低頭不鳴，夫食豈不善哉？彼不得其志故也。」按：韓傳這段可作為本文的註解。

②蘄（qí 其）：祈，求。

③王：音旺（林希逸說）。

朱桂曜說：「『王』當即『旺』字，古無『旺』字。」

④不善：不樂（林希逸說）；不能自遂（林雲銘說）。

【今譯】

水澤裏的野雞走十步才啄到一口食，走百步才喝到一口水，可是它並不祈求被養在籠子裏。（養在籠子裏）形神雖然旺盛，但它並不自在。

老聃①死，秦失②弔之，三號而出。

弟子曰：「非夫子之友邪？」

曰：「然。」

「然則弔焉若此，可乎？」

曰：「然。始也吾以為至人③也，而今非也。向吾入而弔焉，有老者哭之，如哭其子；少者哭之，如哭其母。彼其所以會④之，必有不蘄言而言，不蘄哭而哭者⑤。是遁天⑥倍情⑦，忘其所受，古者謂之遁天之刑。適來，夫子時也；適去，夫子順也⑧。安時而處順，哀樂不能入也，古者謂是帝之懸解⑨。」

指窮於為薪⑩，火傳也，不知其盡也。

【註譯】

①老聃：即老子。司馬遷說，老聃是楚苦縣（河南鹿邑縣東）厲鄉曲仁里人（史記老莊申韓列傳）。本書天下篇對關尹、老聃思想視為同一學派而加以評述。

②秦失：「失」，本又作「佚」，皆音逸（釋文）。按：「失」為「佚」之初文（馬叙倫說）。秦失是老聃的朋友，也可能是莊子杜撰的人名。

③至人：原作「其人」。「其」疑是「至」字之誤，闕誤引文如海本「其」作「至」（王孝魚點校）。據以改正。

④會：感會。

⑤必有不蘄言而言，不蘄哭而哭者：「言」，作常義解，或借為唁（高亭引王念孫疏證及章炳麟文始卷一證「言」、「唁」通用）。

⑥遁天：逃避自然。

⑦倍情：有兩種解釋：一說增益人情，如成玄英疏：「加添流俗之情。」一說背情，如林希逸說：「背棄其情實。倍與背同。」按古書「倍」「背」通用，應從後說。

⑧適來，夫子時也；適去，夫子順也：兩「夫子」字疑衍文，或是秦佚對弟子稱老子之語。言夫子之適來，時也；夫子之適去，順也（王懋竑說）。

⑨帝之懸解：自然的解除倒懸。

成玄英疏：「帝者，天也。……天然之解脫也。」

陳深說：「『懸』，如倒懸之懸，困縛之義。」

宣穎說：「人為生死所苦，猶如倒懸，忘生死，則懸解矣。」

⑩指窮於為薪：燭薪的燃燒是有窮盡的。「指」，當是「脂」字。「窮於為薪」，為薪火而燒盡的意思。

朱桂曜說：「『指』為『脂』之誤，或假。」（莊子內篇證補）

聞一多說：「古所謂薪，有爨薪，有燭薪。爨薪所以取熱，燭薪所以取光。古無蠟燭，以薪裹動物脂肪而燃之，謂之曰燭，一曰薪。燭之言照也，所以照物者，故謂之曰燭。此曰『脂窮於為薪』，即燭薪也。」（莊子內篇校釋）按：朱、聞之說勝舊註，可從。

陳啓天說：「按『指』字，疑當讀為『脂』。『脂』謂脂膏，可用以燃燒。舊註均以『指』為手指，似不妥。『窮』謂燒盡也。……此文，猶謂以脂膏為薪火而燒盡，乃一轉化，非消滅也。此喻人由生而死，亦不過一種轉化，不必悲也。如此解釋，始與上文『安時處順』之說相應。」（莊子

淺說）

李存山說：「『指窮於為薪』，這是指個體生命（包括個體精神）的結束：『火傳也，不知其盡也』，這是指宇宙大化的繼續，而非指個體精神的遺留和傳續。換言之，薪火之喻不是講形神關係，而是講個體生命與宇宙大化的關係。所謂『懸解』，最終的意義是將個體生命（小我）融入整個宇宙（大我）的過程，達到『天地與我並生，而萬物與我為一』（齊物論）的思想境界，這樣才能『安時而處順，哀樂不能入』，『不為生死所繫』。」（莊子的薪火之喻與「懸解」，刊於陳鼓應主編道家文化研究六輯）

【今譯】

老聃死了，秦失去弔喪，號了三聲就出來了。

弟子問道：「他不是你的朋友嗎？」

回說：「是的。」

問說：「那麼這樣子弔唁，可以嗎？」

秦失說：「可以的。原先，我以為他是至人，現在才知道並不是。剛才我進去弔唁的時候，看見有老年人哭他，如同哭自己的兒子一樣；有少年人哭他，如同哭自己的母親一樣。老少哭他這樣悲傷，一定是（情感執着）不必哭訴而哭訴。這是逃避自然違背實情，忘掉了我們所稟賦的生命長短，古時候稱這為逃避自然的刑法。正該來時，老聃應時而生；正該去時，老聃順理而死。安心適時而順應變化，哀樂的情緒便不能侵入心中，古時候把這叫做解除倒懸。」

燭薪的燃燒是有窮盡的，火卻傳續下去，沒有窮盡的時候。

人間世

人間世篇，主旨在描述人際關係的紛爭糾結，以及處人與自處之道。處於一個權謀獪詐的戰亂時代，無辜者橫遭殺戮，社會成了人獸化的陷阱，一部血淋淋的歷史，慘不忍睹地暴露在眼前，莊子揭露了人間世的險惡面，而他所提供的處世與自處之道卻是無奈的。

本篇可分為七章，首章假借顏回與孔子的對話，描述與統治者相處的艱難。這裏，以衛國的暴亂喻人間的紛爭，借衛君描寫出當權者專橫獨斷，一意孤行，「輕用其國」，「輕用民死」，全國死於權力鬥爭之下的人民滿溝遍野，多如蕉草。面對這樣的一位君主，顏回提出了「端虛勉一」、「內直外曲」、「成而上比」三種方法。然而這幾種方法都被指出不足以用來感化衛君。最後提出「心齋」一法。人間種種紛爭，追根究底在於求名用智。「名」、「智」為造成人間糾紛的根源，去除求名鬥智的心念，使心境達於空明的境地，是為「心齋」。第二章，借葉公子高出使齊國一事，道出臣子與君主相處的艱難。這裏寫出臣子面對君主時的疑懼之情，接受使命時，或不免於「人道之患」，或不免於「陰陽之患」。進而寫傳言的困難及使用語言不慎所造成的禍害。解除「陰陽之患」，唯有虛心安命，消極地提出「忘身」。最後由「人道之患」說到「乘物以遊心」、「養中」，這也是「託不得已」的事。「養中」「遊心」，其要乃在順任自然。第三章，假借顏闔為衛靈公太子師，寫出與儲君相處的艱難。這裏提出了引達（「達之」）順導（「順」）的教育方法。第四章，以社樹為喻，寫有才者「以其能苦其生」，遭斧斤之患，而轉出全生遠害在於以無用為大用。「無用」，即不被當道者所役用。不淪於工具價值，乃可保全自己，進而發展自己。這與逍遙遊篇末欲避「機辟」「斤斧」之害，而求「無所可用」，具有相同的「困苦」處境與沉痛感。第五章，借異木亟言有「材」「用」者被「斬」遇害，中道而「夭於斧斤」，警世之意頗深。第六章，借支離疏寫殘形者無所可用於當政者，乃得全生免害。篇末一章，借楚狂接輿唱出亂世景象，「方今之時，僅免刑焉」，在重稅與苦役下喘息的人民，能免於刑便是福。「禍重於地」、「殆乎殆乎」，寫出人民所遭受的重壓與危難。「迷陽迷陽」（荊棘滿地），「無傷吾行」，「無傷吾足」，處世之艱，當慎戒留意！
出自本篇的流行成語有：螳臂擋車、以火救火、以水救水、吉祥止止、與古為徒、虛室生白、執而不化、巧言偏辭、畫地而趨、無用之用、終其天年、山木自寇、膏火自煎等。

一

顏回見仲尼①，請行。

曰：「奚之？」

曰：「將之衛。」

曰：「奚為焉？」

曰：「回聞衛君②，其年壯，其行獨③，輕用其國，而不見其過；輕用民死，死者以〔國〕量乎澤，若蕉④，民其無如矣⑤，回嘗聞之夫子曰：『治國去之，亂國就之，醫門多疾。』願以所聞，思其所行，則庶幾其國有瘳乎⑥！」

仲尼曰：「譆！若殆⑦往而刑耳！夫道不欲雜，雜則多，多則擾，擾則憂，憂而不救。古之至人，先存諸己而後存諸人。所存於己者未定，何暇至於暴人之所行！

「且若亦知夫德之所蕩而知之所為出⑧乎哉？德蕩乎名，知出乎爭。名也者，相軋也；知也者，爭之器也。二者凶器，非所以盡行也。

「且德厚信矼⑨，未達人氣，名聞不爭，未達人心。而強以仁義繩墨之言術暴人之前者⑩，是以人惡育其美也⑪，命之曰菑⑫人。菑人者，人必反菑之，若殆為人菑夫！且苟為悅賢而惡不肖，惡用而⑬求有以異？若唯無詔⑭，王公必將乘人而鬥其捷。而目將熒⑮之，而色將平之，口將營之⑯，容將形之，心且成之。是以火救火，以水救水，名之曰益多。順始無窮，若殆以不信厚言，必死於暴人之前矣！

「且昔者桀殺關龍逢⑰，紂殺王子比干⑱，是皆修其身以下傴拊⑲人之民，以下拂其上者也，故其君因其修以擠之。是好名者也。昔者堯攻叢、枝、胥敖⑳，禹攻有扈㉑，國為虛厲㉒，身為刑戮，其用兵不止，其求實無已㉓。是皆求名實者也㉔。而獨不聞之乎？名實者，聖人之所不能勝也，而況若乎！雖然，若必有以也，嘗以語我來㉕！」

【註譯】

①顏回見仲尼：顏回是孔子最喜歡的學生，有關他的言行，見於論語公冶長、述而、子罕、先進、顏淵及衛靈公等篇。顏回和孔子這段問答，自然是虛構的。孔子這位儒家的泰斗，在這裏變成了宣揚莊子學說的道家人物。

②衛君：一說指衛莊公蒯（kuǎi）（司馬彪說）。一說衛莊公以魯哀十五年冬始入國，時顏回已死，不得為莊公，蓋是出公輒（釋文）。按：莊子寓託故事人物以抨擊時君的殘民自暴。這是寄寓之

言，無需考訂其為特定某時代的某君。

清姚鼐說：「衞君，託詞以指時王糜爛其民者。」（莊子章義）

③行獨：行為專斷。

④死者以〔國〕量乎澤，若蕉：死者滿國，棄野而不葬者，亦如蕉之枕藉而不可計（胡文英莊子獨見）。猶云死人如麻（章炳麟莊子解故）。「以」，通已。「量」，作滿（詳見朱桂曜莊子內篇證補）。「國」字是衍文，依奚侗的說法。

奚侗說：「『國』字涉上『輕用其國』而衍，當斷『死者以量乎澤』為句，『以』猶『已』也。呂覽期賢篇：『死者量於澤矣。』高註：『量，猶滿也。』此言死者已量乎澤，義與彼同。若焦二字為句。」（莊子補註）

⑤民其無如矣：無所依歸（郭象註）。

⑥願以所聞，思其所行，則庶幾其國有瘳乎：「思其」下通行本缺「所行」二字，陳碧虛莊子闕誤引江南李氏本「其」下有「所行」二字，「則」字屬下句，較他本為勝，當據以補上。

近人劉文典說：「碧虛子校引江南李氏本『思其』下有『所行』二字。『願以所聞，思其所行』，文義甚明。『則』字當屬下讀，崔、李以『思其則』絕句，蓋不知『思其』下有敓文，姑就闕字之本讀之耳。」（莊子補正）

⑦殆：恐怕，將要。

⑧出：外露。

⑨信矼（gāng 剛）：信譽着實。「矼」，堅、實的意思。

⑩衒暴人之前者：「衒」舊本筆誤為「術」。當是「衒」字（釋德清說）。陳碧虛闕誤引江南古藏本「術」作「衒」，當據以改正。

劉文典說：「『術暴人之前者』，義不可通。『術』作『衒』，義較長。今本『術』字疑是形近而誤。」

⑪是以人惡育其美也：這是以別人的過惡來炫耀自己的美德。「其」，即「己」。「育」，原作「有」，依俞樾之說，據崔譔本改。

俞樾說：「『有』者，『育』字之誤。釋文云：『崔本作育，云賣也。』說文貝部：『賣也，讀若育。』此『育』字即『賣』之假字，經傳每以『鬻』為之，『鬻』亦音『育』也。『以人惡育其美』，謂以人之惡鬻己之美也。」（諸子平議）

奚侗說：「『育』與『衒』相應。」

⑫菑：音「災」。

⑬惡用而：何用汝。下文「而目將熒之」、「而色將平之」的「而」，亦同汝。

⑭若唯無詔：「若」，汝。「詔」，崔譔本作「詻」（è扼），爭辯、諫諍之意。

⑮熒（yíng瑩）：眩（成疏）。

郭慶藩說：「熒，䁝之借字也。說文：『䁝，惑也。』」（莊子集釋）

⑯口將營之：口裏只顧得營救自己。

⑰關龍逢：夏桀的賢臣，盡誠而遭斬首。

⑱王子比干：殷紂的叔父，忠諫而被割心。

⑲傴（yǔ語）拊：猶愛養（成疏）。

⑳叢、枝、胥敖：三小國。齊物論作宗、膾、胥敖。

㉑有扈：國名，在今陝西鄠縣。

㉒國為虛厲：國土變成廢墟，人民成為厲鬼（即人民死滅）。李頤說：「居宅無人曰『虛』，死而無後為『厲』。」（釋文引）

㉓求實無已：貪利不已（關鋒今譯）。「實」，猶言利、得（陳啓天說）。

㉔是皆求名實者也：這都是貪求名利的。李勉說：「言堯禹皆求名利者也，『名實』，即名利。王先謙蘇輿等謂『三國求名求實，好兵不止』，其解誤甚。非三國好名實而用兵不止，乃謂堯禹好名實而用兵不止。」

㉕若必有以也，嘗以語我來：「以」猶謂（王引之經傳釋詞），這句話是說：你一定有你的說法。「來」，句末語助（王引之經傳釋詞）。孟子離婁：「盍歸乎來！」「來」字亦為語末助詞，無義。

【今譯】

顏回拜見孔子，向他辭行。

孔子問：「到哪裏去？」

顏回說：「要到衛國去。」

孔子問：「去做什麼？」

顏回說：「我聽說衛國的君主，年壯氣盛，行為專斷，處理國事輕舉妄動，而不知過錯；輕於用兵而不恤人民的生命，死亡的人積滿了山澤，好像乾枯的草芥一般，人民真是無所依歸了。我曾聽先生說過：『安定的國家可以離開，危亂的國家可以前往，好像醫生的門前有很多的病人。』我希望根據先生所說的去實行，或許這個國家還可免於疾苦吧！」

孔子說：「唉！你去了只怕要遭受殺害啊！『道』是不宜喧雜的，喧雜就多事，多事就受到攪擾，攪擾就引致憂患，憂患來到時自救也來不及了。古時候的『至人』，先求充實自己然後才去扶助別人。如果自己都還立不穩，怎能去糾正暴人的行為呢？

「你知道『德』之所以失真而『智』之所以外露的原因嗎？『德』的失真是由於好名，『智』的外露是由於爭勝。『名』是人們互相傾軋的原因，『智』是人們互相爭鬥的工具；這兩者都是兇器，不可盡行於世。

「而且，一個人雖然德性純厚信譽着實，但還不能達到別人了解的程度，即使不和別人爭奪名譽，但別人並不明白。如果你強用仁義規範的言論在暴人的面前誇耀，他就會以為你有意揭露別人的過惡來顯揚自己的美德，而認為你是害人。害別人的，別人一定反過來害他，你恐怕要被人害了！如果說衛君喜愛賢才而厭惡不肖之徒，何用你去顯異於人呢？除非你不向他諫諍，否則衛君一定會抓着你說話的漏洞而展開他的辯才。這時候你會眼目眩惑，面色平和，口裏只顧得營營自救，於是容貌遷就，內心無主也就依順他的主張了。這是用火去救火，用水去救水，這就叫做幫兇。開始時依順他，以後就永遠沒個完了。如果他不相信厚言諫諍，那你就必定會死在暴人的面前了！

「從前桀殺關龍逢，紂殺王子比干，都是因為他們修身蓄德以在下的地位愛撫人君的民衆，以在下的地位違逆了上位君主的猜忌之性，所以君主因為他們的修身蓄德而陷害他們。這就是好名的結果。從前，堯攻叢、枝和胥敖，禹攻有扈，這些國家變為廢墟，人民死滅，國君被殺，這是因為他們不斷用兵，貪利不已，這都是求名好利的結果，你沒有聽說過嗎？名利的心念，連聖人都不能克制，何況你呢！

「雖然這樣，你一定有你的想法，且說給我聽聽！」

顏回曰：「端而虛①，勉而一②，則可乎？」

曰：「惡！惡可！夫以陽為充孔揚③，采色不定④，常人之所不違，因案人之所感⑤，以求容與其心⑥。名之曰日漸之德⑦不成，而況大德乎！將執而不化，外合而內不訾⑧，其庸詎可乎！」

「然則我內直而外曲，成而上比⑨；內直者，與天為徒⑩，與天為徒者，知天子之與己皆天之所子⑪，而獨以己言蘄乎而人善之，蘄乎而人不善之邪？若然者，人謂之童子，是之謂與天為徒。外曲者，與人為徒⑫也。擎跽曲拳⑬，人臣之禮也，人皆為之，吾敢不為邪！為人之所為者，人亦無疵焉，是之謂與人為徒。成而上比者，與古為徒。其言雖教，讁之實也，古之有也，非吾有也。若然者，雖直而不病，是之謂與古為徒。若是則可乎？」

仲尼曰：「惡！惡可！大多政法而不諜⑭，雖固亦無罪。雖然，止是耳矣，夫胡可以及化！猶師心⑮者也。」

【註譯】

①端而虛：外表端謹而內心謙虛。

②勉而一：勉力行事而專意執着。

③以陽為充孔揚：「陽」，盛氣。「充」，滿。「孔」，甚。「孔揚」，甚為洋洋自得。即是說：驕盛之氣充滿於內，顯揚於外。

郭象註：「言衛君亢陽之性充張於內而甚揚於外。」

④采色不定：喜怒無常。

⑤案人之所感：壓抑別人的勸諫。

成玄英說：「『案』，抑也。人以箴規感動，君乃因而抑挫之。」

⑥求容與其心：求自己內心的暢快。「容與」，自快之意（林希逸說）。

⑦日漸之德：小德，謂使漸悟之教。下文「大德」，乃使頓悟之教。

馬其昶說：「日漸，猶日積也。謂細行。」（莊子故）

⑧外合而內不訾（zī 資）：表面附和，內心並不採納。

姚鼐說：「訾，量也。聞君子之言，外若不違，而內不度量其義。」

王闓運說：「訾，資借字也。外與之合，內而不見取也。」（莊子註）

⑨成而上比：陳述成說而上比於古人。林希逸說：「以自己之成說而上合於古人；言古人以為證也。」

⑩與天為徒：和自然同類。

⑪天之所子：屬於天生的。

⑫與人為徒：通行本作「與人之為徒」。觀上下文例，「之」字衍。趙諫議本無「之」字（王孝魚點校）。依聞一多之說，據趙本刪去。

王孝魚說：「『與天為徒』四字已流露出人人平等的思想。」（莊子內篇新解）

聞一多說：「『之』字衍。『與人為徒』與上『與天為徒』，下『與古為徒』，文同一例，下文『是之謂與人為徒』，是其確證。」（莊子內篇校釋）

⑬擎（qíng情）跽（jì技）曲拳：「擎」，執笏。「跽」，跪拜。「曲拳」，鞠躬。

⑭大多政法而不諜：法則太多，猶不穩當（釋德清說）。「大」，讀太，釋文引崔譔本作「太」。「政」，同「正」（宣穎、王先謙說）。「諜」，當。

⑮師心：師法自己的成心，執着於自己的成見。

【今譯】

顏回說：「外貌端肅而內心謙虛，勉力行事而意志專一，這樣可以嗎？」

孔子說：「唉！這怎麼可以呢？衛君驕氣橫溢，喜怒無常，平常人都不敢違背他，壓抑別人對他的勸告，以求自己內心的暢快。這種人每天用小德慢慢感化他都不成，何況用大德來規勸呢？他必定固執不化，即使表面附和而內心也必不如此。你用的方法怎麼可以呢？」
顏回說：「那麼我『內心誠直而外表恭敬』，『引用成說上比於古人』。所謂『內心誠直』，即是和自然同類。和自然同類的，便知道人君和我在本性上都屬於天生的，這樣我對自己所講的話何必要求人家稱讚為善，又何必管人指責為不對呢？這樣，人家都以我為赤子之心，這就叫做『和自然同類』了。所謂『外表恭敬』，是和一般人一樣。執笏跪拜，這是人臣應盡的禮節，人家都這樣做，我敢不這樣做嗎？做大家所做的事，別人也不會責怪我，這就叫做『和人家同類』。所謂『引用成說上比於古人』，是和古時候同類。我所引用的成說雖然都是教訓，但是這些諍言都是有根據的，是古時候就有的，並不是我自己造的，像這樣，言語雖然直率卻也不會招來怨恨，這就叫做『和古時同類』。這樣可以嗎？」
孔子說：「唉！這怎麼可以呢？要去糾正人家的法子太多而並不妥當。這些法子雖然固陋，倒也可以免罪。然而，只不過如此而已，怎麼能够感化他呢？你太執着自己的成見了。」

顏回曰：「吾無以進矣，敢問其方。」
仲尼曰：「齋，吾將語若！有心[①]而為之，其易邪？易之者，皥天不宜[②]。」
顏回曰：「回之家貧，唯不飲酒不茹葷者數月矣。如此，則可以為齋乎？」
曰：「是祭祀之齋，非心齋也。」
回曰：「敢問心齋。」
仲尼曰：「若一志，無聽之以耳而聽之以心，無聽之以心而聽之以氣[③]！耳止於聽[④]，心止於符。氣也者，虛而待物者也。唯道集虛⑤。虛者，心齋也。」

顏回曰：「回之未始得使⑥，實有⑦回也；得使之也，未始有回也；可謂虛乎？」

夫子曰：「盡矣。吾語若！若能入遊其樊而無感其名⑧，入則鳴，不入則止⑨。無門無毒⑩，一宅⑪而寓於不得已⑫，則幾矣。

「絕跡易，無行地難⑬。為人使易以僞，為天使難以僞。聞以有翼飛者矣，未聞以無翼飛者也；聞以有知知者矣，未聞以無知知者也。瞻彼闋者⑭，虛室生白⑮，吉祥止止⑯。夫且不止，是之謂坐馳⑰。夫徇⑱耳目內通而外於心知⑲，鬼神將來舍，而況人乎！是萬物之化也，禹舜之所紐也⑳，伏羲几蘧㉑之所行終，而況散焉者㉒乎！」

【註譯】

①心：今本缺「心」字。郭象註：「夫有其心而為之者，誠未易也。」可知郭本原有「心」字。茲據闕誤引張君房本及註文補上（王孝魚點校）。

②皞（gāo高）天不宜：與自然之理不合（阮毓崧說）。「皞天」，自然（向秀註）。

③氣：在這裏「氣」當指心靈活動到達極純精的境地。換言之，「氣」即是高度修養境界的空靈明覺之心。所以說：「氣也者，虛而待物者也。」「虛而待物者」顯然是指「心」而言。徐復觀先生說：「氣，實際只是心的某種狀態的比擬之詞，與老子所說的純生理之氣不同。」（中國人性論史第十二章莊子的心三八二頁）

④耳止於聽：今本作「聽止於耳」，為傳寫誤倒。「耳止於聽」，與下句「心止於符」，正相對文。成疏：「不著聲塵，止於聽。此釋無聽之以耳也。」可見成本原作「耳止於聽」。今據俞樾之說改正。

俞樾說：「『聽止於耳』，當作『耳止於聽』，傳寫誤倒也，乃申說無聽之以耳之義。」

⑤虛：喻空明的心境。

⑥得使：言得教誨（林希逸說）。

王懋竑說：「『使』字不甚協。林云：『得使』，言得教誨。只以意言之。」

⑦有：今本作「自」，為「有」之誤。根據奚侗之說改。

奚侗說：「『自』係『有』字之誤，形相近也。下文『得使之也，未始有回也』，正與此文反應。」

⑧無感其名：不為名位所動。

⑨入則鳴，不入則止：能接納你的意見就說，不能接納你的意見就不說。

⑩無門無毒：「毒」字解釋頗多；舊註有幾種說法：（一）郭註「毒」為「治」。（二）林希逸訓「毒」為「藥」（釋德清、林雲銘、宣穎等從之）。（三）李楨說「毒」乃「壔」之假借。「壔」者，纍土為台以傳信：壔是保衛之所（詳見郭慶藩集釋引）。案舊註均未妥；近人的今譯是：（一）沒有間隙讓人可乘（葉玉麟譯，關鋒今譯從葉譯）。（二）不立門户，不施壁壘（李鍾豫今譯）。（三）勿固閉勿暴怒（楊柳橋譯詁）。從後說。

葉玉麟說：「『門』者可以沿為行路，『毒』者可以望為標的。『無門無毒』，使人無可窺尋指目之意。」（白話莊子讀本註）按：葉從李楨之說作解，然恐非莊書原意。

奚侗說：「『毒』當作『竇』，音同相假。左襄十年傳王叔之宰曰：『蓽門閨竇之人。』是『門』『竇』連文之證。知北遊篇：『無門無房』，與此同義。」

陳啓天說：「『無門』，謂不由門路營求也。『毒』，當讀為纛，音道，古代官吏儀從之大旗。『無纛』，謂不用旗幟招搖也。」

楊柳橋說：「按：白虎通五祀篇：『門，以閉藏自固也。』廣雅：『門，守也。』王逸楚辭註：『毒，恚也。』韋昭國語註：『毒，猶暴也。』無門、無毒，猶言勿固閉、勿暴怒也。」（莊子譯詁）

按：各說以楊說為優。

⑪一宅：「宅」是指心靈的位置。「一」是形容心靈凝聚的狀態。

釋德清說：「一宅者，謂安心於一，了無二念。」

⑫寓於不得已：指應事寄託於不得已。

釋德清說：「寓意於不得而應之，切不可有心強為。」

⑬絕跡易，無行地難：不走路容易，走路不留行跡就困難。

釋德清說：「逃人絕世尚易，獨有涉世無心，不着形跡為難。」

⑭瞻彼闋者：「瞻」，觀照。「闋」，空。觀照那個空明心境。

⑮虛室生白：空明的心境生出光明。

司馬彪說：「『室』比喻心，心能空虛，則純白獨生也。」（釋文引）

⑯吉祥止止：「止止」，前面的「止」字是動詞，後面的「止」字是名詞，喻凝靜之心。意即：吉祥善福，止在凝靜之心（成疏）。

俞樾說：「『止止』連文，於義無取。淮南子俶真訓作『虛室生白，吉祥止也』，疑此文下『止』字亦『也』字之誤。盧重元註列子天瑞篇曰：『虛室生白，吉祥止耳。』亦可證『止止』連文之誤。」俞說可供參考。

奚侗說：「下『止』字當作『之』。『止』、『之』篆形相似，易誤。陳風『歌以訊止』，今本『止』譌作『之』。小雅：『高山仰止，景行行止』，史記孔子世家引並作『之』，皆其證。」按：奚說可存。句作「吉祥止止」，可通。

⑰坐馳：形坐而心馳（成疏）。

⑱徇：使（李頤說）。

⑲外於心知：排除心機。

⑳紐：樞紐，關鍵。

㉑几蘧：傳說中的古代帝王。

成玄英疏：「三皇以前無文字之君。」

聞一多說：「案古帝王無號几蘧者，當是遂人，遂譌為蘧（左傳桓十三年『遂見楚子』，漢書五行志中之上作遽見）。人譌為几，又誤倒其文，因為『几蘧』耳。今乙正。遂人即燧人（路史前紀五註引尸子及禮含文嘉並作遂人）。繕性篇曰『及燧人伏羲始為天下』，亦二王並舉，例與此同。」（莊子內篇校釋）

㉒散焉者：疏散之人，指普通人。

【今譯】

顏回說：「我沒有更好的辦法了，請問有什麼方法？」

孔子說：「你先齋戒，我再告訴你。你有了成心去做事，哪裏有這麼容易呢？如果你以為容易，那就不合自然的道理了。」

顏回說：「我家裏貧窮，不飲酒、不吃葷已經有好幾個月了。這樣子，可算是齋戒了嗎？」

孔子說：「這是祭祀的齋戒，並不是『心齋』。」

顏回說：「請問什麼是『心齋』？」

孔子說：「你心志專一，不用耳去聽而用心去聽，不用心去聽而用氣去感應。耳的作用止於聆聽外物，心的作用止於感應現象。氣乃是空明而能容納外物的，道只能集於清虛之氣中，清虛的心境，就是『心齋』。」

顏回說：「我在沒有聽到『心齋』道理的時候，實在不能忘我；聽到『心齋』道理之後，頓然忘去自己，這樣可算達到空明的心境嗎？」

孔子說：「對了，我告訴你！如能悠遊於藩籬之內而不為名位所動，能夠接納你的意見就說，不能接納你的意見就不說。自己不要固閉，也不要暴躁，心靈凝聚而處理事情寄託於不得已，這樣就差不多了。

「不走路還容易，走路而不留行跡就困難了。為情慾所驅使容易造僞，順其自然而行便難以造僞。只聽說過有翅膀才能飛，沒有聽說過沒有翅膀而能飛的；只聽說過用心智去求得知識，沒有聽說過不用心智而可求得知識的。觀照那個空明的心境，空明的心境可以生出光明來。福善之事止於凝靜之心，如果心境不能寧靜，這就叫做『坐馳』。使耳目感官向內通達而排除心機，鬼神也會來依附，何況是人呢？這樣萬物都可以感化，這是禹舜處世的關鍵、伏羲几蘧行為的準則，何況普通的人呢？」

二

葉公子高[①]將使於齊，問於仲尼曰：「王使諸梁也甚重，齊之待使者，蓋將甚敬而不急。匹夫猶未可動，而況諸侯乎！吾甚慄之。子常語諸梁也曰：『凡事若小若大，寡不道以懽成[②]。事若不成，則必有人道之患[③]；事若成，則必有陰陽之患[④]。若成若不成而後無患者，唯有德者能之。』吾食也執粗而不臧，爨無欲清之人[⑤]。今吾朝受命而夕飲冰，我其內熱與[⑥]！吾未至乎事之情，而既有陰陽之患矣；事若不成，必有人道之患。是兩也，為人臣者不足以任之，子其有以語我來！」

仲尼曰：「天下有大戒[⑦]二：其一，命也；其一，義也[⑧]。子之愛親，命也，不可解於心；臣之事君，義也，無適而非君也，無所逃於天地之間。是之謂大戒，是以夫事其親者，不擇地而安之，孝之至也；夫事其君者，不擇事而安之，忠之盛也；自事其心者，哀樂不易施乎前，知其不可奈何而安之若命，德之至也。為人臣子者，固有所不得已。行事之情而忘其身，何暇至於悅生而惡死！夫子其行可矣。

「丘請復以所聞：凡交近則必相靡[9]以信，交遠則必忠之以言[10]，言必或傳之。夫傳兩喜兩怒之言，天下之難者也。夫兩喜必多溢美之言，兩怒必多溢惡之言。凡溢之類妄，妄則其信之也莫[11]，莫則傳言者殃。故法言[12]曰：『傳其常情，無傳其溢言，則幾乎全。』

「且以巧鬬力者，始乎陽，常卒乎陰[13]，泰至則多奇巧；以禮飲酒者，始乎治，常卒乎亂，泰至則多奇樂。凡事亦然。始乎諒，常卒乎鄙[14]；其作始也簡，其將畢也必巨。

「言者，風波也；行者，實喪[15]也。夫風波易以動，實喪易以危。故忿設無由，巧言偏辭。獸死不擇音，氣息茀然，於是並生厲心[16]。剋核太至[17]，則必有不肖之心應之，而不知其然也。苟為不知其然也，孰知其所終！故法言曰：『無遷令，無勸成[18]，過度益[19]也。』遷令勸成殆事，美成在久，惡成不及改，可不慎與！

「且夫乘物以遊心[20]，託不得已以養中[21]，至矣。何作為報也[22]！莫若為致命[23]，此其難者[24]。」

【註譯】

①葉公子高：楚大夫，為葉縣令，僭稱公，姓沈，名諸梁，字子高（釋文）。

②寡不道以懽成：未有不依道而能使美滿成就（劉須溪點校莊子，焦竑莊子翼引）；「懽成」，陳碧虛闕誤引江南古藏本作「成懽」。

③人道之患：人為的禍患，指人君的懲罰。

④陰陽之患：陰陽之氣激盪而致失調患病。

李勉說：「言事若成，則胸中陰陽之氣因喜而激動，不得平靜，易以傷神，此亦患也，是謂之陰陽之患。陰陽者，人體內陰陽之氣也。各家解此句為喜懼交戰於胸中，然事既成矣，喜則有之，何懼之有？故不當解為喜懼交戰於胸中。」按李說是。各家都從郭註成疏，未妥。

⑤吾食也執粗而不臧，爨（cuàn 竄）無欲清之人：依釋文，有兩種斷句法，一至「臧」絕句，一至「爨」絕句。通行本以「執粗而不臧」為句，可從。

李勉說：「言葉公之於食，持粗而不求精。因葉公於食不求精，故為之爨者（廚者），不必大事烹飪，自不深受火之熱，故無欲清涼之人。」

⑥內熱：內心煩焦。

成玄英說：「怖懼憂愁，內心燻灼。」

⑦大戒：「戒」，法（成疏）。指人生足以為戒的大法。

⑧其一，命也；其一，義也：「命」，猶天性（李勉說）。「義」，一種應然的社會生活的存在規範（日本金谷治說）。

⑨靡：通縻，維繫（王敔說）。

⑩交遠則必忠之以言：「交」字原缺。御覽四三〇引「遠」上有「交」字。「交遠」與「交近」對言（王叔岷校釋）。依補。

武延緒說：「『忠』或疑為『怘』。『怘』古『固』字。」（莊子札記）武說可供參考。

⑪信之也莫：「莫」，薄。信之也薄，猶言信之不篤（奚侗說）。
⑫法言：有兩個解釋：（一）格言；成疏：「先聖之格言，為當來者之軌轍也。」（二）古書；林希逸說：「法言者，古有此書也。」今譯從（一）。
⑬始乎陽，常卒乎陰：指以巧鬥力者，始於明鬥，而常終於陰謀。
郭嵩燾說：「凡顯見謂之陽，隱伏謂之陰。鬥巧者必多陰謀，極其心思之用以求相勝也。」（見郭慶藩莊子集釋引）按：舊註「陽」「陰」多作「喜」「怒」講，郭說於義為長。淮南子詮言訓：「故以巧鬥力者，始於陽，常卒於陰，以慧治國者，始於治，常卒於亂。」許註：「言知巧之所施，始於陽善，終於陰惡也。」同於郭解。「陰」作「陰謀」、「陰惡」，與下句「多奇巧」正相應。
⑭始乎諒，常卒乎鄙：始則誠信，終則鄙惡（成疏）。「諒」，見諒，取信之意。「鄙」，欺詐。俞樾說「諒」字為「都」字之誤，與「鄙」字相對為文（詳見莊子平議）。按「都」、「鄙」亦含有美惡之意（陳啓天說）。
⑮實喪：猶言得失（郭嵩燾說）。
⑯厲心：狠戾之心。「厲心」原作「心厲」，根據武延緒之說改。
武延緒說：「『心厲』二字倒，疑當作『厲心』，即下文不肖之心也。」武說可從。
⑰剋核太至：逼迫太甚。
⑱無遷令，無勸成：不要改變所受的使命，不要強求事情的成功。
⑲益：「溢」之初文（馬叙倫說）。
劉師培說：「『益』乃『溢』省。上云『溢美』『溢惡』，又言『溢之類妄』及『無傳其溢』，此冡彼言，因以過度詮『溢』詁，成疏以『添益』解之，非也。」（莊子斠補）

⑳乘物以遊心：心神任隨外物的變化而遨遊（曹礎基莊子淺註）。「遊心」，這最具有莊子思想特色的概念，首出於此。它不僅是精神自由的表現，更是藝術人格的流露。「乘物遊心」的命題，乃古典美學「神與物遊」之先聲。

㉑託不得已以養中：保養心性（曹礎基說）。

㉒何作為報也：何必作意去報效國君呢？「也」，同「耶」。
焦竑說：「何必有所作為以還報哉！」（莊子翼）
方潛說：「何必作意以求報命！」（南華經解）

㉓致命：致其君之命（林希逸說），意指真實無妄地傳達君令。成疏：「直致率情，任於天命。」則「致命」似為順任自然分際之意。里雅各（James Legge）英譯 to be prepared to sacrifice your life 為誤。

㉔此其難者：完成君主的使命會很困難嗎？

【今譯】

葉公子高將要出使齊國，問孔子說：「楚王交給我的使命是很重大的，齊國對待外來的使者，總是表面恭敬而實際怠慢。一個普通人尚且不可輕動，何況是諸侯呢？我很害怕。先生曾經對我說：『凡事無論大小，很少有不合乎道而結果是好的。事情若是辦不成功，就必定會遭受懲罰；事情若是成功，就必定會受陰陽之氣激盪而致失調患病。無論是成功或不成功而不會遭到禍患的，那只有盛德的人才能做到。』我平時吃粗食而不求精美，家中沒有求清涼的人。現在我早晨接到使命而晚上就要喝冰水，我是心中焦灼了吧！我還沒有了解事實的真相，就已經陰陽之氣激盪而致患病；事情如果再辦不成功，我必定要遭受到人君的懲罰。這兩種災患降臨在身，為人臣的實在承受不了，先生可以教導我嗎？」

孔子說：「世間有兩個足以為戒的大法：一個是『命』（自然的），一個是『義』（人為的）。子女愛父母，這是人的天性，無法解釋的；臣子事君主，這是不得不然的，無論任何國家都不會沒有君主，這是沒法逃避得了的。這就是所謂足以為戒的大法。所以子女養父母，無論什麼境地都要使他們安適，這是行孝的極點了；臣子事君主，無論任何事情都要安然處之，這是盡忠的極點了；從事內心修養的人，不受哀樂情緒的影響，知道事情的艱難無可奈何而能安心去做，這就是德性的極點了。為人臣子的，當然有不得已的事，但是遇事能如實地去做而忘記自己，這樣哪裏會有貪生怕死的念頭呢？你這樣去做就行了！

「我還把所聽到的再告訴你：大凡國與國相交，鄰近的國家就以信用來往，遠途的國家就用忠實的語言維繫，用語言來建立邦交就要靠使臣去傳達。傳達兩國國君喜怒的言詞，是天下最難的事情。兩國國君喜悅的言詞必定過度添加許多好話，兩國國君憤怒的言詞必定過度添加許多壞話。凡是過度添加的話都是失真的，失真就雙方都不相信，不相信則傳話的使臣要遭殃了。所以古語說：『要傳達真實的言詞，不要傳達過甚的言詞，這樣就可以保全自己。』

「那些以技巧角力的人，開始的時候明來明去，到最後往往使出陰謀，太過分時就詭計百出了；以禮飲酒的人，開始的時候規規矩矩，到最後往往迷亂昏醉，太過分時就放蕩狂樂了。任何事情都是這樣。開始的時候彼此見諒，到最後就往往互相欺詐了。許多事情開始的時候很單純，到後來就變得艱難了。

「語言就像風波；傳達語言，有得有失。風波容易興作，得失之間容易發生危難。所以忿怒的發作沒有別的原因，就是由於花言巧語偏辭失當。困獸要死的時候就尖聲亂叫，呼吸急促，於是產生了噬人的惡念。凡事逼迫太過分時，別人就會興起惡念來報復他，而他自己還不知道是什麼緣故。如果自己都還不知道怎麼回事，誰能知道他會遭到什麼結果呢？所以古語說：『不要改變所受的使命，不要強求事情的成功。過度就是「溢」了。』改變成命強求事成都會敗事，成就一件好事需要很久的時間，做成一件壞事就後悔不及了。這可以不謹慎嗎？

「心神任隨外物的變化而悠遊自適，寄託於不得已而保養自己的心性，這就是最好的了。何必作意去擔心國君的回報呢？不如如實地傳達國君的指示，這樣會很困難嗎？」

三

顏闔[1]將傅衞靈公太子，而問於蘧伯玉[2]曰：「有人於此，其德天殺[3]。與之為無方，則危吾國；與之為有方，則危吾身。其知適足以知人之過，而不知其所以過。若然者，吾奈之何？」

蘧伯玉曰：「善哉問乎！戒之，慎之，正汝身也哉！形莫若就[4]，心莫若和[5]。雖然，之二者有患。就不欲入[6]，和不欲出[7]。形就而入，且為顛為滅，為崩為蹶。心和而出，且為聲為名，為妖為孽⑧。彼且為嬰兒，亦與之為嬰兒；彼且為無町畦⑨，亦與之為無町畦；彼且為無崖⑩，亦與之為無崖。達之，入於無疵。

「汝不知夫螳螂乎？怒其臂以當車轍，不知其不勝任也，是其才之美者也。戒之，慎之！積伐而美者⑪以犯之，幾⑫矣。

「汝不知夫養虎者乎？不敢以生物與之，為其殺之之怒也；不敢以全物與之，為其決之之怒也；時其飢飽，達其怒心。虎之與人異類而媚養己者，順也；故其殺之⑬者，逆也。

「夫愛馬者，以筐盛矢⑭，以蜃盛溺。適有蚉蚉僕緣⑮，而拊之不時，則缺銜毀首碎胸⑯。意有所至而愛有所亡，可不慎邪！」

【註譯】

①顏闔：姓顏名闔，魯國的賢人。

②蘧（qú渠）伯玉：姓蘧，名瑗，字伯玉，衛國的賢大夫。

③其德天殺：言天性刻薄（劉須溪說）；天資劣薄（浦起龍說）。「殺」，音衰。

④形莫若就：外貌不如表現親近之態。

⑤心莫若和：內心不如存着誘導之意。

林希逸說：「和，調和也，誘導之也。」

⑥就不欲入：親附他不要太過度。
⑦和不欲出：誘導之意不要太顯露。
⑧為妖為孽：「孽」，災。謂招致災禍。
⑨町（tǐng 挺）畦（qí 其）：皆田區（陳壽昌說）；即界限。
⑩無崖：無拘束。
⑪積伐而美者：「積」，屢；「伐」，誇（林希逸說）。「而」，汝（成疏）。
⑫幾：危殆（郭註）。
馬敘倫說：「『幾』借為『危』。爾雅釋詁曰：『幾，危也。』即借『幾』為『危』也。」
⑬殺之：「之」字今本缺漏，根據列子黃帝篇補上。
王叔岷先生說：「列子黃帝篇『殺者』作『殺之』，疑此文本作『故其殺之者逆也』。今本此文脫『之』字，列子黃帝篇脫『者』字，文意並不完。」
⑭矢：同屎。
⑮僕緣：附着。
王念孫說：「『僕』之言『附』也，言蚤附緣於馬體也。『僕』與『附』，聲近而義同。」
⑯毀首碎胸：毀碎口勒與胸上的絡轡。

【今譯】

顏闔被請去做衛靈公太子的師傅，他去請教蘧伯玉說：「現在有一個人，天性殘酷，如果放縱他，就會危害我們的國家；如果用法度去規諫他，就會危及自身。他的聰明足以知道別人的過錯，但不知道自己為什麼會犯過錯。遇到這種情形，我怎麼辦呢？」

蘧伯玉說：「你問得很好，要小心謹慎，首先你要立得穩。外貌不如表現親近之態，內心存着誘導之意。雖然這樣，這兩者仍有累患。親附他不要太過分，誘導他不要太顯露。外貌親附太深，就要顛敗毀滅；內心誘導太顯露，他以為你是為了爭聲名，就會招致災禍。他如果像嬰孩那樣瀾漫，你也姑且隨着他像嬰孩那樣瀾漫；他如果沒有界限，那麼你也姑且隨着他那樣不分界限；他如果不拘束，那麼你也姑且隨着他那樣不拘束。這樣引導他，入於無過失的正途上。

「你不知道那螳螂嗎？奮力舉起臂膀去阻擋車輪，不知道自己的力量不能勝任，這是因為把自己的才能看得太高的緣故。要小心謹慎啊！你若多誇自己的長處去觸犯他，就危險了。

「你不曉得那養老虎的嗎？不敢拿活物給它吃，怕它撲殺活物時會激起殘殺的天性；不敢拿完整的食物給它吃，怕它撕裂食物時會激起殘殺的天性。知道它飢飽的時刻，順着它喜怒的性情。虎和人雖是異類卻馴服於養它的人，因為飼養者能順着它的性子。至於它要傷害人，是因為觸犯了它的性子。

「喜歡馬的人，用別致的竹筐去接馬糞，用珍貴的盛水器去接馬尿。恰巧有蚊虻叮在馬身上，愛馬的人出其不意撲打蚊虻，馬就會受驚咬斷口勒、毀壞頭上胸上的絡轡。本意出於愛而結果適得其反，這可不謹慎嗎？」

四

匠石之齊，至於曲轅，見櫟社樹[1]。其大蔽數千牛，絜之百圍[2]，其高臨山，十仞而後有枝[3]，其可以為舟者旁[4]十數。觀者如市，匠伯[5]不顧，遂行不輟。弟子厭觀[6]之，走及匠石，曰：「自吾執斧斤以隨夫子，未嘗見材如此其美也。先生不肯視，行不輟，何邪？」

曰：「已矣，勿言之矣！散木也，以為舟則沈，以為棺槨則速腐，以為器則速毀，以為門户則液樠，以為柱則蠹。是不材之木也，無所可用，故能若是之壽。」

匠石歸，櫟社見夢曰：「女將惡乎比予哉？若將比予於文木邪？夫柤梨橘柚，果蓏之屬[7]，實熟則剝，剝則辱[8]；大枝折，小枝泄[9]。此以其能苦其生者也，故不終其天年而中道夭，自掊擊於世俗者也。物莫不若是。且予求無所可用久矣，幾死，乃今得之，為予大用。使予也而有用，且得有此大也邪？且也若與予也皆物也，奈何哉其相物也[10]？而幾死之散人，又惡知散木！」

匠石覺而診[11]其夢。弟子曰：「趣取[12]無用，則無社何邪？」

曰：「密！若無言！彼亦直寄焉，以為不知己者詬厲[13]也。不為社者，且幾有翦乎！且也彼其所保與衆異，而以義喻[14]之，不亦遠乎！」

【註譯】

①櫟（lì歷）社樹：以櫟樹為神社。

林雲銘說：「以櫟樹為土神而祀之，此二十五家之私社也。」

朱桂曜說：「古時恆擇木之大者以為社而祀之。」

②絜之百圍：「絜」，量。「圍」，圓周一尺。

李頤說：「徑尺為圍，蓋十丈也。」（釋文引）按：或說一抱曰圍，「百圍」是形容樹之大。

③其高臨山，十仞而後有枝：樹身高達山頭，樹幹七八十尺以上才生枝。這是形容樹的高大。

④旁：旁枝（釋文引崔譔說）。

⑤匠伯：「伯」，釋文引崔本作「石」。按：石是工匠之名，「伯」指工匠之長。

⑥厭觀：飽看。

⑦果蓏（luǒ裸）之屬：果瓜之類。

成玄英說：「在樹曰『果』，柤梨之類；在地曰『蓏』，瓜瓠之徒。」

⑧辱：扭折。

章炳麟說：「釋名：『辱，衄也。』言折衄也。此『辱』字借為『衄』義，為折衄。」

⑨泄：當讀為抴，牽引（俞樾說）。

⑩奈何哉其相物也：為什麼還要拿我去類比文木呢？此承上「若將比予於文木邪」而言。「相」，相互。「物」，類（左傳：「與吾同物」，註：「物」，類也）。「相物」，即相互類比。

⑪診：通畛，告。

王念孫說：「向秀司馬彪並云：『診，占夢也。』案下文皆匠石與弟子論櫟社之事，無占夢之事。『診』當讀為『畛』。爾雅云：『畛，告也。』郭註引禮曰：『畛於鬼神。』『畛』與『診』，古字通。此謂匠石覺而告其夢於弟子，非謂占夢也。」

⑫趣取：意在求取。釋德清說：「趣，乃意趣，猶言意思也。」

⑬詬厲：辱罵。

⑭義喻：「義」有兩解：一訓為儀，即外觀；一作常理（宣穎註）。「喻」，通行本作「譬」，依世德堂本及盧文弨校改。「義喻」可解釋為：（一）從外觀來了解；（二）從常理來衡量。今譯取後者。

【今譯】

有個名叫石的木匠往齊國去，到了曲轅，看見有一棵為社神的櫟樹。這棵樹大到可以供幾千頭牛遮蔭，量一量樹幹有百尺粗寬，樹身高達山頭，好幾丈以上才生枝，可以造船的旁枝就有十幾枝。觀賞的人羣好像集市一樣，而匠伯不瞧一眼，直往前走。

他的徒弟站在那兒看了個飽，追上匠石，問道：「自從我拿了斧頭跟隨先生，沒有見過這麼大的木材。先生不肯看一眼，直往前走，為什麼呢？」

回說：「算了吧，不要再說了！那是沒有用的散木，用它做船很快就會沉沒，用它做棺槨很快就會腐爛，用它做器具很快就會折毀，用它做門户就會流污漿，用它做屋柱就會被蟲蛀，這是不材之木，沒有一點用處，所以才能有這麼長的壽命。」

匠石回到家，夜裏夢見櫟社樹對他說：「你要拿什麼東西和我相比呢？把我和有用之木相比嗎？那相梨橘柚，果瓜之類，果實熟了就遭剝落，剝落就被扭折；大枝被折斷，小枝被拉下來。這都是由於它們的才能害苦了自己的一生，所以不能享盡天賦的壽命而中途就夭折，這都是自己顯露有用而招來世俗的打擊。一切東西沒有不是這樣的。我求做到無所可用的地步，已經很久了，幾乎被砍死，到現在我才保全了自己，這正是我的大用。假使我有用，我還能長得這麼大嗎？而且你和我都是物，為什麼還要拿我去類比文木呢？你是將要死的散人，又怎能知道散木呢？」

匠石醒來把夢告訴他的徒弟。徒弟說：「它意在求取無用，為什麼要做社樹呢？」

匠石說：「停！你別說了！櫟樹也不過是寄託於社，使那些不了解它的人詬議它。假使它不做社樹，豈不就會遭到砍伐之害嗎？況且它用以保全自己的方法與衆不同，你只從常理來度量它，不是相差太遠了嗎？」

五

南伯子綦①遊乎商之丘②，見大木焉，有異，結駟千乘，將隱芘其所藾③。子綦曰：「此何木也哉？此必有異材夫？」仰而視其細枝，則拳曲而不可以為棟樑；俯而視其大根，則軸解④而不可以為棺槨；咶其葉，則口爛而為傷；嗅之，則使人狂酲⑤，三日而不已。

子綦曰：「此果不材之木也，以至於此其大也。嗟乎神人，以此不材！」

宋有荊氏者⑥，宜楸柏桑。其拱把⑦而上者，求狙猴之杙⑧者斬之；三圍四圍，求高名之麗者⑨斬之；七圍八圍，貴人富商之家求樿傍⑩者斬之。故未終其天年，而中道之夭於斧斤，此材之患也。故解之⑪以牛之白顙⑫者與豚之亢鼻⑬者，與人有痔病者不可以適河⑭。此皆巫祝以知之矣，所以為不祥也。此乃神人之所以為大祥也。」

【註譯】

①南伯子綦：莊子杜撰的人物，即齊物論南郭子綦。李頤說：「即南郭也。『伯』，長也。」

②商之丘：今河南商丘縣。

③將隱芘其所藾：「將隱」，今本誤倒為「隱將」。根據張君房本改正。「藾」，即蔭。奚侗說：「此文當作『將隱芘其所藾』，『芘』借作『庇』，『隱』『庇』同義，所以用作連詞。蓋謂結駟千乘，將隱蔽於其所蔭之下也。郭註：『其枝所陰，可以隱芘千乘。』可證郭所見本，正作將隱芘其所藾也。闕誤引張君房本亦作『將隱芘其所藾』，今本『將隱』誤倒，當據以乙正。」按：疑本作「將比其所籟」。「比」通庇，註莊者於「比」旁註「隱」字，後誤入正文。

④軸解：謂木心分裂（陳啓天說）。陳壽昌說：「軸解，木紋旋散也。

嚴復說：「軸解者，木橫截時，則見其由心而裂，至於外也。」

⑤酲（chéng 城）：音呈，酒醉。

⑥荊氏：地名，在宋國境內。

⑦拱把：兩手相合謂「拱」，一手能握謂「把」。

⑧杙（yì 意）：栓。

⑨高名之麗：即高名之家，榮華高屋。「麗」，同欐，屋棟。

⑩樿傍：棺之全一邊者（司馬彪說）；獨板棺木（李鍾豫今譯）。

⑪解之：猶禳除（王懋竑說）；即祭神求福解罪。

⑫白顙：白額。意即非純色牲，故不與祭。

⑬亢鼻：仰鼻，鼻孔翻上。

⑭適河：把童男童女沉入河中祭神。

成玄英說：「古者將人沉河以祭河伯，西門豹為鄴令，方斷之，即其類是也。」

【今譯】

南伯子綦到商丘去遊玩，看到一棵大樹與衆不同，可供千乘的車馬隱息於樹蔭下。子綦說：「這是什麽樹木啊？這樹必定有奇特的材質。」仰起頭來看看它的細枝，卻只見彎彎曲曲而不能做棟樑；低下頭去看看它的大幹，卻見木紋旋散而不能做棺槨；舐舐它的葉子，嘴就潰爛受傷；嗅嗅它，就會使人狂醉，三天醒不過來。

子綦說：「這是不材之木，所以才能長得這麼大。唉！神人也是這樣顯示自己的不材呀！「宋國荊氏那個地方，適宜種植楸、柏、桑樹。一握兩握粗的，想用做繫猴子木栓的人就把它砍了去；三圍四圍粗的，想用做高大屋棟的人就把它砍了去；七圍八圍粗的，富貴人家想用做棺材的就把它砍了去。所以不能享盡天賦的壽命，而中途就被斧頭砍死，這就是有用之材的禍患。所以古時禳除的祭祀，凡是白額的牛和鼻孔翻上的豬，以及生痔瘡的人，都不可以用來祭河神，這是巫祝都知道的，認為那是不吉祥的。但這正是神人以為最吉祥的。」

六

支離疏①者，頤隱於臍，肩高於頂，會撮②指天，五管③在上，兩髀為脇④。挫鍼治繲⑤，足以餬口；鼓筴播精⑥，足以食十人。上徵武士，則支離攘臂而遊於其間；上有大役，則支離以有常疾不受功；上與病者粟，則受三鍾⑦與十束薪。夫支離其形者，猶足以養其身，終其天年，又況支離其德者⑧乎！

【註譯】

①支離疏：寓託的人名。

釋德清說：「此假設人之名也。『支離』者，謂隳其形。『疏』者，謂泯其智也。乃忘形去智之喻。」

②會撮：髮髻。

司馬彪說：「會撮，髻也。古者髻在頂中，脊曲頭低，故髻指天也。」

李楨說：「……以『會撮』為髻，當亦是小撮持其髮，故名之。……『會』與『鬠』亦通。集韻有『鬠』字，音撮，髻也。當是俗因『會撮』造為頭髻專字。」（郭慶藩集釋引）

③五管：五臟腧穴。另一說「五管」即五官（高亨新箋）。

④兩髀（bì必）為脅：「髀」，股，膝以上的腿骨。「脅」，同脅，胸旁的肋骨。

釋德清說：「髀，大腿也。言大腿為兩脅，則形曲可知。」

⑤挫鍼治繲：縫衣洗衣。「鍼」，同針。

司馬彪說：「『挫鍼』，縫衣也。『治繲』，浣衣也。」

⑥鼓筴播精：「鼓」，簸。小箕曰「筴」。簡米曰「精」（司馬彪說）。謂以簸箕篩米去糠。按崔譔以「鼓筴」為揲蓍鑽龜，以「播精」為卜卦占兆，非。「播精」，文選註作「播糈」（王應麟說）。

郭慶藩說：「案『精』當為『糈』之誤。說文：『糈，糧也。』」

奚侗說：「『精』當作『糈』，說文：『糈，糧也。』楚辭王註：『糈，精米，所以享神。』『精』『糈』形近易誤。文選孝若東方朔畫贊註引此文正作『糈』。」按：作「糈」可，作「精」亦通。

⑦鍾：六斛四斗為一鍾。古時官吏俸祿多以鍾計。

⑧支離其德：猶忘德（成疏）；蓋有德而借不德以自覆（周辰拱說）。

林希逸說：「言至人之德亦如此支離者，以無用為大用也。此與不材之木亦同意。」

【今譯】

有一個叫支離疏（形體支離不全的人）的人，臉部隱藏在肚臍下，肩膀高過於頭頂，頸後的髮髻朝天，五臟腧穴向上，兩條大腿和胸旁肋骨相併。他替人家縫衣洗服，足够過活；替人家簸米篩糠，足够養十口人。政府徵兵的時候，則支離搖擺而遊於其間；政府徵夫的時候，則支離因殘廢而免去勞役；政府放賑救濟貧病的時候，他可以領到三鍾米和十綑柴。形體殘缺不全的人，還能够養身，享盡天賦的壽命，又何況那忘德的人呢！

七

孔子適楚，楚狂接輿遊其門曰：

「鳳兮鳳兮，何如德之衰也！

來世不可待，往世不可追也。

天下有道，聖人成①焉；

天下無道，聖人生②焉。

方今之時，僅免刑焉。

福輕乎羽，莫之知載；禍重乎地，莫之知避。

已乎已乎，臨人以德！
殆乎殆乎，畫地而趨！
迷陽迷陽③，無傷吾行！郤曲郤曲④，無傷吾足！」

【註譯】

①成：指成就事業。
②生：指求生，保全生命。
③迷陽：即荊棘。
王應麟說：「胡明仲云：荊楚有草，叢生修條，四時發穎，春夏之交，花亦繁麗，條之腴者，大如巨擘，剝而食之，其味甘美，野人乎為迷陽，其膚多刺。」（見奚侗莊子補註及馬叙倫莊子義證引）
王先謙說：「謂棘刺也。生於山野，踐之傷足，至今吾楚輿夫遇之，猶乎迷陽。」
④郤曲郤曲：言迴護避就（林希逸說）。「郤曲」，郤行曲行，意即轉彎行走。「郤曲郤曲」，今本作「吾行郤曲」，據闕誤引張君房本改。
明焦竑說：「『吾行郤曲』，當從碧虛作『郤曲郤曲，無傷吾足』，庶與上文相協。蓋由傳寫者誤疊『吾行』二字耳。」
王叔岷先生說：「陳碧虛闕誤引張君房本：『吾行郤曲』，作『郤曲郤曲』。高士傳載此文同。『郤曲郤曲，無傷吾足』，與上文『迷陽迷陽，無傷吾行』句法一律，當從之。今本脫『郤曲』二字，『吾行』二字，又涉上文而衍。」

【今譯】

孔子到楚國，楚國狂人接輿走過孔子門前唱道：
「鳳啊！鳳啊！你的德行為什麼衰敗？
來世是不可期待的，往世是不可追回的。
天下有道，聖人可以成就事業；
天下無道，聖人只能保全生命。
今天這個時代，只求避免遭受刑害。
幸福比羽毛還要輕，卻不知道摘取，
災禍比大地還要重，卻不知道迴避。
罷了！罷了！在人的面前用德來炫耀自己，
危險啊！危險啊！擇地而蹈。
荊棘啊！荊棘啊！不要刺傷了自己的行徑，
轉個彎兒走，轉個彎兒走，不要刺傷了自己的腳啊！」

山木自寇①也，膏火自煎也。桂可食②，故伐之；漆可用，故割之。人皆知有用之用，而莫知無用之用也。

【註譯】

①自寇：自取寇伐。

②桂可食：桂皮可做藥，所以說可食。

【今譯】

山木自招砍伐，膏火自招煎熬。桂樹因為可以吃，所以就遭砍伐；漆樹因為可以用，所以就遭刀割。世人都知道有用的用處，而不知道無用的用處。

德充符

德充符篇，主旨在於破除外形殘全的觀念，而重視人的內在性，藉許多殘畸之人為德行充足的驗證。能體現宇宙人生的根源性與整體性的謂之「德」。有「德」的人，其生命自然流露出一種精神力量吸引着他人。

本篇分為六章，首章寫兀者王駘，行不言之教，而有潛移默化之功。王駘的弟子與孔子相若，孔子也要拜他為師。王駘能「守宗」、「保始」，把握事物的本質，「物視其所一」，把萬物看成一個不可分割的整體。心靈能作整體觀，則不拘限於一隅。王駘之過人處，在於他具有統一的世界觀。第二章，為兀者申徒嘉與子產合堂同師的寓言。這寓言寫執政不僅不體恤有殘疾的人，還以其高位而傲視有殘疾的人。這寫出了一般權高位重者君臨人民的面貌。而申徒嘉的殘廢是遭刑逼的，「遊於彀中、中央者，中地也」。「彀中」「中地」，則人間世如一刑網。再由形的殘全問題，見出有人形體雖殘缺而心智卻完善，有人形體雖完好而心智卻殘缺。執政與申徒嘉同窗，「遊於形骸之內」，所求者道德學問，然而執政卻以貌取人，以勢凌人，而索人於「形骸之外」，這種價值取向顯然是極浮薄的。第三章，為兀者叔山無趾見孔子的故事。這與申徒嘉一節寫法相似。孔子蔽於形而不知德，見叔山遭刑致殘而歧視他，叔山說他雖亡足，「猶有尊足者存」。責孔子「蘄以諔詭幻怪之名聞」，而不知死生一如，是非平齊之理。第四章，寫哀駘它無權勢、無利祿、無色貌、無言說。有內涵的人卻不外揚，所謂「內保之而外不蕩」。第五章，闉跂支離無脤與甕㼜大癭，也是奇形怪狀的人，他們「德有所長，而形有所忘」。篇末一章，為莊子與惠子的對話，談論人情的問題。「不以好惡內傷其身」，莊子所批判的是縱情肆慾，勞神焦思以至於斲傷性命、塗滅性靈。莊子要人「常因自然」，遮撥俗情，以體悟天地之大美。

出自本篇的著名成語有：肝膽楚越、虛往實歸、無可奈何、廢然而反（返）、無形心成、死生一條、和而不唱等。

一

魯有兀①者王駘②，從之遊者，與仲尼相若，常季③問於仲尼曰：「王駘，兀者也，從之遊者，與夫子中分魯。立不教，坐不議，虛而往，實而歸。固有不言之教，無形而心成④者邪？是何人也？」

仲尼曰：「夫子，聖人也，丘也直後而未往耳。丘將以為師，而況不若丘者乎！奚假⑤魯國！丘將引天下而與從之。」

常季曰：「彼兀者也，而王⑥先生，其與庸⑦亦遠矣。若然者，其用心也獨若之何？」

仲尼曰：「死生亦大矣，而不得與之變，雖天地覆墜，亦將不與之遺⑧。審乎無假⑨而不與物遷，命物之化⑩而守其宗⑪也。」

常季曰：「何謂也？」

仲尼曰：「自其異者視之，肝膽楚越也；自其同者視之，萬物皆一也。夫若然者，且不知耳目之所宜⑫而遊心乎德之和；物視其所一而不見其所喪⑬，視喪其足猶遺土也。」

常季曰：「彼為己⑭，以其知得其心，以其心得其常心⑮，物何為最⑯之哉？」

仲尼曰：「人莫鑑於流水，而鑑於止水，唯止能止衆止⑰。受命於地，唯松柏獨也正；在冬夏青青；受命於天，唯堯舜獨也正，在萬物之首⑱。幸能正生⑲，以正衆生。夫保始之徵[20]，不懼之實。勇士一人，雄入於九軍[21]。將求名而能自要者，而猶若是，而況官天地，府萬物[22]，直寓六骸[23]，象耳目[24]，一知之所知[25]，而心未嘗死者[26]乎！彼且擇日而登假[27]，人則從是也。彼且何肯以物為事乎！」

【註譯】

①兀（wù 悟）：通「介」，斷足。

②王駘（tái 抬）：莊子寓託的理想人物。「王」，取為人所敬崇之義。「駘」，即駑，含有「大智若愚」的意思。

③常季：孔子的弟子。

④無形而心成：潛移默化之功。

林希逸說：「『無形』，無所見也。『心成』，心感之而自化成也。」（莊子口義）

釋德清說：「謂教人不見於形容言語，而但以心相印成者。」

⑤奚假：何但（成疏）；何止。

吳汝綸說：「爾雅曰：『假，已也。已，止也。』」

⑥王：音「旺」，勝。

⑦庸：常人。

⑧不與之遺：不會隨着遺落。

⑨審乎無假：處於無待。「審」，處。「無假」，無所假借，即無所待。

⑩命物之化：順任事物的變化。

⑪守其宗：執守事物的樞紐。

⑫不知耳目之所宜：指不知耳目宜於聲色是非。

陳啓天說：「謂如此觀物之人，將不知耳目之所聞見者何謂是或非。」

⑬物視其所一而不見其所喪：把萬物看成一體，則不會感到有什麼遺失。「物視」，猶視物。

⑭彼為己：「彼」，指王駘。「為己」，修身，謂王駘修己。

⑮以其知得其心，以其心得其常心：用他的智慧去領悟「心」，再根據這個「心」返回到「常心」。「心」，指主體心靈意識，「常心」，指普遍的心靈意識（馬恆君註釋）

傅佩榮說：「『心』是認知作用的主體，『常心』則是化解主體限制之後，能與衆人相通之心。常心是體道之後的虛靜狀態，所以用『止水』作比喻。」（解讀莊子）

⑯最：聚（司馬彪註），歸依。

⑰唯止能止衆止：唯有靜止之物，才能止住一切求靜止者。

⑱受命於地，唯松柏獨也正，在冬夏青青；受命於天，唯堯舜獨也正，在萬物之首：今本作「受命於地，唯松柏獨也在，冬夏青青；受命於天，唯舜獨也正」。根據陳碧虛引張君房本補正。

焦竑說：「『受命於地』至『唯舜獨也正』，文句不齊，似有脫略。張君房校本作『受命於地，唯松柏獨也正，在冬夏青青；受命於天，唯堯舜獨也正，在萬物之首』。補亡七字。因郭註有『下首唯松柏，上首唯聖人』故也。」（引自焦著莊子翼）

俞樾說：「『在』疑『正』字之誤。」（諸子平議）按：俞說可從，當據張君房本改正；其他缺字，亦可據張本補上。

⑲正生：即正性，指堯舜自正性命。

林希逸說：「此『生』字只是『性』字。」

陸長庚說：「正生即正性也；正性即守宗也；守宗即保始也。」（焦竑莊子翼引）

⑳保始之徵：保全本始的徵驗。

宣穎說：「保始即守宗也。保始者必有徵驗，譬如養勇者自有不懼之實也。」

㉑雄入於九軍：「雄入」，猶言衝入。「九軍」，猶言大軍（陳啓天說）。九軍為合天子六軍與諸侯三軍，一軍是一萬二千五百人（日本金谷治說）。

㉒官天地，府萬物：統御天地，包藏萬物。「官」、「府」兩字作動詞用。

㉓直寓六骸：把六骸視為旅舍。

宣穎說：「直，猶特也。以六骸為吾寄寓。」

㉔象耳目：把耳目視為跡象。

㉕一知之所知：把普遍智能的認識統一到道的同一之中（馬恆君註釋）。

成玄英疏：「『一知』，智也。『所知』，境也。能知之智照所知之境。」

曹礎基說：「『一』，同一，作動詞用。前一『知』字通智。『一知之所知』，把人們的種種認識、看法視為同一。」（莊子淺註）

㉖心未嘗死者：心中未嘗有死生變化的觀念（諸子平議）。

釋德清說：「死，猶喪失也。謂衆人喪失本真之心，唯聖人未喪本有，故能視萬物為一己也。」

㉗彼且擇日而登假：「且」，將。「擇日」，取日，意即需要一定的時間（曹礎基註）。「登假」，升於高遠。形容超塵絕俗的精神。

釋德清說：「假，猶遐也。謂彼人且將擇日而登遐，而超出塵凡也。」

奚侗說：「『假』借作『遐』，爾雅釋詁：『遐，遠也。』……大宗師篇：『登假於道』則『假』當訓『至』，與此不同。」

【今譯】

魯國有一個斷了腳的人名叫王駘，跟他求學的弟子和孔子相等，常季問孔子說：「王駘是斷了腳的人，他的弟子和先生在魯國各佔一半。他立不施教，坐不議論，他的弟子空虛而來，滿載而歸。果真有不用語言的教導，無形感化而達到潛移默化之功嗎？這是什麼樣的人呢？」

孔子說：「這位先生是聖人，我也落在後面還沒有去請教他。我準備拜他為師，何況不如我的人呢？何止魯國，我將要引導天下的人去跟他學。」

常季說：「他是一個斷了腳的人，而能勝過你，那麼他與普通人相比，其間的距離就太大了。果真這樣，他的心智活動有甚麼獨特之處呢？」

孔子說：「死生是一件極大的事，卻不會使他隨之變化，就是天覆地墜，他也不會隨着遺落毀滅。他處於無所待的境界而不受外物變遷的影響，主宰事物的變化而執守事物的樞紐。」

常季說：「這是什麼意思呢？」

孔子說：「從萬物相異的一面去看，肝膽毗鄰卻如遠隔，這就像楚國和越國一樣；從它們相同的一面去看，萬物都是一樣的。如果了解這一點，就不會去關心耳目適宜於何種聲色，只求心靈遊放於德的和諧境地；從萬物相同的一面去看就看不見有什麼喪失，所以看自己斷了一隻腳就好像失落了一塊泥土一般。」

常季說：「王駘的自身修養，是用他的智力去把握自我的心，再經由主導自我的心去把握普遍相通的『常心』，那麼為什麼衆人會歸依他呢？」

孔子說：「人不在流動的水面上照自己的影子，而在靜止的水面上照自己的影子，唯有靜止的東西才能使他物靜止。接受生命於地，唯有松柏禀自然之正，無分冬夏枝葉常青；接受生命於天，唯有堯舜得性命之正，在萬物之中為首長。幸而他們能自正性命，才能去引導衆人。能保全本始的徵驗，才會有勇者的無所畏懼。勇敢的武士，一個人衝入千軍萬馬之中。想要追求功名的人尚且能夠這樣，何況主宰天地，包藏萬物，以六骸為寄寓，以耳目為跡象，天賦的智慧能夠燭照所知的境域，而心中未嘗有死的念頭的人呢？他能從容地選定吉日而超塵絕俗，大家都樂意隨從他。他哪裏肯以吸引衆人為事呢？」

二

申徒嘉①，兀者也，而與鄭子產同師於伯昏無人②。子產謂申徒嘉曰：「我先出則子止，子先出則我止。」其明日，又與合堂同席而坐。子產謂申徒嘉曰：「我先出則子止，子先出則我止。今我將出，子可以止乎，其未邪？且子見執政③而不違④，子齊執政乎？」

申徒嘉曰：「先生之門，固有執政焉如此哉？子而悅子之執政而後人⑤者也？聞之曰：『鑑明則塵垢不止，止則不明也。久與賢人處則無過。』今子之所取大者⑥，先生也，而猶出言若是，不亦過乎！」

子產曰：「子既若是矣，猶與堯爭善，計子之德，不足以自反邪？」

申徒嘉曰：「自狀其過，以不當亡者眾⑦，不狀其過，以不當存者寡，知不可奈何，而安之若命，唯有德者能之。遊於羿⑧之彀中⑨。中央者，中地也；然而不中者，命也。人以其全足笑吾不全足者多矣，我怫然而怒；而適先生之所，則廢然而反⑩。不知先生之洗我以善⑪邪？吾與夫子遊十九年矣，而未嘗知吾兀者也。今子與我遊於形骸之內，而子索我於形骸之外，不亦過乎！」

子產蹴然⑫改容更貌曰：「子無乃稱⑬！」

【註譯】

①申徒嘉：姓申徒，名嘉，鄭國賢人。

②伯昏無人：「昏」是道家所崇尚的一種人生境界，以「無人」為名，可見是莊子所寓託。

③執政：子產為鄭國執政大臣，這裏是子產的自稱。

④不違：不避。

⑤後人：瞧不起人。

⑥所取大者：「取」，求。「大」，指學問德性。謂求廣見識，培養德性。

⑦自狀其過，以不當亡者衆：自己辯說過錯以為不應當殘形的人很多。

⑧羿：上古時人，精於射，每發必中。

⑨彀（gòu 構）中：張弓弩的射程內。

林希逸說：「彀中乃必中之地，喻世之危如此，況在戰國之時，此語尤切。」

王先謙說：「以羿彀喻刑網。言同居刑網之中，孰能自信無過，其不為刑罰所加，亦命之偶直耳。」

⑩廢然而反：喻怒氣全消。

郭象註：「廢向者之怒而復常。」

⑪洗我以善：指用善道來教導我。陳碧虛莊子闕誤依張君房本在此句下補「吾之自寤邪」句。

⑫蹴（cù 醋）然：慚愧不安的樣子。

⑬子無乃稱：「乃」，讀為「仍」。「乃稱」猶復言（王闓運莊子內篇註）。

【今譯】

申徒嘉是一個斷了腳的人，和鄭子產同做伯昏無人的弟子。子產對申徒嘉說：「我先出去，你就停下；你先出去，我就停下。」到了第二天，他們又合堂同席坐在一起。子產對申徒嘉說：「我先出去，你就停下；你先出去，我就停下。現在我要出去，你可以稍停一下嗎？還是不能呢？你見我這執政大臣還不迴避，你把自己看成和我一樣的執政大臣嗎？」

申徒嘉說：「先生的門下，有這樣的執政嗎？你炫耀你的執政而瞧不起人嗎？聽說：『鏡子明亮就不落灰塵，落上灰塵就不明亮。常和賢人在一起就沒有過失。』你今天來先生這裏求學修德，還說出這種話來，不是太過分嗎？」

子產說：「你已經是這樣了，還要和堯爭善，你計量一下自己的德行，還不够你自我反省嗎？」

申徒嘉說：「一個人自己辯說自己的過錯，認為不應當殘形的人很多，既殘形後，不辯說自己的過錯，以為自己不當全形的人很少。知道事情的無可奈何而能安下心來視如自然的命運，這只有有德的人才能做得到。走進羿的射程之中，正是當中的地方，進入了必中的境地；然而有時不被射中，那是命。別人因為兩腳完全而笑我殘廢的很多，我聽了非常生氣；等到來了先生這裏，我卻怒氣全消，回復了常態。你還不明白這是先生用善來教化我嗎？我在先生門下已經十九年了，可是他從來沒有感覺到我是斷了腳的人。現在你和我遊於『形骸之內』以德相交，但你卻在『形骸之外』用外貌來衡量我，不是很錯誤的嗎？」

子產覺得很慚愧，立刻改變面容說：「請你不要再說了。」

三

魯有兀者叔山無趾[①]，踵見[②]仲尼，仲尼曰：「子不謹，前既犯患若是矣。雖今來，何及矣！」

無趾曰：「吾唯不知務而輕用吾身，吾是以亡足。今吾來也，猶有尊足者存焉[③]，吾是以務全之也。夫天無不覆，地無不載，吾以夫子為天地，安知夫子之猶若是也！」

孔子曰：「丘則陋矣。夫子胡不入乎，請講以所聞！」

無趾出。孔子曰：「弟子勉之！夫無趾，兀者也，猶務學以複補前行之惡，而況全德[④]之人乎！」

無趾語老聃曰：「孔丘之於至人，其未邪？彼何賓賓以學子為[⑤]？彼且蘄以諔詭幻怪[⑥]之名聞，不知至人之以是為己桎梏邪？」

老聃曰：「胡不直使彼以死生為一條，以可不可為一貫者，解其桎梏，其可乎？」

無趾曰：「天刑之[⑦]，安可解！」

【註譯】

①叔山無趾：「叔山」是字，遭刖足，所以稱號為「無趾」。這又是一個虛構的名字。

②踵見：踵行而求見。

③猶有尊足者存焉：「尊足」，謂尊於足，猶言貴於足（陳啓天說）。「焉」字原缺，依劉文典之說補增。

劉文典說：「御覽六百七引『存』下有『焉』字，文義較完。御覽引書多削，少增益，此必舊有

『焉』字，而今本之也。」

④全德：猶全體（釋德清說）。按謂道德完美、內德充足。

張默生說：「『德』者，得也。按此全德之人，猶言全形之人。」（莊子新釋）

⑤賓賓以學子為：總是把自己當成個學者。「賓賓」，猶頻頻、繽繽。「學子」，猶盜跖篇之「學士」。「為」，語助詞。

俞樾說：「案『賓賓』之義，釋文引司馬云：『恭貌。』張云：『猶賢賢也。』崔云：『有所親疏也。』簡文云：『好名貌。』皆望文生義，未達古訓。『賓賓』，猶頻頻也。漢書司馬相如傳：『仁頻並閭。』顏註曰：『頻字或作賓。』是其例也。」

朱桂曜說：「案『賓』蓋『繽』字，『繽繽』，往來貌也。又『繽繽』與『紛紛』相近，漢書揚雄傳『繽紛往來』，蓋以繽為往來貌也。」

⑥諔詭幻怪：奇異怪誕。同於齊物論：「恢恑憰怪。」

⑦天刑之：天然刑罰，指孔子天生根器如此。

林雲銘說：「此意其受好名之累，猶天加刑。」

王先謙說：「言其根器如此。」

【今譯】

魯國有一個斷了腳趾的人名叫叔山無趾，用腳後跟走路去見孔子。孔子說：「你不謹慎，早先已犯了這樣的過錯。現在雖然來請教，怎麼來得及呢？」

無趾說：「我只因不知時務而輕用我的身子，所以才斷了腳。現在我來這裏，還有比腳更尊貴的東西存在，我想要保全它。天是無所不覆的，地是無所不載的，我把先生當作天地，哪裏知道先生是這樣的啊！」

孔子說：「我實在淺陋。你為什麼不進來呢？請說說你的看法！」

無趾走了。孔子說：「弟子們勉勵啊！無趾是一個斷了腳趾的人，還努力求學以補過前非，何況沒有犯過的全德之人呢！」

無趾對老聃說：「孔子還沒有到達『至人』的境地吧！他為什麼總是把自己當成個學者呢？而他還要企求以奇異的名聲傳聞天下，他不知道至人把名聲當作是一種枷鎖嗎？」

老聃說：「你為什麼不使他了解死生為一致，可和不可為平齊的道理，以解除他的束縛，這樣可以嗎？」

無趾說：「這是天然加給他的刑罰，怎麼可以解除呢？」

四

魯哀公問於仲尼曰：「衞有惡①人焉，曰哀駘它②。丈夫與之處者，思而不能去也。婦人見之，請於父母曰『與為人妻，寧為夫子妾』者，十數而未止也。未嘗有聞其唱者也，常和人而矣。無君人之位以濟乎人之死，無聚祿以望③人之腹。又以惡駭天下，和而不唱，知不出乎四域[4]，且而雌雄合乎前[5]。是必有異乎人者也。寡人召而觀之，果以惡駭天下。與寡人處，不至以月數，而寡人有意乎其為人也；不至乎期年，而寡人信之。國無宰，寡人傳國焉。悶然而後應，氾然而若辭[6]。寡人醜乎[7]，卒授之國。無幾何也，去寡人而行，寡人卹[8]焉若有亡也，若無與樂是國也。是何人者也？」

仲尼曰：「丘也嘗使[9]於楚矣，適見㹠子[10]食於其死母者，少焉眴若[11]皆棄之而走。不見己焉爾，不得類焉爾[12]。所愛其母者，非愛其形也，愛使其形者[13]也。戰而死者，其人之葬也不以翣資[14]；刖者之屨，無為愛之；皆無其本矣[15]。為天子之諸御[16]，不翦爪[17]，不穿耳；取妻者止於外，不得復使。形全猶足以為爾，而況全德之人乎！今哀駘它未言而信，無功而親，使人授己國，唯恐其不受也，是必才全[18]而德不形[19]者也。」

哀公曰：「何謂才全？」

仲尼曰：「死生存亡，窮達貧富，賢與不肖毀譽，飢渴寒暑，是事之變，命之行也；日夜相代乎前，而知不能規[20]乎其始者也。故不足以滑和[21]，不可入於靈府[22]。使之和豫通[23]而不失於兌[24]；使日夜無郤[25]而與物為春[26]，是接而生時於心者也[27]。是之謂才全。」

「何為德不形？」

曰：「平者，水停之盛也。其可以為法也，內保之而外不蕩也。德者，成和之修[28]也。德不形者，物不能離也。」

哀公異日以告閔子㉙曰：「始也吾以南面而君天下，執民之紀而憂其死，吾自以為至通矣。今吾聞至人之言，恐吾無其實，輕用吾身而亡其國。吾與孔丘，非君臣也，德友而已矣。」

【註譯】

①惡：醜。

②哀駘它：虛構的人名。

宣穎說：「『哀駘』，醜貌。『它』，名也。『駘』乃篤劣之省，又加以『哀』，為可哀之劣人也。『它』者他也。泛有所指，大抵皆子虛烏有之類。」

③望：如月望，飽滿的意思。

④不出乎四域：不超出人世。

⑤雌雄合乎前：「雌雄」，指婦人丈夫。成玄英疏：「雌雄，禽獸。」郭註成疏皆誤解。

褚伯秀說：「按『雌雄』之義，所解不一，或以為禽獸者，本於列子『雌雄在前，孳尾成羣』之說。竊考經意：丈夫興處，思而不能去，婦人願為妾之語，則『雌雄合乎前』，言丈夫婦人歸之者衆也。」（南華真經義海纂微）

林雲銘說：「即上文丈夫之思，婦人之請。用『雌雄』二字，新闢。」

宣穎說：「丈夫婦人皆來親之。」

⑥氾然而若辭：「氾然」，形容漫不經心的樣子。「氾」下原缺「然」字，依武延緒之見增補。

武延緒說：「『氾』下疑亦有『然』字。」（莊子札記）武說可從。「氾然而若辭」與上句「悶然而後應」正相對文。

⑦寡人醜乎：「醜」，慚愧。喻魯哀公感自愧不如。

⑧恤：憂悶的樣子。

朱桂曜說：「『恤』，有『亡失』義。」

⑨使：作遊。

陸德明說：「本亦作『遊』。」

馬叙倫說：「孔子無使楚事。本作『遊』者是也。」（莊子義證）

⑩㹠子：小豬。「㹠」，即「豚」。林希逸本作「豚」。

⑪眴若：驚慌的樣子。

俞樾說：「『眴若』，猶眴然也。徐无鬼篇：『衆狙見之，恂然棄而走。』此云『眴若』，彼云『恂然』，文異義同。」

⑫不得類焉爾：不同一類，意指不像活着的樣子。

⑬使其形者：指主宰形體的精神。

⑭戰而死者，其人之葬也不以翣（shà 廈）資：謂在戰場埋葬死者無棺，則不用棺飾送葬（陳啓天說）。「翣」，古時棺上的裝飾品，形如扉。「資」，送。

朱桂曜說：「戰而能死，不可謂『無武』，郭說非也。古未有以翣為『武飾』者。說文羽部：『翣，棺羽飾也。天子八，諸侯六，大夫四，士二。』……翣乃自天子諸侯以至於大夫士所通有，非武人所獨有也。是以古人僅謂翣為『棺飾』，不云『武飾』。」按朱駿郭註，甚是。

⑮刖者之屨，無為愛之：皆無其本矣：謂刖者無足，無須愛屨。有棺而後用棺飾，有足而後用屨。今戰死者無棺，刖者無足，故曰皆無其本（陳啓天說）。

⑯諸御：指宮女。

⑰不翦爪：今本作「不爪翦」。雖說古人有倒裝句法，但與下句不對文，應據武延緒之說改正。武延緒說：「『爪翦』疑當作『翦爪』，與下『穿耳』對文。後人據禮記改。」武說可從，「翦」與「穿」為動詞，「爪」與「耳」為名詞，正相對文。

⑱才全：才質完備；才性完美。按：「才」的議題由孟、莊提出，東漢王充對才、性作出明確解釋，三國魏末的一些思想家進而探討才、性的關係，提出才性同、異、合、離的「才性四本」說。林希逸說：「才全，猶言全其質性也。」釋德清說：「才全者，謂不以外物傷戕其性，乃天性全然未壞，故曰全。」

⑲德不形：德不顯露。

⑳規：為「窺」省（馬叙倫說）。按「規」讀為「揆」，揆度之意。

㉑滑和：滑，亂。指擾亂本性的平和。

王孝魚說：「齊物論中列舉心理人情的喜、怒、哀、樂、慮、歎、變、慹八種情態，說他們『日夜相代乎前而莫知其所萌』。此處則列舉外界人事之變的死生、存亡、窮達、貧富、賢不肖、毀譽、飢渴、寒暑等十六種人生遭遇，也說它們『日夜相代乎前而不知其所始』，文情筆法與齊物論完全相似。……莊子以為，這十六種外部人事之變，不可讓它們滑亂了自己本心的天和。」

㉒靈府：指心靈。

郭象註：「靈府者，精神之宅也。」

㉓和豫通：謂安適通暢。「和豫」，也就是和樂（王博說）。

㉔兌：悅（釋文引李頤說）。

㉕日夜無郤：日夜沒有間斷，意謂經常保持怡悅的心情。「郤」，與同（王懋竑說）。

㉖與物為春：應物之際，春然和氣（釋德清說）；隨物所在皆同遊於春和之中（宣穎說）。「春」，指和氣之時，即萬物欣欣向榮之意（王治心說）。

林希逸說：「『與物為春』者，隨所寓而皆為樂也。此『春』字，與『兌』字同。」

章炳麟說：「說文：『春，推也。』『與物為春』者，與物相推移也。」備一說。

㉗是接而生時於心者也：謂是以接物而生與時推移之心（陳啓天說）。

㉘成和之修：完滿純和的修養。

㉙閔子：孔子弟子閔子騫。

【今譯】

魯哀公問孔子道：「衛國有一個面貌醜陋的人，名叫哀駘它。男人和他相處，想念他不捨得離開。女人見了他，請求父母說：『與其做別人的妻子，不如做這位先生的妾。』這樣的女人不止有十幾個。沒有聽到他倡導什麼，只見他應和而已。他沒有權位去救濟別人的災難，也沒有錢財去餵飽別人的肚子。而且又面貌醜惡使天下人見了都感驚駭，他應和而不倡導，他的知見不超出人世以外，然而婦人男子都親附他。這必定有異於常人之處。我召他來，果然見他面貌醜陋足以驚駭天下人。但是他和我相處，不到一個月，我就覺得他有過人之處；不到一年，我就很信任他。這時國內正沒有宰相，我就把國事委託給他，他卻淡淡然而無意承應，漫漫然而未加推辭。我覺得很慚愧，終於把國事委託給他。沒有好久，他就離開我走了，我憂悶得很，好像失落了什麼似的，好像國中再沒有人可以共歡樂似的，他究竟是怎樣的人呢？」

孔子說：「我曾經到楚國去，恰巧看見一羣小豬在剛死的母豬身上吃乳，一會兒都驚慌地拋開母豬逃走。因為母豬已經失去知覺了，不像活着的樣子了。可見它們所以愛母親的，不是愛它的形體，乃是愛主宰它形體的精神。疆場上戰敗而死的人，行葬時不用棺飾；砍斷了腳的人，不會愛惜原先的鞋子；這都是因為失去了根本啊！做天子嬪妃的，不剪指甲，不穿耳眼；娶妻的人留在宮外，不得再為役使。為求形體的完整尚且如此，何況德性完整的人呢？現在哀駘它沒有開口就取得人的信任，沒有功業就贏得人的親敬，能使別人要把自己的國政委託給他，還怕他不肯接受，這一定是『才全』而『德不形』的人。」

哀公說：「什麼叫做『才全』？」

孔子說：「死、生、得、失，窮、達、貧、富，賢和不肖、毀、譽，飢、渴、寒、暑，這都是事物的變化，運命的流行；好像晝夜的輪轉一般，而人的知見不能揆度它們的起始。了解這點就不足以讓它們擾亂了本性的平和，不至於讓它們侵入我們的心靈。使心靈安逸自得而不失怡悅的心情；使日夜不間斷地隨物所在保持着春和之氣，這樣就能萌生出在接觸外物時與時推移的心靈。這就叫做『才全』。」

哀公說：「什麼叫做『德不形』？」

孔子說：「水平是極端的靜止狀態。它可以為我們取法的準繩，內心保持極端的靜止狀態就可以不為外境所搖蕩。德，乃是最純美的修養。德不着形跡，萬物自然親附而不肯離去。」

有一天哀公告訴閔子說：「起初，我以國君的地位治理天下，執掌法紀而憂慮人民的死亡，我自以為盡善盡美了。現在，我聽了至人的言論，恐怕我沒有實績，只是輕用我的身體，以致危亡我的國家。我和孔子並不是君臣，而是以德相交的朋友。」

五

闉跂支離無脤①說衞靈公，靈公說之；而視全人，其脰肩肩②。甕盎大癭③說齊桓公，桓公說之；而視全人，其脰肩肩。

故德有所長，而形有所忘。人不忘其所忘，而忘其所不忘，此謂誠忘。

故聖人有所遊，而知為孽④，約為膠⑤，德為接⑥，工為商⑦。聖人不謀，惡用知？不斲，惡用膠？無喪，惡用德？不貨，惡用商？四者，天鬻⑧也；天鬻者，天食⑨也。既受食於天，又惡用人！

有人之形，無人之情。有人之形，故羣於人，無人之情，故是非不得於身。眇乎小哉，所以屬於人也！謷⑩乎大哉，獨成其天！

【註譯】

①闉（yīn因）跂支離無脤：曲足、傴背、無唇（「脤」同「唇」），形容殘形貌醜的人。
司馬彪說：「『闉』，曲；『跂』，企也。『闉跂支離』，言腳常曲，行體不正卷縮也。」

②其脰（dòu豆）肩肩：「脰」，頸項。「肩肩」，形容細小的樣子。

③甕（wèng）㼜大癭：形容頸瘤大如盆。

④知為孽：指智巧為災孽。

⑤約為膠：以約束為膠漆。
宣穎說：「約束之禮，乃膠漆也，非自然而合者。」

⑥德為接：「德」，小惠施人。「接」，交接。以施惠為交接手段（王治心說）。
釋德清註：「以小惠要買人心，謂之『德』。『接』，應接於人也。」

⑦工為商：工巧是商賈的行為。
王孝魚說：「所舉知、約、德、工四項，暗中即在指儒家聖人所倡言的智禮仁義四端。知即智，不必說了。約者約束，當即禮。德字，此處不是『才全而德不形』，有特定涵義的德，而是泛言，當即仁德之德。工者工巧之工，不可因『工為商』三字而誤認為我們普通所說的工商之工。以工巧之心來對待人事，或迎或拒，當即制之以義的義。莊子以為，儒家之智，不過如同草木旁出的支孽，無可大用；儒家之禮，不過如同用膠漆來硬為黏合，不太可靠；儒家之仁，不過如同中斷之樹，而強為聯結，只重外表；儒家之義，不過如同壟斷居奇的商人，巧用手段，只求售出其貨。」（莊子內篇新解）

⑧天鬻：「天」，自然。「鬻」，音育，養。

⑨天食：受自然的飼食。

⑩謷（áo 熬）：高大的形容。

【今譯】

有一個跛腳、傴背、缺唇的人去遊説衛靈公，衛靈公很喜歡他；看到形體完整的人，反而覺得他們脖子太細長了。有一個脖子生大瘤的人去遊説齊桓公，齊桓公很喜歡他；看到形體完整的人，反而覺得他們脖子過於細小了。

所以只要有過人的德性，形體上的殘缺就會被人遺忘。人們如果不遺忘所應當遺忘的（形體的缺陷），而遺忘所不應當遺忘的（德性的不足），這才是真正的遺忘。

所以聖人悠遊自適，而智巧是災孽，誓約是膠執，施惠為交接的手段，工巧是商賈的行徑。聖人不圖謀慮，哪裏還用智巧呢？不割裂，哪裏還用膠執？不喪失天性，哪裏還用得着恩德？不求謀利，哪裏還用得着推銷？這四種品德就是天養；天養就是受自然的飼養。既然受自然的飼養，又何必着意人為呢？

有人的形體，而沒有人的偏情。有人的形體，所以和人相處，沒有人的偏情，所以是非不侵擾他。渺小啊，他與人同羣！偉大啊，他能超越人羣而提昇為與自然同體！

六

惠子謂莊子曰：「人故無情乎？」

莊子曰：「然。」

惠子曰：「人而無情，何以謂之人？」

莊子曰：「道與之貌，天與之形，惡得不謂之人？」

惠子曰：「既謂之人，惡得無情？」

莊子曰：「是非吾所謂情也。吾所謂無情者，言人之不以好惡內傷其身[①]，常因自然而不益生也。」

惠子曰：「不益生，何以有其身？」

莊子曰：「道與之貌，天與之形，無以好惡內傷其身。今子外乎子之神，勞乎子之精，倚樹而吟，據〔槁〕梧而瞑[②]。天選[③]之形，子以堅白鳴[④]！」

【註譯】

①吾所謂無情者，言人之不以好惡內傷其身：「無情」代表着一種重生的態度。莊子一再強調「無情」就是不以好惡內傷其身，也就是不以之傷害自己的生命（王博莊子哲學）。

②據〔槁〕梧而瞑：依字面「槁梧」當是枯的梧桐樹，王叔岷引證古書多本無「槁」字，似可從。「瞑」，古「眠」字。

王叔岷先生說：「事類賦二五木部二引，『梧』上無『槁』字。藝文類聚八八，御覽九五六，事文類聚後集二三，合璧事類別集五二，引亦並無『槁』。註：『坐則據梧而睡』，疑郭本原無『槁』字。齊物論篇：『惠子之據梧也。』註：『或據梧而瞑』，即用此文，亦無『槁』字。『倚樹而吟，據梧而瞑』文正相耦。」

③天選：天授。

④堅白鳴：指惠施唱盈堅白的論調。「堅白」，已見於齊物論。

【今譯】

惠子對莊子說：「人該是無情的嗎？」

莊子說：「是的。」

惠子說：「人若沒有情，怎麼能稱為人？」

莊子說：「道給了人容貌，天給了人形體，怎麼不能稱為人？」

惠子說：「既然稱為人，怎麼沒有情？」

莊子說：「這不是我所說的『情』。我所說的無情，乃是說人不以好惡損害自己的本性，經常順任自然而不用人為去增益。」

惠子說：「不用人為去增益，怎麼能夠保存自己的身體？」

莊子說：「道給了人容貌，天給了人形體，不以好惡損害自己的本性。現在你馳散你的心神，勞費你的精力，倚在樹下歌吟，靠着几案休息。天給了你形體，你卻自鳴得意於堅白之論。」

大宗師

大宗師篇，主旨在於寫真人體道的境界。「大宗師」——即宗大道為師。宇宙為一生生不息的大生命；宇宙整體就是道；道亦即是宇宙大生命所散發的萬物之生命。「天人合一」的自然觀，「死生一如」的人生觀，「安化」的人生態度，「相忘」的生活境界，是本篇的主題思想。

本篇分為十章，首章提出天人的關係，即討論自然與人的關係。其觀點為天人作用本不分，「天與人不相勝」，人與自然為息息相關而不可分割的整體，人與自然是為親和的關係。莊子天人一體的觀念，表達了人和宇宙的一體感，人對宇宙的認同感與融合感。能了解人與自然的這種關係的，便是真人。在這一章裏，對於真人的精神面貌有諸多的描繪。第二章，要人認識死生是自然而不可免的事，正如晝夜的變化一樣，乃是自然的規律。人不當拘限於形軀我，當與大化同流；在自然萬化中求生命的安頓。第三章寫道，簡略地描述道體的無形、永存及無限性。第四章，借南伯子葵對女偊的對話，述學道的進程。第五章，子祀、子輿、子犂、子來四人相與為友，體認「死生存亡之一體」。第六章，子桑户、孟子反、子琴張三人相與為友，「相忘以生，無所終窮」，不為死生之情所懸縛。生來死歸，為自然變化的必然現象，能安於所化，精神才能獲得大解放。這裏，對於生之無繫感與死之無懼感作了許多的描述。子桑户死，二友「臨屍而歌」的泰然神態，拘於禮教的儒家人物見了大為驚異。儒家「憒憒然為世俗之禮」，以飾眾人的視聽而已，故二友笑儒者「惡知禮意！」第七章，寫孟孫才善處喪，孟孫氏不受儒家繁瑣禮節所拘，他能了解生死的真相，了解變化的道理。第八章，意而子與許由的對話，指責堯以仁義是非黥人，這是對儒家傳統主義的道德規範、理論價值進行批判。指出在儒家道德規範、理論價值的束縛下，人類精神便無自由活動的可能。第九章寫「坐忘」。「離形去知，同於大通，此謂坐忘。」「離形」，即消解由生理所激起的貪慾。「去知」，即消解由心智作用所產生的偽詐。如此，心靈才能開敞無礙、無所繫蔽，而通向廣大的外境。篇末一章，由子桑的困境，寫其安命的思想。自然變化即是「命」，「安命」亦即安於自然的變化流行。

許多富有哲理性的成語出自本篇，如：泉涸之魚、相濡以沫、相忘江湖、自適其適、藏舟於壑、藏山於澤、善始善終、莫逆之交、遊方之外、不生不死、相視莫逆、決疣潰癰、鼻黥補劓、鼠肝蟲臂等。

一

知天之所為，知人之所為者，至矣。知天之所為者，天而生也[1]；知人之所為者，以其知之所知，以養其知之所不知[2]，終其天年而不中道夭者，是知之盛也。

雖然，有患[3]。夫知有所待[4]而後當，其所待者特未定也。庸詎知吾所謂天之非人乎？所謂人之非天乎？

且有真人而後有真知。何謂真人？古之真人，不逆寡，不雄成，不謨士[5]。若然者，過而弗悔，當而不自得也；若然者，登高不慄，入水不濡，入火不熱。是知之能登假[6]於道者也若此。

古之真人，其寢不夢，其覺無憂，其食不甘，其息深深。真人之息以踵，衆人之息以喉。屈服者，其嗌言若哇[7]。其耆欲深者，其天機[8]淺。

古之真人，不知說生，不知惡死；其出不訢[9]，其入不距[10]；翛然[11]而往，翛然而來而已矣。不忘其所始，不求其所終；受而喜之，忘而復之，是之謂不以心損[12]道，不以人助天。是之謂真人。

若然者，其心忘[13]，其容寂，其顙頯[14]；淒然似秋，煖然似春，喜怒通四時，與物有宜而莫知其極。

〔故聖人之用兵也，亡國而不失人心；利澤施乎萬世，不為愛人，故樂通物，非聖人也；有親，非仁也；天時，非賢也；利害不通，非君子也；行名失己，非士也；亡身不真，非役人也。若狐不偕、務光、伯夷、叔齊、箕子、胥餘、紀他、申徒狄，是役人之役，適人之適，而不自適其適者也。〕[15]

古之真人，其狀義而不朋[16]，若不足而不承；與乎其觚而不堅也[17]，張乎其虛而不華也[18]；邴乎其似喜也[19]！崔乎其不得已也[20]！滀乎進我色也[21]，與乎止我德也[22]；厲乎其似世也[23]！謷乎其未可制也[24]；連乎[25]其似好閉也，悗乎其忘言也[26]。〔以刑為體，以禮為翼，以知為時，以德為循。以刑為體者，綽乎其殺也；以禮為翼者，所以行於世也；以知為時者，不得已於事也；以德為循者，言其與有足者至於丘也；而人真以為勤行者也。〕[27]故其好之也一，其弗好之也一[28]。其一也一，其不一也一[29]。其一與天為徒，其不一與人為徒。天與人不相勝也，是之謂真人。

【註譯】

①知天之所為者，天而生也：知道天的所為，是順着自然而生的。

郭象說：「『天』者，自然之謂。」

陳啓天說：「天之所為如何？不外無為而已，自然而已。故郭註以『自然』釋天。『知天之所為者，天而生也』，謂知天之無為而自然者，亦當無為自然而生也。」（莊子淺說）

②以其知之所知，以養其知之所不知：「其知」的「知」，讀智。「其知之所知」，人的智力所能知道的。「其知之所不知」，人的智力所難知的，這是指人的智力所難知的自然之規律與生死變化之理。

③雖然，有患：謂雖如此云云，然有弊病（陳啓天說）；按上下文，似說：這種觀點還有困難或還有問題（關鋒說）。

④所待：對境（成疏）；所待的對象（張默生今譯）；具備條件（陳啓天說）。

日本金谷治說：「『所待』——成為認識的必須條件，沒有這個條件則不能成為認識，這是認識判斷的準則。」（莊子第一冊一七四頁，岩波文庫）

⑤謨士：「謀事」的同音借字。

林希逸說：「『士』與『事』同，古字通用。如東山詩曰：『勿士行枚也。』『謨』，謀也。無心而為之，故曰：『不謨事。』」（南華真經口義）

朱桂曜說：「不謨士，即不謀事也。管子君臣上：『官謀士。』註：『「士」，「事」也，官各謀其職事也。』蓋『士』『事』義通，說文士部：『士，事也。』……又『謨』與謀通，爾雅釋詁：『謨，

謀也。』」（莊子內篇證補）

王孝魚說：「不以士之附己不附己而謀慮乎爭取擴大自己的陣營。」此說可存。

⑥登假：登至。「假」，至。「登假」已見德充符篇。

林希逸說：「知之能登假於道，言其所見深造於道也。」

⑦其嗌（ài 艾）言若哇（wā 洼）：「嗌」，咽喉。「哇」，礙。謂言語吞吐喉頭好像受到阻礙一般。

按：此句疑他處之文誤入。上句「真人之息已踵，衆人之息以喉」似為後世養生服氣者所纂。本段文字「古之真人，其寢不夢，其覺無憂，其食不甘，其息深深。……其嗜欲深者，其天機淺」，文勢順貫。

⑧天機：自然之生機（陳啓天說）。當指天然的根器。

⑨訢：與「欣」同，即古「欣」字。

朱桂曜說：「『訢』與『欣』同，漢書萬石君傳：『僮僕訢訢然也。』晉灼曰：『許慎云，古欣字也。』」

⑩距：同「拒」字。

朱桂曜說：「『距』與『拒』同，荀子仲尼篇：『與之書社三百而富人莫之敢距也。』楊註：『距與拒同。』漢書揚雄傳：『距連卷。』師古曰：『距即拒字也。』」

⑪翛（xiāo 逍）然：無繫貌（成疏）；無拘束的樣子。

唐陸德明說：「『翛』，音蕭。李音『悠』。向云：『翛然，自然無心而自爾之謂。』」

⑫損：今本缺壞誤作「捐」。

武延緒說：「『捐』乃『損』字之譌，與下句『助』字反對，王本作『損』。」

朱桂曜說：「『捐』蓋『損』之壞字，則陽篇郭註『損其名也』，釋文『捐本亦作損』，盧文弨曰『今書捐作損』；荀子大略篇『是異國捐身之道也』，『捐』宋本作『損』。『不以心損道』，猶言不以心害道也。」

王叔岷先生說：「『捐』蓋『損』之壞字。下文『不以人助天』，一『損』一『助』，相對而言，意甚明白。史記賈誼列傳索隱引此文正作『損』。山木篇：『無受天損易。』唐寫本壞作『捐』，與此同例。」

⑬忘：俗本形誤為「志」，依褚伯秀等說，據趙以夫訂正。

褚伯秀說：「『志』字諸解多牽強不通，趙氏正為『忘』字，與『容寂』義協，所論甚當，原本應是如此，傳寫小差耳。」（南華真經義海纂微）

林雲銘說：「『其心忘』三字是通篇扼要語，俗本作『志』，非也。」（莊子因）

陸樹芝說：「『忘』字上括『以所知養所不知』二句，下通『坐忘』一段，乃一篇要旨。」（莊子雪）

王懋竑說：「『志』當作『忘』。郭解誤。『其心忘，其容寂』，文義之顯然者，『志』字明是誤文。」（莊子存校）

王叔岷先生說：「徐无鬼篇『上忘而下畔』，呂氏春秋貴公篇作『志』，即『志』『忘』形近相亂之證。」案「志」確為「忘」字的形誤，今本多已訂正。

⑭頯（kuí 葵）：音魁，寬大的樣子。

⑮〔故聖人之用兵也……而不自適其適者也〕：這一百零一字是別處錯入，應刪去。

聞一多說：「案自篇首至『天與人不相勝也，是之謂真人』，中間凡四言『古之真人』，兩言『是之謂真人』，文意一貫，自為片段，惟此一百一字與上下詞指不類，疑係錯簡。且『聖人之用兵也，亡國而不失人心』，寧得為莊子語，可疑者一也。務光事與許由同科，許由者逍遙遊篇既擬之於聖人，此於務光乃反譏之為『役人之役，適人之適，而不自適其適者』。可疑者二也。……『利澤施於萬世』，又見天運，『適人之適而不自適其適者也』，又見駢拇，並在外篇中。以彼例此，則此一百一字蓋亦莊子後學之言，退之外篇可耳。」聞說可從。上下段文字都在描述真人，突然插進這一段文字，隔斷了上下段文義的一貫性，應予刪除。現在把這段文字譯在這裏，而不放到今譯部分：

「所以聖人用兵，滅亡了敵國而不失掉人心；恩澤施及萬世，對人卻無偏心。所以有心和人交往，就不是聖人；有私愛，就不是仁人；揣度時勢，就不是賢人；利害不能相通為一，就不是君子；求名而迷失自己，就不是求學之士；喪身忘性，就不是主宰世人的人。例如狐不偕、務光、伯夷、叔齊、箕子、胥餘、紀他、申徒狄，都是被人役使，使別人安適，而不自求安適的人。」

⑯義而不朋：巍峨而不畏縮。惟成疏「隨物所移而無偏倚」為是，今譯從之。

俞樾說：「郭註訓『義』為『宜』，『朋』為『黨』，望文生訓，殊為失之。此言其狀，豈言其德乎？『義』當讀為『峨』，『峨』與『義』並從『我』聲，故得通用。天道篇『而狀義然』，義然即峨然也。『朋』讀為『崩』。易復象辭『朋來无咎』，漢書五行志引作『來无咎』，是也。其狀峨而不崩者，言其狀峨然高大，而不崩壞也。」俞說備存。

陳啓天說：「『狀』，謂真人之精神態度，非謂其身體形狀。本節各句多言真人之精神態度，不僅限於『其狀義而不朋』一句也。『其狀義而不朋』，猶言真人之精神態度，高而無比也。」

⑰與乎其觚而不堅也：「與乎」，容與（林希逸說）；自然貌（林雲銘說）。或說「與」如字無義（王懋竑說）。「觚」，音孤（釋文），特立不羣（釋文引王穆夜說）。

郭象說：「常遊於獨而非固守。」

李楨說：「據註疏，『觚』訓獨。……所據本必皆作『孤』，『觚』是假借。……『與乎』……，註云：『常遊於獨』，就『遊』字義求之，或原是『趣』字，說文：『趣，安行也。』並與『遊』義合。」

⑱張乎其虛而不華也：謂真人之精神廣大中虛而不浮華（陳啓天說）。

⑲邴乎其似喜也：謂真人之精神開朗，似有喜色（陳啓天說）。「邴乎」，欣喜的樣子。「邴」上原疊「邴」字，疑係傳寫誤加，依嚴靈峯之說刪去。「喜也」舊作「喜乎」，與上下文不一律，今依陳碧虛莊子闕誤引文如海、成玄英、張君房本改。下文「崔乎其不得已也」、「厲乎其似世也」同。劉文典莊子補註、王叔岷莊子校釋亦謂當依闕誤所引改。

嚴靈峯先生說：「『邴』上原疊『邴』字，作『邴邴乎』。按上、下並作：『與乎』、『崔乎』、『滀乎』、『厲乎』、『謷乎』、『連乎』、『挽乎』，俱不疊字，依例似不應有，茲依上下文例刪去一字。」嚴說可從。

⑳崔乎其不得已也：意思是說舉動出於不得已。

成玄英疏：「迫而後動，不得已而應之。」

向秀說：「崔乎，動貌。」

陳啓天說：「『崔』，當讀為『催』，促，迫。」

㉑滀乎進我色也：形容內心充實而面色可親。「滀」，聚（釋文引簡文帝說）。

釋德清說：「謂中心湛滀，而和氣日見於顏面之間。」

㉒與乎止我德也：「與」通「豫」，寬舒的樣子。「止」，歸止，歸依。即是說，寬厚的德行，令人歸依。

㉓厲乎其似世也：「厲」，即嚴厲，嚴肅的意思。但另一說「厲」作「廣」疑形近致誤。崔譔本正作「廣」，謂「包羅者廣」。「廣乎其似世也」，謂真人精神之廣，如世界之廣（陳啓天說）。

郭慶藩說：「『厲』當從崔本作『廣』者是。郭註訓『與世同行』，則有廣大之義。經傳中『厲』『廣』二字，往往而混。如禮月令：『天子乃厲飾』，淮南子時則訓作『廣飾』。史記平津侯傳：『厲賢予祿』，徐廣曰：『厲亦作廣。』儒林傳：『以廣賢材』，漢書『廣』作『厲』。漢書地理志齊郡廣，說文水部註『廣』譌為『厲』。皆其證。」（莊子集釋）

馬叙倫說：「按『厲』『廣』形近而譌。」

㉔謷乎其未可制也：高邁敖放而不可制止。

郭象說：「高放而自得。」

朱桂曜說：「『謷』，蓋『敖』之假字，『敖』與『放』同義；唯其放敖，故不可制止。」

㉕連乎：形容沉默不語。

林希逸說：「連，合也，密也。方其未言似不欲言。」

釋德清註：「連者，收攝檢束之意。」

㉖悗乎其忘言也：形容無心而忘言。今本作「悗乎忘其言也」，高亨以為當作「悗乎其忘言也」。

高說為是。

成玄英疏：「悗，無心貌也。」

㉗〔以刑為體……而人真以為勤行者也〕：這十三句主張「以刑為體，以禮為翼」的話，和莊子思想極不相類，和大宗師主旨更相違，當刪除。

張默生說：「自『以刑為體』至『而人真以為勤行者也』若干句，在本節中雖可勉強解釋，終覺不類莊子思想，時人已有疑者，或為他書錯簡。若刪去此若干句，則上下文義悉順。」按張說甚是。

㉘其弗好之也一，其弗好之也一：天和人是合而為一的，無論人們喜好或不喜好，它們都是合而為一的。

㉙其一也一，其不一也一：無論人們認為天和人是合一或不合一，它們都是合而為一的。

【今譯】

知道哪些是屬於天然的，哪些是屬於人為的，這就是洞察事理的極境了。知道天的所為，是出於自然的；知道人的作為，是用自己的智力所知的，去保養自己智力所不能知的，使自己享盡天然的年壽而不至於中途夭亡，這是知識的能事了。

雖然這樣，但是還有問題。知識必定要有所待的對象而後才能判斷它是否正確，然而所待的對象卻是變化無定的。怎麼知道我所謂屬於天然的不也是屬於人為的？所謂屬於人為的不也是屬於天然的呢？

有真人才能有真知。什麼叫做真人？古時候的真人，不拒絕微小，不自恃成功，不謀慮事情；若是這樣，過了時機而不失悔，順利得當而不自得。像這樣子，登高不發抖，下水不覺濕，入火不覺熱。只有知識能到達與道相合的境界才能這樣。

古時候的真人，睡覺時不作夢，醒來時不憂愁，飲食不求精美，呼吸來得深沉。真人的呼吸是從腳跟運氣，普通人的呼吸用咽喉吐納。議論被人屈服時，言語吞吐喉頭好像受到阻礙一般。凡是嗜慾深的人，他的天然的根器就淺了。

古時候的真人，不知道悅生，不知道惡死；出生不欣喜，入死不拒絕，無拘無束地去，無拘無束地來而已。不忘記他自己的來源，也不追求他自己的歸宿；事情來了欣然接受，忘掉死生任其復返自然，這就是不用心智去損害道，不用人的作為去輔助天然。這就是真人了。

這樣子，他心裏忘懷了一切，他的容貌靜寂安閒，他的額頭寬大恢宏；冷肅得像秋天一樣，溫暖得像春天一樣，一喜一怒如四時運行一樣的自然，對於任何事物都適宜而無法測知他的底蘊。

古時候的真人，其行狀隨物所宜而不偏倚，好像不足卻無所承受；介然不羣並非堅執，心志開闊而不浮華；舒暢自適好像很歡喜，一舉一動好像不得已；內心充實而面色可親，德行寬厚而令人歸依；精神遼闊猶如世界的廣大；高速超邁而不拘禮法；沉默不語好像封閉了感覺，不用心機好像忘了要說的話。

〔天和人是合一的，〕不管人喜好或不喜好，都是合一的。不管人認為合一或不合一，它們也都是合一的。認為天和人是合一的就和自然同類，認為天和人是不合一的就和人同類。把天和人看作不是互相對立，這就叫做真人。

二

死生，命[①]也，其有夜旦之常，天[②]也。人之有所不得與，皆物之情也。彼特以天為父，而身猶愛之，而況其卓[③]乎！人特以有君為愈乎己，而身猶死之，而況其真[④]乎！

泉涸，魚相與處於陸，相呴[⑤]以濕，相濡[⑥]以沫，不如相忘於江湖，與其譽堯而非桀也，不如兩忘而化其道。〔夫大塊載我以形，勞我以生，佚我以老，息我以死。故善吾生者，乃所以善吾死也。〕[⑦]

夫藏舟於壑，藏山[⑧]於澤，謂之固矣。然而夜半[⑨]有力者負之而走，昧者不知也[⑩]。藏小大[⑪]有宜，猶有所遯[⑫]。若夫藏天下於天下而不得所遯，是恆物之大情也。〔特犯人之形而猶喜之。若人之形者，萬化而未始有極也，其為樂可勝計邪！〕[⑬]故聖人將遊於物之所不得遯而皆存。善夭[⑭]善老，善始善終，人猶效之，又況萬物之所繫，而一化之所待[⑮]乎！

【註譯】

①命：自然而不可免者（釋德清說）。

林希逸說：「人力所不得而預，此則天地萬物之實理也。曰『命』、曰『天』，即此實理也。」

②天：自然的規律（張默生說）。

③卓：獨化（郭註），即指「道」。

④真：指「道」。

⑤呴（xū需）：噓吸。

⑥濡（rú儒）：濕潤。

⑦〔夫大塊載我以形……乃所以善吾死也〕：這六句插入，和上下文不連貫。在後面子來的對話中有這六句，王懋竑疑是錯簡重出，據刪。

王懋竑說：「『大塊載我以形』六語，又見後子祀章，其為錯簡重出無疑也。」

馬叙倫說：「此節疑為下文錯簡，校者以未錯者對之，未敢刪除，遂成羨文。」

王孝魚說：「開頭數句三十字，又見於大段子祀、子輿、子犂、子來一節，重見迭出，置於此處反覺前後文義不相連貫，茲予刪去，直接由『夫藏舟於壑，藏山於澤』句起。後面『特犯人之形而猶喜之』數句二十九字，在此亦頗不倫，亦併刪去，移於子祀、子輿、子犂、子來一節。」按所說甚是。後文「特犯人之形而猶喜之」數句凡二十九字，亦當依王孝魚之說刪移。

⑧山：或說當作「汕」，即漁網。

俞樾說：「『山』，疑當讀為『汕』。藏舟藏汕，疑皆以漁者言，恐為人所竊，故藏之，乃世俗常有之事，故莊子以為喻耳。」俞說可供參考，但譯文仍依「山」字。

⑨夜半：即半夜，引申為不知不覺的意思。

⑩昧者不知也：「昧」，愚昧，一說當讀為「寐」。淮南子俶真訓作「寐」。

楊樹達說：「『昧』，郭註如字讀之，非也。當讀為『寐』。負走者以夜半，故臥者不知，義正相貫。『昧』、『寐』聲類同，故得通假。如字讀之，則失義矣。淮南子俶真訓作『寐』，其明證也。」（莊子拾遺）按：審文義，郭註成疏如字讀解於義為深。楊說可供參考。

⑪藏小大：即藏小於大。

林希逸說：「小大，舟壑山澤也。壑之大可以藏舟，澤之大可以藏山，以大藏小。」

⑫遯（dùn盾）：亡失。

⑬〔特犯人之形而猶喜之。若人之形者，萬化而未始有極也，其為樂可勝計邪〕：此數句二十九字為後文子祀、子輿、子犁、子來一節錯入，遂使上下文義不連貫，刪去後上下文勢通順。今移回原處，並據王孝魚莊子內篇新解刪去此數語。

朱桂曜說：「案俶真訓（淮南子）：『一範人之形而猶喜。』高註：『範，猶遇也，遭也。』」

⑭夭：陳碧虛闕誤引張君房本作「少」。

⑮一化之所待：一切變化之所依待的，即指道。

林希逸說：「一化之所待者，道也。此所謂大宗師也。」

【今譯】

人的死生是必然而不可免的，就像永遠有黑夜和白天一般，是自然的規律。許多事情是人力所不能干預的，這都是物理的實情。人們認為天是生命之父，而終身敬愛它，何況那獨立超絕的道呢？人們認為君主的勢位超過自己，而捨身效忠，何況那獨立超絕的道呢？

泉水乾了，魚就一同困在陸地上，用濕氣互相噓吸，用口沫互相濕潤，倒不如在江湖裏彼此相忘。與其讚美堯而非議桀，不如忘卻兩者的是是非非而融化於大道。

把船藏在山谷裏面，把山藏在深澤之中，可以說是很牢固了，但是夜深人靜時造化的大力士還是把它揹走了，沉睡的人還絲毫不覺察。把小的東西藏在大的地方是適宜的，但是仍不免於亡失。如果把天下付託給天下，就不會亡失了，這乃是萬物的真實情形。所以聖人要遊於不得亡失的境地而和大道共存。對於老少生死都善於安順的人，大家尚且效法他，又何況那決定着萬物的生成轉化的道呢？

三

夫道，有情有信，無為無形；可傳而不可受，可得而不可見①；自本自根，未有天地，自古以固存；神鬼神帝②，生天生地；在太極之上而不為高，在六極之下而不為深③，先天地生而不為久，長於上古而不為老④。〔狶韋氏得之，以挈天地；伏戲氏得之，以襲氣母；維斗得之，終古不忒；日月得之，終古不息；堪坏得之，以襲崑崙；馮夷得之，以遊大川；肩吾得之，以處大山；黃帝得之，以登雲天；顓頊得之，以處玄宮；禺強得之，立乎北極；西王母得之，坐乎少廣，莫知其始，莫知其終；彭祖得之，上及有虞，下及五伯；傅說得之，以相武丁，奄有天下，乘東維，騎箕尾，而比於列星。〕⑤

【註譯】

①可傳而不可受，可得而不可見：「受」，與「授」通。謂道可以心傳而不可以口授，可以心得而不可以目見（陳啓天說）。

釋德清說：「以心印心，故可傳可得；妙契忘言，故無受無見。」

②神鬼神帝：「神」，與「生」義同（章炳麟說）。

章炳麟說：「『神』，與『生』義同。說文：『神，天神引出萬物者也。』『神鬼』者，引出鬼；『神帝』者，引出帝。」（莊子解故）

朱桂曜說：「案章說是，神從申，故風俗通怪神篇：『神者申也。』白虎通五行篇釋名釋天並云：『申者身也。』廣雅釋詁四：『身，也。』即有身孕，『生』之意也。」

③在太極之上而不為高，在六極之下而不為深：謂道瀰宇內，無所不在（陳啓天說）。「太極」，通常指天地沒有形成以前，陰陽未分的那股元氣，這裏或當指天。「六極」，即六合。「太極之上」，原作「太極之先」，依俞樾之說改。

俞樾說：「按下云：『在六極之下，而不為深』，則此當云：『在太極之上』，方與『高』義相應。今作『在太極之先』，則不與『高』義相應，而轉與下文『先天地生而不為久』，其義相複矣。周易繫辭傳曰：『易有太極。』釋文曰：『太極，天也。』然則莊子原文，疑本作在『太極之上』，猶云在天之上也。後來說周易者，皆以太極謂天地未分之前，於是疑太極當以先後言，不當以上下言，乃改『太極之上』為『太極之先』，而於義不可通矣。淮南子覽冥訓曰：『引類於太極之上。』」按：俞說可從。日本金谷治譯註莊子本亦依俞說改正為「太極之上」。

馬叙倫說：「按郭象註曰：『且上下無不格者，不得以高卑稱也。』成玄英疏曰：『道在五氣之上，不為高遠。』是郭、成二本『先』並作『上』。」

王孝魚說：「太極與六極並言，可見太極二字非由周易繫辭而來，反倒可說，繫辭傳的太極二字，或乃襲用了莊子，那麼繫辭傳可能出現在莊子之後。」

④先天地生而不為久，長於上古而不為老：謂道貫古今，無時不在（陳啓天說）。

⑤〔狶韋氏得之……而比於列星〕：這一節神話，疑是後人添加，並無深意，無妨刪去。施天侔著莊子疑檢，已認為此節非莊周之學。

宣穎說：「以上諸神半出荒唐，莊子但取以寓意不暇論也。」

嚴復說：「自『夫道』以下數百言，皆頌歎道妙之詞，然是莊文最無內心處，不必深加研究。」

按：自「狶韋氏得之，以挈天地」至「比於列星」一段，確無深意，然自「夫道」至「長於上古而不為老」一段，承老子之「道」義，有其深意，不得謂為「無內心處」。

錢穆說：「此章言『伏羲』、『黃帝』、『顓頊』云云，似頗晚出。」（莊子纂箋）

【今譯】

道是真實有信驗的，沒有作為也沒有形跡的；可以心傳而不可以口授，可以心得而不可以目見；它自為本自為根，沒有天地以前，從古以來就已存在；它產生了鬼神和上帝，產生了天和地；它在太極之上卻不算高，在六合之下卻不算深，先天地存在卻不算久，長於上古卻不算老。〔狶韋氏得到它，用來整頓天地；伏羲氏得到它，用來調和元氣；北斗星得到它，永遠不會改變方位；

日月得到它，永遠運行不息；堪坏（山神）得到它，可以掌管崑崙；馮夷（河神）得到它，可以遊於大川；肩吾（山神）得到它，可以主持泰山；黃帝得到它，可以登上雲天；顓頊得到它，可以居住玄宮；禺強（北海神，人面鳥形）得到它，可以立於北極；西王母得到它，可以安居少廣山上，沒有人知道他年代的始終；彭祖得到它，可以上及有虞的時代，下及五伯朝代；傅說得到它，可以做武丁的宰相，執掌天下的故事，死後成為天上的星宿，乘駕着東維星和箕尾星，而和衆生並列。」

四

南伯子葵①問乎女偊②曰：「子之年長矣，而色若孺子，何也？」

曰：「吾聞道矣。」

南伯子葵曰：「道可得學邪？」

曰：「惡！惡可！子非其人也。夫卜梁倚有聖人之才而無聖人之道，我有聖人之道而無聖人之才，吾欲以教之，庶幾其果為聖人乎！不然，以聖人之道告聖人之才，亦易矣。吾猶告而守之③，三日而後能外天下④；已外天下矣，吾又守之，七日而後能外物；已外物矣，吾又守之，九日而後能外生；已外生矣，而後能朝徹⑤；朝徹，而後能見獨[6]；見獨，而後能無古今；無古今，而後能入於不死不生[7]。殺生者不死，生生者不生[8]。其為物，無不將也，無不迎也；無不毀也，無不成也[9]。其名為攖寧[10]。攖寧也者，攖而後成者也。」

南伯子葵曰：「子獨惡乎聞之？」

曰：「聞諸副墨之子[11]，副墨之子聞諸洛誦[12]之孫，洛誦之孫聞之瞻明[13]，瞻明聞之聶許[14]，聶許聞之需役[15]，需役聞之於謳[16]，於謳聞之玄冥[17]，玄冥聞之參寥[18]，參寥聞之疑始[19]。」

【註譯】

①南伯子葵：齊物論作「南郭子綦」，人間世作「南伯子綦」。「伯」，是尊稱之辭。「葵」，李頤說：當為「綦」，聲之誤。按：莊子筆下人物，有真名真姓的，亦有杜撰寓託的，「子綦」、「子葵」跡近隱者，或為架空人物亦未可知，故作「葵」亦可，不得謂為誤。

林希逸說：「子葵、子綦，皆是寓言。」

②女偊：寓託的得道之士。

③告而守之：今本作「守而告之」，根據聞一多校改。

聞一多說：「疏曰：『告示甚易，為須修守，所以成難。』又曰：『今欲傳告，猶自守之。』是成本正作『告而守之』。今據乙正。」

④外天下：忘世故（宣穎說）。「外」，猶遺、忘。

⑤朝徹：形容心境清明洞徹。

成玄英疏：「死生一觀，物我兼忘，惠照豁然，如朝陽初啓，故謂之朝徹也。」

林希逸說：「朝徹者，胸中朗然，如在天平旦澄徹之氣也。」

⑥見獨：指洞見獨立無待的道。「道」為絕對無待，因以「獨」來稱它。

徐復觀先生說：「莊子一書，最重視『獨』的觀念。老子對道的形容是『獨立而不改』，『獨立』即是在一般因果系列之上，不與他物對待，不受其他因素的影響。不過老子所說的是客觀的道，而莊子則指的是人見道以後的精神境界。」（引自徐著中國人性論史三九〇頁）

⑦無古今，而後能入於不死不生：「無古今」，指突破時間的限制。意謂突破時間的限制才能進入不受死生觀念拘執的精神境界。

⑧殺生者不死，生生者不生：「殺生者」（死滅生命的）和「生生者」（產生生命的）都是指「道」。謂「道」的本身是不死不生的。

⑨其為物，無不將也，無不迎也；無不毀也，無不成也：「將」，送。道之於物，無不一面有所送，又一面有所迎；一面有所毀，又一面有所成（陳啟天說）。按：指就整體宇宙而言，萬物無時不在生成往來的變化運動中。

⑩攖寧：擾亂中保持安寧。

林希逸說：「『攖』者拂也。雖攖擾汨亂之中而其定者常在。『寧』，定也。攖擾而後見其寧定，故曰攖寧。」

釋德清說：「攖者，塵勞雜亂，困橫拂鬱，撓動其心，曰『攖』，言學道之人，全從逆順境界中做出，只到一切境界不動其心，寧定湛然，故曰『攖寧』。」

楊文會說：「即將、即迎、即毀、即成，合四句為一『攖』字；朝徹、見獨、無古今、不死生，合四句為一『寧』字。」（張默生莊子新釋引）

⑪聞諸副墨之子：「副墨」，指文字。「子」「孫」世代相傳，故本文借用為流傳之意，「聞諸副墨之子」，謂聞道於文字之流傳（陳啓天說）。

林希逸說：「『副墨』，文字也。因有言而後書之簡冊，故曰『副墨』。形之言，正也；書之墨，副也。」

陳壽昌說：「文字生於語言，故以書之墨本者為『副』。」

⑫洛誦：誦讀的意思。

王先謙說：「謂連絡誦之，猶言反覆讀之。『洛』、『絡』同音借字。」

陳啓天說：「『洛誦』，記誦也，猶言語言也。『副墨之子聞諸洛誦之孫』，謂文字之流傳得之於語言之流傳也。」

⑬瞻明：見解洞徹（王先謙說）。「瞻」，見。

陳啓天說：「『洛誦之孫聞之瞻明』，謂語言之流傳得之於目見也。」

⑭聶（niè 涅）許：目聶而心許（林雲銘說）。

陳啓天說：「『聶許』，謂耳聽。『瞻明聞之聶許』，謂目見得之於耳聽也。」

⑮需役：「需」，須。「役」，行；勤行勿怠（成疏）。「需役」，即實踐（金谷治說）。

陳啓天說：「『需役』，謂修行。『聶許聞之需役』，謂耳聽得之於修行也。」
⑯於謳（ōu 歐）：詠歎歌吟（宣穎說）。「於」，音烏。「謳」，歌謠。
⑰玄冥：深遠幽寂。
王孝魚說：「『玄冥』就是學道過程中所說的慧悟。」
陳啓天說：「謂讚歎得之於玄同杳冥無形之境界。」
⑱參寥：空廓（陸長庚副墨）。「參寥」者，參悟空虛，人間世所謂的「集虛」（王孝魚說）。
李頤說：「『參』，高也。高邈寥曠，不可名也。」（釋文引）
陳啟天說：「謂玄冥之境界得之於寥廓無極之境界。」
⑲疑始：迷茫之始（羅勉道循本）。
唐盧重玄說：「『疑』者，不敢決言以明深妙者。」（列子解，註解列子天瑞篇「疑獨」句）
宣穎說：「似有始而未嘗有始。」
曹礎基說：「疑測天地萬物的起源。這是哲學家首先要解答的基本問題。」

【今譯】

南伯子葵問女偊說：「你的年齡很大了，而面色如孩童，為什麼呢？」
女偊說：「我聞道了。」
南伯子葵說：「道可以學得到嗎？」
女偊說：「不！不可以！你不是學道的人。卜梁倚有聖人的才質而沒有聖人的根器，我有聖人的根器而沒有聖人的才質，我想教他，或許他可以成為聖人了吧！不是這樣的，以聖人之道告訴具有聖人才質的人，也容易領悟的。我告訴他而持守着，持守三天而後能遺忘世故；已經遺忘世故了，我再持守，七天以後就能不被物役；心靈已經不被物役了，我又持守着，九天以後就能無慮於生死；已經把生死置之度外，心境就能清明洞徹；心境清明洞徹，而後能體悟絕對的道；體悟絕對的道，而後能不受時間的限制；不受時間的限制，而後才能沒有死生的觀念。大道流行能使萬物生息死滅，而它自身是不死不生的。道之為物，無不一面有所送，無不一面有所迎；無不一面有所毀，無不一面有所成，這就叫做『攖寧』。『攖寧』的意思，就是在萬物生死成毀的紛紜煩亂中保持寧靜的心境。」

南伯子葵說：「你從哪裏聽得道呢？」

女偊說：「我從副墨（文字）的兒子那裏得來的，副墨的兒子從洛誦（誦讀）的孫子那裏得來的，洛誦的孫子從瞻明（見解明徹）那裏得來的，瞻明從聶許（心得）那裏得來的，聶許從需役（實行）那裏得來的，需役從於謳（詠歎歌吟）那裏得來的，於謳從玄冥（靜默）那裏得來的，玄冥從參寥（高邈寥曠）那裏得來的，參寥從疑始（迷茫之始）那裏得來的。」

五

子祀、子輿、子犂、子來[1]四人相與語曰：「孰能以無為首，以生為脊，以死為尻[2]，孰知死生存亡之一體者，吾與之友矣。」四人相視而笑，莫逆於心[3]，遂相與為友。

俄而子輿有病，子祀往問之。曰：「偉哉夫造物者[4]，將以予為此拘拘也[5]！」曲僂發背[6]，上有五管，頤隱於齊[7]，肩高於頂，句贅[8]指天。陰陽之氣有沴[9]，其心閒而無事，跰䠱[10]而鑑於井，曰：「嗟乎！夫造物者又將以予為此拘拘也！」

子祀曰：「女惡之乎？」

曰：「亡，予何惡！浸假[11]而化予之左臂以為雞，予因以求時夜[12]；浸假而化予之右臂以為彈，予因以求鴞炙[13]；浸假而化予之尻以為輪，以神為馬，予因以乘之，豈更駕哉！且夫得者，時也，失者，順也；安時而處順，哀樂不能入也。此古之所謂縣解也。而不能自解者，物有結之。且夫物不勝天久矣，吾又何惡焉！」

俄而子來有病，喘喘然將死，其妻子環而泣之。子犁往問之，曰：「叱！避！無怛[14]化！」倚其戶與之語曰：「偉哉造化[15]！又將奚以汝為，將奚以汝適？以汝為鼠肝乎？以汝為蟲臂乎？」

子來曰：「父母於子[16]，東西南北，唯命之從。陰陽於人，不翅於父母[17]；彼[18]近吾死而我不聽，我則悍矣，彼何罪焉！夫大塊載我以形，勞我以生，佚我以老，息我以死。故善吾生者，乃所以善吾死也。今之大冶鑄金，金踊躍曰『我且必為鏌鋣』，大冶必以為不祥之金。今一犯人之形[19]，而曰『人耳人耳』，夫造化者必以為不祥之人。特犯人之形而猶喜之。若人之形者，萬化而未始有極也，其為樂可勝計邪？⑳今一以天地為大鑪，以造化為大冶㉑，惡乎往而不可哉！」成然寐㉒，蘧然覺。

【註譯】

①子祀、子輿、子犁、子來：寓言，虛構的人物。

②尻（kāo）：尾、終之意。指背脊骨盡的地方。

③莫逆於心：內心相契。「莫逆之交」的成語出自這裏。

④造物者：指道。後文的「造化」，亦係指道，因道能生物、化物。「造化」、「造物者」成為現在哲學上的常用詞，即出於此。

⑤拘拘也：形容曲屈不伸的樣子。「也」，猶「邪」。淮南子精神訓「也」作「邪」（王引之經傳釋詞）。

⑥曲僂發背：形容彎腰駝背。

⑦齊：古「臍」字。

⑧句贅：髮髻。人間世作「會撮」。「贅」與「撮」古通（武延緒說）。「句」，音義同「髻」。

⑨沴（lì 厲）：凌亂（郭註）。奚侗說：「漢書五行志：『氣相傷謂之沴。』『沴』，臨莅不和意也。」

⑩跰：形容蹣跚的步子。

⑪浸假：假令（成疏）；假使（宣穎說）。

⑫時夜：訓「司夜」，指公雞報曉。

⑬鴞（xiāo 肖）炙（zhì 治）：烤斑鳩。
⑭怛（dá 達）：驚動。
⑮造化：創造化育，謂道。
⑯父母於子：倒裝句法，言子於父母（宣穎說）。
⑰不翅於父母：「於」猶「如」，「翅」與「啻」同。言「不啻如父母」（王引之說）。
⑱彼：指陰陽言（陳啟天說）。
⑲今一犯人之形：現在造化者剛開始範鑄人的形體。「一」，猶始。
⑳〔特犯人之形而猶喜之。若人之形者，萬化而未始有極也，其為樂可勝計邪〕：此數句二十九字，原在上文第二大段，茲依王孝魚莊子內篇新解之說移此，文意語氣前後貫通。
㉑以天地為大鑪，以造化為大冶：後代（如北宋張載與程頤）有關「造化生氣」的哲學議題，即源於此。
㉒成然寐：酣睡。「成」，「熟」義。

【今譯】

子祀、子輿、子犂、子來四個人互相談論：「誰能把『無』當作頭顱，把『生』當作脊梁，把『死』當作尻骨，誰能知道生死存亡是一體的，我們就和他做朋友。」四個人相視而笑，內心相契，就一同做了朋友。

一會兒子輿生病了，子祀去看他。子輿說：「偉大啊！造物者，把我變成這樣一個拘攣的人啊！」

子輿腰彎背駝，五臟血管向上，面頰隱在肚臍下，肩膀高過頭頂，頸後髮髻朝天。陰陽二氣錯亂不和，可是他心中閒適而若無其事，他蹣跚地走到井邊照見自己的影子，說：「哎呀！造物者又把我變成這樣一個拘攣的人啊！」

子祀說：「你嫌惡嗎？」

子輿說：「不，我為什麼嫌惡？假使把我的左臂變做雞，我就用它來報曉；假使把我的右臂變做彈弓，我就用它去打斑鳩烤了吃；假使把我的尻骨變做車輪，把我的精神化為馬，我就乘着它走，哪裏還要另外的車馬呢？再說人的得生，乃是適時；死去，乃是順應。能够安心適時而順應變化的人，哀樂的情緒就不會侵入到心中，這就是古來所說的解除束縛。那些不能自求解脫的人，是被外物束縛住的。人力不能勝天然由來已久，我又有什麼嫌惡的呢？」

一會兒子來生病了，喘氣急促快要死了，他的妻子兒女圍着啼哭。子犁去探望他，對子來的家屬說：「去，走開！不要驚動將變化的人！」他靠着門向子來說：「偉大啊！造化者，又要把你變成什麼東西，要把你送到哪裏？要把你變成老鼠的肝嗎？要把你變成小蟲的膀子嗎？」

子來說：「兒子對於父母，無論要到東西南北，都是聽從吩咐。陰陽對於人，無異於父母；它要我死，而我不聽從，我就悍違不順，它有什麼罪過呢？大自然給我形體，用生使我勤勞，用老使我清閒，用死使我安息。因而以生為安善的，也應該以死為安善了！譬如現在有一個鐵匠正在鑄造金屬器物，那金屬忽然從鑪裏跳起來說：『一定要把我造成鏌鋣寶劍』，鐵匠必定會認為這是不祥的金屬。現在造化者開始範鑄人的形體，那模型就喊着『變成人罷，變成人罷』，造化者必定會認為這是不祥的人。人們只獲得形體就欣然自喜。如果知道人的形體，千變萬化而未曾有窮盡，那麼這種歡樂豈可計算得清的呢？如果現在就開始把天地當作大熔爐，把造化看作大鐵匠，那麼到哪裏而不可呢？」子來說完話，酣然睡去，又自在地醒來。

六

子桑户、孟子反、子琴張[1]三人相與語[2]曰：「孰能相與於無相與[3]，相為於無相為[4]？孰能登天遊霧[5]，撓挑無極[6]；相忘以生，無所終窮？」

三人相視而笑，莫逆於心，遂相與為友。

莫然有間[7]而子桑户死，未葬。孔子聞之，使子貢往侍事[8]焉。或編曲[9]，或鼓琴，相和而歌曰：「嗟來[10]桑户乎！嗟來桑户乎！而已反其真[11]，而我猶為人猗[12]！」子貢趨而進曰：「敢問臨尸而歌，禮乎？」

二人相視而笑曰：「是惡知禮意！」

子貢反，以告孔子，曰：「彼何人者邪？修行無有[13]，而外其形骸，臨尸而歌，顏色不變，無以命之[14]，彼何人者邪？」

孔子曰：「彼，遊方之外[15]者也；而丘，遊方之內者也。外內不相及，而丘使女往弔之，丘則陋矣。彼方且與造物者為人[16]，而遊乎天地之一氣。彼以生為附贅縣疣，以死為決疣潰癰[17]，夫若然者，又惡知死生先後之所在！假於異物，託於同體[18]；忘其肝膽，遺其耳目；反覆終始，不知端倪；芒然[19]彷徨乎塵垢之外，逍遙乎無為之業。彼又惡能憒憒[20]然為世俗之禮，以觀[21]眾人之耳目哉！」

子貢曰：「然則夫子何方之依？」

孔子曰：「丘，天之戮民也。雖然，吾與汝共之。」

子貢曰：「敢問其方。」

孔子曰：「魚相造乎水，人相造乎道。相造乎水者，穿池而養給；相造乎道者，無事而生定[22]。故曰，魚相忘乎江湖，人相忘乎道術。」

子貢曰：「敢問畸人[23]。」

曰：「畸人者，畸於人而侔於天。故曰，天之小人，人之君子；天之君子，人之小人[24]也。」

【註譯】

①子桑戶、孟子反、子琴張：方外之士，寓言人物。

②相與語：原文作「相與友」。依前章例，「友」為「語」之誤（金谷治說）。按前章作「四人相與語曰」，本章當作「三人相與語曰」，而後互相期許，莫逆於心，「遂相與為友」。文例相同，

依金谷治莊子本改正。

③相與於無相與：形容相交而出於自然。

④相為於無相為：形容相助而不着形跡。

⑤登天遊霧：形容精神超然物外。

⑥撓挑無極：跳躍於無極。

林希逸說：「『撓挑』，踴躍之意。」

⑦莫然有間：「莫然」，漠然。

成玄英說：「寂爾無言，俄頃之間。」

宣穎說：「『莫然』，猶漠漠然。形容淡交也。」

陳啟天說：「奚侗云：『莫，漠也。莫然，謂寂寞無言。』『莫然有間』，謂三人寂寞無言而有頃也。」

⑧侍事：助治喪事（宣穎說）。世德堂本「侍」作「待」（王孝魚校）。

⑨編曲：編輓歌（陳啟天說）。

宣穎說：「編次歌曲。舊云織簿，非是。」

⑩嗟來：「來」，句中語助。「嗟來」，猶嗟乎（王引之經傳釋詞）。

楊樹達說：「莊子恆用『來』為語已詞。人間世篇云：『嘗以語我來。』又云：『子其有以語我來。』與此『來』字皆是。」然「嗟來」，疑是指魂之語。

⑪而已反其真：謂爾已反歸自然。「真」，謂道，或自然（陳啟天說）。

⑫我猶為人猗（yī衣）：我們還是做凡人的事，按指編輓曲，歌唱弔魂之事。「猗」，猶「兮」，語助詞。

⑬修行無有：言不修飾禮文（劉鳳苞莊子雪心編）。

⑭無以命之：即無以名之。

⑮方之外：方域之外；形容超脫禮教之外，不受禮教的束縛。

⑯為人：為偶。

王引之說：「應帝王篇：『予方將與造物者為人』，郭象曰：『任人之自為。』天運篇：『久矣夫，丘不與化為人』，郭曰：『夫與化為人者，任其自化者也。』郭未曉人字之義。人者，偶也；為人，猶為偶。中庸『仁者人也』，鄭註：『讀如相人偶之人，以人意相存偶之言。』詩匪風箋：『人偶能割亨者，人偶能輔周道治民者』，聘禮註：『每門輒揖者，以相人偶為敬也。』公食大夫禮註：『每曲揖及當碑揖相人偶。』是『人』與『偶』同義，故漢世有相人偶之語。淮南子原道訓『與造化者為人』，義與此同（高註：為治也，非是。互見淮南）。齊俗篇曰：『上與神明為友，下與造化為人。』是其證明也。」（見王念孫讀書雜志餘編內）

⑰決疣（huán環）潰癰（yōng擁）：「疣」，疽。「癰」，紅腫出膿的瘡。

⑱假於異物，託於同體：藉着不同的原質，聚合而成一個形體。

成玄英疏：「水火金木，異物相假，衆諸寄託，共成一身。」

⑲芒然：同茫然。

李頤說：「無繫之貌。」（釋文引）

⑳憒憒：煩亂。
㉑觀：示；炫耀。
㉒生定：「生」通「性」。「生定」，性分靜定而安樂（成疏）。或說「定」為「足」字之誤。生足，即性分自足。
俞樾說：「『定』疑『足』字之誤。『穿池而養給，無事而生足』，兩句一律。『給』，亦『足』也。『足』與『定』，字形相似而誤。」俞說有理，譯文從此。
㉓畸（jī基）人：同奇人，指不合於世俗的人。
㉔天之君子，人之小人：今本作「人之君子，天之小人」。上兩句為「天之小人，人之君子」，與此兩句重複。王先謙說：「疑複語無義，當作『天之君子，人之小人』。」今據王說校改。奚侗說：「此文四句義複，下二句『人』字『天』字互誤。」王叔岷說：「舊鈔本文選江文通雜體詩註引，下二句正作『天之君子，民之小人』。今本『民』作『人』，唐人避太宗諱改。」

【今譯】

子桑戶、孟子反、子琴張三人互相談論：「誰能夠相交而出於無心，相助而不着形跡？誰能超然於物外，跳躍於無極之中；誰能夠忘了生死，而沒有窮極？」三個人相視而笑，內心相契，就一同做了朋友。

這樣不久子桑戶死了，還沒有下葬。孔子聽到了，就叫子貢去協理喪事。子貢看到他們一個在編歌曲，一個在彈琴，二人合唱着：「哎呀桑户啊！哎呀桑户啊！你已經還歸本真了，而我們還在做凡人的事啊！」

子貢趕上去問道：「請問對着屍體歌唱，合禮嗎？」

二人望望笑着說：「他哪裏懂得禮的真意？」

子貢回去以後，把所見的告訴孔子，問道：「他們是什麼人啊？不用禮儀來修飾德行，而把形骸置於度外，對着屍體歌唱，無悲哀之色，簡直無法形容，他們究竟是什麼人啊？」

孔子說：「他們是遊於方域之外的人，而我是遊於方域之內的人。方域之外和方域之內彼此不相干，而我竟然叫你去弔唁，這是我的固陋啊！他們正和造物者為友伴，而遨遊於天地之間。他們把生命看作是氣的凝結，像身上的贅瘤一般，把死亡看作（是氣的消散，）像膿瘡潰破了一樣，像這樣子，又哪裏知道死生先後的分別呢！藉着不同的原質，聚合而成一個形體；遺忘內面的肝膽，遺忘外面的耳目；讓生命隨着自然而循環變化，不究詰它們的分際；安閑無繫地神遊於塵世之外，逍遙自在於自然的境地。他們又怎能不厭煩地拘守世俗的禮節，表演給衆人觀看呢！」

子貢說：「那麼您是依從哪一方呢？」

孔子說：「從自然的道理看來我就像受着刑戮的人。雖然這樣，我們應該共同追求方外之道。」

子貢說：「請問有什麼方法？」

孔子說：「魚相適於水，人相適於道。相適於水的，挖個池子來供養；相適於道的，泰然無事而性分自足。所以說，魚游於江湖之中就忘記一切而悠悠哉哉，人遊於大道之中就忘了一切而逍遙自適。」

子貢說：「請問那些不合於世俗的異人是什麼人？」孔子說：「異人是異於世俗而應合於自然的人。所以說，從自然的觀點看來是小人的，卻成為人間的君子；從自然的觀點看來是君子的，卻成為人間的小人。」

七

顏回問仲尼曰：「孟孫才[1]，其母死，哭泣無涕，中心不戚，居喪不哀。無是三者，以善處喪蓋魯國。固有無其實而得其名者乎？回壹怪之[2]。」

仲尼曰：「夫孟孫氏盡之矣，進於知矣，唯簡之而不得，夫已有所簡矣。孟孫氏不知所以生，不知所以死；不知孰先，不知孰後[3]；若化為物，以待其所不知之化[4]已乎！且方將化，惡知不化哉？方將不化，惡知已化哉？吾特與汝，其夢未始覺者邪！且彼有駭形[5]而無損心，有旦宅而無耗精[6]。孟孫氏特覺[7]，人哭亦哭，是自其所以乃[8]。且也相與吾之耳[9]矣，庸詎知吾所謂吾之非吾乎[10]？且汝夢為鳥而厲[11]乎天，夢為魚而沒於淵。不識今之言者，其覺者乎，其夢者乎？造適不及笑[12]，獻笑不及排[13]，安排而去化[14]，乃入於寥天一[15]。」

【註譯】

①孟孫才：姓孟孫，名才。魯國人。

②回壹怪之：「壹」，語助（王引之經傳釋詞）。

③不知孰先，不知孰後：「先」「後」，指生前死後。「孰」今本作「就」，疑形近致誤。
林雲銘說：「『就』字，疑『孰』字之誤。」按林說是，兩「就」字並作「孰」。

④以待其所不知之化：以應付那不可知的變化。

⑤有駭形：「駭」，當讀為「改」，謂形態有變易（楊樹達說）。

⑥有旦宅而無耗精：「旦」，即嬗、禪等字之借（章炳麟說）。「旦宅」，形骸之變（郭註）。按「旦」借嬗，即變化之意；「宅」為「神之舍」（成疏），指軀體而言。「耗精」，今本作「情死」，依劉師培之說，據淮南子精神訓改。
劉師培說：「今考淮南子精神訓云：『有戒形而無損於心，有綴宅而無耗精』，語本莊書。而『損』、『耗』，『心』、『精』，詞咸偶列。古籍『耗』恆作『眊』，『眊』、『死』；『精』、『情』，形近互譌，倒書則為『情死』。」按：劉說可從。「有旦宅而無耗精」與上句「有駭形而無損心」，正相對文。

⑦特覺：獨覺。

⑧是自其所以乃：這就是他之所以這個樣子的緣故。按指孟孫才依世情隨眾哭而哭泣無涕。
林希逸說：「欲簡不得簡而乃隨衆以哭也。此句最難解，故數本以上句『乃』字與下句『且』字，合為『宜也』兩字，良可笑也。」

宣穎說：「『乃』，猶那等樣。言孟孫氏之哭泣，亦不過見人如此，隨之如此。」
章炳麟說：「『乃』，以雙聲借為『然』，如此也。」

⑨相與吾之耳：互相稱說這是我。
宣穎說：「世人但知有一我耳。」
王先謙說：「人每見吾暫有身，則相與吾之。」

⑩庸詎知吾所謂吾之非吾乎：「非吾」兩字原缺，根據朱桂曜等說補。
朱桂曜說：「案此句殊不成語，『之』下疑落『非吾』二字，本作『庸詎知吾所謂吾之非吾乎？』上文『庸詎知吾所謂天之非人乎？』齊物論篇『庸詎知吾所謂知之非不知邪』，句法並同也。」
按朱說是。劉文典補註、王叔岷校釋引證相同。

⑪厲：「戾」同聲通用，至（王先謙註）。淮南子俶真訓作「飛」。

⑫造適不及笑：形容內心達到最適意的境界（李勉說）。
林希逸說：「意有所適，有時而不及笑者，言適之甚也。亦猶杜詩所謂：『驚定乃拭淚。』樂軒先生亦曰：『及我能哭，驚已定矣。』此言驚也，造適言喜也，驚喜雖異，而不及之意同。」
王孝魚說：「『造適不及笑』句是說，喜者必笑，然而自適其適者，忽逢適意之境，內心自造其樂，不必待笑而後樂。」

⑬獻笑不及排：形容內心適意自得而於自然中露出笑容。
林希逸說：「此笑出於自然，何待安排。此『排』字與下句『排』字雖同，而文勢異，不可聯上字說。」

王孝魚說：「『獻笑不及排』句是說，笑而獻以悅人，就得人為地佈置安排而後使之笑；至於自適其適，自樂其樂者，則一切出於無心，不必待佈置安排才能獻出笑來。」

⑭安排而去化：任聽自然的安排而順任變化。

⑮寥天一：即道（宣穎說）。

【今譯】

顏回問孔子說：「孟孫才的母親死了，他哭泣沒有眼淚，心中不悲戚，居喪不哀痛。沒有眼淚、悲戚、哀痛這三點，卻以善處喪而聞名魯國。怎麼有不具其實而得到虛名的嗎？我覺得很奇怪。」

孔子說：「孟孫氏已經盡了居喪之道，他比知道喪禮的人超過多了。喪事應該簡化，只是世俗相因無法做到，然而他已經有所簡化了。孟孫氏不知道什麼是生，也不知道什麼是死；不知道什麼是佔先，不知道什麼是居後；他順任自然的變化，以應付那不可知的變化而已！再說如今將要變化，怎麼知道那不變化的情形呢？如今未曾變化，怎麼知道那已經變化的情形呢？我和你現在正在作夢，還沒有覺醒過來啊！孟孫氏認為，人有體形的變化而沒有心神的損傷；有軀體的轉化而沒有精神的死亡。孟孫氏尤其徹悟，人家哭泣他也哭泣，這就是他之所以那個樣子的原因了。世人互相稱說這是我，然而哪裏知道我所謂我果真不是我呢！像你夢作鳥在天空飛翔，夢作魚在水底游玩。不知道現在談話的我們，是醒着呢？還是作夢呢？忽然達到適意的境界而來不及笑出來，從內心自然地發出笑聲而來不及事先安排。聽任自然的安排而順應變化，就可進入寥遠之處的純一境界。」

八

意而子①見許由。許由曰：「堯何以資②汝？」

意而子曰：「堯謂我：『汝必躬服仁義而明言是非。』」

許由曰：「而奚來為軹③？夫堯既已黥④汝以仁義，而劓⑤汝以是非矣，汝將何以遊夫遙蕩恣睢轉徙⑥之塗乎？」

意而子曰：「雖然，吾願遊於其藩。」

許由曰：「不然。夫瞽者無以與乎眉目顏色之好，盲者無以與乎青黃黼黻之觀⑦。」

意而子曰：「夫無莊⑧之失其美，據梁⑨之失其力，黃帝之亡其知，皆在鑪捶⑩之間耳。庸詎知夫造物者之不息我黥而補我劓，使我乘成⑪以隨先生邪？」

許由曰：「噫！未可知也。我為汝言其大略。吾師乎⑫！吾師乎！整萬物而不為義⑬，澤及萬世而不為仁，長於上古而不為老，覆載天地刻雕眾形而不為巧。此所遊已⑭。」

【註譯】

①意而子：假託的寓言人物。

②資：資助，教益。

③而奚來為軹：「而」，汝。「軹」，同「只」，語助詞。

④黥（qíng 晴）：古時刑罰，刺在額上，也叫墨刑。

⑤劓（yì 義）：割鼻的一種刑罰。

陳啟天說：「『黥』、『劓』，本為兩種肉刑，此借用為破壞自然之意。」

⑥遙蕩恣睢轉徙：「遙蕩」，逍遙放蕩。「恣睢」，無所拘束，自得的樣子。「轉徙」，指變化。

⑦瞽者無以與乎眉目顏色之好，盲者無以與乎青黃黼黻之觀：各本「瞽」「盲」倒置，於義欠當。「瞽」是瞎子，故云「無以與乎眉目顏色之好」。「盲」有二義，其一謂瞎子（說文：「盲，目無眸子。」）。其二，色盲，是一種眼疾。解老：「目不能決黑白之色謂之盲」，論衡別通：「目不見青黃曰盲。」黼（fǔ 府）黻（fú 浮），古禮服，喻華美的衣飾。

⑧無莊：古時美人。無莊是沒有裝飾的意思。

⑨據梁：古時力士。據梁是強梁的意思。

王懋竑說：「『無莊』、『據梁』，前無所考，或亦寓言耳。」

⑩鑪捶：陶冶鍛鍊。

⑪乘成：「乘」，猶載。「成」，猶備（郭慶藩說）。按「乘成」，意謂使形體完全，對黥劓而言（張默生說）。

⑫吾師乎：莊子以「道」為宗師，所以稱「道」為吾師。

⑬𩐁（jī 饑）萬物而不為義：調和萬物而不以為義（王治心莊子研究及註釋）。

陸樹芝說：「『𩐁』，和也，凡醯醬之釀和曰『𩐁』，借言調和萬物也。」

⒁此所遊已：「遊」字，承上文「遊夫遙蕩恣睢轉徙之塗」而來。林希逸說：「言吾之所遊者如此。」

【今譯】

意而子去見許由。許由說：「堯教了你什麼？」

意而子說：「堯對我說：『你一定要實行仁義而明辨是非。』」

許由說：「你還來這裏做什麼？堯既然用仁義給你行墨刑，用是非給你行劓刑，你怎麼能夠逍遙放蕩，無拘無束地遊蕩於變化的境界呢？」

意而子說：「雖然這樣，我還是希望遊於這個境地的邊緣。」

許由說：「不行。瞎子無從欣賞眉目顏色的美好，盲人無從欣賞彩色錦繡的華麗。」

意而子說：「無莊忘記自己的美麗，據梁忘記自己的力氣，黃帝忘記自己的聰明，都是在大道的陶冶鍛鍊中而成的。怎麼知道造物者不會護養我受了黥刑的傷痕，修補我受了劓刑的殘缺，使我形體恢復完整，隨從先生呢？」

許由說：「唉！這是不可知的啊！不過我說個大略給你聽聽：我的大宗師啊！我的大宗師啊！調和萬物卻不以為義，澤及萬世卻不以為仁，長於上古卻不算老，覆天載地，雕刻各種物體的形象卻不以為靈巧，這是遊心的境地啊！」

九

顏回曰：「回益矣。」
仲尼曰：「何謂也？」
曰：「回忘禮樂①矣。」
曰：「可矣，猶未也。」
他日，復見，曰：「回益矣。」
曰：「何謂也？」
曰：「回忘仁義矣。」
曰：「可矣，猶未也。」
他日，復見，曰：「回益矣。」
曰：「何謂也？」
曰：「回坐忘矣。」
仲尼蹴然②曰：「何謂坐忘？」
顏回曰：「墮肢體，黜聰明，離形去知③，同於大通④，此謂坐忘。」
仲尼曰：「同則無好⑤也，化則無常⑥也。而果其賢乎！丘也請從而後也。」

【註譯】

①回忘禮樂：「忘」，達於安適狀態的心境。「禮樂」，今本作「仁義」。依劉文典等說，據淮南子道應訓「仁義」兩字與下文「禮樂」兩字互調。

劉文典說：「淮南子道應訓：『仁義』作『禮樂』，下『禮樂』作『仁義』，當從之。禮樂有形，固當先忘；仁義無形，次之；坐忘最上。今『仁義』、『禮樂』互倒，非道家之指矣。」

王叔岷先生說：「淮南子道應訓：『仁義』與『禮樂』二字互錯。審文義，當從之。老子云：『失道而後德，失德而後仁，失仁而後義，失義而後禮。』淮南子本經訓：『知道德，然後知仁義之不足行也；知仁義，然後知禮樂之不足脩也。』道家以禮樂為仁義之次；禮樂，外也。仁義，內也。忘外及內，以至於坐忘。若先言忘『仁義』，則乖厥旨矣。」

②蹴（cù醋）然：驚異不安的樣子。

③墮肢體，黜聰明，離形去知：意思是不受形骸、智巧的束縛。

徐復觀先生說：「『墮肢體』、『離形』，實指的是擺脫由生理而來的慾望。『黜聰明』、『去知』，實指的是擺脫普通所謂的知識活動。莊子的『離形』，並不是根本否定慾望，而是不讓慾望得到知識的推波助瀾，以致溢出於各自性分之外。在性分之內的慾望，莊子即視為性分之自身，同樣加以承認。所以在坐忘的境界中，以『忘知』最為樞要。忘知，是忘掉分解性的、概念性的知識活動。」（中國藝術精神七二—七三頁）

④大通：一切無礙（劉鳳苞說）。

⑤同則無好：和同萬物就沒有偏好。

劉鳳苞說：「與物玄同，則無不適矣。無不適則忘適矣。又何好何惡哉！」

⑥化則無常：參與變化而不執滯。「常」，意指執滯而不變通。

【今譯】

顏回說：「我進步了。」

孔子說：「怎樣進步呢？」

顏回說：「我安然相忘於禮樂了。」

孔子說：「很好，但是還不夠。」

過了幾天，顏回又見孔子說：「我進步了。」

孔子說：「怎樣進步呢？」

顏回說：「我安然相忘於仁義了。」

孔子說：「很好，但是還不夠。」

過了幾天，顏回又見孔子說：「我進步了。」

孔子說：「怎樣進步呢？」

顏回說：「我坐忘了。」

孔子驚奇地說：「什麼叫坐忘？」

顏回說：「不着意自己的肢體，不擺弄自己的聰明，超脫形體的拘執，免於智巧的束縛，和大道融通為一，這就是坐忘。」

孔子說：「和萬物同一體就沒有偏私了，參與萬物的變化不偏執常理。你果真是賢人啊！我願意追隨在你的後邊。」

一〇

子輿與子桑友，而霖雨[①]十日。子輿曰：「子桑殆病矣！」裹飯而往食之。至子桑之門，則若歌若哭，鼓琴曰：「父邪！母邪！天乎！人乎！」有不任其聲[②]而趨舉其詩焉[③]。子輿入，曰：「子之歌詩，何故若是？」

曰：「吾思夫使我至此極者而弗得也。父母豈欲吾貧哉？天無私覆，地無私載，天地豈私貧我哉？求其為之者而不得也。然而至此極者，命也夫！」

【註譯】

①霖雨：下雨三日以上為霖（左傳隱公九年）。

②不任其聲：「不任」，不堪、不勝。形容心力疲憊，發出的歌聲極其微弱。

③趨舉其詩：詩句急促，不成調子。「趨」，通「促」。

崔譔註：「趨舉其詩，無音曲也。」

林希逸說：「『趨舉其詩』，所謂情隘而其詞蹙是也。歌得不成頭緒，故曰『趨舉』。」

【今譯】

子輿和子桑做朋友。淫雨霏霏一連下了十天，子輿說：「子桑恐怕要餓病了吧！」於是就帶着飯送給他吃。到了子桑的門前，就聽到裏面又像歌唱又像哭泣，聽見彈着琴唱着：「父親啊！母親啊！天啊！人啊！」歌聲微弱而詩句急促。

子輿進門去，問道：「你唱詩歌，為什麼這種調子？」

子桑說：「我正想着使我到這般窘困地步的原因而不得解。父母難道要我貧困嗎？天沒有偏私地覆蓋着，地沒有偏私地承載着，天地哪裏單單會使我貧困呢？我追究使我貧困的原因而得不出來，然而我到這般絕境，這是由於命吧！」

應帝王

應帝王篇，主旨在說為政當無治。本篇表達了莊子無治主義的思想，主張為政之道，勿庸干涉，當順人性之自然，以百姓的意志為意志。

本篇分七章。第一章，借寓言人物蒲衣子道出理想的治者：心胸舒泰，純真質樸；不用權謀智巧，也不假借任何仁義名目去要結人心。第二章，狂接輿與肩吾的對話，認為「君人者以己出經式義度」是「欺德」的行為。這裏，對於獨裁者以私意（「以己」）釐訂法律（「經式義度」）的行徑，作了有力的批判。法度條規必須以人民的利益為準則，必須以人民的意見為依歸，若僅為統治者個人及其政權利益為目的，則雖有武力做後盾，使人「孰敢不聽」，但終難使人心順服。如用這種方式來治國，「猶涉海鑿河而使蚊負山」，注定要失敗。為政之道，要在「正而後行，確乎能其事者」；不以我強人，任人各盡所能就是了。第三章，天根遇無名人，問「為天下」之道。無名人說：「去！汝鄙人也，何問之不豫也！」對於政治權力之厭惡感，在這裏表露無遺。治人的觀念徹底打消，以為治人不如不治，不治天下反倒安寧，治人的歷史是一部砍殺的歷史，一幅血肉橫飛的慘景歷歷如在眼前。天根又問，無名人最後說：「順物自然而無容私焉，則天下治矣。」「順物自然」，則人民可享有自由的生活。治者去私（「無容私」），才能走向為民為公的路途。第四章談明王之治，不張揚表露，「化貸萬物而民弗恃」，使百姓不知帝力何所加。第五章，寫神巫替壺子看相的故事，主題在寫「虛」寫「藏」。推之於為政，則虛己無為，人民乃可無擾；含藏己意而無容私，百姓乃得以自安。第六章，「無為名尸」一段，再度提出為政在於不自專，勿獨斷，亦不用智巧計算人民。最後仍歸結到「虛」。「至人用心若鏡」，則「虛」為形容空明如鏡的心境。此心境能如實反映外在客觀的景象，亦即能客觀如實地反映民心意向。為政在「虛」，則治者去私，而能收納廣大人民的意見，且以廣大民衆的利益為前提。篇末最後一章，為有名的渾沌的故事。渾沌喻真樸的人民。「日鑿一竅，七日而渾沌死」，為政者今天設一法，明天立一政，繁擾的政舉屢屢置民於死地。莊子目擊戰國時代的慘景，運用高度的藝術手筆描繪渾沌之死，以喻「有為」之政給人民帶來的災害。

出自本篇的流行成語有：蚊虻負山、涉海鑿河、虛與委蛇、用心若鏡、混沌鑿竅等。

一

齧缺問於王倪，四問而四不知①。齧缺因躍而大喜，行以告蒲衣子②。

蒲衣子曰：「而乃今知之乎？有虞氏不及泰氏③。有虞氏，其猶藏仁以要④人；亦得人矣，而未始出於非人⑤。泰氏，其臥徐徐⑥，其覺于于⑦；一以己為馬，一以己為牛；其知情信，其德甚真，而未始入於非人⑧。」

【註譯】

①四問而四不知：事見齊物論。「四問」即：一問：「知物之所同是乎？」二問：「知子之所不知邪？」三問：「物無知邪？」四問：「知利害乎？」王倪都答稱不知。

②蒲衣子：寓言人物。

林希逸說：「蒲衣或曰即被衣。莊子所言人物名字，多是虛言，即烏有亡是公之類，不必致辨。」

③有虞氏不及泰氏：有虞氏，舜（成疏）。泰氏，上古帝王（釋文引司馬彪說）；無名之君（釋文引李頤說）。按：舜為儒家構想的聖王天子，莊子則有意創造出另一種形態的人物，以破除世俗

的政治觀。

呂惠卿說：「『有虞』，亦訓憂虞。『泰氏』，亦泰定之義，謂有知有虞，不若無知而泰定。」（莊子義）

王懋竑說：「此類皆率意言之，不必有據。」

④要：音邀，要結。

⑤非人：有兩說：一指「天」（林希逸註），一指「物」（宣穎說），譯文從後者。

宣穎說：「非人者，物也。有心要人，則猶繫於物，是未能超然出於物之外也。」

⑥徐徐：安閒，舒緩。

⑦于于：為「迂迂」之借字，「迂迂」謂迂緩（胡懷琛莊子集解補正）；形容自得的樣子。

⑧未始入於非人：意即從來沒有受外物的牽累。

宣穎說：「渾同自然毫無物累，是未始陷入於物之中。」

【今譯】

齧缺問王倪，問了四次而王倪四次都回答說不知道。齧缺喜歡得跳躍起來，走去告訴蒲衣子。

蒲衣子說：「你現在知道了嗎？有虞氏不如泰氏。有虞氏還標榜仁義以要結人心；雖然也能得人心，但是還沒有超脫外物的牽累。泰氏睡時安閒舒緩，醒時逍遙自適；任人把自己稱為馬，任人把自己稱為牛；他的知見信實，他的德性真實，而從來沒有受外物的牽累。」

二

肩吾見狂接輿，狂接輿曰：「日中始①何以語女？」

肩吾曰：「告我君人者以己出經式義度②，人孰敢不聽而化諸③！」

狂接輿曰：「是欺德④也。其於治天下也，猶涉海鑿河，而使蚊負山也。夫聖人之治也，治外⑤乎？正而後行⑥，確乎能其事者⑦而已矣。且⑧鳥高飛以避矰弋⑨之害，鼷鼠深穴乎神丘⑩之下，以避熏鑿⑪之患，而曾二蟲之無如⑫！」

【註譯】

①日中始：假託的寓言人物。有兩說：一說日中始，人姓名（李頤說）。一說中始，人名。「日」，猶云日者（詳見俞樾莊子平議），謂往日（見朱桂曜莊子內篇證補）。兩說皆可通，這裏取前說。

②經式義度：「義」讀為「儀」。「經式」「義度」，都指法度。

王念孫說：「『義』讀為『儀』（義與儀，古字通。說文：「義，己之威儀也。」）。儀，法也（見周語註，淮南子精神訓註，楚詞九歎註）。經式儀度，皆謂法度也。」（見王著讀書雜志餘編）

③諸：同「乎」，句末助詞（日本金谷治說）。

④欺德：欺誑之德（成疏）。指虛僞不實的言行。

⑤治外：「外」，指上面所說的「經式義度」。「治外」，指用經式儀度繩之於外。

⑥正而後行：自正而後行化。

陳深說：「以無事為『正』，以自然為『行』。」

⑦確乎能其事者：指任人各盡所能。

成玄英說：「順其實性，於事有能者，因而任之。」

宣穎說：「不強人以性之所難為。」

⑧且：御覽引作「百」。

王叔岷先生說：「御覽九一一引『且』作『百』。『且』疑『百』之形誤。」此說可存。

⑨矰（zēng 增）弋（yì 意）：古時射飛鳥的器具，把箭繫在生絲上。

⑩神丘：社壇。

⑪熏鑿：煙熏鏟掘。

⑫無如：今本作「無知」。從文義上看，應作「無如」。疑是「知」「如」形近改誤，根據奚侗之說改。

奚侗說：「『知』當作『如』，其義較長。『無如』猶言『不如』也。郭註言曾不如此二蟲之各存而不待教乎？是郭本『知』正作『如』。」

【今譯】

肩吾見狂接輿，狂接輿問道：「日中始對你說了些什麼？」

肩吾說：「他告訴我做國君的依憑己意制定法度，人民誰敢不聽從而被感化。」

狂接輿說：「這完全是欺騙人的。這樣去治理天下，就如同在大海裏鑿河，使蚊蟲負山一樣。聖人的治理天下，是用法度繩之於外嗎？聖人是先正自己的性命而後感化他人，任人各盡所能就是了。鳥兒尚且知道高飛以躲避羅網弓箭的傷害，鼷鼠尚且知道深藏在社壇底下，以避開煙熏鏟掘的禍害，難道人還不如這兩種蟲子嗎？」

三

天根①遊於殷陽②，至蓼水③之上，適遭無名人而問焉，曰：「請問為天下。」

無名人曰：「去！汝鄙人也，何問之不豫④也！予方將與造物者為人⑤，厭，則又乘夫莽眇之鳥⑥，以出六極之外，而遊無何有之鄉，以處壙埌之野⑦。汝又何帠⑧以治天下感予之心為？」

又復問。

無名人曰：「汝遊心於淡，合氣於漠⑨，順物自然而無容私⑩焉，而天下治矣。」

【註譯】

①天根：和下文無名人同是寓託名字。

②殷陽：殷山之陽（成疏）。喻言陰陽主宰（劉鳳苞說）。按為莊子杜撰的地名。

③蓼水：疑是莊子自設的水名。

④何問之不豫：「豫」，悅（釋文引簡文說）。按：「豫」，適，謂妥當。言所問何其不當。

⑤予方將與造物者為人：謂予方將與大道為友。即正要和大道同遊的意思。「為人」，訓為偶，已見大宗師。
⑥莽眇（miǎo 秒）之鳥：輕虛之狀（釋文）。喻以清虛之氣為鳥，遊於太空。
⑦壙埌之野：「壙」，與「曠」同。「埌」，音浪，與「壙」同義（朱桂曜說）。「壙埌之野」與逍遙遊所謂「廣莫之野」同義，皆莊子創詞（張默生說）。
⑧何帠（yì 義）：「帠」字字書所無，疑當為「叚」（孫詒讓說）。「何叚」猶「何假」、「何暇」（朱桂曜說）。「叚」即「暇」之借（王叔岷說）。另一說：「帠」乃「臬」字之誤，「臬」當讀為「寱」。一切經音義引通俗文曰：夢語謂之「寱」。無名人蓋謂天根所問皆夢語（俞樾說）。按兩說都可解。崔譔本「帠」作「為」，亦可通。
⑨遊心於淡，合氣於漠：「淡」與「漠」都是說清靜無為。成玄英疏：「遊汝心神於恬淡之域，合汝形氣於寂寞之鄉。」
⑩無容私：不參以私意。

【今譯】

天根遊於殷陽，走到蓼水之上，恰巧遇着無名人而問道：「請問治理天下的方法？」無名人說：「去吧！你這個鄙陋的人，為什麼問這不妥當的問題！我正要和造物者交遊；厭煩了，就乘着『莽眇之鳥』，飛出天地四方之外，而遊於無何有之鄉，處在廣闊無邊的曠野。你又為什麼拿治理天下的夢話來擾亂我的心呢？」

天根又再問。

無名人說：「遊心於恬淡之境，清靜無為，順着事物自然的本性而不用私意，天下就可以治理好了。」

四

陽子居[①]見老聃，曰：「有人於此，嚮疾強梁[②]，物徹疏明[③]，學道不勌。如是者，可比明王乎？」

老聃曰：「是於聖人也，胥易技繫[④]，勞形怵心者也。且也虎豹之文來田，猨狙之便來藉[⑤]。如是者，可比明王乎？」

陽子居蹵然曰：「敢問明王之治。」

老聃曰：「明王之治：功蓋天下而似不自己，化貸萬物而民弗恃[⑥]；有莫舉名[⑦]，使物自喜；立乎不測，而遊於無有者也[⑧]。」

【註譯】

①陽子居：「居」，名。「子」，男子通稱（釋文引李頤說）。莊子製名寓意（王元澤說）。歷來都

以陽子居作楊朱，今人唐鉞寫楊朱考一文，認為楊子居與為我主義的楊朱毫無關涉（詳見古史辨第四冊下編）。按楊朱「貴己」（呂氏春秋不二篇），「為輕物重生之士」（韓非子顯學篇），倡「全生保真，不以物累形」。莊書上所寫陽子居的言行，與楊朱思想不僅不相同，反而相反。唐鉞所疑，可存。

②嚮疾強梁：敏捷果幹的意思。「嚮疾」，敏捷如嚮（李頤說）。「嚮」與響通。「強梁」，強幹果決（成疏）。

③物徹疏明：鑑物洞徹，疏通明敏（成疏）。

李勉說：「詩云：『天命不徹』，毛傳：『徹，道也。』爾雅釋訓：『不徹，不道也。』是『徹』之訓『道』已無疑問。案『徹』通『轍』，車所行之道也。故『物徹』即物道也；『物道』猶物理也；言其物理疏明也。『疏明』即通明。」按：「物徹疏明」一語，「徹疏明」三字為形容詞，「物」字則為名詞，似可疑。或說「物」乃「徇」字譌（武延緒說）。另說：「物」為「易」字之誤（章炳麟說）。若作「徇徹疏明」，亦可通。古字假借「徇」為「濬」（孫詒讓墨子閒詁公孟篇註）。

④胥易技繫：「胥易」兩字，頗費解，舊註以「胥」為「胥徒」，以「易」為改易或輕易，都不妥。近人解釋較為可取的兩說：（一）「胥」即「諝」，有才智。「易」，治。謂胥吏更迭治事（孫詒讓說）。依此說，「胥易技繫」意即胥吏治事為技能所繫累。（二）「胥」謂「大胥」之官，「易」為占卜之官，其據在禮記：為「胥」必精習樂舞之技，為「易」必精習占卜之技，皆為所纏繫而不能移（劉武說）。依此說，「胥易技繫」譯為「胥」（掌樂舞之官）「易」（掌占卜之官）為技能所累。按：兩說皆可通，今譯姑取前說。

⑤虎豹之文來田，猨狙之便來藉：「來田」，招來田獵。「來藉」，致受拘繫（崔譔註：「藉，繫也。」）。「猨狙之便」句下今本有「執斄之狗」（斄，音狸）四字，根據王叔岷校釋刪去。王叔岷說：「『執斄之狗』四字，疑涉天地篇文竄入。『虎豹之文來田，猨狙之便來藉』，文正相耦。淮南子繆稱訓：『虎豹之文來射，猨狖之捷來措。』（註：『措，刺也。』）詮言訓：『故虎豹之彊來射，猨狖之捷來措。』說林訓：『虎豹之文來射，猨狖之捷來乍。』（王念孫云『措與乍古同聲通用』，亦籍之借字。）凡三用此文，皆無『執斄之狗』四字，是其明證。」

⑥化貸萬物而民弗恃：施化普及於萬物而民不覺有所依恃。「貸」，施（林希逸說）。

成玄英說：「百姓皆謂我自然，不賴君之能。」

林希逸說：「此朝野不知而帝力何加之意。」

嚴復說：「『而民弗恃』最關治要，今所謂去其依賴心也。」

⑦有莫舉名：有功德而不能用名稱說出來。

⑧立乎不測，而遊於無有者也：形容明王清靜幽隱，而遊心於自然無為的境地。「遊於無有」，行所無事（宣穎說）。

【今譯】

陽子居去見老聃，問道：「假如有這樣的一個人，敏捷果幹，透徹明達，學道精勤不倦。這樣可以和明王相比嗎？」

老聃說：「在聖人看來，胥吏治事為技能所累，勞苦形骸擾亂心神。而且虎豹因為皮有紋所以招人來田獵，猨猴因為敏捷所以被人捉來拴住。這樣，可以和明王相比嗎？」

陽子居慚愧地說：「請問明王怎樣治理政事？」

老聃說：「明王治理政事：功績廣被天下卻像不出自於己，教化施及萬物而人民不覺得有所依恃，他雖有功德卻不能用名稱說出來，他使萬物各得其所，而自己立於不可測識的地位，而行所無事。」

五

鄭有神巫①曰季咸②，知人之死生存亡，禍福壽夭，期以歲月旬日，若神③。鄭人見之，皆棄而走④。列子見之而心醉，歸，以告壺子⑤，曰：「始吾以夫子之道為至矣，則又有至焉者矣。」

壺子曰：「吾與汝既其文，未既其實⑥，而固得道與？衆雌而無雄，而又奚卵焉⑦！而以道與世亢，必信⑧，夫故使人得而相汝。嘗試與來，以予示之。」

明日，列子與之見壺子。出而謂列子曰：「嘻！子之先生死矣！弗活矣！不以旬數矣！吾見怪焉，見濕灰⑨焉。」

列子入，泣涕沾襟以告壺子。壺子曰：「鄉⑩吾示之以地文⑪，萌乎⑫不震不止⑬。是殆見吾杜德機[14]也。嘗又與來。」

明日，又與之見壺子。出而謂列子曰：「幸矣，子之先生遇我也！有瘳矣，全然有生矣！吾見其杜權[15]矣。」

列子入，以告壺子。壺子曰：「鄉吾示之以天壤[16]，名實不入，而機發於踵。是殆見吾善者機[17]也。嘗又與來。」

明日，又與之見壺子。出而謂列子曰：「子之先生不齊[18]，吾無得而相焉。試齊，且復相之。」

列子入，以告壺子。壺子曰：「鄉吾示之以太沖莫勝[19]。是殆見吾衡氣機[20]也。鯢桓之審[21]為淵，止水之審為淵，流水之審為淵。淵有九名，此處三焉[22]。嘗又與來。」

明日，又與之見壺子。立未定，自失而走。壺子曰：「追之！」列子追之不及。反，以報壺子曰：「已滅矣，已失矣，吾弗及已。」

壺子曰：「鄉吾示之以未始出吾宗[23]。吾與之虛而委蛇[24]，不知其誰何[25]，因以為弟靡，因以為波流，故逃也[26]。」

然後列子自以為未始學而歸，三年不出。為其妻爨[27]，食豕如食人[28]。於事無與親[29]，雕琢復樸[30]，塊然獨以其形立[31]。紛而封哉[32]，一以是終[33]。

【註譯】

①神巫：精於巫術和相術者。

②季咸：這個故事亦出現於列子。列子黃帝篇說：「有神巫自齊來，處於鄭，命曰季咸。」

③期以歲月旬日，若神：指預言年、月、旬、日，準確如神。

④鄭人見之，皆棄而走：因為鄭國人怕預聞到有凶禍的事，所以都棄而走避。

⑤壺子：鄭國人，名林，號壺子。壺子為列子師，屢見於列子書中。

⑥吾與汝既其文，未既其實：猶言吾為汝講究道之名相，尚未講究道之究竟（陳啟天說）。「既」，盡（李頤註）。「文」，外表。

王叔岷先生說：「列子黃帝篇：顏回問津人操舟章：『與若玩其文也久矣，而未達其實。』亦襲用此文。『玩』字義長，疑『既』即『玩』之形誤。」按：姑備一說。仍作「既」字為宜。

⑦衆雌而無雄，而又奚卵焉：有雌無雄，無以生卵，以喻有文無實，不得謂之道（陳壽昌說）。

⑧而以道與世亢，必信：這個「道」字非指實道，因列子所學只「既其文」，因而所得的只是道之表。「亢」，同抗，列子黃帝篇作「抗」。

宣穎說：「此『道』字就列子所能言之，言汝揚其能以取信於人，自處先已淺露矣。」

王先謙說：「『而』，汝也。『信』，讀曰伸。言汝之道尚淺而乃與世亢，以求必伸。」

⑨濕灰：喻其毫無生氣。

林雲銘說：「死灰尚有或燃之時，濕灰則不能。」

⑩鄉：本作「嚮」，亦作「向」（釋文）。

⑪地文：塊然若土（張湛列子註引向秀說）；「文」，象。以不動為地文（成疏）；猶大地寂然（林雲銘說）。按「地文」為形容心境寂靜。

⑫萌乎：「萌」猶「芒」（朱桂曜說），喻昏昧的樣子。

⑬不震不止：不動不止。「震」，動。「止」，今本作「正」，形近而誤。按：釋文引崔本作「不誫不止」。闕誤引江南古藏本「正」作「止」。列子黃帝篇亦作「止」。

⑭杜德機：杜塞生機。「杜」，閉塞。「德機」，猶生機。

⑮杜權：「權」，變，動。謂閉塞中有變動。林雲銘說：「閉藏之中，稍靈動變端倪。」

⑯示之以天壤：示之以天地間生氣（李勉說）。「壤」，地。

⑰善者機：即生機。「善」即生意（宣穎說）。

⑱不齊：形容變化無定，精神恍惚。王叔岷先生說：「案釋文：『「齊」，側皆反，本又作「齋」，下同。』但審文義，當以作『齊』為是。無跡可相故謂『不齊』。俞樾云：『「齊」，向郭皆談如本字，音側皆反者，非是。』其說是也。」按：「齊」當讀為「濟」，止。「不齊」言形神變化不定。

⑲鄉吾示之以太沖莫勝：「鄉吾」今本誤倒為「吾鄉」。上文「鄉吾示之以地文」，「鄉吾示之以天壤」，下文「鄉吾示之以未始出吾宗」，並作「鄉吾」，是其明證。列子黃帝篇作：「向吾示之以太沖莫眹。」「向」與「鄉」同（本字作「曏」），「勝」與「眹」通（王叔岷說）。按：「太沖」，即太虛。「莫勝」，即無眹。「太沖莫勝」，喻太虛而無眹兆之象。

⑳衡氣機：「衡」，平。謂氣度持平的機兆。

㉑鯢（ní尼）桓之審：大鯨魚盤旋之深處。「桓」，猶旋，古音相近。列子正作「旋」。「審」，瀋的省字，假為「沈」，深意。

奚侗說：「『瀋』，『沈』之假字，引伸之則有深意。沈為淵，尤言深為淵。」（見楊伯峻列子集釋所引）

李勉說：「『審』者深也。深所以成淵。其所以云深者，以喻壺子之道深沈如淵。」

㉒淵有九名，此處三焉：九淵之名見於列子黃帝篇：「鯢旋之潘為淵，止水之潘為淵，流水之潘為淵，濫水之潘為淵，沃水之潘為淵，氿水之潘為淵，雍水之潘為淵，汧水之潘為淵，肥水之潘為淵，是為九淵焉。」

陳深說：「『此三處焉』，謂杜德機，善者機，衡氣機，是為三者淵也。『淵』，謂道之靜深不測也。」

陳壽昌說：「鯢桓之水，非靜非動，喻衡氣機。止水靜，喻杜德機。流水動，喻善者機。三者不同，其淵深莫測則一也。」

㉓未始出吾宗：未曾出示我的根本大道。「宗」，大道之根宗（釋德清說）。

㉔虛而委蛇：「虛」，謂無所執着，無所表示（陳啟天說）。「蛇」讀為移。「委蛇」，隨順應變的意思。

㉕不知其誰何：不知道我是怎麽回事。

林雲銘說：「彼此摸不定。」

㉖因以為弟靡，因以為波流，故逃也：「弟」，即稊，茅草類。「稊靡」，列子黃帝篇作「茅靡」。「弟靡」、「波流」，都是形容無所執着，描寫隨順應變之狀。

宣穎說：「『弟靡』，一無所恃也。『波流』，一無所滯也。」

胡文英說：「『弟靡』、『波流』，俱是季咸眼中看見壺子委蛇之象。」

陳啟天說：「謂我既如草之隨風而靡，如水之隨波而流，則無定相可相。」

㉗爨（cuàn竄）：炊。

㉘食豕如食人：「食」，讀飼。「飼豕如飼人」，忘貴賤（郭註）；無分別矜張意（林雲銘說）；人、物平視（陳壽昌說）。

陳任中說：「『豕』應作『我』，蓋『豖』『豕』二文篆隸章草並因近似而誤也。」（見呂惠卿莊子義陳校）姑備一說。

㉙於事無與親：謂於事無所偏私（陳啟天說）。

㉚雕琢復樸：指去雕琢而復歸於樸。

成玄英說：「雕琢華飾之務，悉皆棄除，直置任真，復於樸素之道。」

宣穎說：「雕去巧琢，歸於真也。」

李勉說：「『雕』字誤，應作『去』。言離琢之事，悉皆廢去，復歸於樸。」

㉛塊然獨以其形立：「塊然」，如土塊，形容去琢復樸之狀。

㉜紛而封哉：意指在紛紜的世事中持守真樸。「封」，守（成疏）。

㉝一以是終：言終身常如此。「一」，常如此之意（林希逸說）。

【今譯】

鄭國有一個善於相面的巫人名叫季咸，能够占出人的生死存亡、禍福壽夭，他所預言的年、月、日，準確如神。鄭國人見了他，都驚慌地逃開。列子見了為他心醉，回來告訴壺子說：「原先我以為先生的道理最高深了，現在才知道還有更高深的。」

壺子說：「我教你的只是名相，真實的道理並沒有傳授給你，你就以為得道了嗎？雌鳥如果沒有雄鳥，怎能生出卵來呢？你以表面的道去和世人周旋，而求人的信任，所以被人窺測到你的心思。把他請來，看看我的相。」

第二天，列子邀季咸來看壺子的相。季咸看完出來對列子說：「唉！你的先生快要死了，不能活了，過不了十天！我看他形色怪異，面如濕灰。」

列子進去，哭得衣服都濕了，把情形告訴壺子。壺子說：「剛才我顯示給他看的是心境寂靜，不動又不止，他看到我閉塞生機。再請他來看看。」

第二天，列子又邀季咸來看壺子，季咸出來對列子說：「你的先生幸虧遇上了我！有救了，全然有生氣了！我大概看到他閉塞的生機開始活動了。」

列子進去，告訴壺子。壺子說：「剛才我顯示給他看的是天地間的生氣，名實不入於心，一綫生機從腳後跟升起，他看到我這綫生機。你再請他來看看。」

第二天，列子又邀季咸來看壺子。季咸出來對列子說：「你的先生精神恍惚，我無從給他看相。等他心神安寧的時候，我再來給他相面。」

列子進去，告訴壺子。壺子說：「我剛才顯示給他看的是沒有朕兆可見的太虛境界，他看到我氣度持平的機兆。鯨魚盤旋之處成為深淵，止水之處成為深淵，流水之處成為深淵。淵有九種，我給他看的只有三種。你再請他來看看。」

第二天，又邀了季咸來看壺子。季咸還沒有站定，就驚慌失色地逃走了。壺子說：「追上他！」列子追趕不上，回來告訴壺子說：「不見蹤影了，不知去向了，我追不上他。」壺子說：「剛才我顯示給他看的是〔萬象俱空的境界〕未曾出示我的根本大道。我和他隨順應變，他捉摸不定，如草遇風披靡，如水隨波逐流，所以就逃去了。」

列子這才知道自己沒有學到什麼，於是返回家中，三年不出門。他替妻子燒飯、餵豬，就像侍候人一般。對於事物無所偏私，棄浮華而復歸真樸，不知不識的樣子，在紛紜的世界中持守真樸，終身如此。

六

無為名尸①，無為謀府②；無為事任③，無為知主④。體盡無窮，而遊無朕⑤；盡其所受乎天⑥，而無見得⑦，亦虛⑧而已。至人之用心若鏡，不將不迎，應而不藏⑨，故能勝物而不傷。

【註譯】

①無為名尸：不為名之主。「尸」，主。

②無為謀府：勿為謀之府，猶言計策不可專由一人獨定（陳啟天說）。

釋德清說：「智謀所聚曰『謀府』。」

③無為事任：不可強行任事（釋德清說）。

④無為知主：「知主」，以知巧為主。言不可主於智巧（釋德清說）。

陳啟天說：「上四句，謂帝王順物自然，則不可居名、任事、主謀也。」

⑤體盡無窮，而遊無朕：謂體悟廣大無邊之道的境界而行所無事（陳啟天說）。

釋德清說：「『體』，言體會於大道，應化無有窮盡。『朕』，兆也。謂遊於無物之初。」

⑥盡其所受乎天：承受着自然的本性。

⑦無見得：不自現其所得，即不自我誇矜。

⑧虛：形容空明的心境。

⑨不將不迎，應而不藏：形容順任自然，不懷私意。

成玄英說：「『將』，送。物有去來而鏡無迎送，來者即照，必不隱藏。」

【今譯】

絕棄求名的心思，絕棄策謀的智慮；絕棄專斷的行為，絕棄智巧的作為。體會着無窮的大道，遊心於寂靜的境域；承受着自然的本性，而不自我誇矜，這也是達到空明的心境。至人的用心有如鏡子，任物的來去而不加迎送，如實反映而無所隱藏，所以能夠勝物而不被物所損傷。

南海之帝為儵，北海之帝為忽，中央之帝為渾沌①。儵與忽時相與遇於渾沌之地，渾沌待之甚善。儵與忽謀報渾沌之德，曰：「人皆有七竅②以視聽食息，此獨無有，嘗試鑿之。」日鑿一竅，七日而渾沌死。

【註譯】

①南海之帝為儵（shū 抒），北海之帝為忽，中央之帝為渾沌：「儵」、「忽」、「渾沌」，皆是寓言（林希逸說）。按：混沌寓言涵義頗豐。其一喻純樸自然為美；其二，喻各適其性（至樂所謂：「義設於適。」），混沌之死，如魯侯飼鳥，「三日而死，此以己養養鳥也，非以鳥養養鳥也」；其三，南海為陽，北海為陰，中央為陰陽之合，易傳繫辭所謂「一陰一陽之謂道」。簡文帝說：「『儵』『忽』取神速為名，渾沌以合和為貌。神速譬有為，合和譬無為。」朱桂曜說：「案『儵忽』乃同聲連詞，李分二字異訓，非也。楚辭遠遊『神儵忽而不反兮』，九辯『羌儵，忽而難當』，九歌『儵而來兮忽而逝』，九章『遂儵忽而捫天』，註：『儵音叔。』招魂『往來儵忽』，註：『儵忽，疾忽貌也。』九懷『儵忽兮容裔』，註：『儵忽往來亟疾若鬼神也。』洪興祖補曰：『儵音叔。』天問『儵忽焉在』，天對『儵忽之帚居南北海』，呂氏春秋決勝篇『德勇無常，儵忽往來』，君守篇『故至神逍遙，儵忽而不見其容』，並以『儵忽』連文也。」王叔岷先生說：「『儵』借為『倏』。藝文類聚八引作『倏』，『倏』即『倏』之誤。說文：『倏，犬走疾也。』」按：「儵」，有疾速義。「忽」，亦借為速。簡文及朱說為是。李註成疏以「儵」

「忽」二字異訓為非。
李勉說：「『儵』『忽』皆取其敏捷有為之義，與『渾沌』反，『渾沌』則譬其純樸自然。『儵忽』有為，反傷『渾沌』之自然。」
陳深說：「三者稱帝，謂帝王之道，以純樸未散自然之為貴也。」
②七竅：指一口、兩耳、兩目、兩鼻孔。

【今譯】

南海的帝王名叫儵，北海的帝王名叫忽，中央的帝王名叫渾沌。儵和忽常常到渾沌的境地裏相會，渾沌待他們很好。儵和忽商量報答渾沌的美意，說：「人都有七竅，用來看、聽、飲食、呼吸，唯獨他沒有，我們試着替他鑿開。」一天鑿一竅，到了第七天渾沌就死了。

外篇

駢拇

駢拇篇，主旨闡揚人的行為當合於自然，順人情之常。「駢拇」，即併生的足趾。取篇首二字作為篇名。

本篇的要點：首章指出濫用聰明、矯飾仁義的行為，並不是自然的正道。自然的正道，要在「不失其性命之情」。仁義的行為，須合於人情，如不合人情，則成「膠漆纆索」一般，縛束人的行為。末章批評自三代以下，「奔命於仁義」、「招仁義以撓天下」，為了追逐仁義之名，弄得「殘生傷性」，這種現象，都是悖違「性命之情」的。出自本篇的成語有：駢拇枝指、纍瓦結繩、鶴長鳧短等。

一

駢拇①枝指②，出乎性哉③！而侈於德④。附贅縣疣⑤，出乎形哉！而侈於性。多方⑥乎仁義而用之者，列於五藏哉！而非道德之正⑦也。是故駢於足者，連無用之肉也；枝於手者，樹無用之指也；駢枝於五藏之情者⑧，淫僻於仁義之行，而多方於聰明之用也。

是故駢於明者，亂五色⑨，淫文章⑩，青黃黼黻⑪之煌煌⑫非乎？而離朱是已⑫。多於聰者，亂五聲⑭，淫六律⑮，金石絲竹黃鐘大呂⑯之聲非乎？而師曠⑰是已。枝於仁者，擢德塞性⑱以收名聲，使天下簧鼓⑲以奉不及之法非乎？而曾史⑳是已。駢於辯者，纍瓦結繩㉑竄句棰辭㉒，遊心㉓於堅白同異之閒，而敝跬譽㉔無用之言非乎？而楊墨是已。故此皆多駢旁枝之道，非天下之至正㉕也。

【註譯】

①駢拇：謂足拇趾連第二趾（釋文引司馬彪說）。「駢」，併（釋文引李頤說）。「拇」，音母，足大指（釋文）。

②枝指：旁生的手指。

崔譔說：「『枝』，音歧，謂指有歧。」（釋文引）

③出乎性哉：出於本性嗎？

李勉說：「此句疑問，言不出乎自然之本性。蓋一手只有五指，此自然之本性，今有六指，則是不出乎自然之本性，所謂畸性者。」

④侈於德：「侈」，多，剩餘。「德」，通「得」。

林希逸說：「人所同得曰『德』。」（南華真經口義）

宣穎說：「比於人所同得則為剩餘矣。」（南華經解）

⑤附贅縣疣：附懸的贅疣。贅疣是身上所生的肉瘤。語見大宗師。

⑥多方：「方」，旁。「多方」，多生枝節（曹礎基說）。

⑦正：有自然、本然的意思。

⑧駢枝於五藏之情者：「駢枝」上原衍「多方」兩字，依焦竑之說刪去。

焦竑說：「『多方駢枝於仁義之情』，此『多方』字疑衍。」按明朱得之亦持此說（見日本福永光司莊子外篇引）。宣穎並從之。刪去「多方」兩字，與下兩句正相對文。

⑨五色：青、黃、赤、白、黑（成疏）。

⑩淫文章：青與赤為「文」，赤與白為「章」（成疏）。謂耽溺於文采。

⑪黼黻：白與黑謂之「黼」，黑與青謂之「黻」（釋文引周禮）。「黼黻」兩字已見於大宗師。

⑫煌煌：形容光耀眩目。

⑬而離朱是已：「而」、「如」古通用。「而離朱是已」，猶云「如離朱是已」。下文「而師曠」、「而曾史」、「而楊墨」並同（俞樾）。離朱，孟子作離婁。淮南子原道訓說：「離朱之明，察箴末於百步之外。」

⑭五聲：指宮、商、角、徵、羽。古樂中的五個音節。

⑮六律：指黃鐘、大呂、姑洗、蕤賓、無射、夾鐘。古樂中的六個諧音。

⑯金、石、絲、竹、黃鐘、大呂：都是古樂中的音調。

⑰師曠：晉平公樂師，精於音律。見齊物論。

⑱擢德塞性：炫耀德行、蔽塞本性。「擢」，當讀為「耀」。

⑲簧鼓：笙簧鼓動，意指喧嚷。

⑳曾史：指曾參和史鰌。史鰌即史魚，衞靈公臣子。

㉑纍瓦結繩：聚無用之語，如瓦之纍，繩之結（崔譔說）。

林希逸說：「辯者之多言，連牽不已，纍疊無窮而無意味，故以纍瓦結繩比之。」

陳壽昌說：「『纍瓦』，喻砌詞之巧。『結繩』，喻串說之工。」

㉒竄句棰辭：「竄句」，穿鑿文句（司馬彪說）。「棰辭」兩字原缺，依王叔岷校釋增補。

王叔岷先生說：「案唐寫本釋文所出『竄句』下有『棰辭』二字，當從之。『纍瓦結繩、竄句棰

辭』，文正相耦。『遊心』二字屬下讀。後漢書張衡傳註引作：『竄句籍辭』，亦可證今本之有脫文。」（莊子校釋）

㉓遊心：遊蕩心思（宣穎說）；馳騖心思（劉鳳苞說）。

㉔跬譽：一時的名譽。

郭嵩燾說：「釋文：『敝跬』，分外用力之貌。今案『跬譽』猶云咫言。方言：『半步為跬』。司馬法：『一舉足曰跬。』『跬』，三尺也。『跬譽』者，邀一時之近譽也。」（見郭慶藩莊子集釋所引）

㉕至正：至道正理（成疏）；本然之理（林希逸說）。

【今譯】

併生的足趾和歧生的手指，是出於本性麼？卻超過了應得。附生的肉瘤，是出於形體麼？卻超過了本性。多端造作仁義來施用，比列於身體本有的五臟麼？卻不是道德的本然。因而併生在腳上的，只是接連了一塊無用的肉；歧生在手上的，只是長了一個無用的指頭；超出了內在的真性，矯飾仁義的行為，而多方濫用了聰明。

因而縱情於視覺的，就迷亂五色，混淆文采，豈不像彩色華麗的服飾之耀人眼目嗎？像離朱就是這類人的代表。縱情於聽覺的，就混亂了五聲，放任於六律，豈不是金、石、絲、竹和黃鐘大呂的音調嗎？像師曠就是這類人的代表。標榜仁義的，以炫耀德行、蔽塞本性來求沽名釣譽，豈不是使天下人喧嚷着去奉守不可從的法式嗎？像曾參和史鰌就是這類人的代表。多言詭辯的，說了一大套空話，穿鑿文句，遊蕩心思於堅白同異的論題上，豈不是疲敝精神求一時的名譽而爭執着無益的言論嗎？像楊朱墨翟就是這類人的代表。可見這些都是旁門左道，不是天下的正途。

彼至正①者，不失其性命之情。故合者不為駢，而枝者不為岐②；長者不為有餘，短者不為不足。是故鳧脛③雖短，續之則憂；鶴脛雖長，斷之則悲。故性長非所斷，性短非所續，無所去憂也④。意仁義其非人情乎⑤！彼仁人何其多憂也？

且夫駢於拇者，決之則泣；枝於手者，齕⑥之則啼。二者，或有餘於數，或不足於數，其於憂一也。今世之仁人，蒿目⑦而憂世之患；不仁之人，決性命之情而饕貴富⑧。故曰仁義其非人情乎⑨！自三代以下者，天下何其囂囂⑩也？

【註譯】

①至正：通行本誤作「正正」。依褚伯秀等說改正。
褚伯秀說：「『彼正正者』，宜照上文作『至正』。」（南華真經義海纂微）
宣穎說：「接上『至正』說來。『至』字舊俱誤作『正』。」按宣本已改正為「至正」。清劉鳳苞南華雪心編亦作「至正」。
俞樾說：「『正』字乃『至』字之誤。上文云：『故此皆多駢旁枝之道，非天下之至正也。』此云：『彼至正者，不失其性命之情』，兩文相承。今誤作『正正』，義不可通。郭曲為之說，非是。」

②枝者不為岐：「岐」，舊誤作「跂」（宣穎說）。碧虛子校引江南古藏本「跂」作「岐」。義較長（劉

文典補正）。

③鳧（fú浮）脛：野鴨小腿。

④無所去憂也：沒有什麼可憂慮。「去」，或作常義解，一說借為怯（高亨說）。

林希逸說：「長短出於本然之性也。長短性所安，無憂可去也。」

宣穎說：「率其本然，則自無憂，何待於去。」

吳汝綸說：「案『去』當為『云』。」（莊子點勘）吳說可存。

⑤意仁義其非人情乎：「意」，成疏作「噫」，嗟歎之聲。日本萬治四年刊成玄英疏本正作「噫」（嚴靈峯道家四子新編五九五頁）。「人情」，性命之情，謂本來面目（胡文英說）。

⑥齕（hē喝）：咬斷。

⑦蒿目：「蒿」，借為「眊」。說文曰：「眊，目少精。」（馬叙倫義證引朱駿聲說）

林希逸說：「『蒿目』者，半閉其目也。欲閉而不閉，則其睫蒙茸然。『蒿目』有獨坐憂愁之意。」

宣穎說：「愁視則睫毛蒙茸如蒿。」按：「蒙茸」是形容散亂的樣子。

吳汝綸說：「崔云：『憂世之貌。』當是此文『蒿目』之註。」

⑧決性命之情而饕貴富：「決」，潰亂。「饕」（tāo滔），貪。

⑨故曰仁義其非人情乎：「曰」原作「意」。依嚴靈峯先生之說改。

嚴靈峯先生說：「按：成疏：『此重結前旨也。』接上云：『意！仁義其非人情乎！』前旨云云，即『仁義非人之情』。『意』為歎詞，上不當有『故』字。疑『意』字乃『曰』字之誤，校者因疏有『重結前旨』之語，乃照錄之，因衍『意』字，遂不詞。茲依義改『意』作『曰』。」

⑩囂囂：嘈雜；喧囂。

【今譯】

那些合於事物本然實況的，不違失性命的真情。所以結合的並不是駢聯，分枝的並不是有餘，長的並不是多餘，短的並不是不足。所以野鴨的腿雖然短，接上一段便造成了痛苦；野鶴的腿雖然長，切斷一節便造成了悲哀。所以原本是長的，卻不能切斷；原本是短的，卻不必接長，沒有什麼可憂慮的。噫！仁義難道不合於人情嗎！那班仁人為什麼這樣多憂呢？

併生的足趾，決裂它便要哭泣；岐生的手指，咬去它便要哀啼。這兩種或多於應有的數目，或不足於應有的數目，卻同樣感到痛苦。當代的仁人，憂慮世間的禍患；不仁的人，潰亂性命實情而貪圖富貴。所以說仁義難道不合於人情嗎？然而從三代以下，天下為什麼這樣喧囂奔競呢？

二

且夫待鉤繩規矩而正者，是削其性者也；待纆索膠漆而固者①，是侵其德者也；屈折②禮樂，呴俞③仁義，以慰天下之心者，此失其常然也。天下有常然。常然者，曲者不以鉤，直者不以繩，圓者不以規，方者不以矩，附離④不以膠漆，約束不以纆⑤索。故天下誘然皆生而不知其所以生，同焉皆得而不知其所以得。故古今不二，不可虧也。則仁義又奚連連如膠漆纆索而遊乎道德之間為哉，使天下惑也！

【註譯】

①待纆索膠漆而固者：「纆索」今本作「繩約」，依馬叙倫義證改。

馬叙倫說：「案下文曰：『附離不以膠漆，約束不以纆索。』又曰：『仁義又奚連連如膠漆纆索而遊乎道德之間為哉。』並『膠漆』『纆索』對文。此亦宜然。且上文曰：『待鉤繩規矩而正。』則此不作『繩』字尤顯。」按馬說是。然作「繩約」亦可通，但文不一律，故依馬說改。「繩約」即繩索，「約」通繩，成疏以「約」解為「束縛」誤。

②屈折：屈跂折體。「屈折禮樂」，是舉樂行禮的形象化的說法。（曹礎基莊子淺註）

馬叙倫說：「案『屈』，當依崔本作『詘』。『折』，借為『詰』。……『詰』，問。」

③呴（xū虛）俞：愛撫。

成玄英說：「呴俞，猶嫗撫。」

④附離：「離」，通麗，依。

成玄英說：「『離』，依也。故漢書云：『哀帝時附離董氏者，皆起家至二千石。』註云：『離，依之也。』」

⑤纆：即索；三股合成的繩索。

【今譯】

要等待鉤、繩、規、矩來修正的，卻是削損了事物的本性；要等待繩索膠漆來固着的，卻是侵蝕了事物的本然；用禮樂來周旋，用仁義來勸勉，以安慰天下人心的，這是違背了事物的本然真性。天下事物有它的本然真性。這本然真性就是：曲的不用鉤，直的不用繩，圓的不用規，方的不用矩，黏合的不用膠漆，綑縛的不用繩索。所以天下事物自然生長卻不知道怎樣生長，各有所得卻不知道怎樣的原因。所以古今的道理一樣，不能用強力去虧損。那麼又何必連續地使用仁義如同使用膠漆繩索一般施加在道德之間呢？這使天下人感到迷惑呀！

夫小惑易方①，大惑易性。何以知其然邪？有虞氏招仁義以撓天下②也，天下莫不奔命於仁義，是非以仁義易其性與？故嘗試論之，自三代以下者，天下莫不以物易其性矣。小人則以身殉利，士則以身殉名，大夫則以身殉家，聖人則以身殉天下。故此數子者，事業不同，名聲異號，其於傷性以身為殉，一也。臧③與穀④二人相與牧羊而俱亡其羊。問臧奚事，則挾筴⑤讀書；問穀奚事，則博塞⑥以遊。二人者，事業不同，其於亡羊均也。伯夷死名於首陽⑦之下，盜跖⑧死利於東陵⑨之上，二人者，所死不同，其於殘生傷性均也。奚必伯夷之是而盜跖之非乎！天下盡殉也，彼其所殉仁義也，則俗謂之君子；其所殉貨財也，則俗謂之小人。其殉一也，則有君子焉，有小人焉；若其殘生損性，則盜跖亦伯夷已，又惡取君子小人於其間哉！

【註譯】

①小惑易方：「惑」，迷。「方」，四方。小迷則東西南北易位（林希逸說）。

②有虞氏招仁義以撓天下：「有」原作「自」。依嚴靈峯先生之說改。「有虞氏」之名屢見於莊書，舊說指舜。若作「虞氏」，則與全書例不合。

嚴靈峯先生說：「成疏：『虞氏，舜也。』按：莊子書中無有稱舜為『虞氏』者。應帝王篇：『有虞氏不及泰氏。』又：『有虞氏其猶藏仁以要人。』天地篇：『不及有虞氏乎？』又：『天下均治而有虞氏治之邪？』又：『而何計以有虞氏為？』又：『有虞氏之藥瘍也。』田子方篇：『有虞氏死生不入於心。』知北遊篇：『有虞氏之宮。』俱稱『有虞氏』。此獨稱『虞氏』，與全書例不合。列子說符篇：『虞氏者，梁之富人也。』此則別有所指。此『自』字當係『有』字之闕壞，並涉下文『自三代以下者』句而訛。因據全書例改『自』作『有』。又疑『自』下奪一『有』字，當作：『自有虞氏招仁義以撓天下也。』然在宥篇云：『昔者黃帝始以仁義攖人之心，堯、舜於是股無胈，脛無毛，以養天下之形；愁其五藏以為仁義。』則言『仁義』不自堯、舜始矣。」（道家四子新編五九六頁）

③臧：古時候北方的風俗，娶婢女的男僕叫「臧」。

陸德明說：「方言云：齊之北鄙，燕之北郊，凡民男而婿婢謂之『臧』。」

④穀：童僕。

陸德明說：「崔本作『轂』。云：孺子曰『轂』。」

⑤挾筴：即執卷（林希逸說）。陸德明說：「『筴』字又作策。李云：竹簡也。古以寫書，長二尺四寸。」

⑥博塞：「簙簺」的省字，猶擲骰子。林希逸說：「投瓊曰『博』，不投瓊曰『塞』。瓊猶今骰子也。」

⑦首陽：山名，在河東蒲坂縣（釋文）。

⑧盜跖（zhí 植）：春秋時代的大盜。雜篇有盜跖篇，謂「柳下季之弟，名曰盜跖，盜跖從卒九千人」，恐是寓言。然跖之反叛為盜，或實有其人其事。孟子盡心篇說：「孳孳為利者，蹠之徒也。」荀子不苟篇說：「盜跖吟口，名聲若日月，與舜禹俱傳而不息。」呂氏春秋當務篇說：「跖……備說非六王五伯，以為堯有不慈之名，舜有不孝之行，禹有淫湎之意，湯武有放殺之事，五伯有暴亂之謀，世皆譽之，人皆諱之，惑也。故死而操金椎以葬曰：『下見六王五伯，將敲其頭矣。』」

⑨東陵：陵名，濟南境內。

【今譯】

小的迷惑會錯亂方向，大的迷惑會錯亂本性。怎樣知道是這樣呢？虞舜標榜仁義來撓擾天下，天下沒有不奔命於仁義，這不是用仁義來錯亂本性嗎？現在試作申論：自三代以後，天下沒有不用外物來錯亂本性的。小人犧牲自己來求利，士人犧牲自己來求名，大夫犧牲自己來為家，聖人則犧牲自己來為天下。這幾種人，事業不同，名號各異，但是傷害本性、犧牲自己，卻是一樣的。男僕和童僕兩個人一同去放羊，把羊全丟了。問男僕在做什麼？他卻手執竹簡讀書；問童僕在做什麼？他卻擲骰子遊玩。這兩個人所做的事不同，卻同樣地丟失了羊。伯夷為了名，死於首陽山下；盜跖為了利，死於東陵山上，這兩個人所死的原由不同，卻同樣地殘生傷性。何必認定伯夷是對而盜跖是錯呢？天下人盡都在犧牲呀！有的為仁義而犧牲，而世俗卻稱他為君子；有的為貨財而犧牲，而世俗卻稱他為小人。他們同樣地在犧牲，而有的是君子，有的是小人；若就殘生傷性看來，則盜跖也和伯夷一樣，又何從分別君子小人呢？

且夫屬其性乎仁義者，雖通如曾史，非吾所謂臧[①]也；屬其性於五味，雖通如俞兒[②]，非吾所謂甘[③]也；屬其性乎五聲，雖通如師曠，非吾所謂聰也；屬其性乎五色，雖通如離朱，非吾所謂明也。吾所謂臧者，非仁義之謂也，臧於其德而已矣；吾所謂臧者，非所謂仁義之謂也，任其性命之情而已矣；吾所謂聰者，非謂其聞彼也，自聞而已矣；吾所謂明者，非謂其見彼也，自見而已矣。夫不自見而見彼，不自得而得彼者，是得人之得而不自得其得者也，適人之適而不自適其適者也[④]。夫適人之適而不自適其適，雖盜跖與伯夷，是同為淫僻也。余愧乎道德，是以上不敢為仁義之操，而下不敢為淫僻之行也。

【註譯】

①臧：善。

②俞兒：古時善於識味的人。

③甘：通行本作「臧」，疑本作「甘」，涉上文「臧」字而誤。「甘」，知味。外物：「目徹為明、耳徹為聰、口徹為甘」，即其證，文例與此正相同。

④適人之適而不自適其適者也：語見大宗師。

【今譯】

改變本性去從屬於仁義，雖然像曾參史魚那樣精通，卻不是我所認為的完善；改變本性去從屬於五味，雖然像俞兒那樣知味，卻不是我所認為的完善；改變本性從屬於五聲，雖然像師曠那樣精通，卻不是我所認為的聰敏；改變本性去從屬於五色，雖然像離朱那樣精通，卻不是我所認為的明達。我所認為的完善，並不是所謂仁義之稱，而是在於自得就是了；我所認為的完善，並不是所謂仁義之稱，而是在於率性任情就是了；我所認為的聰敏，並不是指聽聞別人，而是省察自己罷了；我所認為的明達，並不是指看清別人，而是內視自己罷了。要是只看清別人而不內視自己，只羨慕別人而不欣悅自己，這是求別人的有所得不自求欣悅的人，適於別人的安適而不自求安適的人。若是適於別人而不自求安適的人，無論盜跖和伯夷，都同是偏僻的行徑。我愧對「道德」，所以上不敢為仁義的節操，而下不敢作偏僻的行徑。

馬蹄

馬蹄篇，主旨在於抨擊政治權力所造成的災害，並描繪自然放任生活之適性。「馬蹄」，就是馬的蹄子。取篇首二字作為篇名。

本篇的要點：首章指出「治天下之過」，刑法殺伐、規範束縛，如同馬兒遭到燒剔刻雒。治權施於民，如馬的遭受「橛飾之患」、「鞭筴之威」。種種政教措施，都有違「真性」。人當自然放任（「天放」），依「常性」而生活。進而描繪「至德之世」，這是對於反禮教的自由人生活情境的一種憧憬。

出自本篇的成語有：伯樂治馬、詭銜竊轡、鼓腹而遊等。

一

馬，蹄可以踐霜雪，毛可以禦風寒，齕草飲水，翹足而陸[1]，此馬之真性也。雖有義臺路寢[2]，無所用之。及至伯樂[3]，曰：「我善治馬。」燒之，剔之[4]，刻之[5]，雒[6]之，連之以羈馽[7]，編之以皁棧[8]，馬之死者十二三矣；飢之，渴之，馳之，驟之，整之，齊之，前有橛飾之患[9]，而後有鞭筴[10]之威，而馬之死者已過半矣。陶者曰：「我善治埴[11]，圓者中規，方者中矩。」匠人曰：「我善治木，曲者中鉤，直者應繩。」夫埴木之性，豈欲中規矩鉤繩哉？然且世世稱之曰「伯樂善治馬，而陶匠善治埴木」，此亦治天下者之過也。

【註譯】

①陸：跳（釋文引司馬彪說）。王叔岷先生說：「文選江賦註引作『踛』。郭慶藩、奚侗並謂『陸』為『踛』之誤，非也。『陸』亦有跳義。」

②義臺路寢：高臺大殿（成疏）。「義」，借為「巍」，說文：「巍，高也。」（章炳麟解故）按：「義」與峨古通，高。「路」，大（釋文）。李勉說：「案『路』，大也（見爾雅釋詁），『大寢』者，謂其寢臥之榻寬大舒適。『大寢』與『高臺』對文。」

③伯樂：姓孫，名陽，字伯樂，秦穆公時人，善於識馬。

④剔（tì 踢）之：剪馬毛。

⑤刻之：削馬蹄。

⑥雒（luò 洛）：謂印烙（郭嵩燾說，郭慶藩集釋引）。王念孫說：「此云燒之、剔之、刻之、雒之，語意相似。司馬以『雒』為羈絡，非也。下文連之以羈，乃始言羈絡耳。」（見讀書雜志餘編）

⑦羈：絡首曰「羈」，絡足曰「馽」（林雲銘莊子因）。按：「馽」（zhí 直），讀縶，絆。

⑧皁棧：「皁」（zào 灶），槽櫪（成疏）。「棧」，編木作似牀，以禦濕（釋文）；所謂馬牀（成疏）。

⑨橛飾之患：「橛」，銜。「飾」，謂加飾於馬鑣（司馬彪說）。

⑩鞭筴：帶皮曰「鞭」，無皮曰「筴」，俱是馬杖（成疏）。

⑪埴：黏土。

【今譯】

馬蹄可以踐踏霜雪，馬毛可以抵禦風寒，吃草飲水，翹足跳躍，這是馬的真性。縱使有高臺大殿，對它並沒有用處。到了伯樂出現，他說：「我會管理馬。」於是用鐵燒它，剪它的毛，削它的蹄，烙上印記，絡首絆腳把它拴連起來，編入馬槽，馬便死去十分之二三了；然後將它餓着，渴着，驅馳，奔跑，訓練，修飾，先有口銜鑣纓的禍患，而後有皮鞭竹莢的威脅，馬就死掉大半了。泥匠說：「我會捏陶土，使圓的合於規，方的合於矩。」木匠說：「我會削木，使曲的合於鉤，直的合於繩。」陶土樹木的本性，難道要合於圓規方矩鉤繩墨嗎？然而世世代代稱說：「伯樂會管理馬，而陶工木匠會製作黏土木材。」這也和治理天下的人一樣的過錯啊！

吾意善治天下者不然。彼民有常性，織而衣，耕而食，是謂同德①；一而不黨②，命曰天放③。故至德之世，其行填填④，其視顛顛⑤。當是時也，山無蹊隧⑥，澤無舟梁；萬物羣生，連屬其鄉；禽獸成羣，草木遂長。是故禽獸可係羈而遊，鳥鵲之巢可攀援而闚⑦。

夫至德之世，同與禽獸居，族與萬物並，惡乎知君子小人哉！同乎無知，其德不離；同乎無欲，是謂素樸；素樸而民性得矣。及至聖人，蹩躠為仁，踶跂為義⑧，而天下始疑矣；澶漫⑨為樂，摘僻⑩為禮，而天下始分矣。故純樸不殘⑪，孰為犧樽⑫！白玉不毀，孰為珪璋⑬！道德不廢，安取仁義⑭！性情不離，安用禮樂！五色不亂，孰為文采！五聲不亂，孰應六律！夫殘樸以為器，工匠之罪也；毀道德以為仁義，聖人之過也。

【註譯】

①同德：共同的本能。

成玄英說：「『德』者，得也。率其真常之性，物各自足，故同德。」

②一而不黨：渾然一體而不偏私。「黨」，偏（成疏）。

宣穎說：「渾一無偏。」

③命曰天放：「命」，名。「天放」，自然放任。

林希逸說：「放肆自樂於自然之中。齊物論之『天行』、『天鈞』、『天遊』，與此『天放』，皆是莊子做此名字以形容自然之樂。」

④填填：質重貌（釋文）。

⑤顛顛：專一（釋文引崔譔說）。

林希逸說：「顛顛，直視之貌。形容其人樸拙無心之意。」

李勉說：「『填填』、『顛顛』押韻，同一意義，當時口頭語也，自在而得意之詞。言民之真性。」

⑥蹊隧：「蹊」，小徑。「隧」，隧道。

⑦鳥鵲之巢可攀援而闚：西晉時代有一個「攀援鵲巢」的故事；「八達」之一的王澄（字平子），為荊州刺史，友人相送赴任，「時庭中有大樹，上有鵲巢，平子脫衣巾，徑上樹取鵲子；涼衣拘

閡樹枝，便復脫去。得鵲子還，下弄，神色自若」（世說新語簡傲篇）。

⑧蹩（bié 別）躠（xiè 屑）為仁，踶（zhì 至）跂為義：「蹩躠」、「踶跂」，形容勉強力行的樣子。

李頤說：「『蹩躠』、『踶跂』，皆用心為仁義之貌。」（釋文引）

劉師培說：「『踶跂』，當作『踶趹』，為疾馳之貌，若云奔趨赴義耳。下云：『分背相踶』，『踶』亦疾馳。下文又云：『而民乃始踶跂好知』，『跂』字亦當作『趹』，謂民人馳騖外知也。」（莊子斠補）

⑨澶（dàn 但）漫：猶縱逸（李頤註）。

⑩摘僻：煩瑣。

郭嵩燾說：「『擿僻』，當作『摘擗』。王逸註楚辭：『擗，析也。』『摘』者，摘取之；『擗』者，分之；謂其煩碎也。」按姑取郭說。

李勉說：「『摘僻』者，謂摘取怪僻之行以求譽。」備一說。

⑪純樸不殘：「純樸」，全木。「不殘」，未雕（成疏）。

⑫犧樽：酒器。

司馬彪說：「畫犧牛象以飾樽也。」

⑬珪璋：玉器。上尖下方的玉器為「珪」，形像半珪為「璋」。

⑭道德不廢，安取仁義：老子十八章有言：「大道廢，有仁義。」

【今譯】

我認為會治理天下的不是這樣。人民有真常的本性，紡織而衣，耕耘而食，這是共同的本能；渾然一體而不偏私，名為自然放任。所以盛德的世代，人民行為遲重，樸拙無心。在那時候，山中沒有路徑通道，水上沒有船隻橋樑；萬物衆生，比鄰而居；禽獸衆多，草木滋長。因而禽獸可以牽引着遊玩，鳥鵲的窠巢可以攀援上去窺望。

盛德的世代，和鳥獸同居，和萬物並聚，何從區分君子小人呢？大家都不用智巧，本性就不致離失；大家都不貪婪，所以都純真樸實；純真樸實便能保持人民的本性了。等到聖人出現，急急於求仁，汲汲於為義，天下才開始迷惑；縱逸求樂，煩瑣為禮，天下才開始分離了。所以完整的樹木不被雕刻，怎會有酒器！潔白的玉不毀壞，怎會有珪璋！「道德」不被廢弛，哪會有仁義！真性不被離棄，哪會要禮樂！五色不被散亂，怎會有文采！五聲不被錯亂，怎會合六律！殘破原木來做器具，這是工匠的罪過；毀壞道德來求仁義，這是聖人的過失。

二

夫馬，陸居則食草飲水，喜則交頸相靡[①]，怒則分背相踶[②]。馬知已此矣。夫加之以衡扼[③]，齊之以月題[④]，而馬知介倪[⑤]、闉扼[⑥]、鷙曼[⑦]、詭銜[⑧]、竊轡[⑨]。故馬之知而態至盜者[⑩]，伯樂之罪也。

夫赫胥氏⑪之時，民居不知所為，行不知所之，含哺而熙⑫，鼓腹而遊，民能以此矣⑬。及至聖人，屈折禮樂以匡天下之形，縣跂⑭仁義以慰天下之心，而民乃始踶跂好知⑮，爭歸於利，不可止也。此亦聖人之過也。

【註譯】

①靡：通「摩」，親順之意。

②踶：踢，蹋。

③衡扼：橫木頸扼。

陸德明說：「『衡』，轅前橫木，縛軛者也。『扼』，叉馬頸者也。」

④月題：馬額上的佩飾，形狀如月。

林希逸說：「月題，今所謂額鏡也。」

⑤介倪：有幾種解釋：（一）怒視；如李頤說：「介倪，猶睥睨也。」陳壽昌說：「『介』，獨也。馬獨立而怒視也。」（二）加上馬甲；如郭嵩燾說：「案成二年左傳『不介馬而馳之』，杜預註：『介，馬甲也。』說文：『俾，益也。』倪，俾也。言馬知甲之加其身。」（三）折輗；如馬叙倫說：「孫詒讓曰：『倪借為輗。』倫案：『介』者，兀之譌字，『兀』為『杌』省。杌輗，言折輗也。」通常都依（一）說，但因下文都在描寫馬的掙脫束縛，所以今譯從（三）解。

⑥闉（yīn 因）扼：「闉」，曲（李頤註）。「扼」，通軛。「闉扼」，即曲頸脫軛。

⑦鷙（zhì 擲）曼：「鷙」，抵（李頤註）；案「鷙」借為蟄。說文曰：「蟄，抵。」（馬叙倫義證）「曼」

為「輓」省（朱駿聲說），說文：「輓，衣車蓋。」「鷙曼」，抗擊車蓋。

⑧詭銜：吐出銜（釋文）；即吐出口勒。

⑨竊轡：齧轡（釋文）。「竊」借為「齧」，聲同脂類（馬叙倫說）。

孫詒讓說：「『倪』、『扼』、『曼』、『銜』、『轡』，皆車馬被具之物，而馬介之，闉之，鷙之，詭之，竊之也。」

李勉說：「按『倪』借為輗，大車持衡者。『扼』通軛，叉馬頸之物也。『曼』借為幔，車覆也。『銜』，橫貫馬口中者；『轡』，馬韁繩也，所以禦馬者。『介』、『闉』、『鷙』三字義相近，均為抗拒之意，謂抗輗、抗軛、抗幔也。」

⑩馬之知而態至盜者：與人抗敵者曰「盜」。馬之知，至於抗敵人（林希逸說）。「知」，作智。

⑪赫胥氏：疑即列子書所稱華胥氏（俞樾說）。蓋為假託的古代人物。

⑫熙：同嬉。

⑬民能以此矣：言人民意態舉止安然自適。「能」，當讀為「態」。能、態古通。

⑭縣跂：高揭而提起之意（林希逸說）；如懸物相示，使人跂足以視（陳壽昌說）。

⑮踶跂好知：相競相高，逞其私智（陳壽昌說）。

【今譯】

馬生活在陸地，吃草飲水，高興時交頸相靡，發怒時轉身相踢。馬所曉得的僅止於此。等到加上了車衡頸扼，裝上了額前佩飾，馬就懂得折毀車輗、曲頸脫扼、抗擊車蓋、吐出口勒、齧斷籠頭。所以馬有機智而形成和人抗衡的動作，這是伯樂的罪過啊！

上古帝王赫胥氏的時代，人民安居而無所為，悠遊而無所往，口含食物而嬉戲，挺胸飽腹而遨遊，人民意態安然自適如此。等到聖人出現，用禮樂來周旋以匡正天下人的形態，用仁義作標榜來安慰天下人的心，人民才開始奔競用智，汲汲爭利，而不可制止。這也是聖人的過失啊！

胠篋

胠篋篇，寫出聖智禮法的創設，本用以防盜制賊，卻反被盜賊所竊，用為護身的名器，張其恣肆之慾，而為害民衆。所以主張莫若絕棄聖智禮法，以免為大盜所乘。「胠篋」，就是開箱的意思。取篇首二字為篇名。

本篇起筆便描繪大盜小賊的竊用聖智禮法。最顯著的，莫過於當世田成子之流，不但盜了國家，連「聖知之法」也一併竊了去。「彼竊鉤者誅，竊國者為諸侯，諸侯之門而仁義存焉。」禮法終究為強有力者所獨佔，用以裝修門面，維護既得權益。禮法繩小民有餘，防大盜不足。本篇自開頭到「是乃聖人之過」一章止，雄論滔滔，文辭激昂有力，餘文則為複贅。篇中有「聖人生而大盜起」、「聖人不死，大盜不止」的名句，順文而讀，有其深意在，並非故作驚人之語。

出自本篇的成語有：盜亦有道、唇竭齒寒、竊鉤竊國、絕聖棄智、掊斗折衡、延頸舉踵等。

一

將為胠篋①探囊發匱②之盜而為守備，則必攝緘縢③固扃鐍④，此世俗之所謂知也。然而巨盜至，則負匱揭⑤篋擔囊而趨，唯恐緘縢扃鐍之不固也。然則鄉⑥之所謂知者，不乃為大盜積者也？

故嘗試論之，世俗之所謂知者，有不為大盜積者乎？所謂聖者，有不為大盜守者乎？何以知其然邪？昔者齊國鄰邑相望，雞狗之音相聞⑦，罔罟之所布⑧，耒耨⑨之所刺，方二千餘里。闔四竟之內⑩，所以立宗廟社稷⑪，治邑屋州閭鄉曲⑫者，曷嘗不法聖人哉！然而田成子⑬一旦殺齊君而盜其國。所盜者豈獨其國邪？並與其聖知之法而盜之。故田成子有乎盜賊之名，而身處堯舜之安，小國不敢非，大國不敢誅，專有齊國⑭。則是不乃竊齊國，並與其聖知之法以守其盜賊之身乎？

【註譯】

①胠（qū 區）篋（qiè 妾）：從旁開為「胠」（釋文引司馬彪說）。「篋」，箱子。

②探囊發匱：掏布袋開櫃子。「匱」，同櫃。

③攝緘縢：「攝」，結（釋文引李頤註）；纏繞（林希逸口義）。「緘」「縢」，皆繩（釋文引廣雅）。

④固扃（jiōng 坰）鐍（jué 決）：堅固扃鐍。「扃」，關鈕；「鐍」，鎖鑰（成玄英疏）。

⑤揭：舉起。

⑥鄉：本又作「向」，亦作「嚮」，同（釋文）。當以作「嚮」為正（王叔岷校釋）。

⑦鄰邑相望，雞狗之音相聞：老子八十章：「鄰國相望，雞犬之聲相望。」

⑧罔罟之所布：網罟所及之處，指水上的面積（黃錦鋐註釋）。「罔」，同網。「罟」，網的總稱。

⑨耒（lěi 儡）耨（nòu 槈）：「耒」，犂。「耨」，鋤頭。

⑩闔四竟之內：「闔」，合。「四竟」，四境。

⑪宗廟社稷：「宗廟」，祭祀祖先的地方。「社稷」祭祀土地神、五穀神的場所。

⑫邑屋州閭鄉曲：都是古代大小不同的地方行政區域。

成玄英說：「司馬法云：『六尺為步，步百為畝，畝百為夫，夫三為屋，屋三為井，井四為邑。』又云：『五家為比，五比為閭，五閭為族，五族為黨，五黨為州，五州為鄉。』鄭玄云：『二十五家為閭，二千五百家為州，萬二千五百家為鄉也。』」（莊子疏）

⑬田成子：齊國大夫陳恆。魯哀公十四年，殺齊簡公，奪取了齊國。

⑭專有齊國：今本作「十二世有齊國」。俞樾疑是「世世有齊國」。今依嚴靈峯之說改為「專有齊國」。

俞樾說：「釋文曰：『自敬仲至莊子九世，知齊政；自太公和至威王，三世為齊侯；故云十二世。』此說非也。本文是說田成子，不當追從敬仲數起。疑莊子原文本作『世世有齊國』，言自田成子之後，世有齊國也。古書遇重字，止於字下作『二』字以識之，應作『世二有齊國』。傳寫者誤倒之，則為『二世有齊國』。於是其文不可通，而從田成子追數至敬仲適得十二世，遂臆加十字於其上耳。」（諸子平議內莊子平議）俞說可存。

嚴靈峯先生說：「上明言『田成子一旦殺齊君而盜其國』，彼既於『一旦』得之，則簡公被殺之日，即陳恆竊國之時；奚必待『十二世』之久邪？列子楊朱篇：『田恆專有齊國。』當是此文所本。疑莊子原文亦作『專』，因漫漶殘缺分而為三：校者不察，以其形近，遂改作『十二世』，馴致譌誤。且作『十二世』既乖史實，因據列子文臆改。」（道家四子新編五七九頁）按：上文說「田成子一旦殺齊君而盜其國」，則田成子殺君竊國之日，便「專有齊國」，不必等待「十二世」之久。嚴說有理，茲依嚴說據列子文改。

【今譯】

為了防備撬箱、掏布袋、開櫃子的小賊，就細緊繩索，關緊鎖鈕，這是世俗上所謂的聰明。但是大盜一來，便揹起櫃子、舉起箱篋、挑起囊袋而走，唯恐繩索鎖鈕不够牢固。那麽以前所謂的聰明，不就是替大盜儲聚的嗎？

讓我們試作申論，世俗上所謂的聰明，能有不替大盜儲聚的嗎？所謂的聖人，能有不替大盜守備的嗎？怎麽知道是這樣的呢？從前的齊國，鄰里相望，雞鳴狗吠之聲相聞，網罟所散佈到的範圍，犂鋤所耕作的地方，方圓有二千多里。統括四境之內，凡是建立宗廟社稷，以及治理大小不同的行政區域，何嘗不是效法聖人的呢？但是田成子一旦殺了齊君而盜取了齊國，所盜取的豈止是那個國家呢？連齊國聖智的法制也一起盜取了去。所以田成子雖然有盜賊的名稱，卻像堯舜一般的安穩；小國不敢非議他，大國不敢誅討他，擅據齊國。這豈不是不僅竊取了齊國，並且把聖智的法制也竊取了去，保護他那盜賊之身嗎？

嘗試論之，世俗之所謂至知者，有不為大盜積者乎？所謂至聖者，有不為大盜守者乎？何以知其然邪？昔者龍逢斬，比干剖，萇弘胣，子胥靡，故四子之賢而身不免乎戮①。故跖之徒問於跖曰：「盜亦有道乎？」跖曰：「何適而無有道邪！夫妄意②室中之藏，聖也；入先，勇也；出後，義也；知可否，知也；分均，仁也。五者不備而能成大盜者，天下未之有也。」由是觀之，善人不得聖人之道不立，跖不得聖人之道不行；天下之善人少而不善人多，則聖人之利天下也少而害天下也多。故曰，脣竭則齒寒③，魯酒薄而邯鄲圍④，聖人生而大盜起。掊擊聖人，縱舍⑤盜賊，而天下始治矣。夫谷虛而川竭⑥，丘夷而淵實。聖人已死，則大盜不起，天下平而無故矣。

聖人不死，大盜不止。雖重聖人而治天下，則是重利⑦盜跖也。為之斗斛⑧以量之，則並與斗斛而竊之；為之權衡⑨以稱之，則並與權衡而竊之；為之符璽⑩以信之，則並與符璽而竊之；為之仁義以矯之，則並與仁義而竊之。何以知其然邪？彼竊鉤者誅，竊國者為諸侯，諸侯之門而仁義存焉⑪，則是非竊仁義聖知邪？故逐於⑫大盜，揭諸侯⑬，竊仁義並斗斛權衡符璽之利者，雖有軒冕⑭之賞弗能勸，斧鉞之威⑮弗能禁。此重利盜跖而使不可禁者，是乃聖人之過也。

【註譯】

①龍逢斬，比干剖，萇弘胣，子胥靡，故四子之賢而身不免乎戮：「龍逢」、「比干」已見於人間世篇。「萇弘」，春秋末期周靈王的賢臣，被國君所殺害，事見左傳哀公三年。「胣」（tuō），讀若拖，車裂之刑，一說刳腸。「子胥靡」，伍子胥向吳王夫差諍諫遭殺，屍首糜爛於江中。李勉說：「『身不免乎戮』，言暴君之戮賢人而莫之敢抗者，皆孔子聖法所謂尊君之故，此聖法之罪也。向無聖法，則桀紂焉得守斯位而放其毒，故黃宗羲曰：『為天下之大害者，君而已矣。』何況暴君乎！聖法稱國君如天如父，使民不敢誅淫亂之君，國君更得藉此任意屠戮賢臣，

此亦聖法之罪也。」

②妄意：猜測。

③唇竭則齒寒：有兩解：（一）「竭」，當從戰國策作「揭」（孫詒讓札迻）。「唇竭」，謂反舉其唇向上（俞樾說）。（二）春秋左傳云：「唇亡齒寒。」「竭」，與亡義通。唇亡謂唇缺，唇缺則齒寒（李勉說）。按兩說均可通。

④魯酒薄而邯鄲圍：這事件有兩種說法：（一）楚宣王會合諸侯，魯恭公後到，而且所獻的酒很淡薄。楚宣王就不高興，想侮辱他。魯恭公說：「我是周公的後代，行天子的禮樂，現在我送酒已經失禮了，還要怪我的酒不好，這不是太過分了嗎？」於是不告而別。楚宣王生氣，遂出兵攻打魯國。以前，梁惠王一直就想攻伐趙國，但是恐怕楚國援救而遲遲不敢出兵，現在正逢楚國和魯國相爭，梁惠王就乘機圍攻趙城邯鄲（根據成玄英疏）；（二）另一種說法是：楚國會同諸侯，魯國和趙國都獻酒給楚王。魯國的酒淡薄而趙國的酒濃香。楚國管酒的人向趙國討酒，趙國不給他，於是管酒的人就把趙國的好酒和魯國的薄酒相調換，楚王因趙國的酒淡薄，就圍攻邯鄲（根據許慎註淮南子所說的）。

⑤縱舍：釋放。「舍」，同捨。

⑥谷虛而川竭：原作「川竭而谷虛」。應作「谷虛而川竭」，與下句「丘夷而淵實」對文，謂谷虛則川亦竭，蓋川之水由衆谷而來（李勉說）。

⑦重利：謂增益其利。漢書文帝紀：「是重吾不德也。」註云：「重，謂增益。」（陶鴻慶札記）

⑧斛（hú 胡）：量器，可容五斗。

⑨權衡：「權」，稱錘（李頤說）。「衡」，稱梁（成疏）。
⑩符璽（xǐ喜）：印章。成玄英說：「『符』者，分為兩片，合而成一，即銅魚木契也。『璽』者，是王者之玉印，握之所以攝召天下也。」
⑪彼竊鉤者誅，竊國者為諸侯，諸侯之門而仁義存焉：雜篇盜跖篇：「小盜者拘，大盜者為諸侯，諸侯之門，義士存焉。」史記遊俠傳引作：「竊鉤者誅，竊國者侯，侯之門，仁義存。」「鉤」，即腰帶環。
⑫逐於：隨（成疏）。按「逐」，爭。「於」，為。
⑬揭諸侯：「揭」，同達生篇「揭日月而行」之「揭」，謂舉幟立為諸侯。
⑭軒冕：高車冠冕。「軒」是古時大夫以上官員所乘的車子。「冕」是古時大夫以上官員所戴的帽子。
⑮斧鉞之威：指死刑的威嚇。「鉞」（yuè），大斧。

【今譯】

讓我們來試作申論，世俗上所謂最聰明的，能有不替大盜儲聚的嗎？所謂的至聖，能有不替大盜守備的嗎？怎麼知道是這樣的呢？從前關龍逢被斬首，比干被剖心，萇弘被刳腸，伍子胥屍體糜爛於江中，像這四個人的賢能都不免於殺身之禍。因此盜跖的門徒問盜跖說：「盜也有道嗎？」盜跖說：「無論哪裏怎會沒有道呢？如猜測屋內所儲藏的，就是聖；帶頭先進去，就是勇；最後出來，就是義；酌情判斷能不能下手，就是智；分贓平均，就是仁。這五樣不具備而能成大盜，這是天下絕沒有的事。」這樣看來，善人如果不懂得聖人之道便不能自立，盜跖如果不懂得聖人之道便不能橫行；天下的善人少而不善的人多，那麼聖人有利於天下的也少而有害於天下的也多。所以說嘴唇反張，牙齒便覺寒冷，魯侯的酒味薄，趙國的邯鄲便遭圍困，聖人出現，大盜便興起了。打倒聖人，釋放盜賊，天下才得太平。谿谷空虛，河川便乾涸；丘陵移平，深淵便填滿。聖人死了，大盜就不會興起，天下便太平無事了。

如果聖人不死，大盜便不會停止。雖然是借重聖人來治理天下，卻大大增加了盜跖的利益。製造斗斛來量，卻連斗斛也盜竊去了；製成天秤來稱，卻連天秤也盜竊去了；刻造印章來取信，卻連印章也盜竊去了；提倡仁義來矯正，卻連仁義也盜竊去了。怎麼知道是這樣的呢？那些偷竊帶鉤的人便遭刑殺，而盜竊國家的反倒成為諸侯，諸侯的門裏就有仁義了，這不是盜竊了仁義和聖智嗎？因而那些爭為大盜，擁位諸侯，盜竊仁義和斗斛、天秤、符印利益的人，即使用高車冠冕的賞賜也不能勸阻他們，用斧鉞的威刑也不能禁止他們。這樣大大有利於盜跖而無法禁止的，都是聖人的過錯。

故曰：「魚不可脫於淵，國之利器不可以示人①。」彼聖人者②，天下之利器也，非所以明天下也。故絕聖棄知③，大盜乃止；擿④玉毀珠，小盜不起；焚符破璽，而民樸鄙；掊斗折衡，而民不爭；殫殘⑤天下之聖法，而民始可與論議。擢亂六律⑥，鑠絕竽瑟⑦，塞師曠之耳⑧，而天下始人含其聰矣；滅文章，散五采，膠離朱之目，而天下始人含其明矣；毀絕鉤繩而棄規矩，攦工倕之指⑨，而天下始人含其巧矣⑩。削曾史之行，鉗楊墨之口，攘棄仁義，而天下之德始玄同[11]矣。彼人含其明，則天下不鑠[12]矣；人含其聰，則天下不累矣；人含其知，則天下不惑矣；人含其德，則天下不僻矣。彼曾、史、楊、墨、師曠、工倕、離朱，皆外立其德而以爚亂[13]天下者也，法之所無用也。

【註譯】

①魚不可脫於淵，國之利器不可以示人：語見老子三十六章。「利器」，指權勢禁令、仁義聖智等。

②彼聖人者：「聖人」，當作「聖知」（褚伯秀說）。

③絕聖棄知：語見老子十九章。

④擿（zhì 智）：義與「擲」字同（釋文）；猶投棄之（崔譔說）。

⑤殫（dān 丹）殘：盡毀（成疏）。

⑥擢亂六律：「擢」，疑借為攪（馬叙倫說）。

⑦鑠絕竽瑟：「鑠」，同爍（李勉說），「鑠絕」，燒斷之（崔譔說）。「竽」，形與笙相似。「瑟」，長八尺一寸，闊一尺八寸，二十七弦（成疏）；琴的一種。

⑧塞師曠之耳：「師曠」，今本作「瞽曠」。依王叔岷之說改。王叔岷先生說：「案此與下文『膠離朱之目』對言，世德堂本無『瞽』字，當補。但本書無瞽曠與離朱對言之例，下文『彼曾、史、楊、墨、師曠、工倕、離朱者』云云，所謂『師曠』，即承此言，則『瞽曠』必『師曠』之誤（駢拇篇兩以『師曠』『離朱』對言，可為旁證），或寫者因

師曠之瞽，遂誤書為瞽曠耳。鶡冠子泰鴻篇陸註引，正作『塞師曠之耳』。」

⑨攦工倕之指：「攦」，折斷。「工倕」，古時以巧藝稱著者。

⑩而天下始人含其巧矣：「含」，原作「有」。按：「有」疑「含」之誤，上文「而天下始人含其聰矣」，「而天下始人含其明矣」，與此句法一律，下文「人含有知，則天下不惑矣」（「知」疑當從此文作「巧」），即承此言，尤其明證（王叔岷校釋）。按：審文義，當作「含」，即含藏、內斂之意。又：此句下原有「故曰『大巧若拙』」六字，為贅詞，删去則前後文句正相對偶。王懋竑說：「此句衍。」（莊子存校）為是。

⑪玄同：語見老子五十六章。

⑫不鑠（shuò 朔）：不炫耀。

李勉說：「『鑠』，當是炫之意。言人人能含其明而不外露，則天下不致有炫耀之事，意可以歸真返璞。」

⑬爚（yuè 月）亂：與「擢亂」同，「擢」借為攪（馬叙倫說）。

林希逸說：「爚亂者，言熏灼而燒亂之也。」

【今譯】

所以說：「魚不能離開深淵，國家的利器不可以隨便耀示於人。」那些聖人就是天下的利器，不可以明示於天下。所以拋棄聰明智巧，大盜才能休止；毀棄珠玉，小盜就沒有了；焚燒符印，人民就純樸了；擊破斗秤，人民就不爭了；毀盡天下的聖智法制，人民才可以參與議論。攪亂六律，銷毀竽琴，塞住師曠的耳朵，天下的人才內斂他的聰慧；消滅文飾，拆散五采，黏住離朱的眼目，天下的人才內藏他的明敏；毀壞鉤繩，拋棄規矩，折斷工倕的手指，天下的人才隱匿他的技巧。減除曾參史魚的行為，封着楊朱墨翟的口舌，擯棄仁義，天下人的德性才能達到玄妙齊同的境地。人們都內藏明慧，天下就不會迷亂了；人們都內斂聰敏，天下就沒有憂患了；人們都內含知巧，天下就不會眩惑了；人們都內聚德性，天下就不會邪僻了。像那曾參、史魚、楊朱、墨翟、師曠、工倕、離朱等人，都是向外炫耀他們的才能，用來擾亂天下，這是正法所不取的。

二

子獨不知至德之世乎？昔者容成氏、大庭氏、伯皇氏、中央氏、栗陸氏、驪畜氏、軒轅氏、赫胥氏、尊盧氏、祝融氏、伏犧氏、神農氏①，當是時也，民結繩而用之，甘其食，美其服，樂其俗，安其居，鄰國相望，雞狗之音相聞，民至老死而不相往來②。若此之時，則至治已。今遂至使民延頸舉踵曰，「某所有賢者」，贏糧而趣之③，則內棄其親而外去其主之事，足跡接乎諸侯之境，車軌結乎千里之外。則是上好知之過也。

【註譯】

①容成氏、大庭氏、伯皇氏、中央氏、栗陸氏、驪畜氏、軒轅氏、赫胥氏、尊盧氏、祝融氏、伏犧氏、神農氏：這十二人為傳說中的古代帝王。林希逸說：「十二個氏，只軒轅、伏犧、神農見於經，自此以上，古書中無之，或得於上古之傳，或出於莊子自譔，亦未可知。」

②民結繩而用之，甘其食，美其服，樂其俗，安其居，鄰國相望，雞狗之音相聞，民至老死而不相往來：這些文字，引自於老子八十章。

③贏（yíng 營）糧而趣之：「贏」，裹（崔譔說）。「趣」，趨。

【今譯】

你不知道盛德的時代嗎？從前容成氏、大庭氏、伯皇氏、中央氏、栗陸氏、驪畜氏、軒轅氏、赫胥氏、尊盧氏、祝融氏、伏犧氏、神農氏，在那時代，人民結繩來記事，以飲食為甜美，以衣服為美觀，以習俗為安樂，以居所為安適，鄰國之間可以互相看得見，雞鳴狗吠的聲音可以互相聽得到，人民從生到死互相不往來。像這樣的時代，就是真正的太平了。現在竟然使人們盼望着說：「某地方有賢人」，於是攜帶糧食歸向他，弄得對內遺棄了雙親，對外拋棄了主上的事物，足跡接連不斷地出入於各國境域，車軌往來縱橫地交錯於千里以外，這都是居上位的喜好機智的過錯。

上誠好知而無道，則天下大亂矣。何以知其然邪？夫弓弩畢弋①機辟②之知多，則鳥亂於上矣；鉤餌罔罟罾笱③之知多，則魚亂於水矣；削格羅落④罝罘⑤之知多，則獸亂於澤矣；知詐漸毒⑥頡滑⑦堅白解垢⑧同異之變多，則俗惑於辯矣。故天下每每大亂，罪在於好知。故天下皆知求其所不知而莫知求其所已知者，皆知非其所不善而莫知非其所已善者，是以大亂。故上悖日月之明，下爍⑨山川之精，中墮⑩四時之施；惴耎⑪之蟲，肖翹⑫之物，莫不失其性。甚矣夫好知之亂天下也！自三代以下者是已，舍夫種種⑬之民而悅夫役役⑭之佞，釋夫恬淡無為而悅夫哼哼⑮之意，哼哼已亂天下矣。

【註譯】

①弓弩畢弋：「弩」，有機關的弓。「畢」，捕鳥網。「弋」（yì 亦），箭。成玄英說：「網小而柄，形似畢星，故名為『畢』。以繩繫箭射，謂之『弋』。」郭嵩燾說：「說文：『率，捕鳥畢也。』詩小雅：『畢之羅之。』鳥罟亦謂之『畢』。李云：『兔網曰「畢」。』失之。」（見郭慶藩集釋引）

②機辟：弩牙曰「機」（李頤說）。「辟」字原作「變」，依武延緒之說改。武延緒說：「按：『變』，疑讀為『辟』。『辟』與『薜』同。逍遙遊：『中於機辟。』山木篇：『然且不免於機、辟、罔、罟之患。』是其證。此誤作『變』者，『辟』與『辯』近，初譌作『辨』，『辨』、『變』音近，後人不知為『辟』之譌；因習見『機變』之文，遂疑為『變』字之譌而改

之也。何以知『變』譌字，上下文皆以物言，『變』非物也；註中所以無訓者，正疑之也。『機辟』連用，已見於逍遙遊和山木篇，況且上下文皆以物言，『變』非物也。」按：武說為是。下文「鉤、餌、罔、罟、罾、笱」，「削格、羅落、罝罘」，都是捕物器，作名詞用。「機變」當是「機辟」之誤。

③罾（zēng增）笱（gǒu狗）：「罾」，魚網。「笱」，筌，捕魚的竹簍子。

④削格、羅落：都是指捕獸機檻。

林希逸說：「削格，猶漢書曰：『儲胥也。』猶今之木柵也。」

郭嵩燾說：「說文：『格，木長貌。』徐鍇曰：『長枝為格。』『削格』，謂刮削之。……『削格』『羅落』，皆所以遮要禽獸。」

⑤罝（jū居）罘（fú浮）：捕兔網。

⑥漸毒：欺詐。

郭慶藩說：「『漸』，詐也。荀子議兵：『是漸之也。』正論：『上凶險，則下漸詐矣。』皆欺詐之義（李頤謂為漸漬之毒，失之遠矣）。」（莊子集釋）

陶鴻慶說：「『漸』者，欺也。孫卿子不苟篇：『小人知則攫盜而漸，愚則毒賊而亂。』……王氏引之，皆釋為詐欺，並引此文為證。」（讀莊子札記）

⑦頡滑：機巧，狡黠。「頡」，借為黠。

⑧解垢：詭曲之辭（釋文）。

⑨爍（shuò朔）：銷毀。

⑩墮：破壞。

⑪惴耎（ruǎn 軟）：蠕動的意思，指蠕動的小蟲。「惴」，趙諫議本作「喘」（王孝魚校）。「耎」，為「輭」的省字。

陸德明說：「『惴』，本亦作『蝡』，又作『喘』。崔云：『蠉蝡，動蟲也。』一云：『惴耎』，謂無足蟲。」

林希逸說：「喘耎，微息而動之物，附地者也，蝸蜒之類。」

李勉說：「案『耎』係『輭』字之省，謂惴輭之蟲也。蟲之體輭，故云『輭』。『惴』，不安之貌。」

⑫肖翹：微小的飛蟲。

林希逸說：「『肖』，小也。『翹』，輕也，飛物也。蜂蝶之類。」

⑬種種：淳厚（釋文）。

胡文英說：「『種種』，樸也。今吳楚諺言樸實者，謂之種種打種種，即此意也。」

馬叙倫說：「案『種』借為『憧』。說文：『憧，遲也。』即重厚之重。」

⑭役役：形容奔走鑽營的樣子。

⑮啍啍（tūn 吞）：多言（林雲銘莊子因）。郭註「以己誨人」，誤。

胡文英說：「『啍啍』，或訓作『多言』，承『俗惑於辯』意來。要知『悅』字是承『上誠好知』來，則『啍啍』宜作『多智』意講為妥。」

【今譯】

在上位的喜好運用機智而無道，天下就會大亂。怎樣知道是這樣的呢？弓箭、鳥網、機關的智巧多，上空的鳥就要被擾亂了；鉤餌、魚網、竹簍的智巧多，水底的魚就要被擾亂了；木柵、獸檻、兔網的智巧多，草澤的野獸就要被擾亂了；欺詐、詭僞、狡黠、曲辭、堅白、同異的言辯多，世俗的人就要被迷惑了。所以天下常常大亂，罪過便在於喜好智巧。因而天下都只知追求他所不知道的，卻不知探索他已經知道的，都只知非難他所認為不好的，卻不知非難他認為好的，因此天下才大亂。以致上而掩蔽了日月的光明，下而銷毀了山川的精華，中而破壞了四時的運行；無足的爬蟲，微小的飛蟲，沒有不喪失本性的。喜好機智的擾亂天下到達這般地步啊！自從三代以後都是這樣的，捨棄淳厚的百姓而愛好狡黠的佞民，捨棄恬淡無為的引導而愛好喋喋多言的教化，喋喋多言的教化已經擾亂天下了！

在宥

在宥篇，主旨是反對他治，反干涉主義。從人的本性上，說明人好自然而厭干涉。「在宥」，自在寬宥的意思。取首句中「在宥」二字作為篇名。

本篇的主要章節：第一章，批評「治天下」的結果，「使天下瘁瘁焉人苦其性」；指責自三代以下，「匈匈焉終以賞罰為事」，使人不能安於性命之情。第二章，借崔瞿與老聃的對話，指「黃帝始以仁義攖人之心」，堯舜「矜其血氣以規法度」，於是刑具禮教叢生，弄得「天下脊脊大亂」。今世的情狀更為慘烈，鐐銬的人不計其數，刑戮的人觸目皆是，而仁義聖智復為統治工具，變成了刑具的楔木孔柄。在這種悲慘的境況下，再度發出「絕聖棄知」的呼籲。第三章，借廣成子和黃帝對話的寓言，描述至道之精，在於治身。第四章，雲將和鴻蒙的寓言，抹去治跡而提出「心養」。第五章，「世俗之人」一段寫當時諸侯假借國家人民來為自己圖謀，然而終將被人民所唾棄。「大人之教」一段，寫至人精神的開廣，為「天地之友」。這一章疑是斷簡錯入，與在宥篇主題思想無關。本篇末了「賤而不可任者」至「不可不察也」一段，與本篇主旨相違，亦與莊學精神不合，疑為黃老之作竄入，或為莊子後學染有黃老思想者所為。

出自本篇的成語有：尸居龍見、雀躍不已、獨往獨來等。

一

聞在宥①天下，不聞治②天下也。在之也者，恐天下之淫其性也；宥之也者，恐天下之遷其德也。天下不淫其性，不遷其德，有治天下者哉！昔堯之治天下也，使天下欣欣焉人樂其性，是不恬也；桀之治天下也，使天下瘁瘁焉人苦其性，是不愉也。夫不恬不愉，非德也。非德也而可長久者，天下無之。

人大喜邪？毗[③]於陽；大怒邪？毗於陰。陰陽並毗，四時不至，寒暑之和不成，其反傷人之形乎！使人喜怒失位，居處無常，思慮不自得，中道不成章[④]，於是乎天下始喬詰卓鷙[⑤]，而後有盜跖、曾、史之行[⑥]。故舉天下以賞其善者不足，舉天下以罰其惡者不給[⑦]，故天下之大，不足以賞罰。自三代以下者，匈匈[⑧]焉終以賞罰為事，彼何暇安其性命之情哉！

【註譯】

①在宥：自在寬容。

林希逸說：「『在』者，優遊自在之意。『宥』者，寬容自得之意。」（南華真經口義）

羅勉道說：「『在宥』兩字，想當時有此語；今人讀之差異耳。」（南華真經循本）

李勉說：「觀全文，『在宥』二字應是『任宥』二字之誤。『任』『在』形似，故以互混。『任』者，放任之也。放任者，不予拘範，任其自在也。『宥』者，寬宥之也。寬宥者，不予拘囿，亦任其自在之謂也。」李說可存。

②治：統馭。

成玄英說：「自在寬宥，即天下清謐；若立教以馭蒼生，物失其性。」（莊子疏）

③毗（pí琵）：傷。淮南子原道訓引作「破」。

林希逸說：「毗，益也。醫書上所謂有餘之病也。」

俞樾說：「釋文：『吡，如字。司馬云：「助」也。一云：「並」也。』……訓『助』已不可通，若訓『並』更為失之矣。案此『吡』字，當讀為『吡劉暴樂』之『吡』，吡劉，暴樂也。暴樂，毛公傳作爆爍。……爆爍猶剝落也。喜屬陽，怒屬陰，故大喜則傷陽，大怒則傷陰。吡陰吡陽，言傷陰陽之和也……淮南子原道訓：『人大怒破陰，大喜破陽。』正與此同義。」（莊子平議）

④成章：有條理（林希逸口義）。

⑤喬詰卓鷙：矯拂悖戾之意（胡文英莊子獨見）。「喬詰」，意不平。「卓鷙」，行不平（釋文引崔譔說）。

林希逸說：「『喬』，好高而過當也。『詰』，議論相詰責也。『卓』，孤立也。『鷙』，猛厲也。此四字形容不和之意。」

于省吾說：「『喬詰』，應讀作『狡黠』。『喬』、『狡』，乃雙聲疊韻字。『詰』、『黠』並諧吉聲，故相通借。」（莊子新證）

⑥有盜跖、曾、史之行：後文有「下有桀跖，上有曾史」句。

馬叙倫說：「案『盜』當為『桀』，傳寫譌也。下文曰『下有桀跖，上有曾史』可證。」（莊子義證）

馬說可存。

⑦不給：猶不足。

⑧匈匈：喧囂。

成玄英說：「『匈匈』，讙譁也，競逐之謂也。」

馬叙倫說：「案『匈』借為『訩』。」

【今譯】

只聽說使天下安然自在，沒有聽說要管治天下。〔人人〕自在，唯恐天下擾亂了他的本性；〔人人〕安舒，唯恐天下改變了他的常德。天下人不擾亂本性，不改變常德，哪裏還用管治天下呢？從前堯管治天下，使天下人熙熙攘攘樂了本性，這是不安靜啊！桀管治天下，使天下人身勞神疲苦了本性，這是不歡愉啊！要是弄得不安靜不歡愉，便是違背常德。違背常德而可以長久，是天下絕沒有的事。

人過於歡樂，就會傷害陽氣；過於憤怒，就會傷害陰氣。陰陽的氣互相侵害，四時不順序，寒暑不調和，豈不反而傷害到人體麼？使人喜怒失常，胡為妄動，思念漂浮不自主，行事中途欠缺條理，於是天下才矯僞乖戾，而後產生盜跖、曾參、史魚的行為。因此用盡天下的力量不足以獎賞善舉，也不足以懲罰惡行，所以天下之大，不足以處理獎賞懲罰的事。自從三代以後，喧囂着以獎賞懲罰為能事，他們哪得空閒來安定性命之情呢！

而且說[①]明邪？是淫於色也；說聰邪？是淫於聲也；說仁邪？是亂於德也；說義邪？是悖於理也；說禮邪？是相於技也[②]；說樂邪？是相於淫也；說聖邪？是相於藝也；說知邪？是相於疵也。天下將安其性命之情，之八者，存可也，亡可也；天下將不安其性命之情，之八者，乃始臠卷[③]獊囊[④]而亂天下也。而天下乃始尊之惜之，甚矣天下之惑也！豈直過也而去之邪！乃齋戒以言之，跪坐以進之，鼓歌以儛[⑤]之，吾若是何哉！

故君子不得已而臨莅天下，莫若無為。無為也而後安其性命之情。故曰：「貴以身為天下，則可以託天下；愛以身為天下，則可以寄天下。」⑥故君子苟能無解⑦其五藏，無擢⑧其聰明；尸居而龍見⑨，淵默而雷聲⑩，神動而天隨⑪，從容無為而萬物炊累⑫焉。吾又何暇治天下哉！

【註譯】

①說：同悅。

②相於技也：「相」，助（釋文）。謂有助於技巧。

③臠卷：不伸舒之狀（釋文引司馬彪說）；拘束之貌（林希逸說）。

④獊囊：猶搶攘（崔譔說）；多事之貌（林希逸說）。

⑤儛：即「舞」之俗字（馬叙倫說）。

⑥故曰：「貴以身為天下，則可以託天下；愛以身為天下，則可以寄天下」：引老子十三章文。「故」字下原缺「曰」字，依陶鴻慶之說補。「身」下兩「於」字，當衍（王先謙集解引蘇輿說）。據老子原文刪去。
陶鴻慶說：「此老子之言也。『故』下當有『曰』字，而寫者奪之。本書引道德經文，胠篋凡兩見，知北遊凡三見，本篇一見，皆冠以『故曰』字。」（讀莊札記）

⑦解：開示，含有放縱的意思。

⑧擢：顯耀，自詡。

⑨尸居而龍見：形容安居不動而神采奕奕。

⑩淵默而雷聲：形容沉靜緘默而感人深切。

林希逸說：「『淵』，深也，靜也。『默』，不言也。『雷聲』，感動人也。雖不言而德動人也。禪家所謂是雖不言，其聲如雷也。」

⑪神動而天隨：精神活動都合於自然。

林希逸說：「『神』，精神也。『天』，天理也。動容周旋，無非天理，故曰『神動而天隨』。」

⑫萬物炊累：「炊累」，猶動升（司馬彪說）。形容萬物的繁殖如炊氣積纍而升。

【今譯】

至於說愛好目明麼？卻是迷亂於彩色；愛好耳聰麼？卻是迷亂於音聲；愛好仁麼？卻是惑亂於常德；愛好義麼？卻是違逆於常理；愛好禮儀麼？卻是助長了技巧；愛好樂章麼？卻是助長了淫聲；愛好聖跡麼？卻是助長了技藝；愛好機智麼？卻是助長了各種流弊。天下人要想安定性命的真情，這八種可有可無；天下人要不想安定性命的真情，這八種才糾結擾攘而迷亂天下。天下人反而開始尊崇它、珍惜它，天下的迷惑到達這般地步啊！這八種東西豈只是隨着時間的流逝而消失了呢？還要齋戒去談論它，致恭盡禮去傳授它，手舞足蹈去供奉它，真是無可奈何呢！因而君子如果不得已而君臨天下，最好是順任自然。順任自然才能使大家安定性命的真情。因此說：「以尊重生命的態度去為天下，才可以把天下寄付給他；以珍愛生命的態度去為天下，才可以把天下託交給他。」所以君子如果能不放縱情慾，不顯耀聰明；安居不動而神采奕奕，沉靜緘默而感人深切，精神活動都合於自然，從容無為而萬物的繁殖就像炊氣積纍而升。我又何必需要治理天下呢！

二

崔瞿[1]問於老聃曰：「不治天下，安臧[2]人心？」

老聃曰：「女慎無攖[3]人心。人心排下而進上[4]，上下囚殺[5]，淖約[6]柔乎剛彊。廉劌彫琢[7]，其熱焦火，其寒凝冰[8]。其疾俛仰之間[9]而再撫四海之外，其居也淵而靜，其動也懸而天。僨驕[10]而不可繫者，其唯人心乎！

「昔者黃帝始以仁義攖人之心，堯舜於是乎股無胈，脛無毛[11]，以養天下之形，愁其五藏以為仁義，矜其血氣[12]以規法度。然猶有不勝也，堯於是放讙兜於崇山，投三苗於三峗，流共工於幽都[13]，此不勝天下也。夫施及三王而天下大駭矣。下有桀跖，上有曾史，而儒墨畢起。於是乎喜怒相疑，愚知相欺，善否相非，誕信相譏[14]，而天下衰矣；大德不同，而性命爛漫[15]矣；天下好知，而百姓求竭[16]矣。於是乎釿鋸制焉，繩墨殺焉，椎鑿決焉[17]。天下脊脊[18]大亂，罪在攖人心。故賢者伏處[19]大山嵁巖[20]之下，而萬乘之君憂慄乎廟堂之上。

「今世殊死[21]者相枕也，桁楊[22]者相推也，刑戮者相望也，而儒墨乃始離跂[23]攘臂乎桎梏之間。噫[24]，甚矣哉！其無愧而不知恥也甚矣！吾未知聖知之不為桁楊接槢[25]也，仁義之不為桎梏鑿枘[26]也，焉知曾史之不為桀跖嚆矢[27]也！故曰：『絕聖棄知而天下大治。』」

【註譯】

①崔瞿（qū 區）：杜撰的人名。

成玄英疏：「姓崔，名瞿，不知何許人也。」

②臧：善。今本誤作「藏」。

王先謙說：「『藏』是『臧』之誤，古字止作『臧』。『安臧人心』，言人心無由善。」（莊子集解）

③攖：擾亂。

④人心排下而進上：人心，壓抑它就消沉，推進它就高舉。

郭象說：「排之則下，進之則上，言其易搖蕩也。」

林希逸說：「『排下』者，不得志之時，愈見頹塌；得志之時，則好進不已。」

林雲銘說：「人心，或為人所排，則失志銷魂而下；或進之，則希高望遠而上。」（莊子因）

⑤上下囚殺：形容心志向上趨下如同被拘囚傷殺。

林希逸說：「『上』，此心向上。『下』，心趨下。向上向下皆為囚殺，乃自累自苦之意。」

郭嵩燾說：「『上下囚殺』，言詭上詭下，使其心拘囚噍殺，不自適也。」（郭慶藩集釋引）

⑥淖約：柔美。詞見逍遙遊篇。

⑦廉劌彫琢：「廉」，借為稜。「劌」（guì 貴），割傷。老子五十八章：「廉而不劌」，即銳利而不割傷的意思。「廉劌彫琢」是形容一個人飽受折磨。

林希銘說：「少年得志之人，多少圭角，更涉憂患世故，皆消磨了，故曰：『廉劌彫琢。』」

⑧其熱焦火，其寒凝冰：這是形容人心急躁和戰慄的情狀。

林希逸說：「其內熱時，如焦火，其凜凜時，如凝冰然。此皆形容人心躁怒憂恐之時。」

⑨俛仰之間：指短暫時間。「俛」，同俯。

⑩僨驕：不可禁之勢（郭象註）。「僨」，同憤。

⑪股無胈，脛無毛：大腿上沒有肉，小腿上不長毛。形容勞動辛勤。

⑫矜其血氣：苦費心血的意思。

郭慶藩說：「『矜其血氣』，猶孟子言苦其心志也。『矜』者，苦也，訓見爾雅釋言篇。」（莊子集釋）

⑬放讙兜於崇山，投三苗於三峗，流共工於幽都：語見尚書堯典。「讙兜（dōu）」，堯時人，和堯為敵，被流放到崇山（湖南大庸縣西南）。「投」，尚書作「竄」，史記引作「遷」。「三苗」，名饕餮，為堯諸侯，封三苗之國。「三峗」，甘肅敦煌縣南。「共工」，官名，為堯水官，名窮奇。「幽都」尚書作「幽州」，在今河北密雲縣境。

⑭喜怒相疑，愚知相欺，善否相非，誕信相識：形容種種自是而非他的心理與行為表現。

林希逸說：「自喜於我而加怒於人，自以為知而以人為愚，自以為喜而以人為否，自以為信而以人為誕，彼此皆然，故有相疑、相欺、相非、相譏之事。即齊物篇中『彼亦一是非，此亦一是非』之意。」

⑮爛漫：散亂（成疏）。

⑯求竭：即「膠葛」，今作「糾葛」（章炳麟莊子解故）。按：「求竭」郭註照常義解為「無以供其求」。然觀上下文義，似當從章解。這句「天下好知而百姓求竭矣」，與上句「大德不同而性命爛漫矣」，正相對文。而「求竭」猶「爛漫」，為糾葛淆亂的意思。

⑰釿鋸制焉，繩墨殺焉，椎鑿決焉：「釿鋸」、「繩墨」、「椎鑿」，都是指刑具。「殺」，當為「設」（吳汝綸莊子點勘）。

王先謙說：「工匠以繩墨正木，人君以禮法正人；工匠以斤鋸椎鑿殘木，人君以刑法殘人。」

⑱脊脊：猶籍籍（林希義口義）；紛紛同義。

陸德明說：「『脊脊』，音籍，相踐籍。」

⑲伏處：隱遁，潛居。

⑳嵁巖：深岩。

俞樾說：「『嵁』當為『湛』。『湛巖』猶深巖，因其以山巖言，故變從水者而從山耳。」

㉑殊死：死刑。

陸德明說：「廣雅云：『殊，斷也。』司馬云：『決也。』一云：誅也。」

李勉說：「『殊』，異也。『殊死』，言各種不同之死。蓋聖法設，五刑行，由五刑而致死者，謂之『殊死』，言其死法不同也。」

㉒桁（héng衡）楊：古時一種夾腳和頸的刑具。

㉓離跂：即翹足。形容用力的樣子。

馬叙倫說：「『離』為「攡」省字。說文曰：『攡，舒也。』」（義證）

㉔噫：各本多作「意」，依道藏纂微本改為「噫」（呂惠卿莊子義）。

㉕接槢：械楔（司馬彪說）；今枷中橫木，亦楔（林希逸口義）。

㉖鑿枘：指固定桎梏的孔枘。所謂鑿圓方枘。

㉗嚆（hāo蒿）矢：矢之鳴者（向秀註）；今之響箭（林希逸說）；喻先聲（陳壽昌說）。

【今譯】

崔瞿問老聃說：「不治理天下，怎樣使人心向善？」

老聃說：「你要小心別擾亂了人心。人心，壓抑它就消沉，推進它就高舉，心志的消沉和高舉之間，猶如被拘囚、傷殺，柔美的心志表現可以柔化剛強。有稜角的人必遭折磨，使其性時而急躁如烈火，時而憂恐如寒冰。變化的迅速，頃刻之間像往來於四海之外，人心安穩時深沉而寂靜，躍動時懸騰而高飛。強傲而不可羈制的，就是人心麼！

「從前黃帝就用仁義擾亂人心，於是堯舜勞累得大腿上沒有肉，小腿上不長毛，來供養天下人的形體，愁勞心思去施行仁義，苦費心血去規定法度。然而還是有不足的地方，於是堯將讙兜放逐到崇山，將三苗投置在三峗，將共工流配到幽州，這是未治好天下的證明。到了三代帝王，天下大受驚擾。下有夏桀盜跖，上有曾參史魚，而儒墨的爭論紛起，於是喜怒互相猜忌，愚智互相欺侮，善與不善互相非議，荒誕與信實互相譏諷，天下風氣從此衰頹了；大德分歧，而性命的情理散亂了；天下愛好智巧，而百姓多糾葛了。於是用斧鋸來制裁，用禮法來擊殺，用肉刑來處決。天下紛紛大亂，罪過在於擾亂人心。所以賢者隱遁在高山深岩，而萬乘君主憂慄於朝廷之上。「當世處死的人殘籍堆積，鐐銬的人連連不斷，刑殺的人滿眼都是，於是儒墨奮力呼嚷於枷鎖之間，噫！太過分了！他們是如此地不知愧怍和羞恥！我不知道聖智不是鐐銬的楔木，仁義不是枷鎖的孔枘麼！怎麼知道曾參史魚不是夏桀盜跖之流的嚮導呢？所以說：『抛棄聰明智巧，天下就太平了。』」

三

黃帝立為天子十九年，令行天下，聞廣成子①在於空同之山②，故往見之，曰：「我聞吾子達於至道，敢問至道之精。吾欲取天地之精③，以佐五穀，以養民人，吾又欲官陰陽④，以遂羣生，為之奈何？」

廣成子曰：「而⑤所欲問者，物之質⑥也；而所欲官者，物之殘也。自而治天下，雲氣不待族⑦而雨，草木不待黃而落，日月之光益以荒矣。而佞人之心翦翦⑧者，又奚足以語至道哉⑨！」

黃帝退，捐天下，築特室，蓆白茅，閒居三月，復往邀之。

廣成子南首而臥，黃帝順下風[10]膝行而進，再拜稽首而問曰：「聞吾子達於至道，敢問，治身奈何而可以長久？」廣成子蹶然而起，曰：「善哉問乎！來！吾語汝至道。至道之精，窈窈冥冥[11]；至道之極，昏昏默默[12]。無視無聽，抱神以靜，形將自正。必靜必清，無勞汝形，無搖汝精，乃可以長生。目無所見，耳無所聞，心無所知，汝神將守形，形乃長生。慎汝內，閉汝外[13]，多知為敗。我為汝遂於大明[14]之上矣，至彼至陽之原也；為汝入於窈冥之門矣，至彼至陰之原也。天地有官[15]，陰陽有藏[16]，慎守汝身，物將自壯。我守其一以處其和，故我修身千二百歲矣，吾形未常衰。」

黃帝再拜稽首曰：「廣成子之謂天矣！」

廣成子曰：「來！余語汝。彼其物[17]無窮，而人皆以為有終；彼其物無測，而人皆以為有極。得吾道者，上為皇而下為王；失吾道者，上見光而下為土[18]。今夫百昌[19]皆生於土而反於土，故余將去汝，入無窮之門，以遊無極之野。吾與日月參光，吾與天地為常。當我，緡乎！遠我，昏乎[20]！人其盡死，而我獨存乎！」

【註譯】

①廣成子：體會自然無為之道的寓言人物。

②空同之山：杜撰的地名。「空」含空虛、空明的意思。「同」含混同、冥同的意思。「山」字通行本作「上」，依闕誤引張君房本及成疏改（王孝魚校）。

③天地之精：天地自然的精氣（福永光司說）。

④官陰陽：「官」，管、治。謂調和陰陽。

林希逸說：「燮調陰陽。『官』，各任其職也。陰陽不相戾，各當其職曰『官』。」

⑤而：汝。下文：「自而治天下」「而佞人之心」的「而」，同作「汝」。

⑥質：原質、真質。

林希逸說：「物之本然曰『質』，即前言至道也。」

⑦族：聚（司馬註）。

⑧翦翦：猶淺淺（林希逸口義）。

⑨又奚足以語至道哉：「哉」字原缺。御覽六二四引「道」下有「哉」字，文意較完（王叔岷校釋）。

⑩順下風：順下方。

李勉說：「『風』，方。古『風』『方』通音，故二字通用。天運篇：『雄鳴於上風，雌應於下風』，天地篇：『禹趨就下風』，又『願先生言其風』，漁父篇：『竊待於下風』，各『風』字皆『方』字之意。」

⑪窈窈冥冥：深遠暗昧。「窈」，微不可見。「冥」，深不可測。老子二十一章作：「窈兮冥兮。」

⑫昏昏默默：喻深靜（李勉說）。

⑬慎汝內，閉汝外：「慎汝內」，不動其心。「閉汝外」，不使外物得以動吾心（林希逸口義）。

⑭遂於大明：「大明」指太陽。禮記禮器篇：「大明生於東，月生於西。」（福永光司說）
⑮天地有官：「官」，職。天地各官其官（林希逸說）。
⑯陰陽有藏：「藏」，府。陰陽各居其所（林希逸說）。
⑰彼其物：指「道」而言（林雲銘莊子因）。
⑱上見光而下為土：指上見日月之光，下則化為土壤。
林希逸說：「『上見光』者，日月也。『下為土』者，地。言居天地之間，懵然無知，舉頭但見日月，低頭但見地下而已。」（口義）
⑲百昌：百物昌盛（成疏）；猶百物（司馬彪說）。
⑳當我，緡乎！遠我，昬乎：「當我」，迎我而來。「遠我」，背我而去（林希逸說）。「緡乎」，泯合（釋文）。「緡」「昬」，並無心之謂（司馬彪說）。

【今譯】

黃帝在位為天子十九年，教令通行天下，聽說廣成子在空同山上，特地去看他，對他說：「我聽說先生明達『至道』，請問至道的精粹。我想攝取天地的精華，來助成五穀，來養育人民，我又想管理陰陽，來順應萬物，對這，我將怎樣去做？」

廣成子說：「你所要問的，乃是事物的原質；你所要管理的，乃是事物的殘渣。自從你治理天下，雲氣不等凝聚就下雨，草木不等枯黃就凋落，日月的光輝更加失色，你這佞人的心境這般淺陋，又怎麼能談『至道』呢？」

黃帝退回，拋棄政事，築一間別室，鋪着白茅，閒居了三個月，再去請教他。

廣成子朝南躺着，黃帝從下方匍匐過去，再叩頭拜禮問說：「聽說先生明達『至道』，請問，怎樣修身才能長久？」廣成子頓然起身說：「你問得好！來！我告訴你『至道』。『至道』的精粹，深遠暗昧；『至道』的極致，靜默沉潛。視聽不外用，抱持精神的寧靜，形體自能康健。靜慮清神，不要勞累你的形體，不要耗費你的精神，才能夠長生。眼睛不要被眩惑，耳朵不要被騷擾，內心不要多計慮，你的精神守護着形體，形體才能夠長生。持守你內在的虛靜，棄絕你外在的紛擾，多智巧便要敗壞，我幫助你達到大明的境地，到達『至陽』的根源；幫你進入深遠的門徑中，到達『至陰』的根源。天地各司其職，陰陽各居其所，謹慎守護你自身，道自然會昌盛。我持守『至道』的純一而把握『至道』的和諧，所以我修身一千二百年了，我的形體卻還沒有衰老。」

黃帝再叩頭拜禮說：「廣成子可說和天合一了。」

廣成子說：「來！我告訴你。『至道』沒有窮盡，但人們都以為有終結；『至道』深不可測，但人們都以為有究極。得到我的『道』，在上可以為皇，在下可以為王；喪失我的『道』，在上只能看見日月之光，在下則化為塵土。萬物都生於土而復歸於土，所以我將離開你，進入無窮的門徑，以遨遊無極的廣野。我和日月同光，我和天地為友。迎我而來，茫然不知！背我而去，昏暗不覺！人不免於死，而我還是獨立存在啊！」

四

雲將①東遊，過扶搖②之枝而適遭鴻蒙③。鴻蒙方將拊脾④雀躍而遊。雲將見之，倘然止⑤，贄然立⑥，曰：「叟何人邪？叟何為此？」

鴻蒙拊脾雀躍不輟，對雲將曰：「遊！」

雲將曰：「朕願有問也。」

鴻蒙仰而視雲將曰：「吁！」

雲將曰：「天氣不和，地氣鬱結，六氣不調，四時不節。今我願合六氣之精以育羣生，為之奈何？」

鴻蒙拊脾雀躍掉頭曰：「吾弗知！吾弗知！」

雲將不得問。又三年，東遊，過有宋之野而適遭鴻蒙。雲將大喜，行趨而進曰：「天⑦忘朕邪？天忘朕邪？」再拜稽首，願聞於鴻蒙。

鴻蒙曰：「浮遊，不知所求；猖狂⑧，不知所往；遊者鞅掌，以觀無妄⑨。朕又何知！」

雲將曰：「朕也自以為猖狂，而民隨予所往；朕也不得已於民，今則民之放⑩也。願聞一言。」

鴻蒙曰：「亂天之經，逆物之情，玄天弗成⑪；解獸之羣，而鳥皆夜鳴；災及草木，禍及止蟲⑫。噫⑬，治人之過也！」

雲將曰：「然則吾奈何？」

鴻蒙曰：「噫，毒哉！僊僊乎歸矣⑭。」

雲將曰：「吾遇天難，願聞一言。」

鴻蒙曰：「噫！心養⑮。汝徒處無為，而物自化。墮爾形體，黜爾聰明⑯，倫與物忘⑰；大同乎涬溟⑱，解心釋神，莫然無魂⑲。萬物云云，各復其根⑳，各復其根而不知；渾渾沌沌㉑，終身不離；若彼知之，乃是離之。無問其名，無闚其情，物固自生。」

雲將曰：「天降朕以德，示朕以默；躬身求之，乃今也得。」再拜稽首，起辭而行。

【註譯】

①雲將：雲之主將。寓言。

②扶搖：神木（李頤註）。一說「扶搖」作「扶桑」。「扶桑」見山海經（海外東經），為神話中的巨木（福永光司說）。

③鴻蒙：自然元氣（司馬彪說）。

④拊脾：脾，即髀。拍着股部。

⑤倘然止：停止的樣子。

司馬彪說：「『倘』，欲止貌。」

馬叙倫說：「『倘』，借為『党』。說文曰：『党，岠也。』岠，止也。」

李勉說：「『倘』，通『躺』。『躺然』，身向後躺作呆止之狀。」

⑥贅然立：形容站着不動的樣子。

李頤說：「『贅』，不動貌。」

林雲銘說：「拱立之貌。」

章炳麟說：「說文無『贅』字，但作『𡠗』。云：『𡠗，至也。』訓『至』者，有底定義，故曰𡠗然立。」

⑦天：尊稱鴻蒙。如前文黃帝尊稱廣成子。

⑧猖狂：形容隨心所欲、自由奔放。

⑨遊者鞅掌，以觀無妄：「遊者鞅掌」，遊於紛紜衆多的事物中（黃錦鋐新譯莊子譯本）。「者」，通「諸」，之於。「無妄」，真實，指事物的真相。一說「無妄」為無窮之意。

成玄英說：「鴻蒙遊心之處寬大，涉見之物衆多，能觀之智，知所觀之境無妄也。『鞅掌』，衆多也。」

⑩民之放：為民所放效（郭註）。

福永光司說：「『放』，同『依』。論語里仁篇：『放於利而行，多怨。』『放』作『依』講。」（莊子外篇一二二頁）

⑪玄天弗成：自然之原狀不能保全（李勉說）。

成玄英說：「自然之化不成。」

⑫止蟲：本亦作「昆蟲」（釋文）。趙諫議本「止」作「昆」（王孝魚校）。「止」，豸同（蘇輿說，王先謙集解引）。

⑬噫：多本作「意」。道藏各本、趙諫議本皆作「噫」。「意」與「噫」通（王叔岷校釋）。

⑭毒哉！僊僊乎歸矣：毒害人啊！快回去。

郭象說：「『毒哉』，言治人之過深。」

成玄英說：「『僊僊』，輕舉之貌。勸令歸。」

⑮心養：如人間世「心齋」。郭註成疏似作「養心」。

⑯墮爾形體，黜爾聰明：「黜」原作「吐」。依大宗師篇改。

王引之說：「『吐』當為『咄』。『咄』與『黜』同。」（見王念孫讀書雜志餘編）

俞樾說：「『吐』當作『杜』，言杜塞其聰明也。」（莊子平議）

劉文典說：「『吐爾聰明』，文不成義。『吐』疑『絀』字之壞。淮南子覽冥訓『隳肢體，絀聰明』，即襲用此文，字正作『絀』，是其塙證。大宗師作『墮枝體，黜聰明』，『黜』、『絀』音義同。」按：劉說可從。今依大宗師篇改作「黜」。

⑰倫與物忘：「倫」，同「淪」，沒。泯沒而與物相忘（林希逸口義）。

⑱涬溟：自然氣（司馬彪說）。

⑲莫然無魂：去除心機智巧的意思。

成玄英說：「『魂』，好知為也。『莫然』，無知。」

⑳萬物云云，各復其根：老子十六章有「夫物芸芸，各復歸其根」句。

㉑渾渾沌沌：真樸自然之意。與應帝王篇「渾沌」同義。

【今譯】

雲將到東方遊玩，經過神木的枝頭，恰好遇見了鴻蒙。鴻蒙正在拍着腿跳躍遊行。雲將見到，忽然停下，恭敬地站着，說：「老先生是誰呀？老先生為什麼來這裏？」

鴻蒙拍着腿跳躍不停，對雲將說：「遨遊！」

雲將說：「我想請問。」

鴻蒙仰面看着雲將說：「啊！」

雲將說：「天氣不適宜，地氣鬱結着，六氣不調和，四時不順序。現在我想融合六氣的精華來養育萬物，要怎麼辦？」

鴻蒙拍着腿跳躍掉過頭說：「我不知道！我不知道！」

雲將得不到答案。又過了三年，向東遊行，經過宋國的原野，恰好遇見了鴻蒙。雲將高興極了，快步上前說：「您忘了我嗎？您忘了我嗎？」叩頭拜禮，希望鴻蒙指點他。

鴻蒙說：「悠遊自在，無所貪求；隨心所欲，無所不適；遊心在紛紜的現象中，來觀看萬物的真相。我又知道什麼？」

雲將說：「我自以為隨心所欲，而人民跟隨着我；我不得已接觸人民，現在卻為人民所依順。請你指教。」

鴻蒙說：「擾亂了自然的常道，違逆了萬物的真情，自然的狀態不能保全；羣獸離散，飛鳥夜鳴；殃及草木，禍臨昆蟲。噫，這是治理人民的過錯！」

雲將說：「那麼我怎麼辦？」

鴻蒙說：「噫，毒害人啊！快快回去吧！」

雲將說：「我遇見您很難得，希望指點指點。」

鴻蒙說：「噫！修養心境。你只要順任自然無為，萬物就會自生自化。忘掉你的形體，拋開你的聰明，和外物泯合，和自然元氣混同，釋放心神，無所計較。萬物紛紛紜紜，各自返回到它的本根，各自返回本根而不知所以然；渾然不用心機，才能終身不離本根；如果使用心智，就會離失本根。不必追問它的名稱，不必探究它的真相，萬物乃是自然生長。」

雲將說：「你施給我恩德，曉示我靜默；我親身求道，現在才有所得。」叩頭拜禮，告辭而去。

五

世俗之人，皆喜人之同乎己而惡人之異於己也。同於己而欲之，異於己而不欲者，以出乎衆為心也。夫以出乎衆為心者，曷常①出乎衆哉！因衆以寧所聞，不如衆技衆矣。而欲為人之國者，此攬②乎三王之利而不見其患者也。此以人之國僥倖也，幾何僥倖而不喪人之國乎！其存人之國也，無萬分之一；而喪人之國也，一不成而萬有餘喪矣。悲夫，有土者③之不知也！

夫有土者，有大物④也。有大物者，不可以物⑤；物而不物，故能物物⑥。明乎物物者之非物也，豈獨治天下百姓而已哉！出入六合⑦，遊乎九州⑧，獨往獨來，是謂獨有⑨。獨有之人，是謂至貴。

【註譯】

①曷常：何嘗。「常」，同嘗。

②攬：音覽，本亦作「覽」（釋文）。

③有土者：即有國者，指當時諸侯。

④大物：指廣大的土地人民。

⑤有大物者，不可以物：此言有天下者，必超乎天下（馬其昶莊子故）。

⑥物而不物，故能物物：這和山木篇「物物而不物於物」同義。「物而不物」，即「為而不為」，意指雖居其位、統管其事，然要能不侵佔，任物自為。

郭象說：「夫用物者，不為物用也。不為物用，斯不物矣，不物，故物天下之物，使各自得也。」

⑦六合：指天地四方。詞見齊物論。

⑧九州：古代將中國全土分成九大行政區域，即：冀州、兗（yǎn）州、青州、徐州、揚州、荊州、豫州、梁州、雍州（見尚書禹貢）。古人將世界全體分成九部，謂：神州（東南），次州（正

南），戎州（西南），弇州（正西），冀州（正中），台州（西北），泲州（正北），薄州（東北），陽州（正東）（見淮南子墬形訓，此說本於戰國末年騶衍）。

⑨獨有：意指擁有自己的內在人格世界，在精神上能特立獨行。

【今譯】

世俗上的人，都喜歡別人和自己相同而厭惡別人和自己不同。希望別人和自己相同，不願別人和自己不同，這是存着出人頭地的心理。要是存着出人頭地的心理，何嘗就超出大衆呢？只因大衆的認同而得心安。其實不如衆人的才智太多了。想要貪圖國土的人，這是求取三代帝王的利益而沒有看見他們的禍害。這是用國家來圖謀自己的僥倖，有多少這種僥倖而不喪失國家的呢？這樣能保存國家的，沒有萬分之一；而喪失國家的，沒有一次成功的機會而萬分有餘的要喪失。悲哀啊，擁有國家的人卻不明白呀！

擁有國家的，就擁有土地人民。擁有土地人民的，不可以受外物支配；支配物而不被物役使，才能主宰外物。明白主宰外物的不是物，豈止只能治理天下百姓而已呢！（他的精神境界）卻能往來於天地四方，神遊於九州，獨來獨往，這可稱為「獨有」。具有這樣特立獨行的人，便是無上的尊貴。

大人①之教，若形之於影，聲之於響。有問而應之，盡其所懷，為天下配②。處乎無響，行乎無方③。挈汝適復之撓撓④，以遊無端，出入無旁⑤，與日無始⑥；頌論形軀，合乎大同⑦，大同而無己。無己，惡乎得有有⑧！覩有者，昔之君子；覩無者，天地之友⑨。

【註譯】

①大人：至人，即上文獨有之人。

②配：對。問者為主，應者為配（宣穎說）。

③無方：無跡（林希逸說）。

④挈汝適復之撓撓：意指引導紛雜的人羣。林希逸說：「『撓撓』，羣動不已之貌。『適』，往也。『挈』，提也。『汝』，指舉世之人也。」

⑤出入無旁：獨來獨往，無所依傍（林雲銘說）。

⑥與日無始：與日俱新（郭註）。

⑦頌論形軀，合乎大同：容貌形軀，合於天地自然。郭象說：「其形容與天地無異。」李勉說：「按『頌』，容也。莊書迭有言及。天下篇『稱神明之容』，『容』『頌』互通。顏師古註漢書儒林傳亦云『頌』與『容』同；蘇林亦云頌貌威儀連稱，頌貌即容貌也。章太炎云：『論，與類可互借。』廣雅云：『類，像也。』像即貌也。故『頌論形軀』，為容貌形軀之意，言其容貌形軀合乎大同也。『合乎大同』謂與物混同，忘物我，忘形骸也。」按：郭象便以「形容」註「頌論形軀」。成疏：「論，語。」王先謙說：「論其形貌。」皆非。當依李說，「頌論」訓為「容貌」。

⑧有有：有形相，意指執着於形相。第二個「有」字為名詞，指現象物。

⑨覩無者，天地之友：「無」，即老子第一章「無，名天地之始」的「無」，指道。

按：本篇當於此告結。此下有一段：「賤而不可不任者，物也；卑而不可不因者，民也；匿而不可不為者，事也；麤而不可不陳者，法也；遠而不可不居者，義也；親而不可不廣者，仁也；節而不可不積者，禮也；中而不可不高者，德也；一而不可不易者，道也；神而不可不為者，天也。故聖人觀於天而不助，成於德而不累，出於道而不謀，會於仁而不恃，薄於義而不積，應於禮而不諱，接於事而不辭，齊於法而不亂，恃於民而不輕，因於物而不去。物者莫足為也，而不可不為。不明於天者，不純於德；不通於道者，無自而可；不明於道者，悲夫！何謂道？有天道，有人道。無為而尊者，天道也；有為而累者，人道也。主者，天道也；臣者，人道也。天道之與人道也，相去遠矣，不可不察也。」這段文義，和本篇主旨相違，且與莊學思想不合。宣穎說：「此一段意膚文雜，與本篇之義不類，全不似莊子之筆。」劉鳳苞說：「上段已不類南華筆意，……若以『覩有』、『覩無』二句作結，屹然而止。至此段則意淺詞膚，畫蛇添足。」胡文英說：「自『賤不可不任』以下，無甚精義……為贋手所竄。」馬敘倫說：「自『世俗之人』至此，疑非在宥篇文。」馮友蘭說：「這段話在本篇的末尾，跟本篇前一部分的精神不合。可能前一部分比較早，後一部分是後來加上去的。」李勉說：「此下一段文意俗雜，尤多矛盾之句，疑為俗儒所竄。上文既云『無心因任，與物俱忘』，此段又云『物不可不任，民不可不因，事不可不為，法不可不陳……』，是皆不能忘心無為，舉上文矛盾者也，豈莊子之道乎？且尊禮崇法，居仁由義，是孔孟之道也，莊子焉能為之？足見此段乃是後人有意於功名而欲掊擊莊子之道者所雜。」以上各說為是。然其隆無為之天道，與「孔孟之道」不合，乃屬黃老派觀點。

【今譯】

至人的教導，就像形對於影，聲對於響。有問就有答，盡其所能，替大家對答。︵至人︶處身於沒有聲響的境況，往來於沒有痕跡的境界。引導紛雜的人羣，遊於無始無終的境域；獨來獨往，與日俱新；容貌形軀，合於大同，大同便不盡限於個我。不局限於個我，怎會執着於形相！執着於形相，是從前的君子；體悟着根源，是天地的朋友。

天地

天地篇，由十五章文字雜纂而成。各章意義不相關聯，屬於雜記體裁。「天地」，指天和地而言。取篇首二字為篇名。

本篇第一章，寫天地的演化運作，本於自然，人君應順天地自然無為的規律而行事。第二章談道，求道當「刳心」。「刳心」即洗心——洗去貪慾智巧之心。第三章由道引出無聲之樂。第四章是黃帝遺玄珠的寓言，譬喻道不是感覺的對象，感官、言辯都無從求得。「象罔得之」，喻無心得道——棄除心機智巧，在靜默無心之中領會道。第五章，許由告誡堯，「治」為「亂之率」。第六章，華封人曉喻堯，要隨遇而安，無心任自然，如鳥飛行而無跡。第七章，伯成子高責禹行刑政。第八章，泰初有「無」，述宇宙的創造歷程。第九章，孔子以治道請教老聃，老聃指出統治者當「忘己」。第十章，蔣閭葂與季徹對話，提出為政者要化除賊害人民的心念，使人民增進獨立的人格意志。第十一章，申說為政者當去「機心」而保持真樸。第十二章，諄芒與苑風相遇的寓言，描述「聖治」、「德人」與「神人」。第十三章，門無鬼與赤張滿稽的寓言，寫「至德之世」，人民相愛於自然的情景。第十四章，諷忠臣孝子為「阿諛之人」，評人情之導諛盲從。末一章，寫獵取功名聲色者衣冠楚楚的樣態，譏評這些人的生活，如同囚檻中的禽獸一般。

著名典故「象罔得玄珠」，出自本篇。許多著名成語如：神乎其神、華封三祝、鶉居鷇食、獨弦哀歌、變容失色、大惑不解、二缶鍾惑等亦出自本篇。

一

天地雖大，其化均也；萬物雖多，其治一也①；人卒②雖衆，其主君也。君原於德而成於天③，故曰，玄古之君天下，無為也，天德④而已矣。

以道觀言，而天下之名正[5]；以道觀分，而君臣之義明；以道觀能，而天下之官治；以道汎觀，而萬物之應備[6]。故通於天者，道也；順於地者，德也；行於萬物者，義也[7]；上治人者，事也[8]；能有所藝者，技也。技兼於[9]事，事兼於義，義兼於德，德兼於道，道兼於天，故曰：古之畜天下者，無欲而天下足，無為而萬物化，淵靜而百姓定[10]。記曰[11]：「通於一而萬事畢，無心得而鬼神服。」

【註譯】

①其治一也：「治」，條理（李鍾豫譯）。
郭象說：「一以自得為治」。
嚴靈峯先生說：「按『治』疑當作『始』。形近致誤。」嚴說可供參考。

②人卒：即民衆。見秋水篇、至樂篇、盜跖篇。

③原於德而成於天：「德」者，自得。「天」者，自然（王懋竑莊子存校）。

④天德：體現天地自然理法的一種存在方式（福永光司說）。

⑤以道觀言，而天下之名正：「名」原作「君」。依嚴靈峯之說改。
嚴靈峯先生說：「錢穆曰：『按「君」或「名」字之譌。』錢說是也。按：論語：『名不正，則言不順。』反之，『言』順則『名』正，故云：『以道觀言，而天下之名正。』『言』與『正』上下相蒙，茲依錢說並文義臆改。」

⑥以道汎觀，而萬物之應備：從道的觀點廣泛地看來，萬物的對應都已齊備。

林希逸說：「萬物之間，未有無對者。有寒則有熱，有雌則有雄；有上則有下；有前則有後；有左則有右，箇箇相應，皆出自然。故曰：以道汎觀而萬物之應備。」

⑦故通於天者，道也；順於地者，德也；行於萬物者，義也：今本作「故通於天地者，德也；行於萬物者，道也」。陳碧虛莊子闕誤引江南古藏本改。

劉文典說：「碧虛子校引江南古藏本作『故通於天者道也；順於地者德也；行於萬物者義也』。」

典案：江南古藏本是也。下文『事兼於義；義兼於德；德兼於道』。即承上『道』『德』『義』而言。今本敚一句，『義』譌為『道』，則與下文不相應矣。」（莊子補註）按王叔岷校釋所說同。

日本福永光司說：「天地自然的秩序是所有秩序的根本，存在於天地宇宙間的普遍性的秩序，就是『道』。存在於天地萬物中的普遍性的價值，而以『道』為基礎的存在方式為『德』。」（莊子外篇解說一四四頁）

⑧上治人者，事也：上位的治理人民，是各任其事。

郭象說：「使人人各得其事。」

成玄英說：「雖則治民，因其本性，物各率能，咸自稱適。」（成玄英疏）

⑨兼於：統屬於。

⑩無欲而天下足，無為而萬物化，淵靜而百姓定：老子五十七章作：「我無為而民自化，我好靜而民自正，我無欲而民自樸。」

⑪記曰：「記」，謂古書之記載，不指定某書（李勉說）。按釋文：「云老子所作。」成疏：「語在

西升經。」皆非。

【今譯】

天地雖然大，演化卻是均勻的；萬物雖然多，條理卻是一致的；民衆雖然多，主政的卻是君主。君主任事是依據着「德」而成全於天然，所以說，遠古的君主治理天下，出於無為，順任自然就是了。

從「道」的觀點來看言論，天下的名稱都合理；從「道」的觀點來看分際，君臣的名分都明顯；從「道」的觀點來看才能，天下的官員都盡職；從「道」的觀點廣泛地看來，萬物的對應都齊備。所以通達於天的是「道」；順適於地的是「德」；周行於萬物的是「義」；上位的治理人民，是各任其事；才能有所專精，是技藝。技術統屬於事，事統屬於義理，義理統屬於德，德統屬於道，道統屬於天。所以說：古時候養育百姓的，（君主）不貪慾，天下便可富足；自然無為，萬物便將自化；清靜不擾，百姓便能安定。古書上說：「貫通於道而萬事可成，無心獲取而鬼神敬服。」

二

夫子[①]曰：「夫道，覆載萬物者也，洋洋乎大哉！君子不可以不刳心[②]焉。無為為之之謂天，無為言之之謂德，愛人利物之謂仁，不同同之之謂大，行不崖異[③]之謂寬，有萬不同之謂富。故執德之謂紀，德成之謂立，循於道之謂備，不以物挫志之謂完。君子明於此十者，則韜乎其事心之大也④，沛乎其為萬物逝⑤也。若然者，藏金於山，沈珠於淵⑥，不利貨財，不近貴富；不樂壽，不哀夭；不榮通，不醜窮；不拘一世之利⑦以為己私分，不以王天下為己處顯。〔顯則明〕⑧，萬物一府，死生同狀⑨。」

【註譯】

①夫子：莊子（釋文引司馬彪說）；門人記莊子之言（陳壽昌正義）。按：成玄英認為是指老子，宣穎以為乃指孔子，皆非。

嚴靈峯先生說：「就文氣觀之，文似莊子；從以外文字察之，有與儒家及天下篇相近者；其文出於莊周後學殆屬可信。當依司馬彪說：『夫子』為『莊子』也。」嚴說是。

②刳（kū枯）心：剔去其知覺之心（林希逸口義）；去其私以入於自然（林雲銘莊子因）。王懋竑說：「當作『刻心』解，言極用心於道也。」王說可存。

③崖異：乖異。

④韜乎其事心之大也：「韜」，借為「滔」（馬叙倫義證）。按：盛大之意。「事心」，猶立心，言其立心之大（俞樾莊子平議）。

⑤為萬物逝：任萬物之自往（郭註）。「逝」，往（成疏）。

⑥藏金於山，沈珠於淵：「沈」各本作「藏」。闕誤引張君房「藏」作「沈」（馬叙倫、劉文典、王

叔岷校），據改。

⑦不拘一世之利：「拘」，借為取。章炳麟說：「『拘』與『鉤』同。天運篇：『一君無所鉤用。』釋文云：『鉤，取也。』此『鉤』亦訓『取』。」（莊子解故）

⑧顯則明：此三字為淺人所纂入，有乖文勢，當刪。

⑨萬物一府，死生同狀：「萬物一府」，即德充符篇「府萬物」。「死生同狀」，即德充符篇「以死生為一條」。

【今譯】

先生說：「道是覆載萬物的，浩瀚廣大啊！君子不可以不棄除成心。以無為的態度去做就是道，以無為的方式去表達就是德，愛人利物就是仁，融合不同的就是大，行為不標顯乖異就是寬，包羅萬象就是富。所以執持德行就是綱紀，德行實踐就是建立，依循於道就是全備，不受外物挫折心志就是完全。君子明瞭這十項，便是包容萬物心地寬大，滂沛為萬物所歸往。像這樣，藏金於深山，沉珠在深淵，不謀財貨，不求富貴，不以高壽為樂，不以夭折為哀，不以通達為榮，不以貧窮為恥，不收攬舉世的利益來據為己有，不以稱王於天下而彰顯自己。彰顯便是炫耀，萬物一體，死生同狀。」

三

夫子曰：「夫道，淵乎其居也，漻①乎其清也。金石②不得，無以鳴。故金石有聲，不考不鳴③。萬物孰能定之④！

「夫王德之人⑤，素逝而恥通於事⑥，立之本原而知通於神⑦。故其德廣，其心之出，有物採之⑧。故形非道不生，生非德不明。存形窮生，立德明道，非王德者邪！蕩蕩乎！忽然出，勃然動，而萬物從之乎！此謂王德之人。

「視乎冥冥！聽乎無聲。冥冥之中，獨見曉焉；無聲之中，獨聞和焉。故深之又深而能物焉，神之又神而能精焉⑨；故其與萬物接也，至無而供其求⑩，時騁而要其宿⑪（大小，長短，修遠）⑫。」

【註譯】

①漻：清澈。

②金石：鐘磬，古代樂器。

③不考不鳴：「考」，擊（成疏）。淮南子詮言訓「不考不鳴」作「弗叩弗鳴」。「考」「叩」一聲之轉（王叔岷校釋）。

④萬物孰能定之：意指萬物的感應誰能確定它的性質。

⑤王德之人：「王」，同「旺」，盛大的意思（福永光司說）。「王德之人」，即盛德之人。

⑥素逝而恥通於事：「素」，真。「逝」，往（成疏）。「素逝」，即抱樸而行。

嚴靈峯先生說：「按『素逝』二字費解。……疑『素逝』二字原作『素樸』。此句當作『素樸而恥通於事』。」嚴說可供參考。

⑦知通於神：「知」音智。「神」，形容變化不測的境界。

⑧其心之出，有物採之：他的心思起作用，乃是由於外物的交感。

林希逸說：「物有取於我而後其心應之。『採』猶感也。『出』猶應也。」

⑨深之又深而能物焉，神之又神而能精焉：「能物」，物由此生（宣穎說）；即能生物。「精」，真實在的本質（福永光司說）。

李勉說：「老子：『恍兮惚兮，其中有物；竊兮冥兮，其中有精。』據此，『能』或『有』字之誤。言道處於深之又深，但有物存在（確有道之質在也），道雖神之又神，但有其精焉（確乎有道之精在也）。」

⑩至無而供其求：指道體至虛卻能供應萬物的需求。

⑪時騁而要其宿：謂道時出不窮卻能使萬物有所歸宿。

⑫「大小，長短，修遠」：這六字句義不全，疑是郭象註文竄入正文。

吳汝綸說：「案『大小長短修遠』六字，當為郭氏註文。郭註：『大小長短修遠皆恣而任之，會其所極而已。』蓋釋『時騁而要其宿』之義。今註文無上六字，奪入正文也。又據淮南子原道訓作『大小修短，各有其具』云云，則姚（鼐）謂有缺文者是也。」（莊子點勘）按：吳說是，此六字似可刪除。

【今譯】

先生說：「道是淵深幽隱，清澈澄明的。鐘磬不得道便無由鳴響。所以鐘磬有聲，不敲不鳴。萬物的感應誰能確定它？

「盛德的人，懷抱純素的真情而立身行事，不願周旋於俗務，立身於本原，智慧可與神明相通。因而他的德行廣遠，他的心思起作用，乃是由於外物的交感。因而形體非道不能產生，生命非德不能彰明。保存形體，充實生命，立德明道，豈不就是盛德嗎？浩大啊！忽然出現，勃然而動，萬物依從呀！這就是盛德的人。

「〔道〕視而深遠，聽而無聲。深遠之中，但見其象；無聲之中，但聞和音。深而又深卻能生物，玄妙又玄妙卻能成精氣；所以道和萬物接應，道體虛寂卻能供應萬物的需求，馳騁不已卻能為萬物的歸宿。」

四

黃帝遊乎赤水①之北，登乎崑崙之丘而南望，還歸遺其玄珠②。使知③索之而不得，使離朱索之而不得，使喫詬④索之而不得也。乃使象罔⑤，象罔得之。黃帝曰：「異哉！象罔乃可以得之乎？」

【註譯】

①赤水：杜撰的地名。

郭慶藩說：「文選劉孝標廣絕論註引司馬云『赤水，假名』。」

②玄珠：喻道（司馬彪說）。

③知：音智。寓名。

④喫詬：言辯（成疏）。寓名。

⑤象罔：無心之謂（成疏）；按：「象」即形跡，「罔」同無，同忘；「象罔」喻無形跡，亦寓名。

王叔岷先生說：「案覆宋本『象罔』並作『罔象』。御覽八〇三引同。李白大獵賦：『使罔象掇玄珠於赤水』，金門答蘇秀才詩『玄珠寄罔象』，白居易求玄珠賦『與罔象而同歸』，並用此文，皆作『罔象』。」按：作「罔象」或「象罔」均可通。

【今譯】

黃帝遊歷於赤水的北面，登上崑崙的高山向南眺望，返回時，遺失了玄珠。讓知尋找不着，讓離朱尋找也找不着，讓喫詬尋找又找不着。於是請象罔尋找，象罔找到了。黃帝說：「奇怪呀！象罔才能找到麼？」

五

齧缺之師曰王倪，王倪之師曰被衣①。堯之師曰許由，許由之師曰齧缺，齧缺之師曰王倪，王倪之師曰被衣①。

堯問於許由曰：「齧缺可以配天②乎？吾藉王倪以要③之。」

許由曰：「殆哉圾④乎天下！齧缺之為人也，聰明叡知，給數以敏⑤，其性過人，而又乃以人受天⑥。彼審乎禁過⑦，而不知過之所由生。與之配天乎？彼且乘人而無天⑧，方且本身而異形⑨，方且尊知而火馳⑩，方且為緒使⑪，方且為物絯⑫，方且四顧而物應⑬，方且應眾宜，方且與物化而未始有恆⑭。夫何足以配天乎？雖然，有族，有祖⑮，可以為眾父⑯，而不可以為眾父父⑰。治，亂之率也，北面之禍也，南面之賊也⑱。」

【註譯】

①齧缺，王倪，被衣：都是求道之士。已見於應帝王篇，被衣即應帝王篇中的蒲衣子。齊物論有一段「齧缺問乎王倪」。知北遊有一段「齧缺問道乎被衣」。這些人名都是莊子杜撰的。

②配天：為天子。

③要：邀。

④圾：本又作「岌」（釋文），危。

⑤給數以敏：「給」，捷（成疏）。「數」，借速。「給數」，捷速。「給數以敏」，謂機警敏捷。

⑥而又乃以人受天：「乃」，猶能（吳汝綸、馬叙倫說）。
⑦審乎禁過：明於禁阻過失。
⑧乘人而無天：依憑人為造作而摒棄自然。
⑨本身而異形：以己身為本，令天下異形（成疏）；即以自身為本位來區分人我。宣穎說：「分己分人。」
⑩尊知而火馳：尊尚知識而謀急用。林希逸說：「『火馳』，如火之馳，言其急也。自尊尚其知而急用之。」林雲銘說：「機謀急速也。」
⑪緒使：為細事所役（宣穎說）。于省吾說：「按爾雅釋詁：『緒，事也。』『方且為緒使』，言方且為事使也。下句『方且為物絯』，『事』、『物』對文。」（莊子新證）
⑫物絯：「絯」，礙（郭註）。「物絯」，即為外物所拘束。
⑬四顧而物應：顧盼四方而應接外物。
⑭與物化而未始有恆：受外物影響而未嘗有定則。宣穎說：「酬接不暇。」
⑮有族，有祖：一族之聚必尊其祖（林希逸說）。指有人羣族聚則當有宗主人羣之事者。
⑯衆父：族之祖（馬其昶莊子故），這裏指百姓的官長。
⑰衆父父：祖之所自出，則配天者（馬其昶說）。

⑱北面之禍也，南面之賊也：指治將會導致人臣的禍患，君主的禍害。古時候帝王的座位向南，臣子見君主都向北拜禮，因而以「南面」喻君主，以「北面」喻臣子。

【今譯】

堯的老師是許由，許由的老師是齧缺，齧缺的老師是王倪，王倪的老師是被衣。

堯問許由說：「齧缺可以做天子嗎？我請王倪來邀他。」

許由說：「危險啊！要危及天下！齧缺的為人，聰明睿智，機警敏捷，天性過人，而又用人事來對應天然，他精於禁阻過失，卻不知道過失產生的根由。讓他做天子嗎？他要依憑人為而摒棄自然，他將會以自身為本位來區分人我，會尊尚智巧而謀急用，會為瑣事所役使，會為外物所拘束，會酬接四方不暇，會事事求合宜，會受外物影響而沒有定則，他怎能做天子呢？儘管如此，有人羣就要有首領，他可以做一方百姓的官長，卻不可以做一國的君主。治是導致亂的起因，治是人臣禍患、君主禍害的根由。」

六

堯觀乎華①。華封人②曰：「嘻，聖人，請祝聖人。」

「使聖人壽。」堯曰：「辭。」「使聖人富。」堯曰：「辭。」「使聖人多男子。」堯曰：

「辭。」

封人曰：「壽、富、多男子，人之所欲也，女獨不欲，何邪？」

堯曰：「多男子則多懼，富則多事，壽則多辱。是三者，非所以養德也，故辭。」

封人曰：「始也我以女為聖人邪，今然君子也③。天生萬民，必授之職，多男子而授之職，則何懼之有？富而使人分之，則何事之有！夫聖人，鶉居而鷇食④，鳥行而無彰⑤，天下有道，則與物皆昌；天下無道，則修德就閒；千歲厭世⑥，去而上僊；乘彼白雲，至於帝鄉⑦；三患⑧莫至，身常無殃，則何辱之有！」

封人去之。堯隨之，曰：「請問？」

封人曰：「退已！」

【註譯】

①華：地名。今陝西省華縣。

②封人：守邊疆的人。已見齊物論。

③今然君子也：「然」，借為「乃」（章炳麟解故、楊樹達拾遺）。

④鶉居而鷇食：「鶉（chún 淳）居」，謂無常處（釋文）。「鷇（kòu 叩）食」，形容無心求食。林希逸說：「『鷇』，鳥初生者也。其母哺之，雖食而非自求也。言無心於食也。」

⑤無彰：無跡。

⑥厭世：「厭」，盡世，一生已盡。

⑦帝鄉：天地之鄉（成疏）。陶淵明歸去來辭：「富貴非吾願，帝鄉不可期。」「帝鄉」一詞即來自於此。

⑧三患：指病、老、死三種禍患。林雲銘說：「三患，病、老、死也。或解水、火、風三災，恐未必然。」

【今譯】

堯到華地觀遊。華地守封疆的人說：「啊，聖人！請受我的祝福。」「祝福聖人長壽。」堯說：「謝絕了。」「祝福聖人富有。」堯說：「謝絕了。」「祝福聖人多男孩。」堯說：「謝絕了！」

守封疆的人說：「長壽、富有、多男孩，這是大家共同的願望，你卻不想要，為什麼呢？」

堯說：「多男孩便多恐懼，富有便多繁事，長壽便多困辱。這三種不適於培養德性，所以謝絕。」

守封疆的人說：「起初我以為你是聖人呀，現在看來竟然是個君子。天生萬民，必定會授予職事，男孩多而授與職事，還有什麼恐懼的？富有而使人分享，還有什麼繁事？聖人隨遇而安，無心求食，如鳥飛行而無跡；天下上軌道，便與衆同昌；天下混亂，便修德閒居；千歲之後一生已盡，離去人世而升仙，騰駕白雲，到達帝鄉，你上面所說的三種憂患都不會來，災殃不見，還有什麼困辱的？」

守封疆的人離去，堯跟隨他說：「請問要怎樣辦？」

守封疆的人說：「回去吧！」

七

堯治天下，伯成子高①立為諸侯。堯授舜，舜授禹，伯成子高辭為諸侯而耕。禹往見之，則耕在野。禹趨就下風②，立而問焉，曰：「昔堯治天下，吾子立為諸侯。堯授舜，舜授予，而吾子辭為諸侯而耕，敢問，其故何也？」

子高曰：「昔堯治天下，不賞而民勸，不罰而民畏。今子賞罰而民且不仁，德自此衰，刑自此立，後世之亂自此始矣。夫子闔③行邪？無落吾事④！」俋俋⑤乎耕而不顧。

【註譯】

①伯成子高：「伯成」，雙姓，見廣韻（李勉說）。或為杜撰的人物。

②趨就下風：「下風」，即下方。「風」、「方」古通音通義。謂禹趨就下方，不敢居於上方，此自謙之詞（李勉說）。

③闔：本亦作「盍」（釋文），何不。

④無落吾事：「落」猶廢（釋文）。呂覽「落」作「慮」，高註：「慮」，猶「亂」（吳汝綸說）。于省吾說：「『落』、『格』古通，『格』之通詁為止為拒。然則『無格吾事』，謂無阻吾事。」

⑤俋俋：低首而耕之貌（林希逸口義）。

【今譯】

堯治理天下，伯成子高立位為諸侯。堯授位給舜，舜授位給禹，伯成子高辭別諸侯位子去耕田。禹去看他，他正在田野耕種。禹走在下面，站着問道：「從前堯治理天下，先生立位為諸侯，堯傳給舜，舜傳給我，而先生辭去諸侯職位來耕田，請問，為什麼？」伯成子高說：「從前堯治理天下，不必行賞而人民卻能勉勵，不必刑罰而人民卻能有所敬畏。現在你行使賞罰而人民卻不仁愛，德行從此衰落，刑罰從此興建，後世的禍亂從此開始了。先生為什麼不走呢？不要耽誤了我的耕作！」他低下頭耕田，而不回顧。

八

泰初有無①，無有無名②；一③之所起，有一而未形。物得以生，謂之德；未形者有分④，且然無間⑤，謂之命⑥；留動而生物⑦，物成生理⑧，謂之形；形體保神，各有儀則，謂之性。性修反德，德至同於初。同乃虛，虛乃大。合喙鳴⑨；喙鳴合，與天地為合。其合緡緡⑩，若愚若昏，是謂玄德，同乎大順⑪。

【註譯】

①泰初有無：宇宙始原便是「無」。列禦寇作「太初」。

成玄英疏：「『泰』，太；『初』，始也。元氣始萌，謂之太初。」

林希逸說：「『泰初』，造化之始也，所有者只是『無』而已。」

②無有無名：有兩種解釋：（一）無有『無』名，即沒有『無』的名稱。（二）無『有』無『名』，即沒有『有』也沒有『名』。今譯從後者。

成玄英疏：「太初之時，惟有此『無』，未有於『有』。『有』既未有，名將安寄，故無『有』無『名』。」

③一：形容「道」（「無」）的創生活動中向下落實一層的未分狀態。

④未形者有分：「未形」，未有形質（成疏）。「有分」，分陰分陽（宣穎說）。

⑤且然無間：猶且流行無間。

林希逸說：「若有分矣，而又分他不得，故曰：『且然無間』。『且然』，猶且也。『無間』，便是渾然者。」

宣穎說：「雖然陰陽，猶且陽變陰合，流行無間。」

曹礎基說：「『無間』，不可分割地有機聯繫着。」

⑥命：謂萬物先天性的存在條件（福永光司說）。

⑦留動而生物：有兩種解釋：（一）（元氣運動不已。）運動稍時滯留便產生了物。如成玄英疏：「『留』，靜也。陽動陰靜，化生萬物。」如林希逸說：「元氣之運動不已，生而為物，則是其動

者留於此，故曰『留動而生物』。『留動』二字下得極精微，莫草草看。『動』，陽也。『留動』，靜也。靜為陰。正句便有陽生陰成之意。」又如宣穎說：「『動』，即造化流行也。少停於此，便生一物。」（二）流動（的過程中）而產生物；如陸德明說：「『留』或作『流』。」徐復觀先生說：「『流動』是形容分化而生物過程中的活動情形。」（中國人性論史三七三頁）兩種解釋都可通，今譯從（一）。

⑧物成生理：萬物生成具有各別樣態。

徐復觀先生說：「『物成生理』，是說成就物後而具有生命、條理。」

福永光司說：「『物成生理』是說萬物生成後各物呈各別樣相。『理』，即模樣的意思。」

⑨合喙鳴：渾合無心之言。「喙」，鳥口（成疏）。

郭象註：「無心於言而自言者，合於喙鳴。」

林希逸說：「『合喙』者，不言也。『鳴』者，言也。以不言之言。」

⑩緡緡：泯泯，沒有痕跡。

⑪大順：即自然。同於老子六十五章：「乃至大順。」

林希逸說：「大順，即太初自然之理。」

【今譯】

宇宙始原是「無」，沒有「有」，也沒有名稱；（道的活動）呈現混一的狀態，混一的狀態還沒有成形體。萬物得到道而生成，便是「德」，沒有成形體時卻有陰陽之分，猶且流行無間稱之為

「命」；〔道在〕運動中稍時滯留便產生了物，萬物生成具有各別樣態，就稱為「形」；形體保有精神，各有規則，便稱為「性」。性經修養再返於「德」，「德」同於太初。同於太初便虛豁，虛豁便包容廣大。渾合無心之言；無心之言的渾合，便和天地融合。這種融合泯然無跡，如質樸又如昏昧，這就叫做「玄德」，同於自然。

九

夫子[①]問於老聃曰：「有人治道若相放[②]，可不可，然不然[③]。辯者有言曰：『離堅白若縣宇[④]。』若是則可謂聖人乎？」

老聃曰：「是胥易技繫，勞形怵心者也[⑤]。執狸之狗來田，猿狙之便來藉[⑥]。丘，予告若，而所不能聞與而所不能言，凡有首有趾[⑦]無心無耳[⑧]者衆，有形者[⑨]與無形無狀[⑩]而皆存者盡無。其動止也，其死生也，其廢起也[⑪]，此又非其所以也[⑫]。有治在人[⑬]，忘乎物，忘乎天，其名為忘己，忘己之人，是之謂入於天。」

【註譯】

①夫子：仲尼（釋文）。

②有人治道若相放：「若相放」，若相放效（郭註）。另一說：若相背逆（于省吾新證）。依文義，當從後說。

于省吾說：「郭註：『若相放效。』按註說非是。『放』，釋文作『方』。孟子梁惠王：『方命虐民。』趙註：『方，猶逆也。』是『方命』猶『逆命』。『有人治道若相放』，謂有人治道若相背逆也。下文『可不可，然不然』，郭註謂『以不可為可，不然為然』，正伸相背逆之義。」按觀下文，當以于說為優。

李勉說：「『放』與『反』者近致誤。字當作『反』。下文『以可為不可，以然為不然』，則是相反也。」按李說可存。

③可不可，然不然：以不可為可，不然為然（郭註）。語見秋水篇。

④離堅白若縣宇：分析堅白同異，好像高懸在天宇。

林希逸說：「雖曰堅白同異，紛紛多端，而我能分辨之，若懸於天宇之間，謂能曉然揭而示人也。『離』，分析也。」

⑤胥易技繫，勞形怵心者也：語見於應帝王篇。

⑥執狸之狗來田，猿狙之便來藉：「狸」，各本作「留」，司馬本作「貍」。趙諫議本、成玄英本作「狸」，據改。「來田」今本作「成思」，「成思」當為「來田」之訛，「成」、「來」草書形相近（吳汝綸說）。「田」，獵。「猿狙之便來藉」，今本作「猿狙之便自山林來」，句義不完整。「自山林來」宜為「來藉」之訛（吳汝綸說）。校以應帝王篇當改作「猿狙之便來藉」。

孫詒讓說：「『思』疑『累』之誤。『成累』謂見繫累也。」按：孫說可存。原文茲依吳汝綸、奚倜、章炳麟諸說，並據應帝王篇而改。

⑦有首有趾：具體之人（林雲銘莊子因）。

⑧無心無耳：無知無聞。

⑨有形者：指人。

⑩無形無狀：指「道」。

⑪其動止也，其死生也，其廢起也：「動止」，起居。「廢起」，窮達。言起居、死生、窮達之間，皆有自然而然者（林希逸說）。

⑫此又非其所以也：成疏：「此六者，自然之理，不知所以然也。」

⑬有治在人：人事有治蹟。

福永光司說：「『有治在人』下補一句『無治在天』，意義較完足。」（莊子外篇解說一八〇頁）

按：福永之說，可供參考。

【今譯】

先生問老聃說：「有人修道卻相背逆，不可以的說成可，不是的說成是。辯論的人說：『分離堅白好像高懸在天宇那樣易曉。』這樣可以稱做聖人嗎？」

老聃說：「這樣的人如同胥吏治事為技能所累，勞苦形骸擾亂心神。捕狸的狗被人拘繫，猿猴因為靈敏才被人從山林裏捉來。孔丘，我告訴你，你所不能夠聽到和你所不能夠說出的，凡是具體的人，無知無聞的多，有形的人和無形無狀的道共同存在是絕對沒有的。起居、死生、窮達，這是自然而不知所以然的。人事有治蹟，不執滯於物，不執滯於天然，這便名為不執滯於自己。不執滯於自己的人，稱為與天融合為一。」

一〇

蔣閭葂見季徹[1]曰：「魯君謂葂也曰：『請受教。』辭不獲命，既已告矣，未知中否，請嘗薦之。吾謂魯君曰：『必服恭儉，拔出公忠之屬而無阿私，民孰敢不輯[2]！』」

季徹局局然[3]笑曰：「若夫子之言，於帝王之德，猶螳蜋之怒臂以當車軼，則必不勝任矣[4]。且若是，則其自為處危，其觀臺多物，將往投跡者衆[5]。」

蔣閭葂覤覤然[6]驚曰：「葂也汒若[6]於夫子之所言矣。雖然，願先生之言其風也[8]。」

季徹曰：「大聖之治天下也，搖蕩民心[9]，使之成教易俗，舉滅其賊心[10]而皆進其獨志[11]，若性之自為，而民不知其所由然。若然者，豈兄堯舜之教民，溟涬然弟之哉[12]？欲同乎德而心居[13]矣！」

【註譯】

①蔣閭葂見季徹：蔣閭及季，姓。葂、徹，名。未知何許人（成疏）。

李勉說：「廣韻閭字註，引藝文志云：『古有蔣閭子，名葂，好學著書。』」

馬叙倫說：「按季徹疑即本書則陽篇之季真。」

②輯：和。

③局局然：笑的樣子。

④螳蜋之怒臂以當車軼，則必不勝任矣：人間世篇：「汝不知夫螳蜋乎，怒其臂以當車轍，不知其不勝任也。」「軼」，同轍，古字相通。

⑤則其自為處危，其觀臺多物，將往投跡者衆：「處危」，身處高危。「觀臺多物」，喻朝廷多事。這一句，各家的斷句不一。郭象的讀法是：「其自為處危其觀臺，多物將往，投跡者衆。」郭慶藩的讀法是：「則其自為處危，其觀臺多，物將往，投跡者衆。」這裏從王先謙的讀法。

王先謙說：「『觀臺』，君所居地。『物』，事也。言君所自此多事。」

⑥覤覤然：驚訝的樣子。

⑦汒若：茫然。

⑧言其風：言其略（林希逸說）。「風」當讀為「凡」，猶云：言其大凡（俞樾說）。另一說：「風」與「方」通（奚侗說）。

⑨搖蕩民心：「搖蕩」，與大宗師篇「遙蕩」同，自由縱任之意。

曹受坤說：「『搖蕩民心』，猶今言解放人心使得思想自由耳。」（莊子哲學）

⑩賊心：智巧之害心（陳壽昌說）。

⑪獨志：獨特之志。

曹受坤說：「『獨志』是個人本能獨創性之活躍。」

⑫豈兄堯舜之教民，溟涬然弟之哉：何必要尊堯舜的教民，而茫然跟從他們呢？

林希逸說：「以堯舜為高而我次之，故曰：兄堯舜之教而弟之。謂堯舜豈能勝我；我不在堯舜之下。『溟涬』有低頭甘心之意。言豈肯兄堯舜之教而自處其下也。」

宣穎說：「言不肯讓堯舜居先而己後之耳。」

李勉說：「此數句郭註成疏有可取者，惟其謂『溟涬』為甚貴之謂則非是。『溟涬』二字已見在宥篇，蓋謂冥冥愚沌，無所知貌。『兄』『弟』二字未誤，孫詒讓謂『兄』為『況』字，『弟』乃『夷』之誤，平等之義，其解殊非。案文義，蓋謂大聖之治，在順民之性，逍遙其心，如是則民性自得，自化成俗，豈必視堯舜為兄而聽從其教化哉？『溟涬』者，無知盲從之貌，『溟涬弟之哉？』謂茫然從之哉？『弟』作動詞用，弟須尊兄，『弟之』猶言從之。意言大聖之治遠過堯舜，不必尊之為兄而自居於弟以後之也。」按：審上下文義，李說是。近人章炳麟、于省吾、王叔岷等從孫詒讓改字為說，反不合原義。

⑬心居：「居」，安定之謂（成疏）。「心居」，即心安。

【今譯】

蔣閭葂見季徹說：「魯侯對我說：『請指教。』我推辭不掉就告訴了他，不知道對不對，讓我說給你聽聽。我對魯侯說：『為政一定要做到恭敬節儉，選拔公正忠直的人而沒有偏私，人民誰敢不和呢？』」

季徹吃吃地笑着說：「像先生的話，對於帝王的德業，如同螳的奮臂來抗拒車轍，那就一定不勝任了。果真這樣，就身處高危，朝廷多事，奔競歸湊的人多了。」

蔣閭葂吃驚地說：「我對先生所說的感到茫然。請先生說個概略。」

季徹說：「大聖治理天下，讓人思想自由，使教化自成、風俗自移，完全消除賊害的心念而增進獨化的心志，好像是本性如此的，人民卻不自知為什麼這樣。你這樣，哪裏還用尊崇堯舜的教化方法，低頭甘心跟隨他呢？聖人是要〔人民〕同於自然之德而心安啊！」

一一

子貢南遊於楚，反於晉，過漢陰①，見一丈人②方將為圃畦③，鑿隧而入井，抱甕而出灌，搰搰然④用力甚多而見功寡。子貢曰：「有械於此，一日浸百畦，用力甚寡而見功多，夫子不欲乎？」

為圃者仰而視之曰：「奈何？」曰：「鑿木為機，後重前輕，挈水若抽，數如泆湯⑤，其名為槔。」為圃者忿然作色而笑曰：「吾聞之吾師，有機械者必有機事，有機事者必有機心。機心存於胸中，則純白不備；純白不備，則神生⑥不定；神生不定者，道之所不載也。吾非不知，羞而不為也。」

子貢瞞然⑦慚，俯而不對。

有閒，為圃者曰：「子奚為者邪？」

曰：「孔丘之徒也。」

為圃者曰：「子非夫博學以擬聖，於于以蓋眾⑧，獨弦哀歌以賣名聲於天下者乎？汝方將忘汝神氣，墮汝形骸，而庶幾乎⑨！汝身之不能治，而何暇治天下乎？子往矣，無乏吾事⑩！」

子貢卑陬⑪失色，頊頊然⑫不自得，行三十里而後愈。

其弟子曰：「向之人何為者邪？夫子何故見之變容失色，終日不自反邪？」

曰：「始吾以夫子為天下一人耳⑬，不知復有夫人也。吾聞之夫子，事求可，功求成。用力少，見功多者，聖人之道。今徒不然⑭。執道者德全，德全者形全，形全者神全。神全者，聖人之道也。託生與民並行而不知其所之，汒乎⑮淳備哉！功利機巧必忘夫人之心。若夫人者，非其志不之，非其心不為。雖以天下譽之，得其所謂，謷然⑯不顧；以天下非之，失其所謂，儻然⑰不受。天下之非譽，無益損焉，是謂全德之人哉！我之謂風波之民⑱。」

反於魯，以告孔子，孔子曰：「彼假脩渾沌氏之術者也⑲，識其一，不知其二⑳；治其內，而不治其外㉑。夫明白太素㉒，無為復樸，體性抱神，以遊世俗之間者，汝將固驚邪？且渾沌氏之術，予與汝何足以識之哉！」

【註譯】

①漢陰：漢水之陰。水南曰「陰」（成疏）。

②丈人：老人，長者之稱。

③圃畦（qí旗）：種菜之園曰「圃」，種稻之田曰「畦」。此處「圃畦」作動詞用，謂方將種菜種稻（李勉說）。

④搰搰然：灌水聲，字從半面讀「骨」（李勉說）。釋文作「用力貌」，非。

⑤數如泆湯：疾速如湯沸溢（李頤說）。「數」，通速。「泆」，音逸，本或作溢（釋文）。

⑥生：讀為性（吳汝綸說）。

⑦瞞然：羞怍之貌（成疏）。

⑧於于以蓋眾：「於于」，夸誕貌（司馬彪說）。淮南子俶真訓作「華誣」（劉文典說）。李勉說：「案齊物論『前者唱于，而隨者唱喁』，『于喁』，隨和之意。此處『於于』同『于喁』，謂子貢隨和世俗，媚上欺世，取得顯位以蓋眾。」李說可取。

⑨而庶幾乎：「幾」，近。而後庶近於道（成疏）。「而」，王先謙解為「汝」，非，係轉折詞。下二「而」字，似可作「汝」字解（李勉說）。

⑩無乏吾事：「乏」，廢（釋文）。

⑪卑陬（zōu鄒）：愧懼貌（李頤說）；慚怍之貌（成疏）。

章炳麟說：「『卑陬』，即顰蹙。說文：『顰，從卑聲。』故『卑』得借為『顰』。『陬』，即『趣』之借，『趣』、『蹙』聲義近。」

⑫頊頊（xù旭）然：自失貌（李頤說）。疑「規規」之誤，秋水篇：「規規然自失也。」（王叔岷校釋）

⑬始吾以夫子為天下一人耳：「夫子」二字原缺。事文類聚續集九、合璧事類別集二一，引「吾以」下並有「夫子」二字，當從之。註：「謂孔子也。」（王叔岷校釋）

⑭今徒不然：「徒」，但，乃（王引之經典釋詞）。

⑮汒乎：芒昧深遠（成疏）；同「茫然」，忘思慮分別之意（福永光司說）。

⑯謷然：高大的神態。「謷」，通傲。德充符篇：「謷乎大哉！」大宗師篇：「謷乎其未可制也。」義同。

⑰儻然：無心之貌（成疏）。

⑱風波之民：「風波」，為世故所役而不自定（林希逸說）。

⑲假脩渾沌氏之術者也：修習渾沌氏的道術的。

李勉說：「『假』，借。言彼借渾沌氏之術以修身者。『渾沌氏之術』即上文忘神氣，墮形骸，不用機心者。此原借孔子子貢之言以讚揚丈人，而譏子貢與孔子。郭象之註誤『假』為真假之假，遂以為孔子嗤丈人之詞。」

⑳識其一，不知其二：「識其一」，所守純一。「不知其二」，言心不分（林希逸說）；言其心單純，不用機心（李勉說）。

㉑治其內，而不治其外：「內」，本心。「外」，外物（林希逸說）。言渾沌之術在治其本，不治其

表。即不求外炫，而求內無機巧之心（李勉說）。
㉒明白太素：「太」字原作「入」。依楊樹達之說，據淮南子精神訓改。楊樹達說：「『入』字無義，字當為『太』，形近誤也。淮南子精神訓云：『處其一不知其二，治其內不識其外，明白太素，無為復樸，體本抱神以遊於天地之樊。』襲用此文，字正作『太』。」（莊子拾遺）

【今譯】

子貢往南到楚國遊歷，回到晉國，經過漢陰的地方，看見一個老人在菜園的畦間種菜，挖水溝通到井中，抱着甕取水來灌溉，水汨汨地流入畦中。子貢說：「這裏有一種機械，一天灌溉一百區田，用力很少而見效多，先生不願意用嗎？」

灌園的老人仰頭看看他說：「用什麼辦法呢？」子貢說：「鑿木為機械，後重前輕，提水如同抽引，快速如同沸湯湧溢，名叫桔槔。」老人面起怒色而哂笑着說：「我聽我的老師說，有機巧一類的機械必定有機巧的事，有機巧的事必定有機心。機心存在胸中，便不能保全純潔空明；不能保全純潔空明，便心神不定；心神不定，便不能載道。我不是不知道，而是感到羞恥所以才不那樣做。」

子貢羞愧滿面，低頭不答話。

一會兒，灌園的老人說：「你是做什麼的？」

子貢說：「我是孔丘的弟子。」

灌園的老人說：「你不就是以博學比擬聖人，以誇矜來超羣出衆，自奏悲歌向天下賣弄名聲的嗎？

你遺忘精神，不執着形骸，就差不多接近於道了！你自身都不能修持，怎能治理天下呢？你去吧！不要耽誤了我的耕事。」

子貢慚愧失色，悵然若失，走了三十里路才好些。

子貢的弟子說：「剛才那個是什麼人呢？先生為什麼見了他變容失色，整天不能復原呢？」

子貢說：「起初我以為我老師是獨一無二的，不知道還有這樣的人。我聽我老師說：事情求可行，功業求成就，用力少而見效多的，就是聖人之道。現在才知道不是這樣。執持大道的德行完備，德行完備的形體健全，形體健全的精神飽滿，精神飽滿的便是聖人之道。託跡人世和人民並行而不知所往，其道茫昧深遠，德性淳厚而完備，功利機巧必定不放在這種人心上。像這樣的人，不是他意志的不會去求，不是他心願的不會去做。縱然舉世都稱譽他，即使合於事實，他也傲然不顧；縱然天下都非議他，即使不合於事實，他也不予理會。世上的毀譽，對他並沒有增加和減少，這便是全德的人呢！我卻是隨俗之人。」

子貢回到魯國，將此事告訴孔子。孔子說：「他是以渾沌的道術來修身的人；持守內心的純一，心神不外分；修養內心，而不求治外在。像這樣明澈純素，自然真樸，體悟本性抱守精神而遨遊於世俗間的人，你會感到驚異嗎？而且渾沌氏的道術，我和你怎麼能理解呢？」

一二

諄芒[1]將東之大壑[2]，適遇苑風[3]於東海之濱。苑風曰：「子將奚之？」

曰：「將之大壑。」

曰：「奚為焉？」

曰：「夫大壑之為物也，注焉而不滿，酌焉而不竭，吾將遊焉。」

苑風曰：「夫子無意於橫目之民[4]乎？願聞聖治。」

諄芒曰：「聖治乎？官施而不失其宜，拔舉而不失其能，畢見情事而行其所為，行言自為而天下化，手撓顧指[5]，四方之民莫不俱至，此之謂聖治。」

「願聞德人。」

曰：「德人者，居無思，行無慮，不藏是非美惡。四海之內共利之之謂悅，共給之之為安[6]；怊乎[7]若嬰兒之失其母也，儻乎[8]若行而失其道也。財用有餘而不知其所自來，飲食取足而不知其所從，此謂德人之容。」

「願聞神人。」

曰：「上神乘光[9]，與形滅亡[10]，此謂照曠[11]。致命盡情，天地樂而萬事銷亡[12]，萬物復情，此之謂混冥。」

【註譯】

①諄芒：寓託人名，取意於前文之「汒乎淳備哉」。

李頤說：「望之諄諄，察之芒芒，故曰『諄芒』。」

陳壽昌說：「誨言重複曰『諄』；『芒』，通茫。諄芒者，不以言教。」

②大壑：海。

③苑風：小風（成疏）。「諄芒」、「苑風」，為寓言。

④橫目之民：指人。人之目，橫生於面（林雲銘說）。

⑤手撓顧指：手招目視的意思。「撓」，動（司馬彪說）；借為「招」（馬叙倫義證）。「手撓」，即手招。「顧指」，以目示意（李勉說）。

成玄英說：「動手指揮，舉目顧眄。」

郭慶藩說：「『顧指』，目顧其人而指使之。」

⑥共利之之謂悅，共給之之為安：「共利」、「共給」，與人同樂之意（林希逸說）；乃互利互惠之意。「謂」，猶為。古「謂」、「為」字同義互用（郭慶藩說）。

⑦怊乎：「怊」，悵（釋文引字林）。按「怊」字說文所無，蓋借為「惆」（馬叙倫義證）。

⑧儻乎：「儻」，借為悵（馬叙倫義證）。

⑨上神乘光：神人駕馭光明。

林希逸說：「言其神騰躍而上，出乎天地之外，日月之光反在其下，故曰『乘光』。」

李勉說：「言至神者與光參合。」

⑩與形滅亡：不見形跡（王先謙說）。
⑪照曠：照徹空曠（林雲銘說）。文選謝靈運富春渚詩註引「照」作「昭」（馬叙倫說）。
⑫天地樂而萬事銷亡：「萬事銷亡」，意謂不受物累。宣穎說：「與天地同樂而物累皆捐。」（宣穎說）

【今譯】

諄芒東遊到海，在東海的岸邊，遇見苑風。苑風說：「你要到哪裏去？」
諄芒說：「要去大海。」
苑風說：「做什麼？」
諄芒說：「大海的情形，流注而不會滿溢，酌取而不會涸竭，我想去遊歷。」
苑風說：「先生不關心人民嗎？請說聖治。」
諄芒說：「聖治嗎？設官施教而不失合宜，任用而不失才能，明察事情而實行所當為的，言行自動而天下可化育，（這樣，）揮手舉目，四方的人民沒有不歸往的，這就是聖治。」
苑風說：「請說德人。」
諄芒說：「德人，安居沒有思念，行動沒有謀慮，不計議是非美醜。四方之內，共同分享便是喜悅，共同施給便是安樂；悵悵然好像嬰兒失去母依，茫茫然好像走路失去方向。財用足餘而不知所從來，飲食充足而不知所從出，這就是德人的容態。」
苑風說：「請說神人。」

諄芒說：「至上的神人乘駕光輝，不見形跡，這稱為照徹空曠。究極性命揮發性情，和天地共樂而萬事不牽累，萬物回復真情，這就是混同玄冥。」

一三

門無鬼與赤張滿稽①觀於武王之師。赤張滿稽曰：「不及有虞氏乎！故離②此患也。」

門無鬼曰：「天下均治而有虞氏治之邪？其亂而後治之與？」

赤張滿稽曰：「天下均治之為願，而何計以有虞氏為！有虞氏之藥瘍③也，禿而施髢④，病而求醫。孝子操藥以修慈父，其色燋然，聖人羞之⑤。

「至德之世，不尚賢⑥，不使能；上如標枝⑦，民如野鹿，端正而不知以為義，相愛而不知以為仁，實而不知以為忠，當而不知以為信，蠢動⑧而相使⑨，不以為賜。是故行而無跡，事而無傳。」

【註譯】

①門無鬼與赤張滿稽：司馬彪本「無鬼」作「無畏」，謂：門，姓；無畏，字。赤張，姓；滿稽，名（李頤說）。疑是寓言化人物。

②離：同「罹」，遭。

③藥瘍：「藥」，古讀曜，聲與「療」相近（王引之說）。「瘍（yáng 羊）」，頭瘡（成疏）。「藥瘍」，即治頭瘡。

④髢（dí 敵）：髦，髮（李頤說）。

⑤孝子操藥以修慈父，其色燋然，聖人羞之：「修」，治。「燋然」，憔悴。林雲銘說：「『修』，治也。言孝子以藥治父之病，是不能使父無病也。故為聖人所羞，以為亂而後治之喻。」

⑥不尚賢：語見老子三章。

⑦上如標枝：言樹杪之枝無心在上（釋文）。「標」，指樹枝的末端。成玄英說：「君居民上，恬淡虛忘，猶如高樹之枝，無心榮貴也。」李勉說：「『標』，揚也。『標枝』，任枝枒之自由揚空也。謂在上者聽民自為，不加拘束，使民自由逍遙，不以政力強治。」

⑧蠢動：指動作單純。

⑨相使：相友助（林希逸說）。

【今譯】

門無鬼和赤張滿稽看到武王伐紂的軍隊。赤張滿稽說：「不如虞舜喲！所以遭遇這禍患。」

門無鬼說：「天下太平虞舜才去治理呀！還是天下混亂才去治理呢？」

赤張滿稽說：「天下太平是大家的心願，何必需要虞舜呢？虞舜的治療頭瘡，禿了才裝假髮，病了才去求醫。孝子拿藥來治他慈父的病，面色憔悴，聖人（認為不能使父親不生病）還羞辱他。「至德的世代，不標榜賢能，不指使才技；君上如同高枝，人民如同野鹿；行為端正卻不知道什麼是義，相互親愛卻不知道什麼是仁，內心真實卻不知道什麼是忠，言行得當卻不知道什麼是信，行動單純而互相友助，卻不以為恩賜。因此行徑沒有跡象，事蹟沒有留傳。」

一四

孝子不諛其親，忠臣不諂其君，臣子之盛也。親之所言而然，所行而善，則世俗謂之不肖子；君之所言而然，所行而善，則世俗謂之不肖臣。而未知此其必然邪？世俗之所謂然而然之，所謂善而善之，則不謂之道諛[①]之人也。然則俗故嚴於親[②]而尊於君邪？謂己道人[③]，則勃然作色，謂己諛人，則怫然作色。而終身道人也，終身諛人也，合譬飾辭[④]聚衆也，是終始本末不相罪坐[⑤]。垂衣裳，設采色，動容貌，以媚一世，而不自謂道諛；與夫人之為徒，通是非，而不自謂衆人，愚之至也。知其愚者，非大愚也；知其惑者，非大惑也。大惑者，終身不解；大愚者，終身不靈[⑥]。三人行而一人惑，所適者猶可致也，惑者少也；二人惑則勞而不至，惑者勝也。而今也以天下惑，予雖有祈嚮[⑦]，不可得也。不亦悲乎！

大聲⑧不入於里耳⑨，折楊皇荂⑩，則嗑⑪然而笑。是故高言不止於衆人之心，至言不出，俗言勝也。以二垂踵惑，而所適不得矣⑫。而今也以天下惑，予雖有祈嚮，其庸可得邪！知其不可得也而強之，又一惑也，故莫若釋之而不推⑬。不推，誰其比憂⑭？厲之人⑮夜半生其子，遽取火而視之，汲汲然唯恐其似己也。

【註譯】

①道諛：同諂諛。「諂」與「道」一聲之轉。

②俗故嚴於親：「故」，「固」同字（吳汝綸說）。「嚴」，敬（成疏）。

③道人：即諂人。漁父篇曰：「希意道言謂之諂。」「道」與「諂」同義（郭慶藩說）。

④合譬飾辭：譬喻修辭。林希逸說：「『合其譬』者，言合天下譬喻以立說。『飾辭』者，言修飾其言辭。」

⑤終始本末不相罪坐：「坐」上今本脫「罪」字，據陳碧虛闕誤引張君房本補。劉文典說：「『坐』上『罪』字舊敓。碧虛子校引張本『坐』上有『罪』字。案：張本是也。註：『應受道諛之罪，恆不見罪坐也。』是郭見本亦有『罪』字，今據補。」

⑥靈：曉（司馬說）；知（成疏）。

⑦祈嚮：嚮導，引導之意。

章炳麟說：「詩大雅傳：『祈，報也。』釋詁：『祈，告也。』『嚮』，即今嚮導字。凡嚮導主呼路徑以報告人，故謂之『祈嚮』。」

⑧大聲：偉大的音樂，高雅的音樂。

⑨里耳：記纂淵海七八引「里」作「俚」。「里」與「俚」通（王叔岷說）。

⑩折楊皇荂：古之俗中小曲（成疏）。「皇荂」，道藏各本作「皇華」。「化」、「華」音義同（王叔岷說）。

⑪嗑（hé何）：笑聲。

⑫以二垂踵惑，而所適不得矣：「二垂踵」，各本作「二缶鐘」。釋文本、道藏成玄英疏本、褚伯秀義海纂微本、覆宋本皆作「垂踵」，今據改。「二垂踵」字義解釋極紛歧，較可取者有二說：（一）解「垂踵」為「垂腳不行」，成玄英、林希逸主此說。（二）解「二垂」為「歧路」，馬其昶持此說。餘者如俞樾、郭嵩燾、于省吾等，或改字為訓，或解說迂曲。

成玄英說：「『踵』，足也。夫迷方之士，指北為南，而二惑既生，垂腳不行，一人亦無由獨進，欲達前所，其可得乎！此復釋前惑者也。」

林希逸說：「『垂踵』者，垂其足而坐不肯行也。『二垂踵惑』者，即前言二人惑也。『所適不得』，即前言勞不至也。傳寫之誤，以『垂』為『缶』，以『踵』為『鐘』，皆不可解。」按：林說承成疏。依成說，「二垂踵」可釋為二人迷惑而裹足不前。

劉師培說：「釋文云：『司馬本作「二垂鐘」。云：「鐘，注意也。」』如司馬說，蓋以『邊』釋『垂』。……然則『二垂』猶『二方』矣。『二垂鐘惑』，謂傾意兩方，故曰：『所適不得。』」按：

馬其昶釋「二垂」為「歧路」，與劉說近。

⑬不推：不推究。

⑭誰其比憂：「比」，與。憂患誰與（成疏）。

⑮厲之人：醜病人（成疏）。「厲」，音賴（釋文），為「癘」省（馬敘倫說）。

【今譯】

孝子不阿諛他的父母，忠臣不諂媚他的君主，這是做臣、子的最好表現。父母所說的都認為是，所行的都認為對，世俗便稱他為不肖子；君主所說的都認為是，所行的都認為對，世俗便稱他為不忠臣。而不知道這樣果真是必然妥當的麼？世俗上所認為是的便以為是，所認為對的便以為對，卻不稱他為諂諛的人。然而，世俗果然比父母更可敬，比君主更可尊嗎？有人說自己是諂媚的人，便勃然變色，說自己是阿諛的人，便忿然變容。然而終身諂媚人，終身阿諛人，譬喻修辭來邀衆，卻始終認不出過錯。陳設衣裳，佈施文彩，華飾容貌，來諂媚一世，自己卻不以為是阿諛。他與世俗之輩為伍，（和流俗）是非相同，自己卻不明白和世俗庸衆一般，真是愚昧極了。知道自己是愚昧的，並不是大愚昧；知道自己是迷惑的，並不是大迷惑。大迷惑的人，終身不解悟；大愚昧的人，終身不自知。三個人同行，如一個人迷惑，所要去的地方還可以到達，因為迷惑的人少；要是兩個人迷惑，就會徒勞而達不到，因為迷惑的人多。現在卻天下人都迷惑，我雖然有期求的方向，卻無助於衆人，這不是可悲麼？

高尚的音樂不被俚俗所欣賞，里巷小曲，聽了便欣然而笑。所以崇高的言論不被聽進世俗衆人的心中，至理的言論不顯現，卻被流俗的言論所掩蓋。要是兩個人迷惑而裹足不前，所要去的地方達不到了。現在天下人都迷惑，我雖然有期求的方向，怎麼能達到呢？知道達不到還要勉強，這又是迷惑呀，所以還不如放開手來不必推究。要是不追究，誰還能有憂愁呢？醜人半夜生孩子，趕快打燈來看，惶惶然唯恐像自己。

一五

百年之木，破為犧樽①，青黃而文之，其斷在溝中。比犧樽於溝中之斷，則美惡有間矣，其於失性一也。桀跖與曾史②，行義有間矣，然其失性均也。且夫失性有五：一曰五色亂目，使目不明；二曰五聲亂耳，使耳不聰；三曰五臭③薰鼻，困惾④中顙⑤；四曰五味濁口，使口厲爽⑥；五曰趣舍⑦滑心⑧，使性飛揚。此五者，皆生之害也。而楊墨乃始離跂⑨自以為得，非吾所謂得也。夫得者困，可以為得乎？則鳩鴞⑩之在於籠也，亦可以為得矣。且夫趣舍聲色以柴其內⑪，皮弁鷸冠⑫搢笏紳修⑬以約其外，內支盈於柴柵⑭外重纆繳⑮，睆睆然⑯在纆繳之中而自以為得，則是罪人交臂歷指⑰而虎豹在於囊檻⑱，亦可以為得矣。

【註譯】

①犧樽：祭祀用的酒器。「犧樽」一詞，已見於馬蹄篇。

②桀跖與曾史：「跖」上原缺「桀」字。依劉師培之說補。

劉師培說：「『跖與曾史』，『跖』上脫『桀』字。成疏云：『桀跖之縱兇殘。』是成疏故本作桀跖也。在宥篇云：『上有桀跖，下有曾史。』又云：『焉知曾史之不為桀跖嚆矢也。』僉以曾史、桀跖並詞，本篇之文當亦然也。」劉說可從，因據成玄英疏補上「桀」字。

③五臭：羶、薰、香、腥、腐稱為五臭。

④困惾：衝逆人（林希逸說）。「惾」，讀衝，襲刺之意。

⑤中顙：自鼻而通於顙（林希逸說）。

⑥厲爽：病傷。

郭慶藩說：「大雅思齊箋曰：『厲，病也。』逸周書謚法篇曰：『爽，傷也。』（廣雅同）『使口厲爽』，病傷滋味也。」

⑦趣舍：取捨。

成玄英說：「『趣』，取也。順心則取，違情則捨。」

林希逸說：「『趣舍』，是非好惡也。」

⑧滑心：亂心。「滑」作迷亂講，和齊物論「滑疑之耀」、徐无鬼「頡滑有實」的「滑」同義。

⑨離跂：翹起足跟，形容用力想出人頭地。「離跂」一詞，已見於在宥篇。

⑩鳩鴞：齊物論大宗師有「鴞炙」語。「鴞」是小鳩。

⑪柴其內：塞在心中。
林雲銘說：「『柴』，梗礙也。芥帶胸中也。」
宣穎說：「如木枝塞胸中。」
⑫皮弁（biàn卞）鷸（yù玉）冠：古時的冠冕。
成玄英說：「『皮弁』者，以皮為冠也。『鷸』者，鳥名，似鶩，紺色，取其翠羽飾冠，故謂之『鷸冠』。」
⑬搢笏紳修：古時的朝服。
成玄英說：「『搢』，插也。『笏』，猶珪，謂插笏也。『紳』，大帶也。『修』，長裙也。此皆以飾朝服也。」
⑭內支盈於柴柵：「支」，塞。「盈」，滿（成疏）。「柴」，與「棧」通，謂積木圍護四周（劉師培說）。「內支盈於柴柵」，即內心塞滿了欄柵。
⑮纆繳：繩索。和駢拇篇「纆索」同義。
⑯睆睆（huǎn緩）然：極目遠望的樣子。
李頤說：「睆睆，窮視貌。」
⑰交臂歷指：反手綑縛。
司馬彪說：「交臂，反縛也。」
林希逸說：「歷指，繩縛其手而指可數也。」

馬叙倫說：「『歷』為『櫪』省。押指也。」

⑱囊檻：圈檻。

馬叙倫說：「『囊』，不可以養虎豹。蓋本是『帣』字。說文曰：『帣，囊也。』校者註『囊』字以釋之。傳寫譌為『囊』耳。『帣』借為『圈』，淮南子主術訓：『故夫養豹屏象者為之圈檻』，是其例證。說文曰：『圈，獸之閑也。』」

【今譯】

百年的樹木，破開做成犧樽酒器，用青黃彩色來修飾，砍斷不用的拋棄在溝中。犧樽酒器和棄置溝中的斷木比起來，美醜是有差別的，然而從喪失本性來看卻是一樣的。夏桀盜跖和曾參史魚，行為的好壞是有差別的，然而從喪失本性來看卻是一樣的。而喪失本性可列為五種：一是五色紊亂眼目，使得眼睛不明；二是五聲撓亂聽覺，使得耳朵不靈；三是五臭薰人嗅覺，使得鼻腔受激擾；四是五味敗壞口舌，使得味覺喪失；五是好惡迷亂心弦，使得性情浮動。這五種都是生命的禍害。楊朱墨翟想出人頭地而自以為有所得，這並不是我所謂的自得。有所得反倒受困，這可以算做是自得嗎？那麼斑鳩在籠子裏，也可以算做是自得了。況且好惡聲色充塞心中，冠冕服飾拘束體外，內心塞滿了欄柵，體外束縛了繩索，眼看在繩索綑縛之中還自以為得意，那麼罪人反手被縛、手指被刑具鉗夾着，虎豹被囚在獸檻裏，也可以算做是自得了！

天道

天道篇，以闡述自然之義為主，由八章文字雜纂而成。各章意義不相關聯，屬於雜記體裁。「天道」，即自然的規律。取篇首二字為篇名。

本篇各本第三章自「夫帝王之德」至「非上之所以畜下也」，與莊周之旨不相侔，自王船山以來學者多人指出屬黃老派之作，姑予存留，但不作譯釋。本篇其他各章的要義依次如下：第一章，寫自然規律運行而不輟；自然界中，萬物自動自為。聖人法自然的規律，以明靜之心觀照萬物。第二章，寫「天樂」，體會天樂的人，能順自然而行，與萬化同流。第三章，堯與舜的對話，寫治天下當法天地的自然。第四章，寫孔子求教於老聃，老聃評六經冗贅，仁義絕人。進而申說天地萬物的本然性與自然性。以為人情世教，當順任自然，無擾人的本性。第五章，藉士成綺與老子對話，評智巧驕泰，讚無心任自然。第六章，要人退仁義，擯禮樂，體道的廣大涵容。第七章，指出「意之所隨者，不可以言傳」，因而世之所貴的書，並不可貴。第八章，輪扁與桓公對話，述真意之不可言傳性。

出自本篇的成語有：六通四辟、水靜燭眉、膠膠擾擾、呼牛呼馬、不可言傳、得心應手等。

一

天道運而無所積①，故萬物成；帝道運而無所積，故天下歸；聖道運而無所積，故海內服。明於天，通於聖，六通四辟②於帝王之德者，其自為也，昧然③無不靜者矣。聖人之靜也，非曰靜也善，故靜也；萬物無足以鐃④心者，故靜也。水靜則明燭鬚眉，平中準，大匠取法焉。水靜猶明，而況精神！聖人之心靜乎！天地之鑑也，萬物之鏡也⑤。夫虛靜恬淡寂漠無為⑥者，天地之本⑦，而道德之至⑧，故帝王聖人休焉⑨。休則虛，虛則實⑩，實者備矣⑪。虛則靜，靜則動，動則得矣。靜則無為，無為也則任事者責⑫矣。無為則俞俞⑬，俞俞者憂患不能處，年壽長矣。夫虛靜恬淡寂漠無為者，萬物之本也。明此以南鄉⑭，堯之為君也；明此以北面，舜之為臣也。以此處上，帝王天子之德也；以此處下，玄聖素王之道也⑮。以此退居而閒遊，則江海山林之士服⑯；以此進為而撫世，則功大名顯而天下一也。靜而聖，動而王，無為也而尊，樸素而天下莫能與之爭美。

【註譯】

①天道運而無所積：自然規律的運行是不停頓的。

成玄英說：「『運』，動也。『積』，滯也。言天道運轉，照之以日月，潤之以雨露，曾無滯積，是以四序回轉，萬物生成。」

嚴北溟說：「『天道』的內容，最早包含着天文學家關於天體運行軌道的推算和占星術用來預卜吉凶禍福的兩種因素，即科學的和迷信的兩種因素。隨着人們對自然界認識能力的提高和原始宗教迷信的動搖，『天道』觀念中的迷信成分也逐漸褪色，進步思想家開始用『天道』來表示天體運用的一種客觀規律性。」

②六通四辟：六合通達、四時順暢。「六」，指六合，即四方上下，「四」，指四時；一指空間，一

指時間。「辟」，同「闢」。「六通四辟」見於天下篇。

③昧然：冥然，不知不覺的意思。「昧然」見於田子方和知北遊。

④鐃：與「撓」同（林希逸口義）。御覽六七引「鐃」作「撓」（馬叙倫校）。

⑤聖人之心靜乎！天地之鑑也，萬物之鏡也：後來禪家開悟的境地——「明鏡止水」一觀念，即源於此（福永光司說）。

⑥虛靜恬淡寂漠無為：「虛」「靜」見老子十六章，「恬淡」見老子三十一章，「寂漠」與老子二十五章「寂寥」同義（福永光司說）。

⑦天地之本：「本」今本誤為「平」，根據馬叙倫之說改正。馬叙倫說：「案『平』刻意篇作『本』，今本誤作『平』，當從之。下文曰：『夫虛靜恬淡寂漠無為者，萬物之本也。』是其證。『平』『本』形聲相近而譌。」

⑧道德之至：「至」，與「質」同。「至」，實。刻意篇正作「道德之質」（郭慶藩說）。陳碧虛闕誤引張君房本「至」下有「也」字。

⑨休焉：休慮息心（成疏）。

⑩虛則實：即禪家所謂真空而後實有（林希逸說）。

⑪實者備矣：「者」，讀為「則」（馬叙倫義證）。「備」，今本作「倫」。闕誤引江南古藏本「倫」作「備」，於義為長（奚侗補註）。「實者備矣」，與下「動則得矣」為韻。「備」以形近譌為「倫」（劉文典補正）。

⑫責：指各盡其責。

⑬俞俞：猶愉愉（林雲銘莊子因）；形容安逸的樣子。
⑭南鄉：通「南向」，即南面。「南面」「北面」見於天地篇。
⑮玄聖素王之道也：「素王」二字本之於此（胡文英獨見）。
⑯則江海山林之士服：「則」字通行本缺，依武延緒之說補。
武延緒說：「按『江』上疑脫『則』字。」
嚴靈峯先生說：「武說是也。下文『則功大名顯而天下一也』與此一律，因據補。」

【今譯】

自然規律的運行是不停頓的，所以萬物得以生成；帝王之道的運行是不停頓的，所以天下歸向；聖人之道的運行是不停頓的，所以海內賓服。明於自然的規律，通於聖人之道，六合四時暢達於帝王之德的，任各物自動，萬物無不靜悄悄地自生自長。聖人的清靜，並不是說清靜是好的所以才清靜；萬物不足以攪擾內心才是清靜。水清靜便能明澈照見鬚眉，水平面合於規準，可為大匠所取法。水清靜便明澈，何況是精神呢？聖人的內心清靜，可以作為天地的明鑑、萬物的明鏡。虛靜、恬淡、寂寞、無為，乃是天地的本原和道德的極致。所以帝王聖人便休止在這境地上。心神休靜便空明，空明便得充實，充實便是完備。（心境）空明便清靜，清靜而後活動，活動而無不自得。清靜便無為，無為便任事各盡其責。無為便安逸，安逸的人不被憂患所困擾，年壽便能長久。虛靜、恬淡、寂寞、無為，乃是萬物的本原。明白這個道理來做君主，便像堯為國君；明白這個道理來做人臣，便像舜為臣子。以這個道理來處於上位，便是帝王天子的常德；以這個道理來處於下位，便是玄聖素王的原則。以這道理來隱居閒遊，江海山林之士便遵從；以這個道理來進而安撫世界，便能功大名顯而天下統一。清靜則為玄聖，行動則為帝王，無為則為萬物所尊崇，樸素則稱美於天下。

二

夫明白於天地之德者，此之謂大本大宗，與天和者也；所以均調天下，與人和者也。與人和者，謂之人樂；與天和者，謂之天樂。

莊子曰：「吾師乎！吾師乎！䪠萬物而不為義，澤及萬世而不為仁，長於上古而不為壽，覆載天地刻雕衆形而不為巧①，此之為天樂。故曰：『知天樂者，其生也天行②，其死也物化。靜而與陰同德，動而與陽同波③。』故知天樂者，無天怨，無人非，無物累，無鬼責。故曰：『其動也天，其靜也地，一心定而天地正④；其魄不崇⑤，其魂不疲⑥，一心定而萬物服。』言以虛靜推於天地，通於萬物，此之謂天樂。天樂者，聖人之心，以畜天下也⑦。」

【註譯】

①吾師乎！吾師乎！齏（jī基）萬物而不為義，澤及萬世而不為仁，長於上古而不為壽，覆載天地刻雕衆形而不為巧：這幾句已見於大宗師。「吾師乎」，指「道」。「義」，今本作「戾」，據大宗師改正。

林希逸說：「此數句與大宗師篇同，卻又着『莊子曰』三字，前曰許由之言，今以為自言，可見件件寓言，豈可當作實話看。」

劉咸炘說：『「大宗師作許由語，而此直引作『莊子』，顯是後人語。」（引自嚴靈峯先生道家四子新編七一九頁）

②天行：順乎自然而運行。

林希逸說：「『天行』，行乎天理之自然也。」

③同波：同流。

④一心定而天地正：「天地正」原作「王天下」，根據武延緒的說法改正。

武延緒說：「按『王』疑『正』字之譌，本在句末。後人不知其誤，又嫌於義未協；故乙於『天下』之上耳。『天下』疑當作『天地』，『天地正』與『萬物服』對文。下文『推於天地，通於萬物』，正承此而言。」

嚴靈峯先生說：「武說是也。後文『乘天地，馳萬物』，亦以『天地』與『萬物』對言。」武、嚴之說可從。

⑤其魄不崇：形體沒有病患。「魄」今本作「鬼」，當是「魄」字，與下句「魂」字對舉，「魄」指

形體，「魂」指精神。「祟」作「病」講。
王懋竑說：「『鬼』當為『魄』。」
馬叙倫說：「按『祟』，借為『痁』。說文曰：『痁，病也。』」

⑥其魂不疲：精神不倦（林希逸註）。語亦見刻意篇。

⑦聖人之心，以畜天下也：「畜」，養。

按：此下自「夫帝王之德」至「非上之所以畜下也」一大段文，與莊周之學不類。歐陽修說：「此以下，俱不似莊子。」（劉鳳苞南華雪心編、吳汝綸莊子點勘引）。這段原文如下：

夫帝王之德，以天地為宗，以道德為主，以無為為常。無為也，則用天下而有餘；有為也，則為天下用而不足。故古之人貴夫無為也。上無為也，下亦無為也，是下與上同德，下與上同德則不臣；下有為也，上亦有為也，是上與下同道，上與下同道則不主。上必無為而用天下，下必有為為天下用，此不易之道也。故古之王天下者，知雖落天地，不自慮也；辯雖雕萬物，不自說也；能雖窮海內，不自為也。天不產而萬物化，地不長而萬物育，帝王無為而天下功。故曰莫神於天，莫富於地，莫大於帝王。故曰帝王之德配天地。此乘天地，馳萬物，而用人羣之道也。

本在於上，末在於下；要在於主，詳在於臣。三軍五兵之運，德之末也；賞罰利害，五刑之辟，教之末也；禮法度數，形名比詳，治之末也；鐘鼓之音，羽旄之容，樂之末也；哭泣衰經，隆殺之服，哀之末也。此五末者，須精神之運，心術之動，然後從之者也。

末學者，古人有之，而非所以先也。君先而臣從，父先而子從，兄先而弟從，長先而少從，男先而女從，夫先而婦從。夫尊卑先後，天地之行也，故聖人取象焉。天尊，地卑，神明之位也；春夏先，秋冬後，四時之序也。萬物化作，萌區有狀，盛衰之殺，變化之流也。夫天地至神，而有尊卑先後之序，而況人道乎！宗廟尚親，朝廷尚尊，鄉黨尚齒，行事尚顯，大道之序也。語道而非其序者，非其道也；語道而非其道者，安取道！

是故古之明大道者，先明天而道德次之，道德已明而仁義次之，仁義已明而分守次之，分守已明而形名次之，形名已明而因任次之，因任已明而原省次之，原省已明而是非次之，是非已明而賞罰次之。賞罰已明而愚知處宜，貴賤履位；仁賢不肖襲情，必分其能，必由其名。以此事上，以此畜下，以此治物，以此修身，知謀不用，必歸其天，此之謂大平，治之至也。

故書曰：「有形有名。」形名者，古人有之，而非所以先也。古之語大道者，五變而形名可舉，九變而賞罰可言也。驟而語形名，不知其本也；驟而語賞罰，不知其始也；倒道而言，迕道而說者，人之所治也，安能治人！驟而語形名賞罰，此有知治之具，非知治之道；可用於天下，不足以用天下，此之謂辯士，一曲之人也。禮法數度，形名比詳，古人有之，此下之所以事上，非上之所以畜下也。

各家對這段文義，頗多評論。王夫之說：「此篇之說，有與莊子之旨迥不相侔者。蓋秦漢間學黃老之術以干人主者之所作也。……以無為為君道，有為為臣道，則剖道為二。且既以有為臣道矣，又曰『以此南鄉，堯之為君也；以此北面，舜之為臣也』。則自相刺謬。……定非莊子之書，且非善學莊子者之所擬作，讀者所宜辨也。」王夫之又於這段文後評說：「其意以兵刑法度禮樂委之於下，而按分寸、執名法以原省其功過，此形名家之言，而胡亥督責之術，因師此意，要非莊子之旨。」（莊子解）胡文英說：「議論頗似韓非慎到根柢。」（莊子獨見）錢穆說：「此皆晚世儒生語耳，豈誠莊生之言哉！」（莊子纂箋）關鋒說：「這裏所表述的思想和尹文子完全一致。……承認形名之學對於治之作用，主張正名、定分、明分（或守分），兩者也是完全一致的。這既不是老子或莊子一派的主張，也不是儒家的主張。」（莊子外雜篇初探）馮友蘭說：「這是稷派所講的；這幾段話，主要的目的，是使『愚、知處宜，貴賤履位，仁賢、不肖襲情』，就是說，嚴格地維持封建社會等級和秩序。這裏的思想與老子不同，更與莊子不同。」（哲學史新編第二冊一三六頁）。李勉說：「尊卑先後之言，則頗不類老莊之旨。」（莊子總論及分篇評註）以上各家所論極是。然莊周後學中個別門人染有黃老之學觀點，亦不無可能。

【今譯】

明瞭天地常德的，便是大根本大宗原，便是與天冥合；用來均調天下，便是與人冥合。與人冥合的，稱為人樂；與天冥合的，稱為天樂。

莊子說：「我的大宗師啊！調和萬物卻不以為義，澤及萬世卻不以為仁，長於上古卻不算老，覆天載地、雕刻各種物體的形象卻不顯露技巧，這就是天樂。所以說：『體會天樂的，他存在時便順自然而行，他死亡時便和外物融合。靜時和陰氣同隱寂，動時和陽氣同波流。』所以體會天樂的，不怨天，不尤人，沒有外物牽累，沒有鬼神責罰。所以說：『動時如天運轉，靜時如地寂然，一心安定而天地正位，形體沒有病患，精神不會疲乏，一心安定而萬物歸服。』這是說寂靜推及於天地，通達於萬物，這就是天樂。所謂天樂，便是聖人的愛心，來養育天下。」

三

昔者舜問於堯曰：「天王[①]之用心何如？」

堯曰：「吾不敖[②]無告[③]，不廢窮民，苦[④]死者，嘉[⑤]孺子而哀婦人。此吾所以用心已。」

舜曰：「美則美矣，而未大也。」

堯曰：「然則何如？」

舜曰：「天德而土寧[⑥]，日月照而四時行，若晝夜之有經，雲行而雨施矣。」

堯曰：「膠膠[⑦]擾擾乎！子，天之合也；我，人之合也。」

夫天地者，古之所大也，而黃帝堯舜之所共美也。故古之王天下者，奚為哉？天地而已矣。

【註譯】

①天王：猶天子（成疏）。

②敖：侮慢（成疏）。

③無告：指無所告訴，無所依靠。

④苦：悲憫。

⑤嘉：喜愛。

⑥天德而土寧：「德」作「成」解（章炳麟說）。「土」，今本作「出」，據孫詒讓之說改作「土」。孫詒讓說：「『出』當為『土』，形近而誤。墨子天志篇：『君臨下土。』今本『土』誤『出』，是其證。『天』與『土』，『日月』與『四時』，文皆平列。」章炳麟說：「『德』，音同『登』，說文：『德，升也。』『升』即『登』之借，公羊隱五年傳：『登來』亦作『得來』。故『德』可借為『登』，釋詁：『登，成也。』『天登而土寧』，所謂『地平天成』，與下『日月照而四時行』相儷。」

⑦膠膠：形容擾亂，如「擾擾」同義。

【今譯】

從前舜問堯說：「天王的用心怎麼樣？」

堯說：「我不輕慢孤苦伶仃的人，不捨棄貧窮的人，悲憫死者，喜愛孺子而同情婦女，這是我的用心所在。」

舜說：「好是很好，卻不是最完善的。」

堯說：「那要怎麼做呢？」

舜說：「天成而地寧，日月光照而四時運行，好像晝夜有常、雲飄雨降一樣。」

堯說：「攪擾多事啊！你是冥合於自然，我只是符合於人事。」

天地是自古以來最大的，為黃帝堯舜所共同稱賞。所以古來治理天下的，還要做什麼呢？（順着天地法則就是了。」

四

孔子西藏書於周室。子路謀曰：「由聞周之徵藏史①有老聃者，免而歸居，夫子欲藏書，則試往因焉。」

孔子曰：「善。」

往見老聃，而老聃不許，於是繙六經②以說。

老聃中其說③，曰：「大謾④，願聞其要。」

孔子曰：「要在仁義。」

老聃曰：「請問，仁義，人之性邪？」

孔子曰：「然。君子不仁則不成，不義則不生。仁義，真人之性也，又將奚為矣？」

老聃曰：「請問，何謂仁義？」

孔子曰：「中心物愷⑤，兼愛無私，此仁義之情也。」

老聃曰：「意，幾乎後言⑥！夫兼愛，不亦迂乎！無私焉，乃私也。夫子若欲使天下無失其牧乎？則天地固有常矣，日月固有明矣，星辰固有列矣，禽獸固有羣矣，樹木固有立矣。夫子亦放德⑦而行，循道而趨，已至矣；又何偈偈乎⑧揭仁義，若擊鼓而求亡子⑨焉？意，夫子亂人之性也！」

【註譯】

①徵藏史：「徵」，「典」的意思。「徵藏」，即書庫，猶今圖書館。掌管儲藏典籍的史官稱為「徵藏史」。

②六經：原作「十二經」，根據嚴靈峯先生之說改。

嚴靈峯先生說：「釋文引說者云：『詩、書、禮、樂、易、春秋六經，又加六緯，合為十二經也。』一說云：『易上下經並十翼為十二。』又一云：『春秋十二公經也。』諸說並傅會也。按：孔子之時無緯書，十翼亦未成。天運篇云：『丘治詩、書、禮、樂、易、春秋六經。』又云：『夫六經先王之陳跡也。』天下篇云：『詩以道志，書以道事，禮以道行，樂以道和，易以道陰陽，春秋以道名分。』皆舉六經，未及六緯，則『十二經』之說，在先秦無有。又天運篇：『不與化為人。』郭註：『若播六經則疏也。』是郭註莊時亦以六經為說。『十二』二字疑係『六』字缺壞，折而為二；核者不察，改為『十二』耳。茲據天運篇文改。」嚴說可取，當改「十二經」為六經。

③中其說：半中間插斷他的話。

林希逸說：「中其說者，言方及半。」

嚴靈峯先生說：「中，猶半也。謂孔子未終其言而老子中止之也。」

④大謾：太冗長。趙諫議本「大」作「太」。「大」「太」字通。

成玄英疏：「大謾者，嫌其繁謾太多。」

⑤中心物愷：「愷」，樂（釋文引司馬彪說）。「物」，一說「易」之譌文（吳汝綸說）；一說「和」字之誤（李勉說）。兩說皆可通。

章炳麟說：「『物』為『易』之誤。『易愷』，即豈弟。周語毛傳皆訓『豈弟』為『樂易』。」（莊子解故）

李勉說：「『物』係『和』字之誤。『物』『和』二字形似，所以誤混，『物愷』即和樂。」

⑥幾乎後言：「幾乎」，危殆。「後言」指後面說的這些話。

嚴靈峯先生說：「成疏：『後發之言。』成說是也。按：上云『中其說』，曩者中止之說為『前言』，後半所說為『後言』。『幾』，危殆也，意謂後半繼續所說之言，危殆矣。」

陶鴻慶說：「正文『後』乃『復』字之誤。『幾乎復言』四字為句，『幾』，殆也。『復』之義為反復。意蓋病其名言也。」（見陶著讀老莊札記）陶說可存。盧文弨亦說：「舊本『後』作『復』。」

⑦放德：依放自然之德（林希逸說）。

嚴靈峯先生說：「論語里仁篇：『放於利而行。』孔安國曰：『放，依也。』」

⑧偈偈（jiē 詰）乎：形容用力的樣子。

⑨亡子：失迷的人。

【今譯】

孔子想去西邊把經書儲藏在周室。子路謀議說：「我聽說周朝掌管典籍的史官老聃，引退在家，先生要藏書，可以請他幫忙。」

孔子說：「好。」

孔子去見了老聃，老聃卻不答應，於是孔子引述六經來解說。

老聃插斷他的話，說：「太冗長了，希望聽聽要點。」

孔子說：「要點在仁義。」

老聃說：「請問，仁義是人的本性嗎？」

孔子說：「是的。君子不仁便不能成長，不義便不能生存，仁義確是人的本性，還有什麼指教？」

老聃說：「請問，什麼是仁義？」

孔子說：「正心和樂，兼愛無私，這是仁義的實情。」

老聃說：「噫，危殆啊，你後面這些話！談兼愛，豈不是迂曲！說無私，才是偏私。先生想讓天下人不要失去了養育嗎？那（你要知道）天地原本是常在的，日月原本是光明的，星辰原本是羅列的，禽獸原本是成羣的，樹木原本是成長的。先生依德而行，順道去做，就是最好的了；又何必急急於標舉仁義，好像敲鑼打鼓去尋找失迷的孩子一樣呢？先生擾亂了人的本性啊！」

五

士成綺①見老子而問曰：「吾聞夫子聖人也，吾固不辭遠道而來願見，百舍重趼②而不

敢息。今吾觀子，非聖人也。鼠壤有餘蔬③，而棄妹④之者，不仁也，生熟⑤不盡於前，而積斂無崖。」

老子漠然不應。

士成綺明日復見，曰：「昔者，吾有刺於子，今吾心正卻矣⑥，何故也？」

老子曰：「夫巧知神聖之人，吾自以為脫⑦焉。昔者子呼我牛也而謂之牛，呼我馬也而謂之馬⑧。苟有其實，人與之名而弗受，再受其殃⑨。吾服也恆服，吾非以服有服⑩。」

士成綺鴈行避影⑪，履行遂進⑫而問：「修身若何？」

老子曰：「而容崖然⑬，而目衝然⑭，而顙頯然⑮，而口闞然⑯，而狀義然⑰，似繫馬而止也。動而持⑱，發也機⑲，察而審⑳，知巧而覩於泰㉑，凡以為不信㉒。邊竟㉓有人焉，其名為竊。」

【註譯】

①士成綺：姓士，字成綺，不知何許人（成疏）。

②百舍重趼（jiǎn 減）：形容走了很長遠的路腳跟長了厚厚的繭。「百舍」，旅途百日。「趼」，同「繭」，腳跟厚皮。

司馬彪說：「百舍，百日止宿也。」

郭慶藩說：「『趼』，又讀若『繭』。荀子勸學篇『百舍重繭』，宋策墨子：『百舍重繭』，皆假『繭』

作『跰』也。」

③鼠壤有餘蔬：鼠穴有餘糧。「鼠壤」，鼠穴土中（成疏）。「蔬」，指穀物。

王念孫說：「穀梁疏引麋信曰：『齊魯之間謂鑿地出土、鼠作穴出土，皆曰壤。』」

司馬彪說：「『蔬』，讀曰『糈』。『糈』，粒也。」

④棄妹：「妹」，猶昧（成疏）；不愛物（林希逸註）。

馬其昶說：「釋名：『妹，昧也。』易略例明昧，釋文：一作『妹』。『棄』『昧』二字同義。荀子註：『昧，蔑也。』」（莊子故）按：馬說是，「棄妹」即棄蔑。「棄妹之」，宣穎說：「不知惜物而棄之。」宣說承林希逸解，為是。舊註多非。英譯本（如 James Legge, Herbert A. Giles, James R. Warf, Bwrto Watson 等譯本），都依字面譯「棄妹」為「遺棄妹妹」，誤。

⑤生熟：指生物熟物。

成玄英說：「『生』，謂粟帛；『熟』，謂飲食。」

⑥吾心正卻矣：「卻」，通隙。正隙，正在開竅，意即有所覺悟（曹礎基說）。

⑦脫：過免（成疏）；離（林希逸說）。

⑧呼我牛也而謂之牛，呼我馬也而謂之馬：無成心而順任自然之意。和應帝王篇「一以己為馬，一以己為牛」句義相同。

⑨苟有其實，人與之名而弗受，再受其殃：若實有此事，人以譏我而我乃拒之，是兩重罪過（林希逸說）。

郭象說：「有實，故不以毀譽經心也。一毀一譽，若受之於心，則名實俱累，斯所以再受其殃也。」

⑩吾服也恆服，吾非以服有服：「服」，服從，接受。謂：我接受（別人給與的名稱）常常是順其自然地接受，並不是（有心）接受才去接受。

李勉說：「『服』，順也。言我常順乎自然，吾非為順服而有所服，即我之順服出乎自然，非有意順服而順服；無存心也。即吾率性順乎自然。」

⑪鴈行避影：像鴈斜行，側身避影。形容側身行走的樣子。

福永光司說：「禮記王制篇：『父之齒隨行，兄之齒鴈行。』『鴈行』，表示對尊者之禮。」

⑫履行遂進：踵步而前（林雲銘註）。

林希逸說：「『履行』，一步躡一步也。『履行遂進』，形容其躡足漸行漸進之貌。」

⑬而容崖然：「而」，同「汝」。下面四句「而」字亦作「汝」。「崖然」，容態高傲，自命不凡的樣子。

王先謙說：「岸然，崖然自異。」

⑭衝然：形象鼓目突視的樣子。

⑮頯（kuí葵）然：形容寬大高亢。大宗師有「其顙頯」句。

⑯闞（kàn看）然：張口自辯（陳壽昌經解）。

章炳麟說：「『闞』，借為『凵』。說文：『凵，張口也。』」

⑰義然：形容巍峨的樣子。「義」借為「峨」，詳見大宗師註釋。

⑱動而持：欲動而強持（宣穎說）。

⑲發也機：發動如放弩矢。形容快速。齊物論：「其發若機栝。」句義相同。

⑳察而審：好明察而又精審（林希逸註）；察事審詳（王先謙註）。

㉑知巧而覩於泰：智巧而見於驕泰之色（王先謙註）。「覩」，外現。「泰」，驕泰。

㉒凡以為不信：意指這些都不是真實的本性。

郭嵩燾說「郭象云『凡此十事，以為不信性命而蕩夫毀譽』，於文多一轉折。『凡以為不信』，言凡所為皆出於矯揉，與自然之性不相應，故謂之不信。容也，目也，顙也，口也，狀也，一有矜持，若繫馬而制其奔突，不能自信於心也。動而發，一其機應之，而相勝以知巧，不能自信於外也。微分兩義，不得為十事。」（引自郭慶藩莊子集釋）

㉓竟：同「境」。趙諫議本作「境」。

【今譯】

士成綺見了老子問說：「我聽說先生是聖人，我不辭艱苦遠道而來希望見到你，旅途百日，腳跟長厚繭，卻沒有止步。現在我看先生，不算是聖人。鼠穴裏有剩餘穀物，不愛惜東西，可說不仁，生物熟品堆滿在面前，還聚斂不已。」

老子漠然不回應。

第二天士成綺再去見老子，說：「昨天我說了先生幾句，今天我心裏有所覺悟，為什麼呢？」

老子說：「巧智神聖的這種人，我自認為不是。先前你喊我是牛，我便稱為牛，你喊我是馬，我便稱為馬。如果我有其實，別人給與名稱（來譏諷）而我卻拒不接受，這是兩重的罪過。我接受（別人給與的名稱）常常是順其自然地接受，並不是（有心）接受才去接受。」

士成綺側身而行，躡步向前，問道：「怎樣修身？」

老子說：「你的容態自命不凡，你的眼睛鼓目突出，你的額頭高亢，你的口舌誇張，你的形貌巍峨，好似繫住的奔馬（身雖被繫而心在馳騖）。蠢蠢欲動而強自抑制，發動迅速如放弩矢，明察而精審，智巧而顯現驕泰之色，這都不是真實的本性。邊境上有一種人，名為取巧。」

六

夫子曰①：「夫道，於大不終②，於小不遺，故萬物備，廣廣乎其無不容也，淵淵乎③其不可測也。形德仁義④，神之末也，非至人孰能定之！夫至人有世⑤，不亦大乎⑥！而不足以為之累。天下奮棅⑦而不與之偕，審乎無假而不與利遷⑧，極物之真，能守其本，故外天地，遺萬物，而神未嘗有所困也。通乎道，合乎德，退仁義，賓⑨禮樂，至人之心有所定矣。」

【註譯】

①夫子曰：與天地篇引二條「夫子曰」同，為莊周後學所作（福永光司說）。按：成玄英以為指老子，非。

②終：窮（成疏）。

③淵淵乎：今本作「淵乎」。陳碧虛莊子闕誤引江南古藏本疊「淵」字，當據補，以與上句「廣廣乎」對文。「淵淵乎」語亦見於知北遊。

④形德仁義：「形」，「刑」的借字。「刑德」，賞罰之謂（福永光司說）。

⑤有世：有天下（林希逸註）。論語泰伯：「巍巍乎，舜、禹之有天下也。」「有世」和「有天下」同義。

⑥不亦大乎：（責任）不是很大嗎？

詹姆士里格英譯：The Perfect man has（the charge of）the world——is not the charge great（引自 James Legge 英譯本三九〇頁）

⑦奮棅：奮爭柄權。「棅」，同「柄」，指柄權。

陸德明說：「棅，音柄。司馬云：『威權也。』」

⑧審乎無假而不與利遷：「無假」，無所假借。「審乎無假」，處於無待。「利」，奚侗認為「物」的誤字，作「利」亦通。德充符作「審乎無假而不與物遷」。

奚侗說：「『利』當作『物』。『利』，古文作『物』，與『物』形近似易誤。德充符：『審乎無假而不與物遷。』可證。」

馬叙倫說：「按：『利』，當作德充符作『物』。古文『利』字作『物』，形與『物』近，故誤為『物』。」按楊樹達拾遺與奚、馬說同。

⑨賓：同「擯」。

兪樾說：「『賓』，當讀為『擯』。謂擯斥禮樂也。與上句『退仁義』一律。達生篇曰：『賓於鄉里，逐於州部。』此即假『賓』為『擯』之證。」

【今譯】

先生說：「道，對於任何大的東西都不窮盡，對於任何小的東西都不遺漏，所以具備在萬物內。廣大啊，無所不容；淵深啊，不可測量。刑、賞、仁、義，乃是精神的末跡，若不是至人，誰能確定它？至人有天下，責任不是很大嗎！卻不足以牽累他。天下奮爭柄權卻不為心動，處於無待卻不為利誘，究極事物的真性，能持守本根，所以能無視天地，忘懷萬物，而精神未嘗有所困擾。貫通於道，融合於德，辭退仁義，擯棄禮樂，至人的心靜定了。」

七

世之所貴道者書也，書不過語，語有貴也。語之所貴者意也，意有所隨。意之所隨者，不可以言傳也①，而世因貴言傳書。世雖貴之，我猶不足貴也，為其貴非其貴也。故視而可見者，形與色也；聽而可聞者，名與聲也。悲夫，世人以形色名聲為足以得彼之情！夫形色名聲果不足以得彼之情，則知者不言，言者不知②，而世豈識之哉！

【註譯】

①意之所隨者，不可以言傳也：這和外物篇「得魚忘筌」、「得兔忘蹄」的意義相通。

②知者不言，言者不知：見老子五十六章。

【今譯】

世人所珍貴的道載見於書，書不過是語言，語言有它的可貴處。語言所可貴的是意義，意義有所指向。意義所指向的，卻不能用語言來表達，而世人因為珍貴語言才傳之於書。世人雖然貴重書，我卻以為不足貴，因為所珍貴的並不是（真正）可貴的。因而，可以看得見的，是形和色；可以聽得見的是名和聲。可悲啊，世人以為從形色和名聲就可以得到事象的實情！假如形色名聲果然不足以確知事象的實情，那麼知道的不說，說的並不知道，但世人又怎能了解呢？

八

桓公讀書於堂上，輪扁①斲②輪於堂下，釋椎鑿而上，問桓公曰：「敢問，公之所讀者何言邪？」

公曰：「聖人之言也。」

曰：「聖人在乎？」

公曰：「已死矣。」

曰：「然則君之所讀者，古人之糟魄③已夫！」

桓公曰④：「寡人讀書，輪人安得議乎！有說則可，無說則死。」

輪扁曰：「臣也以臣之事觀之。斲輪⑤，徐則甘而不固，疾則苦而不入⑥。不徐不疾，得之於手而應於心，口不能言，有數⑦存焉於其間。臣不能以喻臣之子，臣之子亦不能受之於臣，是以行年七十而老斲輪。古之人與其不可傳也死矣，然則君之所讀者，古人之糟魄已夫！」

【註譯】

①輪扁：製造車輪的人，名扁。

②斲（zhuó 啄）：同「斫」。

③糟魄：即糟粕。「魄」，「粕」的借字。成玄英說：「酒滓曰『糟』，漬糟曰『粕』。」

④桓公曰：淮南子道應訓「桓公」下有「悖然作色而怒」六字。

⑤斲輪：後漢書張衡傳註引「斲輪」下有「之法」二字（王叔岷校釋）。

⑥徐則甘而不固，疾則苦而不入：「甘」，滑。「苦」，澀。「徐」，寬。「疾」，緊。寬則甘滑易入

而不堅；緊則澀而難入（林希逸說）。

丁展成說：「斵輪者，斵輪孔也。說文：『有輻曰輪，無輻曰輇。』斵輪『徐則甘而不固』，言斵輪孔大則輻易脫。……『徐』有舒義。此謂：輪孔闊也。『疾則苦而不入』，言斵輪孔小則輻不得入。」（莊子音義釋）丁說供參考。

⑦數：術（李頤說）。

【今譯】

桓公在堂上讀書。輪扁在堂下斫車輪，放下椎鑿走上前來，問桓公道：「請問，公所讀的是什麼書？」

桓公說：「是聖人之言。」

問說：「聖人在嗎？」

桓公說：「已經死了。」

輪扁說：「那麼你所讀的，是古人的糟粕了！」

桓公說：「寡人讀書，輪人怎能隨便議論！說得出理由還可以，說不出理由就要處死。」

輪扁說：「我用我所從事的事來觀察。斫車輪，輪孔做得寬就鬆滑而不堅固，做得緊就滯澀而難入。不慢不快，得心應手，口裏說不出來，有奧妙的技術存在其間。我不能告訴我的兒子，我的兒子也不能繼承我，所以我七十歲了還在斫輪。古時人和他所不能傳授的，都已經消失了，那麼你所讀的，就是古人的糟粕了！」

天運

天運篇，由七章文字雜纂而成。各章意義不相關聯，屬於雜記體裁。「天運」，即自然的運轉。首句「天其運乎」取二字為篇名。

本篇第一章，寫宇宙萬物的運行，乃是五種原因在空間運動的結果。第二章，大宰蕩與莊子談仁，申說「至仁無親」之義。第三章，北門成與黃帝論樂。寫聞樂時心境的變化。第四章，師金對顏淵評孔子的復禮，認為「禮義法度」是應時而變的，守舊者推行古禮，就好像「推舟於陸」一般，是行不通的。第五章，寫老聃向孔子談道，談「采真之遊」。第六章，老聃告訴孔子，仁義憒人心。第七章，寫老子告訴孔子，六經乃先王之陳跡，非「所以跡」。

出自本篇的成語有：不主故常、在谷滿谷、滿阬（坑）滿谷、推舟於陸、勞而無功、西子捧心、西施捧心、東施效顰、播糠眯目等。

一

「天其運乎？地其處乎[1]？日月其爭於所乎？孰主張[2]是？孰維綱是？孰居無事而推行是[3]？意者[4]其有機緘而不得已邪？意者其運轉而不能自止邪？雲者為雨乎？雨者為雲乎？孰隆施[5]是？孰居無事淫樂[6]而勸是[7]？風起北方，一西一東，在上彷徨[8]，孰噓吸[9]是？孰居無事而披拂[10]是？敢問何故？」

巫咸袑[11]曰：「來！吾語女。天有六極五常[12]，帝王順之則治，逆之則凶。九洛之事[13]，治成德備，監照下土，天下戴之，此謂上皇。」

【註譯】

①天其運乎？地其處乎：天道篇：「其動也天，其靜也地。」義同。「天運」當指日月星辰運轉、風吹雲飄雨降等現象。

②主張：主宰而施張（成玄英疏）。

③而推行是：原作「推而行是」，依奚侗之說改。

奚侗說：「案：『推』字當在『而』下。『推行』連語，與『主張』、『綱維』相耦。」

陶鴻慶說：「郭註云：『無則無能推，有則各有事；然則無事而推行者誰乎哉？各自行耳。』據自，是郭所見本作『而推行是』，與『主張』、『綱維』句法一律。今本蓋校者據釋文改之。」

王叔岷先生說：「註：『然則無事而推行者誰乎哉？』是郭本『推』字正在『而』下。湛然輔行記一三，朱子語類一二五引並同，今本誤倒。」各說可從。

④意者：猶「或者」。

⑤隆施：「隆」，興（成疏）。一說：「隆」當作「降」，古字通用（詳見俞樾莊子平議）。湛然輔行記四〇引正作「降」（王叔岷校釋）。

⑥淫樂：過求歡樂。

林雲銘說：「雲雨陰陽和氣所成，故曰『淫樂』。」

⑦勸是：勸勉、助成之意。

⑧在上彷徨：「在」，今本作「有」。「有」係「在」字之誤。闕誤引張君房本「有」作「在」，當據改（奚侗莊子補註）。唐寫本亦作「在」（王叔岷校）。「彷徨」，迴轉之貌（成疏）；往來之貌

（林希逸口義）。

⑨噓吸：同呼吸。古時以風為「大塊噫氣」（齊物論語）。

⑩披拂：吹動。

⑪巫咸祒：寓設人物。胡文英說：「『巫咸祒』，或解『祒』為『招』字，或解為『巫咸』名『祒』。俱屬鑿空，何用解之。」（莊子獨見）

⑫六極五常：「六極」，即六合，指東、南、西、北、上、下。「五常」，即五行，指金、木、水、火、土。

⑬九洛之事：有兩解：（一）九州聚落之事（成疏）。（二）洛書九疇之事（楊慎註）。「九疇」，指九類大法：一、五行；二、五事；三、八政；四、五紀；五、皇極；六、三德；七、稽疑；八、庶徵；九、五福六極（詳見尚書洪範）。

【今譯】

「天在運轉嗎？地在定處嗎？日月往復照臨嗎？有誰主宰着？有誰維持着？有誰安居無事而推動着？或者有機關發動而出於不得已？或者它自行運轉而不能停止？雲層是為了降雨嗎？降雨是為了雲層嗎？有誰興降雲雨？有誰安居無事過分求樂去助成它？風從北方吹起，忽西忽東，在上空迴轉往來，有誰噓吸着？誰安居無事去吹動它？請問什麼緣故？」

巫咸祒說：「來！我告訴你。天有六合五行，帝王順着它便能安治，違逆它便生禍亂。（順着這自然之理）九州的事物，功成而德備，照臨人間，天下擁戴，這就是上皇之治。」

二

商大宰蕩①問仁於莊子。莊子曰：「虎狼，仁也。」

曰：「何謂也？」

莊子曰：「父子相親，何為不仁？」

曰：「請問至仁。」

莊子曰：「至仁無親②。」

大宰曰：「蕩聞之，無親則不愛，不愛則不孝。謂至仁不孝，可乎？」

莊子曰：「不然。夫至仁尚矣，孝固不足以言之。此非過孝之言也，不及孝之言也。夫南行者至於郢③，北面而不見冥山④，是何也？則去之遠也。故曰：以敬孝易，以愛孝難；以愛孝易，以忘⑤親難；忘親易，使親忘我難；使親忘我易，兼忘天下難；兼忘天下易，使天下兼忘我難。夫德遺堯舜而不為也⑥，利澤施於萬世，天下莫知也，豈直太息而言⑦仁孝乎哉！夫孝悌仁義，忠信貞廉，此皆自勉以役其德⑧者也，不足多⑨也。故曰，至貴，國爵并焉⑩；至富，國財并焉；至顯⑪，名譽并焉。是以道不渝⑫。」

【註譯】

①商大宰蕩：「商」，即宋。周朝封殷代後裔為宋，所以稱為商。「大宰」是官號，字蕩。

②至仁無親：即至仁無私，謂至仁者一視同仁，無所偏愛。老子七十九章有「天道無親」，句法相同。齊物論：「大仁不仁」，句義一致。

③郢（yǐng影）：楚國都邑。在今湖北省江陵縣。

④冥山：山名寓設。

李勉說：「『冥』，杳遠迷恍之謂。此『冥山』者，作者自命之山，意喻遙遠冥恍之山，在最北之地，非真有此山。言冥山已不易見，則復南行至郢，更不易見，以言愈孝愈遠至仁之道。」

⑤忘：形容心境達到適度的一種境界。（莊子總論及分篇評註）

⑥德遺堯舜而不為也：「遺」，忘懷之意。忘懷堯舜而無為（林希逸口義）。

⑦太息而言：嗟歎自夸（林希逸口義），憂心的表現（曹礎基說）。

⑧役其德：「德」，真性，勞役其性（成疏）。

⑨不足多：不足尚。

⑩至貴，國爵并焉：「并」，讀為「屏」，棄。

林希逸說：「我之至貴，何取於國爵。」

⑪至願：原作「至願」。「願」字為「顯」字的筆誤，依奚侗之說改。

奚侗說：「『願』為『顯』譌。本篇下文『以顯為是者，不能讓名』。庚桑楚篇：『貴、富、顯、嚴、名、利六者勃志也。』皆足為本文『願』當作『顯』之證。」

⑫是以道不渝：「渝」，變（成疏）。

馬叙倫說：「按文有奪失。」

李勉說：「上文言『至仁』，『至貴』，『至富』，『至顯』：此處應作『至道』，漏一『至』字也。『渝』應作『喻』，口稱也。『至道不渝』，謂至道不自稱其道以誇揚，所謂大道不稱是也。」按李說可存。

【今譯】

宋國大宰蕩向莊子問仁。莊子說：「虎狼也有仁性。」

大宰說：「怎麽說呢？」

莊子說：「父子相親，為什麽不是仁？」

大宰說：「請問至仁。」

莊子說：「至仁超乎親愛。」

大宰說：「蕩聽說：無親便不愛，不愛便不孝。要說至仁不孝，可以嗎？」

莊子說：「不是的。至仁是最高的境界，孝還不足以說明它。你所說的並沒有超過孝，而是沒有達到孝的境界。像往南走到郢都，往北便看不到冥山，這是為什麽呢？距離太遙遠了。所以說：用敬來行孝容易，用愛來行孝難；用愛來行孝容易，使父母安適難；使父母安適容易，讓父母不牽掛我難；讓父母不牽掛我容易，使天下安適難；使天下安適容易，讓天下忘我難。所謂至德便是遺忘堯舜而虛靜無為，澤及萬世而天下不知，難道非要憂心忡忡去宣揚仁孝嗎！孝悌仁義，忠信貞廉，這些都是用來勉勵自己而勞苦人性的，卻是不足以刻意標舉的。所以說：最尊貴的，一國的爵位可以捨棄；最富足的，一國的財貨可以捨棄；最顯榮的，任何名譽可以捨棄。這乃是依道而行事的緣故。」

三

北門成①問於黃帝曰：「帝張咸池②之樂於洞庭之野③，吾始聞之懼，復聞之怠，卒聞之而惑；蕩蕩默默④，乃不自得。」

帝曰：「汝殆其然哉！吾奏之以人，徽⑤之以天，行之以禮義，建之以太清⑥。四時迭起，萬物循生；一盛一衰，文武倫經⑦；一清一濁，陰陽調和，流光其聲；蟄蟲始作，吾驚之以雷霆；其卒無尾，其始無首；一死一生，一僨⑧一起；所常無窮⑨，而一不可待⑩。汝故懼也。

「吾又奏之以陰陽之和，燭之以日月之明；其聲能短能長，能柔能剛，變化齊一，不主故常⑪；在谷滿谷，在阬滿阬；塗郤⑫守神，以物為量⑬。其聲揮綽⑭，其名⑮高明。是故鬼神守其幽，日月星辰行其紀。吾止之於有窮，流之於無止。子欲慮之而不能知也，望之而不能見也，逐之而不能及也；儻然立於四虛之道⑯，倚於槁梧而吟⑰。心窮乎所欲知，目窮乎所欲見，力屈乎所欲逐⑱，吾既不及已夫！形充空虛，乃至委蛇⑲。汝委蛇，故怠。

「吾又奏之以無怠之聲，調之以自然之命⑳，故若混逐叢生㉑，林樂而無形㉒；布揮而不曳㉓，幽昏而無聲。動於無方㉔居於窈冥㉕；或謂之死，或謂之生；或謂之實，或謂之榮；行流散徙，不主常聲。世疑之，稽於聖人。聖也者，達於情而遂於命也。天機不張而五官皆備，無言而心說，此之謂天樂㉖。故有焱氏㉗為之頌曰：『聽之不聞其聲，視之不見其形，充滿天地，苞裹六極。』汝欲聽之而無接焉，而㉘故惑也。

「樂也者，始於懼，懼故祟。吾又次之以怠，怠故遁；卒之於惑，惑故愚㉙；愚故道，道可載而與之俱也。」

【註譯】

①北門成：姓北門，名成，黃帝臣（成疏）。黃帝與北門成對話係寓設。

②咸池：古代樂章名稱。

③洞庭之野：即廣漠之野。

成玄英疏：「洞庭之野，天地之間，非太湖之洞庭也。」

④蕩蕩默默，乃不自得：「蕩蕩」，精神散漫（林希逸說）。「蕩蕩默默」，搖搖昏昏。「不自得」，

內心空虛疑惑，不知所以然（李勉說）。

⑤徽：今本作「徵」。古本多作「徽」（釋文）。與「揮」同（馬叙倫義證），奏樂之意。

⑥建之以太清：「太清」，天道（成疏）。

按：「建之以太清」句下，通行本原有「夫至樂者，先應之以人事，順之以天理，行之以五德，應之以自然，然後調理四時，太和萬物」三十五字，疑係郭象註文羼入。

蘇輿說：「『夫至樂者』以下三十五字是註文。」

馬叙倫說：「蘇說是也。當是郭象註。宜在下文『流光其聲』下註文『自然律呂』云云之上。」

于省吾說：「蘇轍云：『夫至樂者以下三十五字是註文。』按蘇說是也。郭慶藩集釋竟未採此說，疏矣。茲列五證以明之：敦煌古鈔本無此三十五字，其證一也。『先應之以人事，順之以天理』，與上『奏之以人，徵之以天』詞複，其證二也。『調理四時，太和萬物』，與下『四時迭起，萬物循生』，詞義俱複，其證三也。上言『行之以禮義，建之以太清』，『清』字與下文『生』『經』為韻，有此三十五字，則『清』字失韻，其證四也。郭於三十五字之以無註，其證五也。」

王叔岷先生說：「案唐寫本，趙諫議本，道藏成玄英本，王元澤本，林希逸口義本，並無此三十五字，乃疏文竄入正文也。」劉文典補註與王說同。

⑦文武倫經：「倫經」，猶經綸（胡文英、郭嵩燾、章炳麟說）。

林希逸說：「發生，『文』也。肅殺，『武』也。『倫經』，次序也。」

曹礎基說：「『經綸』，指政治上的比和分合。『文武經綸』，指樂曲表現了文治武功的各種變化。」（莊子淺註）

⑧僨：仆（司馬彪說）。

⑨所常無窮：「常」，與「當」古通。管子宙合：「應變不失之謂當。」這句話意即其所對應之變化無窮。

⑩一不可待：皆不可待（俞樾莊子平議）。

曹礎基說：「『一不可待』，全都不能預料。以上四句意謂：樂曲一高一低，一靜一響，都表現了萬物的生死起落，以無窮的變化為常態，故聽者都感到不可預料。」

⑪不主故常：不拘泥於固定。

林希逸說：「『故』，舊也。『不主故常』，言愈出愈新也。」

⑫塗郤：「塗」，借「杜」，即杜塞的意思。「郤」，同隙，指七竅。「塗郤」，與老子五十六章「塞其兌」同義。

⑬以物為量：順任外物為原則。

林希逸說：「隨萬物而為之劑量，言我之作樂，不用智巧而循自然也。」

⑭揮綽：悠揚越發（林雲銘說）。

⑮名：作節奏解。

林雲銘說：「名者，節奏之可名象者也。」

⑯四虛之道：四方沒有際限的大道。

⑰倚於槁梧而吟：德充符有「倚樹而吟，據槁梧而瞑」句。「槁梧」，即几案。

⑱心窮乎所欲知，目窮乎所欲見，力屈乎所欲逐：這三句是承上文「欲慮之而不能知也，望之而

不能見也，逐之而不能及也」而來的，今本脫誤為「目知窮乎所欲見，力屈乎所欲逐」，據馬敘倫之說改正。

馬敘倫說：「案此有脫誤。上文『子欲慮之而不能知也，望之而不能見也，逐之而不能及也』，是『目窮乎所欲見』，應『望之』句；『力屈乎所欲逐』，應『逐之』句，則上宜有一句以應『慮之』句，此『目』下『知』字，即奪文之跡猶可尋者。今在『目』下，則文義不順。蓋本有『口窮乎所欲知』一句，今奪失耳。」馬說確實，惟「口窮乎所欲知」，當為「心窮乎所欲知」，因「知」與「慮」（上文）都是「心」的作用；「心知」「心慮」連用，已成慣例。

⑲委蛇：隨順應變。已見於應帝王篇。

⑳自然之命：「命」，借為「令」，「令」，謂節奏（馬敘倫義證）。

㉑混逐叢生：混然相逐，叢然併生（林雲銘註）。

馬敘倫說：「按『逐』疑為『遯』之省，混遯猶混沌。」可備一解。

㉒林樂而無形：「林樂」，喻衆樂齊奏。

林希逸說：「『林樂』，林然而樂，言林林總總，無非樂也，而不見其形。」

林雲銘說：「林然共樂，而無有形象。」

郭嵩燾說：「說文：『叢木曰林。』『林樂』者，相與羣樂之。五音繁會，不辨聲之所從出，故曰無形。『林樂而無形』，其聲聚也。」（引自郭慶藩莊子集釋）

章炳麟說：「『林』，借為『隆』。漢避諱改『隆慮』為『林慮』，明古『隆』『林』音近。說文：『隆，豐大也。』」可備一說。

㉓布揮而不曳：「佈揮」，形容樂聲的播散振揚。林雲銘說：「其佈散發作，雖若罄盡而不留曳。」郭嵩燾說：「『揮』者，振而揚之，若布之曳而愈長，而亦無有曳之者。『佈揮而不曳』，其聲悠也。」

㉔動於無方：「方」，限定之意（福永光司說）。

㉕窈冥：語見老子二十一章。亦見於在宥篇。

㉖無言而心說，此之謂天樂：原作：「此之謂天樂，無言而心說。」語句疑是倒錯。從文勢看，「此之謂天樂」應是承接「無言而心說」的結語。王懋竑說：「『無言而心說』，當在『此之謂天樂』上。」按：王說是。

㉗有焱（yàn 咽）氏：神農（成疏）。

㉘而：同汝。

㉙愚：林希逸說：「愚是意識俱亡，大用不行之時。」

【今譯】

北門成問黃帝說：「你在廣漠的原野上放奏咸池樂章，我初聽時感到驚懼，再聽時便覺鬆弛，最後聽得迷惑了，心神恍惚，把握不住自己。」

黃帝說：「你可能會那樣罷！我以人事來彈奏，以天理來伴演，以仁義來運行，以自然元氣應合。四時相繼而起，萬物順序而生；忽盛忽衰，生殺循序；一清一濁，陰陽調和，聲光交流；蟄蟲剛要振作，我以雷霆之聲驚動它；〔樂聲〕終了卻尋不着結尾，開始卻尋不着源頭；忽而消逝忽而興作，忽而停止忽而升起；對應變化而無窮盡，而全然不可期待，所以你感到驚懼。

「我又用陰陽的和諧來演奏，用日月的光明來燭照；聲調可短可長，能柔能剛；變化有規律，卻能翻陳出新，樂聲盈滿阬谷；約制情慾，凝守精神，循任自然。音樂悠揚，節奏明朗。因而鬼神幽隱，日月星辰依軌道運行。我演奏有時而止，回聲卻流泛無窮。你要思慮卻不能明白，要觀看卻見不到，要追逐卻趕不及；茫然置身於四面無際限的大道，倚着几案而談吟。內心窮竭於所要明瞭的，眼睛窮竭於所要見到的，精力窮竭於所要追逐的，你追趕我不上了！形體充滿而內心空明，才可隨順應變。你隨順應變，所以覺得鬆弛。

「我又用無怠的聲音來演奏，用自然的節奏來調和，所以音調混然相逐，叢然併生，衆樂齊奏而不見形跡，樂聲播散振揚而不留曳，意境幽深而不可聞。它變化無常，止於玄妙的境界；忽而好像消逝，忽而陡然興起；忽而有如結果，忽而有如開花；它流行不定，不限於老調。世人疑惑，詢問聖人。所謂聖，便是通達情理順任自然。性不動而五官俱備，無言而心悅，這就是天樂。所以神農稱頌它說：『聽不到聲音，看不見形象，充滿了天地，包藏着六極。』你想聽也無法聽到，所以你會迷惑。

「這種樂章，開始聽到時感到驚懼，驚懼便以為是禍患，我又演奏使人心情鬆弛的聲調，心情鬆弛，所以驚懼之情遁滅終於覺得迷惑，迷惑才淳和無識，心靈淳和無識才合於道，到達這種境地，可與道會通融合。」

四

孔子西遊於衞。顏淵問師金[①]曰：「以夫子之行為奚如？」

師金曰：「惜乎，而夫子其窮哉！」

顏淵曰：「何也？」

師金曰：「夫芻狗[②]之未陳也，盛以篋衍[③]，巾[④]以文繡，尸祝齋戒以將[⑤]之。及其已陳也，行者踐其首脊，蘇者[⑥]取而爨之而已。將復取而盛以篋衍，巾以文繡，遊居寢臥其下[⑦]，彼不得夢，必且數眯[⑧]焉。今而夫子，亦取先王已陳芻狗，聚弟子遊居寢臥其下。故伐樹於宋[⑨]，削跡於衞[⑩]，窮於商周[⑪]，是非其夢邪？圍於陳蔡之間[⑫]，七日不火食，死生相與鄰，是非其眯邪？

「夫水行莫如用舟，而陸行莫如用車。以舟之可行於水也而求推之於陸，則沒世不行尋常[⑬]。古今非水陸與？周魯非舟車與？今蘄行周於魯，是猶推舟於陸也，勞而無功，身必有殃。彼未知夫無方之傳[⑭]，應物而不窮者也。

「且子獨不見夫桔槔[⑮]者乎？引之則俯，舍之則仰。彼，人之所引，非引人也，故俯仰而不得罪於人。故夫三皇五帝[⑯]之禮義法度，不矜[⑰]於同而矜於治，故譬三皇五帝之禮義法度，其猶柤梨橘柚[⑱]邪！其味相反而皆可於口。

「故禮義法度者，應時而變者也。今取猨狙[19]而衣以周公之服，彼必齕齧挽裂，盡去而後慊[20]。觀古今之異，猶猨狙之異乎周公也。故西施病心而矉[21]其里，其里之醜人見之而美之，歸亦捧心而矉其里。其里之富人見之，堅閉門而不出，貧人見之，挈妻子而去走。彼知矉美，而不知矉之所以美。惜乎，而夫子其窮哉！」

【註譯】

①師金：魯國太師，名金。

②芻狗：用草紮成的狗，作為祭祀時使用。老子五章：「天地不仁，以萬物為芻狗。」
李頤說：「結芻為狗，巫祝用之。」

③篋衍：「篋」，即竹篋。「衍」，笥（李頤註）。
朱駿聲說：「『衍』，借為『簞』。說文：『簞，笥也。』」（馬叙倫義證引）

④巾：「覆」（見成疏）。
郭慶藩說：「『巾』字，疑『飾』字之誤。太平御覽引淮南子『絹以綺繡』作『飾以綺繡』。」
僅備一說。

⑤將：送。和應帝王「不將不迎」的「將」，用法相同。

⑥蘇者：樵人（王敔註）。
陸德明說：「李云：『穌，草也，取草者得以炊也。』案方言云：『江淮南楚之間謂之蘇。』史記

云『樵蘇後爨』，註云：『穌，取草也。』」

⑦寢臥其下：語見於逍遙遊篇。

⑧眯（mi 泌）：夢魘。

成玄英疏：「眯，魘。」

⑨伐樹於宋：孔子周遊到宋國境內，和弟子們歇在一棵大樹下，孔子叫弟子們温習所學過的禮儀。正在演習的時候，宋國的司馬魋帶了一夥人來，把大樹砍倒了，還想殺孔子，孔子隨即帶着弟子逃退。據說桓魋是個很奢侈的人，他要替自己造一個石槨，造了三年都沒有造好，可是工匠都病倒了。這事曾被孔子嚴厲地批評。所以孔子結怨於桓魋。

⑩削跡於衞：孔子離開魯國時，走到衞國（河南北部），衞靈公對他不放心，派了公孫余假監視孔子。孔子不得不離開衞國。孔子離開衞國時，經過一個叫匡的地方（這地方被曾遭衞靈公驅逐的一個貴族公孫戍所佔據）。匡城人把孔子誤認為陽虎，原來陽虎曾經帶兵擾亂過這個地方，於是孔子被圍困起來，圍困了五天，才被放出來。孔子被放出來的時候，佔據匡城的公孫戍還警告他不許再到衞國來。

⑪窮於商周：「窮」，不得志。商是殷地，周是東周（成疏）。「周」，當指宋與衞。

⑫圍於陳蔡之間：陳蔡之間是指負函（現在的河南信陽縣）的地方，孔子在宋國，碰到了桓魋，幾乎遇險。孔子怕遭不測，於是便穿上「微服」（即便衣，見孟子萬章上）逃出了宋國。孔子離開宋國，走到陳國，但是陳國局勢很混亂，於是孔子想去楚國，路經陳蔡之間的負函，這時正逢吳楚交戰。孔子在路上被亂兵圍住，帶的糧食也吃光了，後來派子貢和楚軍交涉，才解了圍。

⑬尋常：指短距離。八尺的長度為「尋」，一丈六尺為「常」。馬其昶說：「尋常，猶尺寸。左傳：『爭尋常以盡其民。』註言：『爭尺寸之地。』」

⑭無方之傳：沒有限定的轉化。「無方」，見於上文。郭慶藩說：「『傳』，讀若『轉』，言無方之轉動也。呂氏春秋必己篇『若夫萬物之情，人倫之傳』，高註：『傳，猶轉也。』」

⑮桔槔：汲水的器具。天地篇作「槔」。

⑯三皇五帝：「三皇」有兩說：一說天皇、地皇、人皇（河圖三五曆）；一說燧人、伏羲、神農（尚書大傳）。「五帝」有兩說：一說黃帝、顓（zhuān）頊（xū）、帝嚳、堯、舜（史記五帝本紀）；一說少昊、顓頊、高辛、堯、舜（孔安國尚書序）。

⑰矜：尚（林雲銘註）。

⑱柤梨橘柚：見於人間世。

⑲猨狙（jū 居）：「猨」，同猿。「狙」，形像猴。「猨狙」，已見於齊物論、應帝王及天地篇。

⑳慊（qiàn 欠）：滿足。

㉑矉：同「顰」，蹙額。

【今譯】

孔子西遊到衛國。顏淵問師金：「你認為我先生的做法怎麼樣？」

師金說：「可惜了，你先生之道行不通！」

顏淵說：「為什麼呢？」

師金說：「芻狗還沒有獻祭的時候，用竹筐盛着，用繡巾蓋着，巫師齋戒來迎送。等到獻祭以後，行路人踐踏着它的頭部和脊背，樵夫撿去炊食罷了，若有人再拿來用竹筐盛着，用繡巾蓋着，遨遊居處而取來睡在一旁，即使他不會得〔噩〕夢，也會覺得困擾。現在你先生，也拿了先王已經使用過的芻狗，聚集弟子，遊歷居處而取來睡在一旁。所以在宋國遭受到伐樹的屈辱，在衛國被禁止居留，不得志於商、周等地。這不是得噩夢嗎？圍困在陳、蔡兩國交界的地方，餓了七天，幾近死亡的邊緣，這不是困擾嗎？

「水上通行莫過於用船，陸上行走莫過於用車。以為船可行於水上便希望推到陸地上走，那就終生走不了多遠。古和今不就像水和陸的不同嗎？周和魯不就像船和車的不同嗎？現在企求將周朝的制度實行到魯國，這就像把船推到陸地上行走，徒勞而無功，自身還會遭殃。他不知道遵循無常定的轉進，乃是順應事物變化無窮的道理。

「你沒有看見過汲水的桔槔嗎？人牽引它便俯下，捨放它便仰上。它是被人所牽引，並不是牽引人的，所以無論俯下或仰起都不會得罪人。因而三皇五帝的禮儀法度，不貴於相同，而貴於能使天下太平。因而三皇五帝的禮儀法度，就好比柤、梨、橘、柚呀！味道全然不同卻都可口。

「可見禮儀法度是隨着時代而改變的。現在讓猿猴穿上周公的禮服，它一定咬破撕裂，脫光而後快。看古今的不同，就像猿猴不同於周公一樣。西施心病，在村里皺着眉頭，鄰里的醜女看到覺得很美，回去也在村里捧着心皺着眉。村里的富人看見，緊閉着門不出來，窮人看見，帶了妻子走開。她知道皺眉頭的美，卻不知道皺眉頭為什麼美。可惜啊！你先生之道行不通了！」

五

孔子行年五十有一而不聞道，乃南之沛①見老聃。

老聃曰：「子來乎？吾聞子，北方之賢者也，子亦得道乎？」

孔子曰：「未得也。」

老子曰：「子惡乎求之哉？」

曰：「吾求之於度數②，五年而未得也。」

老子曰：「子又惡乎求之哉？」

曰：「吾求之於陰陽，十有二年而未得。」

老子曰：「然。使道而可獻，則人莫不獻之於其君；使道而可進，則人莫不進之於其親；使道而可以告人，則人莫不告其兄弟；使道而可以與人，則人莫不與其子孫。然而不可者，無它也，中無主而不止③，外無正④而不行。由中出者，不受於外，聖人不出；由外入者，無主於中，聖人不隱。名，公器也，不可多取。仁義，先王之蘧廬⑤也，止可以一宿而不可久處，覯⑥而多責。

「古之至人，假道於仁，託宿於義，以遊逍遙之墟，食於苟簡⑦之田，立於不貸之圃。逍遙，無為也；苟簡，易養也；不貸，無出⑧也。古者謂是采真⑨之遊。

「以富為是者，不能讓祿；以顯為是者，不能讓名；親權者，不能與人柄。操之則慄，舍之則悲，而一無所鑒，以闚其所不休者[10]，是天之戮民也。怨恩取與諫教生殺，八者，正之器也，唯循大變無所湮者為能用之。故曰，正者，正也[11]。其心以為不然者，天門[12]弗開矣。」

【註譯】

①沛：江蘇省沛縣。

②度數：制度名數（林雲銘註）。「度數」一詞已見於天道篇。

③中無主而不止：心中不自得則道不停留。

郭象註：「心中無受道之質，則雖聞道而過去也。」

林希逸說：「中無主而不止，非自見自悟也。言學道者雖有所聞於外，而其中自無主，非所自得，雖欲留之，不住也。」

④正：證（王敔註）。

林希逸說：「今禪家所謂印證也。」

⑤蘧廬：旅舍。

林希逸說：「蘧廬，草屋也。」

⑥覯（gòu 購）：見。

⑦苟簡：簡略。

王穆夜說：「『苟』，且也。『簡』，略也。」（釋文引）

⑧無出：不費力，無費於我（林希逸註）。

⑨采真：探求內真。「采」，同「採」。

呂吉甫說：「凡所采者，莫非真也。」（引自焦竑莊子翼）

褚伯秀說：「采真之遊，言不容一毫私僞於其間，如天之運出乎自然，而生生化化未嘗息。」（南華真經義海纂微）

⑩一無所鑒，以闚其所不休者：指他們一無鑒識，以反省自己所不停地追逐者。

林希逸說：「『闚』，視也。『所不休』，迷而不知返也。心無明見，而不能反視其迷。」

⑪正者，正也：自正的，才能正人。

林希逸說：「在我者正，而後可以正物。」

⑫天門：心（成疏）。老子十章有「天門開闔」語。

陸長庚說：「『天門』，猶言『靈府』也。」（陸著南華副墨，引自焦竑撰莊子翼）

【今譯】

孔子五十一歲還沒有得道，於是往南到沛地去見老聃。

老聃說：「你來了嗎？我聽說你是北方的賢人，你也得道嗎？」

孔子說：「還沒有得到。」

老子說：「你怎樣尋求的呢？」

孔子說：「我從制度名數來尋求，五年還沒有得到。」

老子說：「你又怎樣去尋求呢？」

孔子說：「我從陰陽的變化來尋求，十二年還沒有得到。」

老子說：「對的。假使道可以奉獻，人臣就沒有不奉獻給君主的；假使道可以進供，人子就沒有不進供給父母的；假使道可以告訴別人，人們就沒有不告訴兄弟的；假使道可以給與他人，人們就沒有不給與子孫的。然而這事是不可能的，沒有其他的因素，心中不自悟則道不停留，向外不能印證則道不能通行。出自於內心的領悟，不為外方所承受時，聖人便不告示；由外面進入，而心中不能領受時，聖人便不留存。名器是天下共用的，不可以多取。仁義是先王的旅舍，只可以停留一宿而不可以久居，形跡昭彰便多責難。

「古時的至人，假道於仁，託足於義，以悠遊於逍遙的境地，生活在簡略的田地，立身於不施與的園圃。逍遙便能逍遙無為；簡略便容易滿足；不施與便不耗費。從前稱這為『采真之遊』。

「以財富為追求對象的，便不能讓人利祿；以榮顯為追求對象的，便不會讓人名譽；迷戀權勢的，便不肯給人柄權。操持它便戰慄，捨棄它便悲憂，（這種人）心中一無明見，只關注自己所不停追逐的，從自然的道理看來，他們像受着刑戮的人。怨、恩、取、與、諫、教、生、殺，這八種是糾正人的方法，只有能够順任自然的變化而不為物慾所滯塞的人，才能使用它。所以說，自正的人，才能正人。如果內心不能認識這一點，心靈活動便不能通暢。」

六

孔子見老聃而語仁義。老聃曰：「夫播穅[1]眯目，則天地四方易位矣；蚊虻噆膚，則通昔[2]不寐矣。夫仁義憯[3]然乃憤吾心[4]，亂莫大焉。吾子使天下無失其樸，吾子亦放風而動[5]，總[6]德而立矣，又奚傑傑然揭仁義[7]，若負建鼓[8]而求亡子者邪？夫鵠[9]不日浴而白，烏不日黔[10]而黑。黑白之樸，不足以為辯；名譽之觀，不足以為廣。泉涸，魚相與處於陸，相呴以濕，相濡以沫，不若相忘於江湖[11]！」

孔子見老聃歸，三日不談，弟子問曰：「夫子見老聃，亦將何規[12]哉？」

孔子曰：「吾乃今於是乎見龍！龍，合而成體，散而成章，乘雲氣而養[13]乎陰陽。予口張而不能嚕[14]，予又何規老聃哉！」

子貢曰：「然則人固有尸居而龍見，淵默而雷聲[15]，發動如天地者乎？賜亦可得而觀乎？」遂以孔子聲見老聃。

老聃方將倨[16]堂而應，微曰：「予年運而往矣[17]，子將何以戒[18]我乎？」

子貢曰：「夫三皇[19]五帝之治天下不同，其係[20]聲名一也。而先生獨以為非聖人，如何哉？」

老聃曰：「小子少進！子何以謂不同？」

對曰：「堯授舜，舜授禹，禹用力而湯用兵，文王順紂而不敢逆，武王逆紂而不肯順，故曰不同。」

老聃曰：「小子少進！余語汝三皇五帝之治天下。黃帝之治天下，使民心一，民有其親死不哭而民不非也。堯之治天下，使民心親，民有為其親殺其殺㉑而民不非也。舜之治天下，使民心競，孕婦十月而生子㉒，子生五月而能言，不至乎孩而始誰㉓，則人始有夭矣。禹之治天下，使民心變，人有心而兵有順㉔，殺盜非殺人，自為種而天下耳㉕，是以天下大駭，儒墨皆起。其作始有倫，而今乎婦，女何言哉㉖！余語汝，三皇五帝之治天下，名曰治之，而亂莫甚焉。三皇之知，上悖日月之明，下睽山川之精，中墮四時之施㉗，其知憯於蠆蠆㉘之尾，鮮規之獸㉙，莫得安其性命之情者，而猶自以為聖人，不亦可恥乎㉚，其無恥也？」

子貢蹴蹴然立不安。

【註譯】

①播糠：「播」，借為「簸」（馬叙倫義證）。「糠」，同「糠」。

②通昔：即通夕。「昔」「夕」古通。道藏成玄英疏本「昔」作「夕」。

林希逸說：「『昔』，即『夕』也。左傳曰：『居則備一昔之衛。』」

郭慶藩說：「案『昔』，猶『夕』，通昔，猶通宵也。」

嚴靈峯先生說：「按：列子周穆王篇：『昔昔夢為國君。』殷敬順釋文云：『昔昔，夜夜也。』」（道家四子新編七七四頁）

③憯（cǎn 慘）：通「慘」。

林希逸說：「憯然，毒之狀也。」

④憒吾心：「憒」，今本作「憤」，形近而誤。

郭慶藩說：「案『憤』，釋文：『本又作「憒」。』當從之。『賁』『貴』形相近，故從『賁』從『貴』之字常相混。」

嚴靈峯先生說：「說文：『憒，亂也。』與下文『亂莫大焉』正相應，因據郭說改。」

⑤放風而動：「放」，依（司馬註）。

林希逸說：「『放風』，順化也。順化而行，故曰：『放風而動。』」

⑥總：執（林希逸口義）。

⑦又奚傑傑然揭仁義：「傑傑然」，用力貌（成疏）。今本作「傑然」，陳碧虛莊子闕誤引張君房本重「傑」字，趙諫議本同（王孝魚校），據補。今本並缺「揭仁義」三字，依劉師培等說補。

劉師培說：「天道篇述聃語，作『夫子亦放德而行，循道而趨，已至矣，又何偈偈乎仁義，若擊鼓而求亡子焉』，二文略同。『傑然』『偈乎』音義並符。……『若負』以上，似總『揭仁義』三字。郭云：『揭仁義以超道德之鄉。』所據弗誤。」（莊子斠補）

于省吾說：「天道：『又何偈偈乎仁義若擊鼓而求亡子焉。』『偈偈』即『傑傑』。唐桑楚：『若規規然若喪父母，揭竿而求諸海也。』與此文例並相仿。」（莊子新證）

王叔岷先生說：「案劉師培據天道篇及郭註，以證『傑然』下總『揭仁義』三字，其說是也。惟『傑然』亦當作『傑傑然』，與天道篇作『揭揭乎』一律（『傑』與『偈』音義並同）。唐寫本，趙諫議本，陳碧虛闕誤引張君房本，並疊『傑』字。」

⑧負建鼓：打大鼓。

劉師培說：「『負』，讀為『掊』，『掊』猶『擊』也。」（引自劉著莊子）

馬叙倫說：「『建』，借為『鼖』。說文：『鼖，大鼓也。』」

⑨鵠：本又作「鶴」（釋文）。唐寫本正作「鶴」。「鵠」、「鶴」古多混用（王叔岷說）。

⑩黔（qián 拑）：染黑。

⑪泉涸，魚相與處於陸，相呴以濕，相濡以沫，不若相忘於江湖：五句襲自大宗師篇。

⑫規：諫。

⑬養：借為「翔」。

劉師培說：「『養』『翔』古通。月令：『羣鳥養羞。』淮南子時則訓下：『羣鳥翔。』是其比。」

⑭口張而不能嗋：「嗋」（xuē 薛），合（釋文）。陳碧虛闕誤引江南古藏本「嗋」下有「舌舉而不能訒」六字（奚侗、馬叙倫等校）。

⑮尸居而龍見，淵默而雷聲：語見在宥篇。「淵默而雷聲」，今本倒為「雷聲而淵默」，當依在宥篇改。

⑯倨：踞（成疏）。

⑰予年運而往矣：「運」，時。予年衰邁（成疏）。老子自謙，吾老矣，年馳而事去矣（陸長庚說）。

⑱戒：同「誡」。
⑲三皇：原作「三王」。陳碧虛闕誤「王」作「皇」，林希逸本亦作「皇」，下文「三皇」兩字出現三次，為求一例據闕誤改。
⑳係：同「繫」。
㉑民有為其親殺其殺：「殺」字借為「差」（馬叙倫義證）。指親有差等。
李勉說：「『民有為其親，殺其殺，而民不非也』：『殺』，差也。中庸『親親之殺』可證。言堯治天下，使民各親其親，致親有差等，而民亦不非議。以上言黃帝與堯之治各有偏矣。」
㉒孕婦十月而生子：「孕」上原有「民」字。按：「民」字疑羨（馬叙倫義證），可刪去。「而」字原缺。御覽三六〇引「月」下有「而」字（王叔岷校釋），據補。
㉓不至乎孩而始誰：未至於孩提而早能問人為誰。「始」，早（林希逸說）。「孩」，應讀作「期」。言未至乎期年而知別人（于省吾新證）。
㉔人有心而兵有順：人人各有私心，以用兵為順事（林希逸說）。
于省吾說：「『順』應讀『巡』。說文：『巡，視行貌。』『兵有巡』，謂兵有所巡視也。」于說可存。
㉕殺盜非殺人，自為種而天下耳：舊註以「殺盜非殺」斷句，今從孫詒讓等說，從「人」字斷句。「自為種而天下耳」，義頗難曉，郭註：不能大齊萬物而人人自別。章炳麟說：言天下人皆自行其意。
劉文典說：「孫詒讓曰：郭讀『非殺』句斷，荀子正名篇云：『殺盜非殺人。』楊註云：『殺盜非殺人，亦見莊子。』則楊倞讀『人』字句斷，亦通。案孫讀是也。墨子小取篇：『殺盜非殺人

也。』亦以『殺盜非殺人』為句。註疏並以『人』字屬下為句，失其讀矣。」按：馬叙倫義證、王叔岷校釋亦主「人」字斷句，可從。

李勉說：「『自為種而天下耳』，『而』字下漏『役』字。『種』，本也。『自為種』謂自為本，即自尊而奴役天下之人也。亦即自尊而獨裁者也。故不服我者輒殺人，殺之而稱之為盜，使民不敢抗也。」按：李增字作解，惜欠憑證，然於義勝舊說，今譯姑從之。

㉖而今乎婦，女何言哉：按：婦、否古通用。易否：「否之匪人」，馬王堆出土帛書「否」作「婦」。又本卦「休否」、「傾否」之「否」帛書均作「婦」。是古「否」字多假「婦」字為之也。「其始作有倫，而今乎否」，意思甚明，言其始作也尚有倫序，而今則非也。

㉗上悖日月之明，下睽山川之精，中墮四時之施：三語已見於胠篋篇。「睽」，胠篋篇作「爍」。

㉘蠆（lì 厲）蠆（chài 瘥）：皆蠍之異名（王引之說，見王念孫讀書雜志餘編上）。屬毒蟲類。

㉙鮮規之獸：小獸（見釋文）。

林希逸說：「『鮮』，少也。『規』，求也。小獸之求不過鮮少，如狐狸之類。」

馬叙倫說：「按『鮮』『規』聲同支類，疊韻連綿詞也。鮮規之獸，謂小小之物也。」

㉚不亦可恥乎：御覽九四七「不」下有「亦」字，文意較完（王叔岷校釋），據補。

【今譯】

孔子見到老聃便談說仁義。老聃說：「簸糠進入眼睛，天地四方便看來顛倒了；蚊虻叮皮膚，就會通宵不得安眠。仁義毒害騷擾人心，再沒有比這更大的禍亂。你如果使天下不要喪失真樸，你可順化而行，執德而立，又何急急於標舉仁義像敲打大鼓找尋迷失的孩子呢？白鶴不必天天洗才白，烏鴉不必天天染才黑。黑白的本質，不值得辯論；名譽的頭銜，不值得誇張。泉水乾了，魚就一同困在陸地上，由濕氣互相噓吸，用口沫互相濕潤，倒不如在江湖裏彼此相忘。」

孔子見了老聃回來，三天不講話。弟子問道：「先生見到老聃，有什麼規諫呢？」

孔子說：「我現在竟然見到了龍！龍，合起來成一體，散開來成文采，乘駕雲氣而翱翔於陰陽之間，我張着口不能合攏，我又有什麼去規諫老聃呢？」

子貢說：「那麼人固然有安居不動而神采奕奕，沉靜緘默而感人深切，發動如天地嗎？我也可以去看看他嗎？」於是子貢以孔子的名義去見老聃。

老聃正坐在堂上，微聲回應說：「我年事老邁了，你對我有什麼指教嗎？」

子貢說：「三皇五帝的治理天下固然不同，卻同樣地共繫聲名，只有先生以為他們不是聖人，為什麼呢？」

老聃說：「年輕人上前來！你為什麼說不同呢？」

子貢回答說：「堯傳給舜，舜傳給禹，禹用辛勞而湯用武力，文王順從紂王而不敢違逆，武王違逆紂王而不肯順從，所以說不同。」

老聃說：「年輕人再上前來！我告訴你三皇五帝的治理天下。黃帝的治理天下，使民心淳一，有人死了親人不哭泣而別人並不非議。堯的治理天下，使民心相親，有人為了親近親人減去一些禮數，但別人並不非議。舜的治理天下，使民心競爭，孕婦懷胎十個月生產，嬰兒生下五個月就能說話，不等到成兒童就開始區分人我，人開始有短命的。禹的治理天下，使民心多變，人各懷心機而以用兵為順事，認為殺盜不算是殺人，自以為獨尊而奴役天下的人，因此天下震驚，儒墨都興起。開始時還有倫序，現在卻不是這樣了，你有什麼話呢？我告訴你，三皇五帝的治理天下，雖說治理，實則弊亂可大了。三皇的心智，上而掩蔽了日月的光明，下而睽違了山川的精華，中而破壞四時的運行。他們的心智毒如蠍子的尾端，就連微小的動物，都得不到安情定性，他們居然還自以為聖人，不是可恥嗎？他們是這樣無恥啊！」

子貢驚恐得站立不安。

七

孔子謂老聃曰：「丘治詩書禮樂易春秋六經，自以為久矣，孰知其故矣[1]；以奸者七十二君[2]，論先王之道而明周召[3]之跡，一君無所鉤[4]用。甚矣夫！人之難說也！道之難明邪？」

老子曰：「幸矣子之不遇治世之君也！夫六經，先王之陳跡也，豈其所以跡哉！今子之所言，猶跡也。夫跡，履之所出，而跡豈履哉！夫白鶂[5]之相視，眸子不運[6]而風化[7]；蟲，雄鳴於上風，雌應於下風而風化[8]；類[9]自為雌雄，故風化。性不可易，命不可變，時不可止，道不可壅。苟得於道，無自而不可；失焉者，無自而可。」

孔子不出三月，復見曰：「丘得之矣。烏鵲孺⑩，魚傅沫⑪，細要⑫者化，有弟而兄啼⑬。久矣夫丘不與化為人⑭！不與化為人，安能化人！」

老子曰：「可。丘得之矣！」

【註譯】

①孰知其故矣：「孰」，同「熟」。林雲銘本作「熟」。「故」，典故（林希逸說）。

②以奸者七十二君：「奸者」讀為「干諸」。干，求也。諸，之於。干諸，謂向某人求取俸祿。「七十二君」，謂很多君主。「七十二」，乃古習用之虛數，如七十二鑽（外物）、七十二行等。嚴靈峯說：「按：史記孔子世家，孔子所歷者：魯、齊、宋、衞、陳、蔡六國，而所遇者，齊景公、魯定公、魯哀公而已。其餘史書莫詳。且春秋時只十二諸侯，亦無七十二國，其經所記為魯十二君而已，似孔子未能見七十二君之多。」

③周召：指周公、召公，都是武王的弟弟。

④鉤：取（釋文）。

⑤白鶂：水鳥的一種。「鶂」，同「鷁」，形如鸕鶿，毛白色，能高飛，遇風不避。前人畫鷁像於船頭，所以叫船頭為「鷁頭」。馬叙倫說：「『鶂』，御覽引作『鷁』……。說文『鶂』下引春秋傳曰：『六鶂退飛。』左傳作『鷁』，是其證。」

⑥不運：定睛注視（宣穎註）。

⑦風化：生物的意思。

郭象註：「不待合而便生子，故曰風化。」

王先謙說：「案『風』，讀如『牛馬其風』之『風』，謂雌雄相誘也。『化』者，感而成孕。」

⑧蟲，雄鳴於上風，雌應於下風而風化：雄蟲鳴於上方，雌蟲在下方應和而感化生子。

⑨類：一種虛構的動物，一身兩性，見山海經。

陸德明說：「山海經云：亶爰之山有獸焉，其狀如狸而有髮，其名曰『師類』，帶山有鳥，其狀如鳳，五采文，其名曰『奇類』，皆自牝牡也。」

⑩烏鵲孺：「孺」，孚乳而生（釋文引李頤說）。謂烏鵲孵化而生。

⑪魚傅沫：「傅」，同付。謂魚濡沫而生。

⑫細要：指蜂。「要」，即腰。

⑬有弟而兄啼：有了弟弟，哥哥失愛而啼哭。

郭象說：「言人之性捨長而親幼，故啼也。」

林希逸說：「兄弟同母，必乳絕而後生，兄不得乳而後有弟，故曰『兄啼』。……佛經所言胎生，卵生，化生，濕生，真樂必出於此。」

唐順之說：「烏鵲孺，卵生；魚傅沫，濕生；細要者，化生；有弟而兄啼，胎生。佛所謂四生本此。」（見王船山莊子解王敔註所引）

⑭與化為人：與造化為友。大宗師「與造物者為人」同義。「人」，訓「偶」；「為人」，即「為偶」。

【今譯】

孔子對老聃說：「我研究詩書禮樂易春秋等六經，自以為很久了，熟悉其中的道理了，拿來進見七十二個君主，講解先王的道理，闡揚周公召公的業績，可是沒有被一個君主所取用。太難了！這些人難以說服嗎？還是道理難以發揚呢？」

老子說：「幸好你沒有遇到治世的君主啊！所謂六經，只是先王陳舊的足跡，哪裏是足跡的根源呢！你現在所說的，就像是足跡。足跡，乃是鞋所踩的痕跡，而足跡哪算是鞋呢？白鶂雌雄相看，定眼凝視而生育；蟲，雄的在上方叫，雌的在下方應，便生育；有種名『類』的動物，身懷雌雄兩性，所以自身可生育。本性不可改易，命不可變更，時間不可止留，道不可閉塞。如果得到道，怎樣都可行，失去道，怎樣都不可行。」

孔子三個月不出門，然後再去見老聃說：「我懂得了。烏鴉喜鵲孵化而生，魚濡沫而生，蜂類是化生，弟弟出生，哥哥失愛而啼哭。很久了，我沒有和造化為友，不和造化為友，怎能去化人？」

老子說：「可以。孔丘得道了！」

刻意

刻意篇，主旨寫養神。「刻意」，即雕礪心志的意思。取篇首二字作為篇名。本篇開頭描寫世間五種人格形態，接着寫聖人之德，聖人體天地之道而澹然無極。再由聖人的德象，說到「養神」、「貴精」。

出自本篇的成語有：離世異俗、吐故納新、熊經鳥申等。

一

刻意①尚行，離世異俗，高論怨誹②，為亢③而已矣；此山谷之士，非世④之人，枯槁赴淵者⑤之所好也。語仁義忠信，恭儉推讓⑥為修而已矣；此平世之士⑦，教誨之人，遊居學者之所好也。語大功，立大名，禮君臣，正上下，為治而已矣；此朝廷之士，尊主強國之人，致功併兼⑧者之所好也。就藪澤⑨，處閒曠，釣魚閒處，無為⑩而已矣；此江海之士，避世之人，閒暇者之所好也。吹呴呼吸，吐故納新⑪，熊經鳥申⑫，為壽而已矣；此導引⑬之士，養形之人，彭祖壽考者之所好也。

若夫不刻意而高，無仁義而修，無功名而治，無江海而閒，不導引而壽，無不忘也，無不有也，澹然無極而衆美從之。此天地之道，聖人之德也。

【註譯】

①刻意：雕礪心志，即礪志。

司馬彪說：「刻，削也，峻其意也。」（釋文引）

②怨誹：非世無道（釋文引李頤說）；憤世嫉邪（林希逸口義）。

③亢：高傲。

④非世：議論世事是非（林希逸說）。「非」，動詞，以濁世為非，而出言責之（李勉莊子分篇評註）。御覽五〇一引「非」作「誹」，「誹」與「非」通（王叔岷校釋）。

⑤枯槁赴淵者：指刻苦自礪、犧牲自我的人。

司馬彪說：「『枯槁』，若鮑焦介推；『赴淵』，若申徒狄。」按：史記屈原列傳載：「屈原至於江濱，披髮行吟澤畔，顏色憔悴，形容枯槁。」屈原投汨羅江，當屬「枯槁赴淵者」。

胡文英說：「『枯槁』，志甘淡泊也。『赴淵』，潔身也。」（莊子獨見）

⑥語仁義忠信，恭儉推讓：「仁義忠信」，語見孟子告子篇上。「恭儉推讓」，語見論語學而篇（「夫子温、良、恭、儉、讓」）。

⑦平世之士：平時治世之士（成玄英疏）。

⑧併兼：指合併敵國領土。

⑨藪澤：與「山澤」同義。

⑩無為：無所為，悠閒自在之意。

奚侗說：「案上文『為亢而已矣』、『為修而已矣』、『為治而已矣』，下文『為壽而已矣』，皆言有所為也。此不得獨言『無為』，當作『為無』。說文：『無，亡也；亡，逃也。』『為無』，猶為逃；謂逃世也。」（見莊子補註）按：「無為」就是閒暇自在的意思，上句「處閒曠，釣魚閒處」已經說得很清楚了。奚侗顛倒文字作解，不切原義，聊備一說。

⑪吹呴（xū 虛）呼吸，吐故納新：「呴」，噓吸。「吹呴」與「呼吸」同，指一出一入地吞吐空氣。「吐故納新」，吐故氣納新氣（李頤說）。

⑫熊經鳥申：若熊之攀樹而引氣（司馬彪說），類鳥飛空而伸腳（成疏）。按：這是一種健身操，形容動作如熊吊頸如鳥舒展。「經」，直立的意思。「申」，同「伸」。

⑬導引：指導通氣血。「導」原作「道」，「導」「道」古通。趙諫議本「道」作「導」，據改。嚴靈峯說：「釋文：『道，音導；下同。李云：「導氣令和，引體令柔。」』是李本原亦作導』。敦煌寫本作『導』，下同；『道』、『導』雖通，因並據改。」

【今譯】

雕礪心志崇尚品行，超脫世俗，言論不滿，表現得高傲而已，這是山林隱士、憤世的人、刻苦自礪、犧牲自我的人所喜好的。談說仁義忠信，恭儉推讓，潔好修身而已；這是治世之士，實施教育、講學設教的人所喜好的。談論大功，建立大名，維護君臣的秩序，匡正上下的關係，講求治道而已，這是朝廷之士、尊君強國的人、開拓疆土建功者所喜好的。隱逸山澤，棲身曠野，釣魚閒居，無為自在而已；這是悠遊江海之士、避離世事的人、閒暇幽隱者所喜好的。吹噓呼吸，吞吐空氣，像老熊吊頸飛鳥展翅，為了延長壽命而已；這是導引養形的人、彭祖高壽者所喜好的。

若有不雕礪心志而高尚，不講仁義而修身，不求功名而治世，不處江海而閒遊，不事導引而高壽，無所不忘，無所不有，恬淡無極而衆美會聚，這是天地的大道、聖人的成德。

二

故曰，夫恬淡寂漠虛無無為，此天地之本而道德之質也①。故聖人休焉，休則平易矣②，平易則恬惔矣。平易恬惔，則憂患不能入，邪氣不能襲，故其德全而神不虧。

故曰，聖人之生也天行，其死也物化；靜而與陰同德，動而與陽同波③；不為福先，不為禍始；感而後應，迫而後動，不得已而後起。去知與故④，循天之理。故曰⑤無天災，無物累，無人非，無鬼責⑥。不思慮，不豫謀。光矣而不燿⑦，信矣而不期。其寢不夢，其覺無憂⑧。其生若浮，其死若休⑨。其神純粹，其魂不罷⑩。虛無恬惔，乃合天德。

故曰，悲樂者，德之邪；喜怒者，道之過；好惡者，心之失⑪。故心不憂樂，德之至也；一而不變，靜之至也；無所於忤，虛之至也；不與物交，惔之至也；無所於逆，粹之至也。

【註譯】

①夫恬淡寂漠虛無無為，此天地之本而道德之質也：語出天道篇。「本」，今本作「平」，形近而誤。「質」，古通「至」，然作本字講亦可通。

馬叙倫說：「『平』，當依藝文類聚引作『本』。」（莊子義證）

俞樾說：「按『質』當讀『至』。史記蘇秦傳：『已得講於魏，至公子延。』索隱曰：『至當為質。謂以公子延為質也。』是『至』『質』古通用。『至』可為『質』，『質』亦可為『至』矣。『道德之質』，即『道德之至』也。」

②故聖人休焉，休則平易矣：今本作「故曰聖人休休焉則平易矣」。「曰」字衍文。此涉上文「故曰」而誤衍（陶鴻慶讀莊札記）「休焉」二字，傳寫誤倒，陳碧虛莊子闕誤引張君房本「休休焉」作「休焉休」。

俞樾說：「『休焉』二字，傳寫誤倒，此本作『故曰聖人休焉，休則平易矣』。天道篇：『故帝王聖人休焉，休則虛。』與此文法相似，可據訂正。」俞說可信。

王先謙說：「案郭註成疏陸釋，皆止一『休』字，俞說是也。此後來刊本之誤。」（莊子集解）

③聖人之生也天行，其死也物化；靜而與陰同德，動而與陽同波：四句引自天道篇。「天行」，郭註：「任自然而運動。」

④去知與故：「故」，猶巧講。

郭慶藩說：「案『故』，詐也。晉語：『多為之故，以變其志。』韋註曰：『謂多作計術以變易其志。』呂覽論人篇：『去巧故』，高註：『巧故，僞詐也。』淮南子主術訓『上多故則下多詐』，

高註：『故，巧也。』皆其例。管子心術篇：『去智與故』，尹知章註：『故，事也。』失之。」（莊子集釋）

⑤故曰：「曰」字原闕。此引天道篇文，當有「曰」。依上下例補（嚴靈峯道家四子新編九四頁）。

⑥無天災，無物累，無人非，無鬼責：引自天道篇：「無天怨，無人非，無物累，無鬼責。」

⑦光矣而不燿：引自老子五十八章：「光而不燿。」

⑧其寢不夢，其覺無憂：語見大宗師。

⑨其生若浮，其死若休：「浮生」二字，本之於此（胡文英說）。這兩句原在「無鬼責」句下，根據嚴靈峯先生之說移改。

嚴靈峯先生說：「按：此八字原在『無鬼責』句下。敦煌寫本列子抄殘卷作：『其寢不夢，其覺不憂；聖人也，其生若浮，其死若休也。』此八字在『其覺不憂』下。上文：『故無天災，無物累，無人非，無鬼責』皆三字為句，應逕接『不思慮，不豫謀』之上。此八字移此，則成：『其寢不夢，其覺無憂；其生若浮，其死若休；其神純粹，其魂不罷。』皆四字為句，文例亦一律。」

⑩其魂不罷：天道篇作「其魂不疲」。「罷」與「疲」同（林希逸口義）。

⑪悲樂者，德之邪；喜怒者，道之過；好惡者，心之失：「心之失」，今本誤作「德之失」。依淮南子精神訓、原道訓及文子九守篇可證「德」為「心」之誤。此文「德」、「道」、「心」三者分言，今本「心」作「德」，即涉上文「德之邪」而誤（詳見劉文典補註、王叔岷校釋）。

【今譯】

所以說，恬淡、寂寞、虛無、無為，乃是天地的本原和道德的極致。所以聖人息心於此，息心便能安穩，安穩便得恬淡。安穩恬淡，則憂患不能進入，邪氣不能侵襲，於是德性完整而精神不虧損。

所以說，聖人存在時順自然而行，死亡時和外物融化；靜時和陰氣同隱寂，動時和陽氣同波流；不作幸福的起因，不為禍患的開始；有所感而後回應，有所迫而後動作，不得已而後興起，拋棄智巧僞詐，順着自然的常理。所以說，沒有天災，沒有外物牽累，沒有他人菲薄，沒有鬼神責罰。不須思慮，不作預謀。光亮而不會刺耀，信實而不必期求。睡着不作夢，醒來不憂愁。生時如浮遊，死去如休息。心神純一，精力不疲。虛無恬淡，才合自然的德性。

所以說，悲樂是德的邪僻；喜怒是道的過錯；好惡是心的失誤。所以內心沒有憂樂，乃是德的極致；專一而不變，乃是靜的極致；無所抵觸，乃是虛的極致；不和外物交接，乃是恬淡的極致；無所違逆，乃是純粹的極致。

三

故曰，形勞而不休則弊，精用而不已則竭①。水之性，不雜則清，莫動則平；鬱閉而不流，亦不能清；天德之象②也。故曰，純粹而不雜，靜一而不變，淡而無為，動而天行②，此養神之道也。夫有干越之劍者，柙而藏之，不敢輕用也④，寶之至也。精神四達並流，無所不極，上際於天，下蟠於地⑤，化育萬物，不可為象，其名為同帝⑥。

純素之道，唯神是守；守而勿失，與神為一；一之精通，合於天倫⑦。野語有之曰：「衆人重利，廉士重名，賢人尚志，聖人貴精。」故素也者，謂其無所與雜也；純也者，謂其不虧其神也。能體純素，謂之真人。

【註譯】

①形勞而不休則弊，精用而不已則竭：「精用而不已則竭」，原作「精用而不已則勞，勞則竭」。依王叔岷先生之說刪改。

王叔岷先生說：「『竭』上『勞勞則』三字，疑傳寫誤衍，或淺人妄加。精用不已，何待言勞乎！淮南子精神訓：『形勞而不休則蹶，精用而不已則竭』，即襲用此文，正無『勞勞則』三字。」

②天德之象：即自然的現象。

③動而天行：「而」下原有「以」字，乃是衍文，依武延緒、嚴靈峯之說刪。

武延緒說：「按『以』字衍文。」

嚴靈峯先生說：「武說是也。『動而天行』與上文『淡而無為』相對為文，因依武說刪。」

④干越之劍者，柙而藏之，不敢輕用也：「干越」，即吳越。「輕」字原缺，依郭註成疏增補（王叔岷、王孝魚校）。

陸德明說：「司馬云：『干，吳也。吳越出善劍也。』李云：『干溪、越山出名劍。』案：吳有溪名干溪，越有山名若耶，並出善鐵，鑄為名劍也。」

⑤下蟠於地：「蟠」，當讀為播，佈。馬王堆帛書十大經三禁「播於下土」，即同此。

⑥同帝：功用同與天地。

⑦天倫：「倫」，理。自然之理（成疏）。

【今譯】

所以說，形體辛勞而不休息就會疲困，精力使用而不停歇就會枯竭。水的本性，不混雜就清澈，不攪動就平靜；閉塞而不流通，也不能澄清；這是自然的現象。所以說，純粹而不混雜，虛靜專一而不變動，恬淡而無為，行動而循順自然，這是養神的道理。就像吳越的寶劍，收藏在匣子裏，不敢輕易使用，這是最珍貴的。精神通達流溢，無所不至，上達於天，下及於地，化育萬物，不見跡象，它的功用如同天地。

純精素質的道理，只有保守精神；保守而不喪失，和精神凝合為一；純一的精通，合於自然之理。俗語說：「普通人注重利，廉潔之士重視名，賢人崇尚志節，聖人寶貴精神。」所以素的意思，是說不含雜質；純的意思，是說不損精神。能够體會純素的，就是真人。

繕性

繕性篇，主旨寫「以恬養知」。「繕性」，修治本性的意思。取篇首二字為篇名。
本篇開頭批評俗學俗思蒙蔽性靈，提出「以恬養知」的方法——透過內心的恬靜以涵養生命的智慧。本篇後段，勉勵世人「不為軒冕肆志，不為窮約趨俗」。揭露了求榮華者「喪己於物」，對於當世「文滅質」的景況，作了有力的批判。
出自本篇的成語，如：儻來之物、深根寧極、樂全得志、軒冕肆志、窮約趨俗、失性於俗等。

一

繕性於俗學①，以求復其初；滑欲於俗思②，以求致其明；謂之蔽蒙之民。

古之治道者，以恬養知③；知生而無以知為也④，謂之以知養恬。知與恬交相養，而和理出其性。夫德，和也；道，理也。德無不容，仁也；道無不理，義也；義明而物親，忠也；中純實而反乎情，樂也；信行容體而順乎文，禮也。禮樂偏行，則天下亂矣。⑤彼正而蒙己德，德則不冒，冒則物必失其性也⑥。

【註譯】

①繕性於俗學：「繕性」，修治本性。「俗」下原疊「俗」字，陳碧虛莊子闕誤引張君房本不重「俗」字。蘇輿說：「衍一『俗』字。」（王先謙莊子集解引）。下「俗」字衍，「繕性於俗學」，與下「滑

慾於俗思」，句法正一律（劉文典補註）。道藏羅勉道循本，焦竑莊子翼本，並刪一「俗」字（王叔岷校釋）。

林希逸說：「繕性以俗學，譏當時儒墨之言性也。」（南華真經口義）

林雲銘說：「性非學不明，而俗學所以障性。」（莊子因）

②滑慾於俗思：「滑」，訓亂（參看齊物論「滑疑之耀」註釋）。

焦竑說：「『繕性於俗學』『滑慾於俗思』為句。舊解失之。性非學不復，而俗學不可以復性；明非思不致，而俗思不可以求明。」（莊子翼）

③以恬養知：以恬靜涵養心知。

④知生而無以知為也：上「知」字（闕誤無此「知」字），作知曉講；下「知」字，同「智」。「無以知為」，不用智巧去為，即以恬靜樸質自守。

⑤「夫德，和也；道，理也。……則天下亂矣」：這十二句（五十四字），疑為莊子後學中染有黃老思想之文字。

⑥彼正而蒙己德，德則不冒，冒則物必失其性也：「蒙己德」，即斂藏自己的德行。「不冒」，即不眩露。

林希逸說：「『蒙』，晦。德積於己而不自眩露，德不自晦而求以加諸人，則失其自然。」

李勉說：「『蒙』，蔽也。『冒』，露也。言彼守正而隱晦其德，則其德不致外露，露則物失其性。蓋言大德不德，則物性自全。若必強露我德使物受之，則物失其性。上文言『恬淡』，下文言『澹漠』，皆謂不宜露德以制人。」

【今譯】

用世俗的學問來修治本性，以求復歸本初；用世俗的思想來迷亂情慾，以求獲得明達；這種人稱為蔽塞愚昧的人。

古時修道的人，以恬靜涵養智慧；智慧生成，卻不外用，稱為以智慧涵養恬靜。智慧與恬靜交相涵養，而和順之理便從本性中流露出來。德就是和，道就是理。德無不相容，就是仁；道無不合理，就是義；義理顯明就是忠；心中樸實而回復到性命真情的，就是樂；行為信實、心思寬容而合乎自然的節文，就是禮。禮樂普遍地強加推行，那就天下大亂了。各人自正而斂藏自己的德性，斂藏自己的德性而不強加給別人，刻意強加給別人必定違失自然的本性。

二

古之人，在混芒①之中，與一世而得澹漠②焉。當是時也，陰陽和靜，鬼神不擾，四時得節③，萬物不傷，羣生不夭，人雖有知，無所用之，此之謂至一④。當是時也，莫之為而常自然⑤。

逮德下衰，及燧人伏羲始為天下，是故順而不一。德又下衰，及神農黃帝始為天下，是故安而不順。德又下衰，及唐虞始為天下，興治化之流，澆淳散朴⑥，離道以為，險德以行⑦，然後去性而從於心。心與心識知，而不足以定天下⑧，然後附之以文⑨，益之以博。文滅質，博溺心，然後民始惑亂，無以反其性情而復其初。

由是觀之，世喪道矣，道喪世矣。世與道交相喪也，道之人何由興乎世，世亦何由興乎道哉！道無以興乎世，世無以興乎道，雖聖人不在山林之中，其德隱矣。

隱，故不自隱。古之所謂隱士者，非伏身而弗見也，非閉其言而不出也，非藏其知而不發也，時命大謬也。當時命而大行乎天下，則反一無跡[10]；不當時命而大窮乎天下，則深根寧極[11]而待；此存身之道也。

【註譯】

①混芒：混沌芒昧。

林希逸說：「『混芒之中』，即晦藏不自露之意。」

②澹漠：同「淡漠」。

成玄英疏：「冥然無跡，君臣上下不相往來，俱得恬澹寂寞無為之道也。」

林希逸說：「澹然漠然，上下不相求之意。」

③四時得節：「得」，闕誤引張君房本作「應」（馬叙倫、劉文典校）。

④至一：完滿純一的境界。詹姆士里格（James Leege）英譯為 The state of Perfect-Unity，甚是。

郭象說：「物皆自然，故至一也。」

⑤莫之為而常自然：和老子五十一章「莫之命而常自然」同義。

⑥⿰氵梟淳散朴：「⿰氵梟」，本亦作「澆」（釋文）。成本正作「澆」，淮南子俶真訓亦作「澆」。「朴」即「樸」之借（王叔岷校釋）。「澆淳散朴」，謂澆薄淳厚、離散樸質。

⑦離道以為，險德以行：「為」，原作「善」，依郭慶藩之說，據淮南子俶真訓改。「險」，通「儉」，少之意。「險德」，即寡德。

郭慶藩說：「『善』字疑是『為』字之誤，言所為非大道，所行非大德也。淮南子俶真訓：『雜道以僞（『雜』當為『離』字之誤。『僞』，古『為』字，『為』亦『行』也），儉德以行（『儉』『險』，古字通）。』即本於此。」

⑧心與心識知，而不足以定天下：有兩種讀法：（一）以「心與心識」斷句；如郭象註：「彼邦之心，競為先識。」又如林希逸說：「我以有心為，彼以有心應，故曰：『心與心識。』『識』，相識察也。似此『心』字，皆心也。」（二）以「心與心識知」斷句；如劉辰翁說：「『心與心識知』句連，謂彼此看破耳。」（莊子點校）又如俞樾說：「識、知二字連文。詩曰：『不識不知。』是識、知同義，故連言之曰『識知』也。『心與心識知，而不足以定天下』，明必不識不知而後可言定也。諸家皆斷『識』字為句，非是；向本作『職』，尤非。」今譯從（二）。

⑨附之以文：「文」，即上言俗學（李勉說）。

⑩反一無跡：反於至一而不見有為之跡（林雲銘註）。

⑪深根寧極：深藏緘默（李鍾豫譯）。

林希逸說：「『深根』，猶曰退藏於密。『寧極』，猶曰安汝止也。」

曹礎基說：「『深根』，使根長得深深的。『極』，本。『寧極』，使本紮得穩穩的。」

【今譯】

古代的人，在混沌芒昧之中，舉世都淡漠互不相求。在那時候，陰陽和順寧靜，鬼神不攪擾，四時合於節度，萬物不受傷害。衆生沒有夭折，人雖然有心智，卻無處可用，這稱為完滿純一的境地。在那時候，無所作為而讓萬物順任自然。

等到德性衰落，到了燧人伏羲開始治理天下，只能順隨民心卻不能返回完滿純一的境地。德性再衰落，到了神農黃帝開始治理天下，只能安定天下卻不能順隨民心。德性又衰落，到了唐堯虞舜開始治理天下，大興教化，澆薄淳厚離散樸質，離開了道去作為，寡德行事，然後捨棄本性而順從心機。心與心互相識察便不足以安定天下了，然後附加着文飾，增益着博學。文飾破壞素質，博學淹沒心靈，然後人民才迷亂，無法再返歸恬淡的性情而回復自然的本初。

這樣看來，世上亡失了大道，大道亡失了人世。人世和大道互相亡失，有道的人怎樣興起人世，人世怎樣興起大道呢？大道不能在人世興起，人世不能使大道興起，即使聖人不在山林裏，而他的德性也如同隱蔽了。

隱匿，卻不是自己隱藏的。古時所謂的隱士，並不是伏匿形體而不見人，並不是閉塞言論而不宣示，也不是潛藏智慧而不發露，乃是時機大相背謬呀！逢着時機而大行於天下，就返回「至一」的境界而不顯形跡；不逢時機而窮困於天下，就深藏緘默來等待；這是保全生命的方法。

三

古之存身①者，不以辯飾知，不以知窮天下，不以知窮德，危然②處其所而反其性已，又何為哉！道固不小行③，德固不小識④。小識傷德，小行傷道。故曰，正己而已矣。樂全之謂得志⑤。

古之所謂得志者，非軒冕⑥之謂也，謂其無以益其樂而已矣。今之所謂得志者，軒冕之謂也。軒冕在身，非性命也，物之儻來⑦，寄者也。寄之，其來不可圉⑧，其去不可止。故不為軒冕肆志，不為窮約趨俗⑨，其樂彼與此⑩同，故無憂而已矣。今寄去則不樂，由是觀之，雖樂，未嘗不荒也。故曰，喪己於物，失性於俗者，謂之倒置⑪之民。

【註譯】

①存身：道藏成玄英疏本、林希逸口義本、趙諫議本「存」作「行」。世德堂本「行」作「存」，據改。

王叔岷說：「褚伯秀云：『「行身」當作「存身」，上文可照。』其說是也。此承上文『此存身之道也』言，『行』即『存』之形誤。」按王說是。為求與上文一例，此宜作「存身」。

②危然：獨立貌（司馬彪註）。

③小行：指仁義禮樂的行為。

④小識：小知（成疏）；指是非的分別智（福永光司解）。

⑤得志：即適志，自得。

⑥軒冕：「軒」，車。「冕」，冠。指榮華高位。

林希逸說：「得志，猶快意也。」

⑦儻來：意外忽來者（成疏）。

⑧圉（yǔ語）：本又作「禦」（釋文）。「圉」與「禦」通。

⑨不為窮約趨俗：不因窮困而趨附世俗。

馬叙倫說：「按『約』借為『貶』，從『貝』，『乏』聲，即窮乏之『乏』本字。古書言『約』，少儉約，皆貶之借。」

⑩彼與此：「彼」，指軒冕。「此」，指窮約。

⑪倒置：本末顛倒。

向秀說：「以外易內，可謂倒置。」（釋文所引）

【今譯】

古時保全身命的，不用辯說來文飾智慧，不用機智來困累天下，不用心智來困擾德性，獨立自處而返回自然的本性，還有什麼要做的呢？道本來是不需要（仁義禮智的）小行，德本來是不需要（是非分別的）小識。小識損傷了德，小行損傷了道。所以說，自己站得正就是了。樂全天性叫做快意自適。

古時所謂的快意自適，並不是指榮華高位，而是無可復加的欣悅而已。現在所謂的快意自適，只是以為榮華高位。榮華高位在身，並不是真性本命，外物偶然來到，如同寄託。寄託的東西，來時不能抵禦，去時不能阻止。所以不要為榮華高位而恣縱心志，不要因窮困緊迫而趨附世俗，他身處榮華與窮困其樂相同，所以沒有憂慮。現在寄託的東西失去了便不快樂，這樣看來，即使有過快樂，何嘗不是心靈疏荒呢？所以說，喪失自己於物慾，迷失本性於世俗的，就叫做本末倒置的人。

秋水

秋水篇，主題思想為討論價值判斷的無窮相對性。「秋水」即秋天雨水。取篇首二字作為篇名。

本篇以河伯與海若的對話為主要部分，河伯與海若共七問七答。第一番問答，寫河伯的自我中心心境——「欣然自喜，以天下之美為盡在己」。河伯的自以為多，和海若的未嘗自多，恰成鮮明的對比。由海若描述海的大與天地的無窮，舒展思想的視野，使人心胸為之開闊。第二番對話，述時空的無窮性與事物變化的不定性，指出認知與確切判斷的不易。第三番對話，指出宇宙間有許多事物是「言之所不能論，意之所不能察致」的。第四番對話，進一步申論大小貴賤的無常性。第五番對話，要突破主觀的局限性與執着性，以開敞的心靈觀照萬物。第六番對話，河伯問：「道有什麼可貴？」海若回說，認識「道」，就是認識自然的規律，認識自然的規律，便可明瞭事物變化的真相。第七番對話，河伯最後問：「什麼是天？什麼是人？」這裏「天」即自然，「人」指人為，含有妄為的意思。海若認為順真性，便是自然（「天」），違逆常性便是妄為（「人」）。本篇到此，文意完足，其餘數章，疑是散段羼入。最末，莊子與惠子遊於濠梁之上辯論魚樂一章，寫出莊子觀賞事物的藝術心態與惠子分析事物的認知心態。

許多富有慧見的成語出自本篇，如：望洋興歎、大方之家、見笑大方、太倉稊米、一日千里、非愚則誣、欬唾成珠、井蛙之見、埳井之蛙、逡巡而退、蚊虻負山、以管窺天、邯鄲學步、泥塗曳尾、鵷鶵之志、濠梁歡魚等。

一

秋水時至，百川灌河，涇流①之大，兩涘渚崖之間②不辯牛馬③。於是焉河伯④欣然自喜，以天下之美為盡在己。順流而東行，至於北海，東面而視，不見水端，於是焉河伯始旋其面目[5]，望洋向若而歎[6]曰：「野語[7]有之曰『聞道百[8]以為莫己若者』，我之謂也。且夫我嘗聞少仲尼之聞而輕伯夷之義者，始吾弗信；今我睹子之難窮也，吾非至於子之門，則殆矣，吾長見笑於大方[9]之家。」

北海若曰：「井鼃[10]不可以語於海者，拘於虛[11]也；夏蟲不可以語於冰者，篤於時[12]也；曲士[13]不可以語於道者，束於教也。今爾出於崖涘[14]，觀於大海，乃知爾醜，爾將可與語大理矣。天下之水，莫大於海，萬川歸之，不知何時止而不盈，尾閭[15]泄之，不知何時已而不虛；春秋不變，水旱不知[16]。此其過江河之流，不可為量數。而吾未嘗以此自多者，自以比形於天地[17]而受氣於陰陽，吾在天地之間，猶小石小木之在大山也，方存乎見少，又奚以自多！計四海之在天地之間也，不似礨空[18]之在大澤乎？計中國之在海內，不似稊米之在大倉乎？號物之數謂之萬，人處一焉；人卒[19]九州，穀食之所生，舟車之所通，人處一焉[20]；此其比萬物也，不似毫末之在於馬體乎？五帝之所運[21]，三王之所爭，仁人之所憂，任士之所勞，盡此矣。伯夷辭之以為名，仲尼語之以為博，此其自多也，不似爾向之自多於水乎？」

【註譯】

①涇流：水流。「涇」，水脈。

陸德明說：「司馬云：『涇，通也。』崔本作『徑』，云：『直度曰徑。』」按：釋文引「涇流」作通流或徑流。章炳麟解作水流。

章炳麟說：「『涇』，借為『巠』。說文曰：『巠，水脈也。』」（莊子解故）

②兩涘（sì寺）渚（zhǔ主）崖之間：「涘」，涯（釋文），岸（成玄英疏）。「兩涘」，即兩岸。水中可居曰「渚」（釋文引司馬彪說）。「崖」，又作「涯」（釋文）。「渚崖」，即渚岸，即水洲岸邊。

③不辯牛馬：「辯」通辨。覆宋本正作「辨」。「不辯牛馬」，水大崖遠，見物模糊（林雲銘莊子因）。即形容河面廣闊，遠而見不明。

④河伯：河神（成疏）。「伯」，長者之稱，「河伯」，河之長（李勉說）。

⑤始旋其面目：斂容慙恧之狀（陳壽昌南華真經正義）。

李勉說：「『河伯始旋其面目』，坊間譯文，多譯為河伯方才轉過頭來。其實北海在黃河之前，河伯望海神正需向前直視，何得云轉過頭來？句應解作『河伯方才轉變其面目』，『旋』，轉也。河伯初以黃河之水大而不辨牛馬，以為天下之大，盡在乎己，及見海洋，其大更甚，始瞿然自慚，變其自滿之面目，故云『旋其面目』。」（莊子總論及分篇評註）按：李說甚是。清陳壽昌所解即異於成疏。

⑥望洋向若而歎：「望洋」一詞有多種解釋，舊註作：仰視貌（司馬彪、崔譔註）。按：「望洋」一語，或假「洋」為「陽」，「望陽」訓仰視之意（詳見郭慶藩莊子集釋）。或假「洋」為「羊」，

「望羊」申遠視之意（詳見馬叙倫莊子義證）。然「望洋」作常義解即可。「洋」即海洋，上文云北海可證（李勉說）。「若」，海神（司馬彪說）。按：「望洋興歎」一成語即本於此。

⑦野語：俗語。

⑧聞道百：「百」，古讀若「博」（郭慶藩說）。「百」者，多詞（郭嵩燾說）。按：「百」乃形容多數，李頤註：「萬分之一」，非。

⑨大方：大道（司馬彪說）。

⑩鼃：同「蛙」。道藏成玄英疏本、林希逸口義本、褚伯秀義海纂微本並作「蛙」。王引之說：「『鼃』，本作『魚』，後人改之也。太平御覽時序部七、鱗介部七、蟲豸部一引此，並云：『井魚不可語於海』，則舊本作『魚』可知。」（見王念孫著讀書雜志餘編上）

⑪虛：同「墟」。趙諫議本作「墟」。作「虛」是故書（王叔岷說）。

⑫篤於時：拘限於時。「篤」，固，拘限之意。郭慶藩說：「爾雅釋詁：『篤，固也。』凡鄙陋不達謂之固，夏蟲為時所蔽而不可語冰，故曰『篤於時』。『篤』字正與上下文拘束同義。」（見郭撰莊子集釋）

⑬曲士：曲知之士（荀子解蔽篇）；曲見之士，偏執之人（成疏）與天下篇「一曲之士」同。「曲」，一部分之意。

⑭今爾出於崖涘：「崖涘」，承上文「兩涘渚崖」而來，指受河岸所拘束，即喻河伯的思想角度受生存的環境所限。

⑮尾閭：泄海水之所（成疏）。蓋出於傳說想像所杜撰的地名。

郭慶藩說：「案文選嵇叔夜養生論註引司馬云：『尾閭，水之從海外出者也。』『尾』者，在百川之下，故稱『尾』。『閭』者，聚也，水聚族之處，故稱『閭』也。」

⑯春秋不變，水旱不知：春秋不變其多少，水旱不知其增減（成疏）。

⑰比形於天地：「比」，讀為「庇」。廣雅釋詁：「庇，寄也。」「比形於天地」，謂寄形於天地（高亨新箋）。

⑱礨（lěi 壘）空：「礨」，崔音壘。「空」，音孔。「壘孔」，小穴。一云：蟻冢（釋文）。

李勉說：「『礨空』，小穴也。奚侗莊子補註曰：『礨當作罍。』爾雅曰：『罍，器也。』按字當作罍，古人多用作酒器，『罍空』二字，指酒杯中之空窪處，其空不大，故云『小穴』。」

⑲人卒：人衆。與天地篇「人卒雖衆」同義。至樂篇：「人卒聞之，相與還而觀之。」盜跖篇：「人卒未有不興名就利者。」「人卒」均指人衆而言。俞樾疑是「大率」之誤，非。

丁展成說：「『卒』當為『萃』之借字。言人聚處乎九州也。」（莊子音義繹）

⑳人處一焉：這裏是以人類對萬物而說的。下文「人處一焉」，是以個人對衆人而言的。

㉑五帝之所運：今本「運」作「連」。江南古藏本「連」作「運」，似從運為妥（郭嵩燾說）。按：「運」即運籌；「連」即連續。

王叔岷先生說：「『五帝之所連』，義頗難通。『連』疑『禪』之誤，『禪』與『爭』對言，意甚明白。下文『昔者堯舜讓而帝』，『帝王殊禪』，並以禪讓言，與此同例。陳碧虛闕誤引江南古藏本『連』作『運』，『運』亦『禪』之誤。」按：王說有理。作「連」、「運」亦可通。

【今譯】

秋天（霖雨綿綿）河水及時上漲，所有的小川都灌注到黃河裏去，水流的寬闊，兩岸及河中水洲之間，連牛馬都分辨不清。於是河神洋洋自得，以為天下的盛美都集在他一身。他順着水流往東行走，到了北海，他向東面瞭望，看不見水的邊際，於是河神才改變自得的臉色，望着海洋對海神而感歎說：「俗語說，『聽了許多道理，總以為誰都不如自己』，這就是說我了。而且我曾經聽說有人小看孔子的見聞和輕視伯夷的義行，起初我不相信；現在我看見你這樣博大而難以窮盡，我要是不到你這裏來，可就糟了，我一定會永遠被懂得大道的人所譏笑了。」

北海神說：「井裏的魚不可以和它談大海的事，這是因為受了地域的拘限；夏天的蟲子不可以和它談冰凍的事，這是因為受了時間的固蔽；鄉下的書生不可以和他談大道理，這是因為受了禮教的束縛。現在你從河邊出來，看見了大海，知道你自己的醜陋，這才可以和你談一些大道理了。天下的水，沒有比海更大的，所有的河流都歸向這裏，不知道什麼時候才停止，可是海水並不因此而盈滿；海水從尾閭洩漏出去，不知道什麼時候停止，而海水並不減少；無論春天或秋天都不受影響，無論水澇或旱災都沒有感覺。容量超過江河的水流，簡直不能用數量來計算。但是我並沒有因為這樣就感到自滿，我自以為從天地那裏具有了形體，從陰陽那裏稟受了生氣，我在天地之間，就好像小石頭小樹木在大山上一樣，只存了自以為小的念頭，又怎麼會自滿呢？計算四海在天地中間，不就像蟻穴在大澤裏一樣嗎？計算中國在四海之內，不就像小米在大倉裏一樣嗎？物類名稱的數目有萬種之多，而人類只是萬物中的一種；人衆聚在九州，糧食所生長的地方，舟車所通行的地方，個人只是人類中的一分子；個人和萬物比起來，不就像一根毫毛在馬身上一樣嗎？凡是五帝所運籌的，三王所爭奪的，仁人所憂慮的，能士所勤勞的，不過如此而已。伯夷辭讓以取得聲名，孔子遊談以顯示淵博，他們這樣的自誇，不就像你剛才對於河水的自誇一樣嗎？」

河伯曰：「然則吾大天地而小毫末，可乎？」

北海若曰：「否，夫物，量無窮①，時無止②，分無常③，終始無故④。是故大知觀於遠近，故小而不寡，大而不多，知量無窮；證曏今故⑤，故遙而不悶⑥，掇而不跂⑦，知時無止；察乎盈虛，故得而不喜，失而不憂，知分之無常也；明乎坦塗⑧，故生而不說，死而不禍⑨，知終始之不可故也。計人之所知，不若其所不知；其生之時，不若未生之時；以其至小求窮其至大之域⑩，是故迷亂而不能自得也。由此觀之，又何以知毫末之足以定至細之倪⑪！又何以知天地之足以窮至大之域！」

【註譯】

①物量無窮：言物不可得而量度（林希逸口義）；各有局量，無有窮盡（陳壽昌正義）。「量」，謂局量之大小（林雲銘莊子因）。

②時無止：時序沒有止期。和天運篇「流之於無止」「時不可止」同義。

林希逸說：「寒暑晝夜，相尋無止。」

③分無常：得與失皆「分」（郭註）。按：指貴賤貧富的得失。下文「貴賤有時，未可以為常」，

即「分無常」。「常」即定，「無常」即無定。

宣穎說：「處無定境。」（南華經解）

④故：同「固」，固定的意思。

⑤證曏（xiàng象）今故：「曏」，明。「今故」，猶古今（郭註）。「故」讀為「古」（馬叙倫義證）。

⑥遙而不悶：對於遙遠的並不感到納悶。

宣穎說：「不以遠不可致而悶。」

⑦掇而不跂：「掇」，拾取，形容近。「跂」，求。

王先謙說：「近可掇取，我亦不跂而求之。」

⑧坦塗：「塗」，同途。明刊崇德書院本作「途」。

⑨生而不說，死而不禍：大宗師作「不知說生，不知惡死」。

⑩以其至小求窮其至大之域：「至小」，智；「至大」，境。以有限之小智，求無窮之大境（成疏）。

⑪至細之倪：「倪」，端倪，限度。

【今譯】

河神說：「那麼我以天地為大，以毫毛為小，可以嗎？」

北海神說：「不可以。萬物的局量是沒有窮盡的，時序是沒有止期的，得失是沒有一定的，終始是沒有不變的。所以大智慧的人無論遠近都觀照得到，因而小的不以為少，大的不以為多，這是因為知道物量是沒有窮盡的；明白了古今本來是一樣的，所以對於遙遠的並不感苦悶，對於近前的並不去強求，這是因為知道時序是沒有止期的；洞察事物盈虧的道理，所以得到並不欣然自喜，失掉並不憂愁懊惱，這是因為知道得失是沒有一定的；明白了死生之間是一條無可阻隔的坦途，所以生存不加喜悅，死亡也不以為禍害，這是因為知道終了和起始不是一成不變的。計算人所知道的，總比不上他所不知道的；人有生命的時間，總比不上他沒有生命的時間；以極其有限的生命去追求無窮的知識領域，必然會茫然而無所得。由這樣看來，又怎麼知道毫毛的末端可以確定最小的限度，怎麼知道天地可以窮盡最大的領域呢？」

河伯曰：「世之議者皆曰：『至精無形，至大不可圍①。』是信情②乎？」

北海若曰：「夫自細視大者不盡，自大視細者不明。故異便，此勢之有也③。夫精，小之微也；垺，大之殷也④；夫精粗者，期於有形者也；無形者，數之所不能分也；不可圍者，數之所不能窮也。可以言論者，物之粗也；可以意致者，物之精也；言之所不能論，意之所不能致者⑤，不期精粗焉。」

〔是故大人之行，不出乎害人，不多仁恩；動不為利，不賤門隸；貨財弗爭，不多辭讓；事焉不借人，不多食乎力，不賤貪污；行殊乎俗，不多辟異；為在從衆，不賤佞諂；世之爵祿不足以為勸，戮恥不足以為辱；知是非之不可為分，細大之不可為倪。聞曰：『道人不聞，至德不得，大人無己。』約分之至也。〕⑥

【註譯】

①至精無形，至大不可圍：與則陽篇「精至於無倫，大至於不可圍」同。與天下篇述惠施語「至小無內，至大無外」義近。

②信情：信實。

③夫自細視大者不盡，自大視細者不明。故異便，此勢之有也：「故異便」原在「夫精，小之微也；垺，大之殷也」句下。馬叙倫說：「此三字當在上文『自大視細者不明』下。」馬說是。然「此勢之有也」句，為解釋所以「異便」之故，當順文移。「異便」，郭註：「大小異，故所便不得同」，這是解釋「自細視大者不盡，自大視細者不明」二句。今本誤倒，則將文勢隔斷。此下為「夫精粗者」句，正承上「精」「垺」兩句而來。今依上下文義移正。按：「故異便」，言各有不全面的地方。「便」當讀為「偏」。說文通訓定聲：「便，假借為偏。」禮記樂記疏：「偏，謂不周備也。」天下篇「選則不遍」，蔣錫昌說：「由我見以選事物，則必有所棄而致不遍焉。」此亦可為本文之註。荀子解蔽所謂「蔽於一曲」即此。天下「不該不遍，一曲之士也」義同。

④垺，大之殷也：「殷」，大。「垺」，特大之意。

⑤意之所不能致者：「致」上原有「察」字。依馬叙倫、嚴靈峯之說刪。

馬叙倫說：「按『察』字羨文。」

嚴靈峯先生說：「按：上文：『可以言論者，物之粗也，可以意致者，物之精也。』『論』與『致』對文，故此當云：『言之所不能「論」，意之所不能「致」。』此『致』字乃禮記大學『致知』之『致』，有『察』字則文贅矣。疑係衍文，茲刪去。」（道家四子新編五六三頁）

⑥「是故大人之行……約分之至也」：這一段文字（共一百十一字）與上文不相連續。上文討論河伯提出的「至精無形，至大不可圍」的問題，北海若的回答到「不期精粗焉」已告一段落，也把問題交代清楚了。這裏突然冒出和上下文義不相干的一段，顯係他文錯入，或為後人羼入，當刪。

【今譯】

河神說：「世俗的議論者都說：『最精細的東西是沒有形體的，最廣大的東西是沒有外圍的。』這是真實的情況嗎？」

北海神說：「從小的觀點去看大的部位是看不到全面的，從大的觀點去看小的部位是看不分明的。所以說是各有所偏執，這是情勢如此的。『精』是微小中最微小的；『垺』是廣大中最廣大的；所謂精小粗大，乃是局限有形跡的東西；至於沒有形跡的東西，便是數量都不能再分了；沒有外圍的東西，便是數量也不能窮盡了。可以用語言議論的，乃是粗大的事物；可以用心意傳達的，乃是精細的事物；至於語言所不能議論、心意所不能傳達的，那就不局限於精細粗大了。」

河伯曰：「若物之外，若物之內，惡至而倪貴賤[①]？惡至而倪小大？」

北海若曰：「以道觀之，物無貴賤；以物觀之，自貴而相賤；以俗觀之，貴賤不在己。以差觀之，因其所大而大之，則萬物莫不大；因其所小而小之，則萬物莫不小；知天地之為稊米也，知毫末之為丘山也，則差數覩矣。以功觀之，因其所有而有之，則萬物莫不有；因其所無而無之，則萬物莫不無；知東西之相反而不可以相無，則功分定矣。以趣觀之，因其所然而然之，則萬物莫不然②；因其所非而非之，則萬物莫不非；知堯舜之自然而相非，則趣操覩矣③。

「昔者堯舜讓而帝，之噲讓而絕④；湯武爭而王，白公爭而滅⑤。由此觀之，爭讓之禮，堯桀之行，貴賤有時，未可以為常也。梁麗⑥可以衝城，而不可以窒穴，言殊器也；騏驥驊騮⑦，一日而馳千里，捕鼠不如狸狌⑧，言殊技也；鴟〔鵂〕⑨夜撮蚤，察毫末，晝出瞋目⑩而不見丘山，言殊性也。故曰，蓋⑪師是而無非，師治而無亂乎？是未明天地之理，萬物之情者也。是猶師天而無地，師陰而無陽，其不可行明矣。然且語而不舍，非愚則誣也⑫。帝王殊禪⑬，三代殊繼。差其時，逆其俗者，謂之簒夫；當其時，順其俗者，謂之義之徒。默默乎河伯！女惡知貴賤之門，小大之家！」

【註譯】

①惡至而倪貴賤：何至而分貴賤。「倪」，端倪，有區別之義。

②因其所然而然之，則萬物莫不然：同於齊物論：「物固有所然，無物不然。」

③知堯桀之自然而相非，則趣操覩矣：「然」，猶「是」（成疏）。「自然而相非」，即自以為是而互相非薄。「趣操」，情趣志操（成疏）。「操」疑「捨」字之誤，「趣捨」即取捨（劉文典補正）。此說亦可存。

王仲鏞說：「這裏，莊子有意誇大事物的相對性而忽視相對事物中的絕對性，把不同的趣向等同起來，即所謂『均異趣』。而其目的則在於使人破除偏執，擴大視野。在同一章中，他除『以趣觀之』而外，一氣還提了『以道觀之』、『以物觀之』、『以俗觀之』、『以差觀之』、『以功觀之』等等一系列從不同角度看問題的方法，構成了他相對主義的認識論。但是我們也該看到，在特定情況下，莊子也是並不完全否認事物的絕對性的。逍遙遊中的大鵬和蜩（以及斥鴳與學鳩），莊子就沒有忽視它們之間的『大小之辯』。」

④之噲讓而絕：戰國時代燕王噲接受蘇代的意見，仿效堯舜的禪讓，將王位讓給宰相子之（紀元前三一六年），引起國人不滿，招致內亂，齊宣王來伐，殺燕王及子之。

⑤白公爭而滅：白公名勝，楚平王之孫，太子建之子。起兵爭國，為葉公子高所殺，事見左傳哀公十六年及史記楚世家。

⑥梁麗：即欐欐；屋棟。「麗」，作「欐」，已見於人間世（「高名之麗」）。郭慶藩說：「案：司馬訓『梁麗』為『小船』，非也。俞氏以為『樓車』，亦近附會。考列子湯問篇：『雍門鬻歌，餘音繞欐欐，三日不絕。』『欐欐』，即此所云『梁麗』也。」

⑦騏驥驊騮：都是駿馬。「騏驥」，古稱千里馬（指一天能行千里）。「驊騮」，周代良馬（周穆王八駿馬之一）。

⑧狸狌：見逍遙遊篇。「狸」，即貓。「狌」，同鼪，即鼬，俗稱黃鼠狼。

⑨鴟（chī 吃）〔鵂〕（xiū 休）：貓頭鷹。

王引之說：「『鵂』字，涉釋文內『鴟鵂鶹』而衍。案釋文曰：『鴟，尺夷反。』崔云：鴟鵂鶹，而不為『鵂』字作音，則正文內本無『鵂』字明矣。淮南子主術訓亦云：『鴟夜撮蚤。』」

⑩瞋（chēn抻）目：「瞋」，張（司馬彪說）。說文：「瞋，怒目。」「瞋目」，張目，即瞪大了眼。

⑪蓋：同「盍」，何不。

楊樹達說：「『蓋』與『盍』通，何不也。禮記檀弓上篇云：『子蓋言子之志於公乎？』又云：『子蓋行乎？』鄭註云：『蓋皆當為盍，盍，何不也。』此二文通用之證。」（莊子拾遺）

⑫語而不舍，非愚則誣也：「舍」為「捨」的省字。「非愚則誣」一成語本於此，韓非子顯學篇亦見此一語。

⑬帝王殊禪：「帝王」疑當作「五帝」（馬叙倫說）。

【今譯】

河神說：「那麼在萬物的外面，萬物的內面，從什麼地方來區分貴賤？從什麼地方來區分小大？」

北海神說：「從道看來，萬物本沒有貴賤的分別；從萬物本身看來，萬物都自以為貴而互相賤視；從流俗看來，貴賤都由外來而不在自己。從等差上看來，順着萬物大的一面而認為它是大的，那就沒有一物不是大的了；順着萬物小的一面而認為它是小的，那就沒有一物不是小的了；明白了天地如同一粒小米的道理，明白了毫毛如同一座山丘的道理，就可以看出萬物等差的數量了。從功用上看來，順着萬物有的一面而認為它是有的，那就沒有一物不是有的了；順着萬物所沒有的一面而認為它是沒有的，那就沒有一物不是沒有的了；知道東方和西方的互相對立而不可以缺少任一方向，那麼就可以確定萬物的功用和分量了。從取向看來，順着萬物對的一面而認為它是對的，那就沒有一物不是對的了；順着萬物錯的一面而認為它是錯的，那就沒有一物不是錯的了；知道了堯和桀的自以為是而互相菲薄，那麼就可以看出萬物的取向和操守了。「從前堯和舜因禪讓而成為帝，燕王噲和燕相子之卻因禪讓而滅絕；商湯和周武因爭奪而成為王，白公勝卻因爭奪而滅絕。由這樣看來，爭奪和禪讓的體制，唐堯和夏桀的行為，哪一種可貴可賤是有時間性的，不可以視為固定不變的道理。

「棟樑可以用來衝城，但不可以用來塞小洞，這是說器用的不同；騏驥驊騮等好馬，一天能跑一千里，但是捉老鼠還不如貓和黃鼠狼，這是說技能的不同；貓頭鷹在夜裏能捉跳蚤，明察秋毫，但是大白天瞪着眼睛看不見山丘，這是說性能的不同。常常有人說：『為什麼不只取法對的而拋棄錯的，取法治理的而拋棄變亂的呢？』這是不明白天地的道理和萬物的實情的說法。這就像只取法於天而不取法於地，取法於陰而不取法於陽，很明顯是行不通的。然而人們還把這種話說個不停，那便不是愚蠢就是故意瞎說了。

「帝王的禪讓彼此不同，三代的繼承各有差別。不投合時代、違逆世俗的，就被稱為簒奪的人；投合時代、順應世俗的，就被稱為高義的人。沉默吧，河伯！你哪裏知道貴賤的門徑，小大的區別啊！」

河伯曰：「然則我何為乎，何不為乎？吾辭受趣舍①，吾終奈何？」

北海若曰：「以道觀之，何貴何賤，是謂反衍②；無拘而志③，與道大蹇④。何少何多，是謂謝施⑤；無一而行，與道參差。嚴嚴乎⑥若國之有君，其無私德；繇繇乎⑦若祭之有社，其無私福；泛泛乎⑧其若四方之無窮，其無所畛域。兼懷萬物，其孰承翼⑨？是謂無方⑩。萬物一齊，孰短孰長？道無終始，物有死生，不恃其成；一虛一盈，不位乎其形⑪。年不可舉⑫，時不可止；消息盈虛，終則有始。是所以語大義⑬之方，論萬物之理也。物之生也，若驟若馳，無動而不變，無時而不移。何為乎，何不為乎？夫固將自化。」

【註譯】

①辭受趨舍：即出處進退的意思（福永光司說）。「趨舍」，取捨。

②反衍：反覆（郭註）；向相反方向發展，即今說轉化（曹礎基說）。

③無拘而志：「而」，汝。

④蹇（jiǎn 減）：違礙（林希逸說）。

⑤何少何多，是謂謝施：「謝施」，代謝交替。

李勉說：「『謝施』，猶交替也。少可以為多，多可以為少，不宜拘視也。即反覆委蛇之意。司馬彪曰：『謝，代也。施，用也。』謂交代為用也。言少聚而成多，多散可成少。」

⑥嚴嚴乎：原缺一「嚴」字。「嚴」字當重。與「繇繇乎」、「泛泛乎」相耦（奚侗補註）。

⑦繇繇乎：同「悠悠」，自得的樣子。

⑧泛泛乎：普遍之貌（成疏）。

⑨承翼：承受卵翼，受助之意。

⑩無方：無所偏向（王先謙註）。

⑪一虛一盈，不位乎其形：「盈」原作「滿」，依楊樹達之說改。「不位乎其形」，形無定位（宣穎說），即沒有固定不變的形狀。

楊樹達說：「『滿』當為『盈』，與『生』、『成』、『形』為韻。下文云『消息盈虛』即其證。此漢人避惠帝諱所改。」

⑫年不可舉：年歲不能存留。按：「舉」當讀為「拒」。禮記內則註：「舉，或為巨。」「年不可拒，時不可止」即達生篇「生之來不能卻，其去不能止」。山木篇「來者勿禁，往者勿止」亦與此文相發揮。

⑬大義：即大道（林希逸口義）。

宣穎說：「往者莫存。」

【今譯】

河神說：「那麼我應該做什麼，應該不做什麼？我對於事務的辭受取捨，到底應該怎麼辦呢？」

北海神說：「從道的觀點看來，無所謂貴賤，貴賤是相互轉化的；不要拘束你的心志，致使和大道相違。無所謂多少，多少是互相更代變換的；不要拘執一偏而行，致使和大道不合。要嚴正像一國的君主，沒有偏私的恩惠；要超然像祭祀時的社神，沒有偏私的保佑；要寬大像四方的無窮無盡，沒有彼此的界限。包容萬物，有誰承受扶助？這是說沒有偏向。萬物是齊一的，誰是短誰是長的呢？大道是沒有終始的，萬物有死生的變化，不以一時所成而為可恃；萬物時而空虛，時而盈滿，沒有固定不變的形狀。年歲不能存留，時光不能挽住；消滅、生長、充實、空虛，終結了再開始。這就是講大道的方向，談萬物的道理。萬物的生長，猶如快馬奔馳一般，沒有一個動作不在變化，沒有一個時間不在移動，應該做什麼，應該不做什麼，萬物原本會自然變化的。」

河伯曰：「然則何貴於道邪？」

北海若曰：「知道者必達於理，達於理者必明於權①，明於權者不以物害己。至德者，火弗能熱，水弗能溺②，寒暑弗能害，禽獸弗能賊。非謂其薄之③也，言察乎安危，寧於禍福，謹於去就，莫之能害也。故曰，天在內，人在外④，德在乎天⑤。知乎人之行⑥，本乎天，位乎得⑦；蹢躅⑧而屈伸，反要而語極⑨。」

【註譯】

①權：應變。

②火弗能熱，水弗能溺：逍遙遊篇：「大浸稽天而不溺，大旱金石流、土山焦而不熱。」大宗師篇：「入水不濡，入火不熱。」同義。

③薄之：輕犯（成疏）；迫近（林希逸說）。「薄」，迫（王先謙註）。

④天在內，人在外：天機藏在心內，人事露在身外。

成玄英疏：「天然之性，韞之內心；人事所順，涉乎外跡。」

⑤德在乎天：至德（最高修養）合於自然。

⑥知乎人之行：「乎」字通行本作「天」。審文義，當從江南古藏本作「乎」。王叔岷先生說：「褚伯秀云：『「天」當是「夫」，音符。』其說是也。陳碧虛闕誤引江南古藏本作『乎』。『夫』猶『乎』也。」

⑦位乎得：處於自得的境地。

⑧蹢躅：進退不定的樣子。

⑨反要而語極：返回道的中心而談論道的極致。林希逸說：「道之至要也，理之至極也。」林雲銘說：「道要理極，即上文『大義之方』，『萬物之理』者。」

【今譯】

河神說：「那麼為什麼還以道為貴呢？」

北海神說：「認識道的人必定通達事理，通達事理的人必定明瞭應變，明瞭應變的人不會讓外物傷害自己。有最高修養的人，火不能燒他，水不能淹他，寒暑不能損傷他，禽獸不能侵害他。並不是說他迫近它們而不受損傷，而是說他能觀察安全和危險的境地，安心於禍患和幸福的情境，進退卻很謹慎，所以沒有能加害於他的。因此說：『天機藏在心內，人事露在身外，至德在於不失自然。』知道人的行為，本於自然，處於自得的境地；時進時退時屈時伸，這就返回了道的中心而談論了理的極致。」

河伯[1]曰：「何謂天？何謂人？」

北海若曰：「牛馬四足，是謂天；落[2]馬首，穿牛鼻，是謂人。故曰，無以人滅天，無以故滅命[3]，無以得殉名[4]。謹守而勿失，是謂反其真[5]。」

【註譯】

①河伯：「河伯」二字原缺，依前例補上。

嚴靈峯先生說：「按：通篇問語在『曰』字上並有『河伯』二字，此疑脫失。」嚴說為是。

②落：同「絡」。

③無以故滅命：不要用造作來毀滅性命。

陳壽昌說：「有心曰『故』，『命』，天性。」

劉師培說：「『無以故滅命』，『故』，即巧故之故。國語晉語云：『多為之故，以變其志。』語例正符。郭註：『不因其自為而故為之。』非也。」（莊子斠補）

徐復觀先生說：「『故』是後起的生活習慣。」（中國人性論史三七六頁）

④無以得殉名：「得」，貪。見論語「戒之在得」句朱註。「殉」應作「徇」，言無以貪而徇名。「徇名」猶求名（李勉說）。

⑤反其真：復於真性（成疏）。「反」，同返。

【今譯】

河神說：「什麼叫做天？什麼叫做人？」

北海神說：「牛馬生來有四隻腳，這叫做天然；用轡頭絡在馬頭上，用韁繩穿過牛鼻上，這叫做人為。所以說：不要用人事去毀滅天然，不要用造作去摧殘性命，不要因貪得去求聲名。謹守這些道理而不違失，這就叫做回復到天真的本性。」

二

夔憐蚿①，蚿憐蛇，蛇憐風，風憐目，目憐心。

夔謂蚿曰：「吾以一足趻踔②而行，予無如矣③。今子之使萬足，獨奈何？」

蚿曰：「不然。子不見夫唾者乎？噴則大者如珠，小者如霧，雜而下者不可勝數也。今予動吾天機④，而不知其所以然。」

蚿謂蛇曰：「吾以衆足行，而不及子之無足，何也？」

蛇曰：「夫天機之所動，何可易邪？吾安用足哉！」

蛇謂風曰：「予動吾脊脅而行，則有似也⑤。今子蓬蓬然⑥起於北海，蓬蓬然入於南海，而似無有，何也？」

風曰：「然。予蓬蓬然起於北海而入於南海也，然而指我則勝我，鰌⑦我亦勝我。雖然，夫折大木，蜚⑧大屋者，唯我能也，故以衆小不勝為大勝也。為大勝者，唯聖人能之。」

【註譯】

①夔（kuí 葵）憐蚿：「夔」，獨腳獸，乃是想像的動物。「憐」，愛慕。「蚿」，多足蟲。

成玄英疏：「『憐』是愛尚之名。『夔』是一足之獸。山海經云：『東海之內，有流波之山，其山有獸，狀如牛，蒼色，無角，一足而行，聲音如雷，名之曰夔。』『蚿』，百足蟲也。」

馬叙倫說：「方言曰：『愛，宋魯之間曰憐。』此『憐』字亦宋語也。」

②趻（chěn 磣）踔（chuō 戳）：跳躑（成疏）。

③予無如矣：沒有比我更方便的了。

成玄英說：「天下簡易，無如我者。」

④天機：自然。

郭慶藩說：「案文選陸士衡文賦註引司馬云：『天機，自然也。』釋文闕。」

⑤有似也：「似」，像。蛇雖無足，而有形像（成疏）。玉篇：「似，肖。」有形則有肖（郭嵩燾說）。

按：「有似」，即有形。下文「似無有」即形無有，乃無形之意。王先謙解作「似有足」，馬叙倫、王叔岷以為「有似」乃「似有」誤倒，均非。

⑥蓬蓬然：風動聲。

⑦鰌（qiū 鰍）：本文作「踏」（釋文）。與「踏」同，蹴（王敔註）。

郭嵩燾說：「荀子強國篇：『大燕鰌吾後，勁魏鉤吾右。』楊倞註：『鰌，蹴也，言蹴踏於後也。』」

⑧蜚：同「飛」。

【今譯】

獨腳獸夔羨慕名叫蚿的多足蟲，蚿羨慕蛇，蛇羨慕風，風羨慕眼睛，眼睛羨慕心。

夔對蚿說：「我用一隻腳跳躍着行走，再沒有比我更簡便的了。現在你使用一萬隻腳，怎麼走法呢？」

蚿說：「你錯了，你沒有見過吐口沫的人嗎？噴出來大的像珠子，小的像濛濛細霧，混雜着落下來，數都數不清。現在我順其自然而行，自己也不知道為什麼能這樣。」

蚿對蛇說：「我用好多腳行走，還不如你沒有腳走得快。為什麼呢？」

蛇說：「我順着自然的行動，怎麼可以更改呢？我哪裏要用腳呢？」

蛇對風說：「我運動着脊背和腰部行走，還像有腳似的。現在你呼呼地從北海颳起來，呼呼地吹入南海，卻像沒有形跡似的，為什麼呢？」

風說：「是的。我呼呼地從北海颳起來而吹入南海，但是人們用手來指我就能勝過我，用腳踢我也能勝過我。然而，折毀大樹，吹散大屋，卻只有我才能夠做到，這是不求小的勝利而求大的勝利。完成大的勝利的，只有聖人才能夠做到。」

三

孔子遊於匡①，衞人圍之②數帀③，而弦歌不惙④。子路入見，曰：「何夫子之娛也？」孔子曰：「來！吾語女。我諱窮⑤久矣，而不免，命也；求通久矣，而不得，時也。當堯舜之時⑥而天下無窮人⑦，非知得也；當桀紂之時而天下無通人⑧，非知失也；時勢適然。夫水行不避蛟龍者，漁父之勇也；陸行不避兕虎⑨者，獵夫之勇也；白刃交於前，視死若生者，烈士之勇也；知窮之有命；知通之有時，臨大難而不懼者，聖人之勇也。由處⑩矣，吾命有所制矣。」

無幾何，將甲者⑪進，辭曰：「以為陽虎也，故圍之。今非也，請辭而退。」

【註譯】

①匡：衞國地名，在今河北長垣縣西南。

②衞人圍之：「衞」原作「宋」，字之誤（成疏）。匡是衞地，當據司馬彪之說改正。司馬彪說：「『宋』當作『衞』。匡，衞邑也。衞人誤圍孔子，以為陽虎。虎嘗暴於匡人。」

③帀（zā 咂）：周。

④惙：同「輟」，止。趙諫議本作「輟」。

⑤諱窮：諱忌道行不能通達。這裏的「窮」不是指物質生活上的貧困，乃是指道行不張。成疏：

「窮，否塞。」是。

⑥當堯舜之時：「之時」二字通行本缺。據陳碧虛闕誤引張君房本補。下句「桀紂」同。劉文典說：「『堯舜』、『桀紂』下『之時』二字舊敓。……疏：『夫生當堯舜之時而天下太平；當桀紂之時而天下暴亂。』是所見本亦並有此二字。」

⑦窮人：不得志的人。

⑧通人：得志的人。

⑨陸行不避兕（sì寺）虎：老子五十章作「陸行不遇兕虎」。

⑩處：安息（成疏）。

⑪將甲者：「將甲」，本亦作「持甲」（釋文）。將，帥（馬叙倫義證引說文）。「將甲者」，即帥兵者。李勉說：「傅世銘曰：『將，率也。』『甲』，指士兵。『將甲者』，謂率領士兵之人。」

【今譯】

孔子周遊到匡，衞國人把他重重圍住，然而他還是不停止彈琴歌唱。子路進見孔子，問道：「為什麼先生還這樣快樂呢？」

孔子說：「過來！我告訴你。要諱忌道行不能通達已經很久了，然而還是不免潦倒，這是命啊！我希望我的道行通達已經很久了，然而還是不能得到，這是時運啊！當堯舜的時代，天下沒有不得志的人，並不是因為他們的智慧高超；當桀紂的時代，天下沒有得志的人，並不是因為他們的才能低落；這是時勢造成的。在水裏行走不躲避蛟龍，這是漁夫的勇敢；在陸上行走不躲避野牛和老虎，這是獵人的勇敢；光亮的刀子橫在面前，把死亡看得和生存一樣，這是烈士的勇敢；知道窮困是由於天命，知道通達是由於時機，遇着大難並不畏懼，這是聖人的勇敢。仲由，你憩憩吧！我的命運受到了限定的。」

不多一會，有個帶着兵器的軍官進來，道歉説：「我們把你當作陽虎，所以圍住你。現在才知道你不是，我們撤退圍兵，向你道歉。」

四

公孫龍[1]問於魏牟[2]曰：「龍少學先王之道，長而明仁義之行；合同異，離堅白[3]；然不然，可不可[4]；困百家之知，窮衆口之辯；吾自以為至達已。今吾聞莊子之言，汒焉[5]異之。不知論之不及與，知之弗若與？今吾無所開吾喙[6]，敢問其方。」

公子牟隱机大息，仰天而笑曰：「子獨不聞夫埳井[7]之鼃乎？謂東海之鱉曰：『吾樂與！出跳梁乎井幹之上[8]，入休乎缺甃之崖[9]；赴水則接腋持頤，蹶泥則沒足滅跗[10]；還視[11]虷[12]蟹與科斗，莫吾能若也。且夫擅一壑之水[13]，而跨跱[14]埳井之樂，此亦至矣，夫子奚不時來入觀乎！』東海之鱉左足未入，而右膝已縶[15]矣。於是逡巡而卻[16]，告之海曰：『夫千里之遠，不足以舉其大；千仞之高，不足以極其深。禹之時十年九潦[17]，而水弗為加益；湯之時八年七旱，而崖不為加損。夫不為頃久推移⑱，不以多少進退者，此亦東海之大樂也。』於是埳井之鼃聞之，適適然⑲驚，規規然⑳自失也。

「且夫知不知是非之竟㉑，而猶欲觀於莊子之言，是猶使蚊虻負山，商蚷馳河㉒也，必不勝任矣，且夫知不知論極妙之言而自適一時之利者，是非埳井之鼃與？且彼方跐㉓黃泉而登大皇㉔，無南無北，奭然㉕四解，淪於不測；無東無西，始於玄冥，反於大通。子乃規規然而求之以察，索之以辯，是直用管窺天㉖，用錐指地也，不亦小乎！子往矣！且子獨不聞夫壽陵㉗餘子㉘之學行於邯鄲㉙與？未得國能㉚，又失其故行㉛矣，直匍匐而歸耳。今子不去，將忘子之故，失子之業。」

公孫龍口呿㉜而不合，舌舉而不下，乃逸而走。

【註譯】

①公孫龍：趙人，曾為趙平原君客。天下篇稱：「公孫龍辯者之徒。」漢書藝文志名家有公孫龍子，現存公孫龍子僅六篇，即：跡府，白馬論，指物論，通變論，堅白論，名實論。其中以白馬論最著名，而跡府一篇，則為後人所作。

②魏牟：魏公子，封於中山（河北省定縣）。

③合同異，離堅白：把事物的同和異合而為一，把一物的堅硬和白色分別開來。

馮友蘭說：「惠施之觀點注意於個體的物，故曰『萬物畢同畢異』，而歸結於『氾愛萬物，天地一體』也。公孫龍之觀點，則注重於共相，故『離堅白』而歸結於『天下皆獨而正』。二派之觀點異，故其學說亦完全不同。戰國時論及辯者之學，皆總而言之曰：『合同異，離堅白。』或總指其學說為『堅白同異之辯』。此乃籠統言之。其實辯者之中，當分二派：一派為『合同異』，一派為『離堅白』；前者以惠施為首領，後者以公孫龍為首領。」（引自馮著中國哲學史二六八頁）勞思光說：「『合同異』即否認『同』與『異』二概念之確定性。此種說法主要代表為與莊子同時之惠施。……萬物彼此間皆有某一層次之相同點，亦有許多異點。取其異點，則萬物中無兩物相同；甚至同一物在兩瞬間中，亦成為互不相同之狀態——此點即為流變觀念與同異問題之關聯所在。反之，萬物皆佔有時空之對象，此即見萬物有基本相同處。……惠施由此種理論引出一態度，即所謂：『氾愛萬物，天地一體也。』其據則在於『合同異』。

離堅白之說原以『堅、白、石』之辯為中心。此說之原始材料見於公孫龍子堅白論。其言曰：『堅、白、石，三，可乎？曰，不可；曰，二，可乎？曰，可。曰，何哉？曰無堅得白，其舉也二；無白得堅，其舉也二。』此謂『石』不與『堅』及『白』同時相離，但『堅』與『白』則可以互離；『石』與『白』為二；『石』與『堅』亦為二，故曰『其舉也二』。然則『堅』與『白』如何能相離？公孫龍即就知覺能力釋之，而謂：『視不得其所堅，而得其所白者，無堅也；拊不得其所白，而得其所堅，得其堅也，無白也。』此即指由視之知覺僅能得『白』，由拊之知覺僅能得『堅』；不視則不得白，不拊則不得堅；故『白』與『堅』並非必然一同呈現於知覺中，則『白』與『堅』可以相離；其所離者，則因二者本為兩個不同之性質，為不同之知覺能力所把握者。」（引自勞著中國哲學史第五章二三四至二四〇頁）

④然不然，可不可：把不對的說成對，不可的說成可。

⑤汒焉：同茫然。御覽八十九引「汒」作「茫」（劉文典補正）。

⑥喙（huì 卉）：口。

⑦埳（kǎn 砍）井：猶淺井（成疏）。「埳」，凹地（福永光司說）。荀子正論篇：「坎井之，不可語東海之樂。」即本於此。

⑧跳梁乎井幹之上：「跳梁」，猶跳躍。見逍遙遊篇。「井幹（hán）」，井欄（司馬彪說）。劉文典說：「馬敘倫曰：『梁字羨文。』……案馬說未碻。碧虛子校引江南古藏本亦無『梁』字。惟逍遙遊篇：『東西跳梁，不避高下。』是『跳梁』固莊子書中之恆言。」

⑨休乎缺甃（zhòu 胄）之崖：「甃」，井中壘磚（成疏）。謂休息於破磚邊上。

⑩跗（fū 膚）：同「趺」，腳背。

⑪還視：「視」字原缺。御覽一八九引「還」下有「視」字，據以補上。馬敘倫說：「按當依御覽引『還』下補『視』字。成玄英疏曰：『顧瞻蝦蟹之類，俯視科斗之徒。』是成本亦有『視』字。」按：馬說可從。補上「視」字，文義完足。

⑫虷（hán 含）：井中赤蟲（釋文）。

⑬擅一壑之水：「擅」，專。

⑭跨跱（zhì 峙）：盤據之意。

⑮縶（zhí 直）：拘，絆住。

⑯逡（qūn 囷）巡而卻：「逡巡」，形容退卻的樣子。成疏釋為「從容」，失解。然田子方篇：「背

逡巡」，成疏：「猶卻行。」讓王篇：「子貢逡巡而有愧色」，成疏：「逡巡，卻行貌。」所解則無誤。

⑰潦：水淹，指洪水。

⑱頃久推移：「頃」，少時。「久」，多時。「推移」，改變。

⑲適適然：驚怖之容（成疏）。

⑳規規然：自失之貌（成疏）。

㉑知不知是非之竟：上「知」音智。「竟」同境。謂智不足以知是非之境。

㉒蚊虻負山，商蚷馳河：「虻」字原缺。依王叔岷之說補。「商蚷」，馬蚿蟲。王叔岷先生說：「『蚊』下疑脫『虻』字。『蚊虻負山，商蚷馳河』，耦語也。」

㉓跐（zǐ子）：踏。

㉔大皇：天（成疏）。馬叙倫說：「按『皇』即『光』之異文。『大皇』謂天也。淮南子精神訓『登太皇』，高註：『太皇，天也。』」按：「大皇」形容至高，故釋為「天」。

㉕奭（shì式）然：釋然，形容絲毫不受拘束。

㉖用管窺天：喻所見極有限。「以管窺天」一成語本於此。

㉗壽陵：燕國地名。

㉘餘子：少年人。司馬彪說：「未應丁夫為餘子。」

㉙學行於邯鄲：御覽三九四引「行」作「步」，下「故行」同（馬叙倫、劉文典、王叔岷校）。邯鄲，趙國都邑。

㉚未得國能：未得趙國之能（成疏）；謂其國之絕技（馬其昶莊子故）。御覽三九四引「國」作「其」（馬叙倫說）。

㉛故行：指從前的步法。

㉜呿（qū 區）：開。

【今譯】

公孫龍問魏牟說：「我年輕時學習先王之道，年長後明白仁義的行為，能把事物的同和異混合為一，把一物的堅硬和白色分別開來；不對的說成對，不可的說成可；困倒百家的知識，屈服衆口的辯論；我自以為是最明達的了。現在我聽到莊子的言論，感到茫然不解。不知道是我的辯論不及他呢？還是知識不及他？現在我張不開口，請問這是什麼道理？」

魏牟聽了，靠着桌子長歎一聲，仰頭朝天笑着說：「你沒有聽過淺井裏的蝦蟆的故事嗎？它對東海的大鱉說：『我快樂極了！我出來在井欄杆上跳躍着，回去在破磚邊上休息着；游到水裏就浮起我的兩腋托着我的兩腮，跳到泥裏就蓋沒我的腳背；回頭看看井裏的赤蟲、螃蟹和蝌蚪，卻不能像我這樣快樂。而且我獨佔一坑水，盤據一口淺井，這也是最大的快樂了。先生，你何不隨時進來看看呢！』東海的鱉，左腳還沒有伸進去，右腳就已經被絆住了，於是乃回轉退卻，把大海的情形告訴它說：『千里路的遙遠，不足以形容它的大；八千尺的高度，不足以量盡它的深。禹的時代十年有九年水災，可是海水並不增加；湯的時代八年有七年旱災，可是海岸並不淺露。不因為時間的長短而有所改變，不因為雨水的多少而有所增減，這也是東海的大快樂。』淺井的蝦蟆聽了，驚慌失措，茫然自失。

「你的智慧不足以了解是非的究竟，就想觀察莊子的言論，這就像使蚊蟲負山、馬蚿渡河一般，必定是不能勝任的。而且你的智慧不足以了解極微妙的理論，自己卻滿足於一時口舌的勝利，這不就像淺井裏的蝦蟆一樣嗎？況且莊子的道理就像下達地層而上登天空，不分南北，四面通達而毫無阻礙，進入到深不可測的境地；不分東西，起於幽深玄遠的盡頭，返回到無所不通的大道。你還瑣瑣碎碎地想用察辯去尋求，這簡直是如同用竹管去看天，用錐子去量地一樣，不是太渺小了嗎？你去吧！你沒有聽說過壽陵的少年到邯鄲去學走路的故事嗎？他不但沒有學會趙國人的走法，而且把自己原來的步法也忘了，結果只好爬着回去。現在你還不走開，將要忘記你原來的技能，失去你本來的學業了。」

公孫龍嘴張得合不攏來，舌頭翹得放不下來，心神恍惚，悄悄地溜走了。

五

莊子釣於濮水[①]，楚王使大夫二人往先焉[②]，曰：「願以境內累矣！」

莊子持竿不顧，曰：「吾聞楚有神龜，死已三千歲矣，王以巾笥而藏之[③]廟堂之上。

此龜者，寧其死為留骨而貴乎？寧其生而曳尾於塗中④乎？」

二大夫曰：「寧生而曳尾塗中。」

莊子曰：「往矣！吾將曳尾於塗中。」

【註譯】

①濮水：在山東濮縣南。史記莊子列傳正義引「水」下有「之上」二字。

②往先焉：「先」，謂宣其言（釋文）。「往先」者，往見之，先道此意（林希逸說）。初學記二二、御覽八三四，後漢書馮衍傳註引「往先焉」作「往見」。

③王以巾笥而藏之：「以」字原缺。後漢書馮衍傳註引「王」下有「以」字（馬叙倫說）。有「以」字文義較長（劉文典說）。「巾笥」，指布巾竹箱。

④塗中：泥中。藝文類聚九六、史記老莊申韓列傳正義引「塗」並作「泥」（王叔岷校釋）。

【今譯】

莊子在濮水釣魚，楚威王派了兩個大夫先去表達他的心意說：「我希望將國內的政事委託先生！」莊子手持魚竿頭也不回，說：「我聽說楚國有隻神龜，已經死了三千年了，國王把它盛在竹盒裏用布巾包着，藏在廟堂之上。請問這隻龜，寧可死了留下一把骨頭讓人尊貴呢？還是願意活着拖着尾巴在泥巴裏爬？」

兩個大夫說：「寧願活着拖着尾巴在泥巴裏爬。」

莊子說：「那麼請便吧！我還是希望拖着尾巴在泥巴裏爬。」

六

惠子相梁①，莊子往見之。或謂惠子曰：「莊子來，欲代子相。」於是惠子恐，搜於國中三日三夜。

莊子往見之，曰：「南方有鳥，其名為鵷鶵②，子知之乎？夫鵷鶵，發於南海而飛於北海，非梧桐不止，非練實③不食，非醴泉④不飲。於是鴟⑤得腐鼠，鵷鶵過之，仰而視之曰：『嚇！』今子欲以子之梁國而嚇我邪？」

【註譯】

①相梁：做梁惠王的宰相。「梁」，魏都大梁，在今河南開封。

②鵷（yuān 冤）鶵（chú 除）：屬於鳳凰一類的鳥。

③練實：竹實（成疏）。藝文類聚八八、九五、初學記二八、御覽九一一、九一五、九五六引「練實」並作竹實（王叔岷說）。

④醴（ㄌㄧˇ里）泉：泉甘如醴（李頤註）。「醴」是甜酒，形容天然泉水的甜美。

⑤鴟：貓頭鷹。已見於前文。

【今譯】

惠施做梁惠王的宰相，莊子要去看他。有人向惠施說：「莊子來，想代替你做宰相。」於是惠施感到恐慌，在國內搜尋莊子，搜了三天三夜。

莊子去看他，對他說：「南方有一種鳥，名叫鵷鶵，你知道嗎？鵷鶵從南海出發，飛到北海，不是梧桐樹它不休息，不是竹子的果實它不吃，不是甜美的泉水它不飲。有一隻貓頭鷹找到一隻腐爛的老鼠，鵷鶵剛好飛過，貓頭鷹仰起頭來叫喊一聲：『嚇！』現在你想用你的梁國來嚇我嗎？」

七

莊子與惠子遊於濠梁①之上。莊子曰：「鯈魚②出游從容，是魚之樂也。」

惠子曰：「子非魚，安知魚之樂？」

莊子曰：「子非我，安知我不知魚之樂？」

惠子曰：「我非子，固不知子矣；子固非魚也，子之不知魚之樂，全矣。」

莊子曰：「請循其本[3]。子曰『汝安知魚樂』云者，既已知吾知之而問我，我知之濠上[4]也。」

【註譯】

①濠梁：「濠」，水名，在淮南鍾離郡（成疏），即在今安徽省鳳陽縣附近。「梁」，橋。

②鯈（tiáo 條）魚：白魚（釋文）。「鯈」，當作「儵」，此書內多混用（郭慶藩集釋引盧文弨說）。

姚鼐說：「『儵』，即至樂篇『食之鰌鰷』『鰷』字耳。」（王先謙集解引）

馬叙倫說：「涵本、世本『儵』作『鯈』。按：『儵』借為『鯈』。說文：『鯈，魚名。』」

③循其本：「循」，猶尋。尋其源（成疏）。

宋代褚伯秀說：「物我之性本同，以形間而不知耳，會之以性，則其樂彼與此同，即人之所安而知魚之樂矣。」

④我知之濠上：我在濠梁之上知道的。「濠上」，濠水橋上。

宣穎說：「我遊濠上而樂，則知魚游濠下亦樂也。」

【今譯】

莊子和惠子在濠水的橋上遊玩。

莊子說：「白魚悠悠哉哉地游出來，這是魚的快樂啊！」
惠子問：「你不是魚，怎麼知道魚是快樂的？」
莊子回說：「你不是我，怎麼知道我不曉得魚的快樂？」
惠子辯說：「我不是你，固然不知道你；你也不是魚，那麼你不知道魚的快樂，是很明顯的了。」
莊子回說：「請把話題從頭說起吧！你說『你怎麼知道魚是快樂的』這句話，就是你已經知道了我知道魚的快樂才來問我，（現在我告訴你）我是在濠水的橋上知道的啊！」